A. Stahr/B. Bender
**Der Taunus – Eine Zeitreise**

# Der Taunus
## Eine Zeitreise

Entstehung und Entwicklung eines Mittelgebirges

Alexander Stahr und Birgit Bender

Mit 253 Abbildungen

**E. Schweizerbart'sche Verlagsbuchhandlung
(Nägele u. Obermiller) 2007**

**Die Autoren**

Dr. Alexander Stahr (geb. 1959) studierte in Frankfurt am Main Geographie, Geologie, Bodenkunde und Botanik mit Abschluss Diplom-Geograph. 1996 promovierte er am Fachbereich Geowissenschaften der Johann Wolfgang Goethe-Universität mit einer bodenkundlich-geomorphologischen Dissertation zum Dr. phil. nat. und lebt heute mit seiner Famile in Taunusstein-Wehen.

Birgit Bender (geb. 1968) studierte an der Johann Wolfgang Goethe-Universität in Frankfurt am Main und an der Gottfried Wilhelm Leibniz Universität in Hannover Geographie, Hydrologie und Bodenkunde mit Abschluss Diplom-Geographin. Die Autorin lebt mit ihrer Familie in Kelkheim-Hornau (Taunus).

Umschlag: Abbildungen 117, 88 und 208. Erläuterungen siehe Text.

http://www.schweizerbart.de
e-mail: mail@schweizerbart.de

ISBN 978-3-510-65224-2

© 2007 by E. Schweizerbart'sche Verlagsbuchhandlung, Stuttgart

∞ Gedruckt auf alterungsbeständigem Papier nach ISO 9706-1994

Alle Rechte, auch das der Übersetzung, des auszugsweisen Nachdrucks, der Herstellung von Mikrofilmen und der photomechanischen Wiedergabe, vorbehalten. Auch die Herstellung von Photokopien des Werkes für den eigenen Gebrauch ist gesetzlich ausdrücklich untersagt.

Verlag:   E. Schweizerbart'sche Verlagsbuchhandlung (Nägele u. Obermiller),
          Johannesstr. 3A, D-70176 Stuttgart
Satz:     satzwerkstatt Manfred Luz, Neubulach
Druck:    fgb – freiburger graphische betriebe, Freiburg
Printed in Germany

*„Das Sein wird in seinem Umfang und inneren Sein vollständig erst als ein Gewordenes erkannt."*
Alexander von Humboldt, Kosmos

# Dank

Für wertvolle Hinweise, Anregungen und die kritische Durchsicht des Manuskriptes gilt unser Dank in alphabetischer Reihenfolge:

Herrn Geologiedirektor i. R. Hans-Jürgen Anderle (Wiesbaden)
Herrn Diplom-Biologen Bernhard Hildebrand (Schlüchtern)
Herrn Dr. Hans-Georg Mittmeyer (Schlangenbad)
Herrn Geologiedirektor Prof. Dr. Karl-Josef Sabel (HLUG, Wiesbaden)
Herrn Prof. Dr. Dr. h.c. (emer.) Arno Semmel (Hofheim am Taunus)
Herrn Geologiedirektor i. R. Dr. Witigo Stengel-Rutkowski (Wiesbaden)


Für die Erstellung von Bildern und Grafiken, das Überlassen von Bildmaterial und Grafiken sowie für die Bereitstellung von Bildvorlagen und die Unterstützung dieses Buchprojektes gilt unser Dank ebenfalls in alphabetischer Reihenfolge:

dem Arbeitskreis Grube Friedrichssegen (Lahnstein)
Herrn Friedel Bender (Kelkheim-Hornau)
Herrn Bruno Bröckl (Eppstein-Ehlhalten)
Herrn Dr. Rainer Dambeck (Institut für Geowissenschaften, Universität Frankfurt am Main)
Herrn Diplom-Physiker Herbert Funk (Frankfurt am Main)
Herrn Diplom-Biologen Fritz Geller-Grimm (Kurator Museum Wiesbaden)
Herrn Dr. Hannes Grobe (Alfred Wegener Institut, Bremerhaven)
Herrn Dr. Heiner Heggemann (HLUG, Wiesbaden)
Herrn Gudo Knabjohann (freischaffender Künstler der bildenden Künste, Wiesbaden)
Herrn Ulrich Krebs (Landrat des Hochtaunuskreises)
Herrn Dr. Ewald Langenscheidt (Rotthalmünster)
Frau Diplom-Geographin Susann Müller (Institut für Geowissenschaften, Universität Frankfurt am Main)
Herrn Dr. Kai Schaefer (Schaefer Kalk GmbH & Co KG)
Herrn Dr. Guntram Schwitalla (LfDH, Wiesbaden)
dem Stadtmuseum Hofheim am Taunus
den Stadtwerken Königstein
Frau Oberstudienrätin Christiane Stahr (Taunusstein-Wehen)
Herrn Klaus-Dieter Weiß, Arbeitsgruppe Palaeo-Geo e.V. (Kelkheim-Fischbach)

# Einladung

„Durch zufällige Anregung, sowie in zufälliger Gesellschaft stellte ich manche Wanderung nach dem Gebirge an, das von Kindheit an so fern und ernsthaft vor mir gestanden hatte. So besuchten wir Homburg, Kroneburg, bestiegen den Feldberg, von dem uns die weite Aussicht immer mehr in die Ferne lockte." Das schreibt Johann Wolfgang von Goethe (1749–1832), der sich auch in Mineralogie, Geologie und Bergbaukunde einarbeitete, über den Taunus in seiner zwischen 1808 und 1831 entstandenen Autobiographie „Aus meinem Leben – Dichtung und Wahrheit".

Und genau wie das Universalgenie Goethe strömen Jahr für Jahr Abermillionen von Tagesgästen, Urlaubern und Einheimischen im Sommer und Winter, zu Fuß, mit dem Auto, dem Bus, dem Motorrad oder anderen Verkehrsmitteln zum Großen Feldberg, der mit 881,5 Metern über dem Meer höchsten Erhebung des Taunus und des Rheinischen Schiefergebirges. Doch nicht nur der Große Feldberg zieht die Menschen an. Auch das Weiltal, das Schwarzbachtal, das Aartal, das Lahntal, das mit seinen steilen Talflanken an das bayerische Voralpenland erinnernde Wispertal oder Felsformationen wie die Eschbacher Klippen und die Weinberge des Mittelrheintals sind nur wenige Beispiele aus dem Taunus für beliebte Wander-, Ausflugs- oder gar Kletterziele von Einheimischen und Touristen aus aller Welt.

Und was viele Leute anzieht, wirft sicherlich auch viele Fragen auf. Wie entstand der Taunus? Wo beginnt und wo endet er? Welche Kräfte haben die Gesteine in Falten gelegt und geschiefert? Wie sah die Taunuslandschaft aus, bevor die ersten Menschen ihn besiedelten? Welche Menschen und Tiere lebten in grauer Vorzeit im Taunus? Warum gibt es so viele Mineralquellen? War der Taunus einmal ein Hochgebirge? Haben ihn Gletscher geformt? War er gar ein großer Vulkan? Und was veränderte der Mensch in historischer Zeit? So oder so ähnlich dürften viele Fragen zum Taunus formuliert sein.

Verständnis für die Landschaft wecken, Neues entdecken, mehr verstehen, den Taunus mit anderen Augen sehen und die enge Verknüpfung von Mensch und Landschaft erkennen, das möchte dieses Buch erreichen. Es wendet sich daher an alle, die sich für die Landschaftsgeschichte des Taunus interessieren, insbesondere jedoch an geowissenschaftlich und naturkundlich interessierte Laien. Es kann und soll daher nicht Aufgabe dieses Buches sein, den Leser mit einer wissenschaftlichen Detailflut zu überschütten. Um das komplexe Bild einer Landschaft lesbar und verständlich darstellen zu können, ist manche Vereinfachung, das Festlegen und somit der Verzicht auf streng wissenschaftliche Diskussionen notwendig. Die folgenden Ausführungen sind somit nicht als Dogmen, sondern als leicht verständliche Zusammenfassung bisherigen Forschens zu werten.

In den vergangenen Jahrzehnten erlangte die geowissenschaftliche Forschung eine Vielzahl an neuen Erkenntnissen über die Gesteine des Taunus, ihre Verbreitung und Lagerung. Dazu hat in neuerer Zeit zu einem gewissen Anteil sicherlich auch der Neubau der ICE-Trasse Köln-Rhein-Main mit ihren zahlreichen Tunnels beigetragen, denn dadurch konnte man direkt in die Taunusberge blicken. Auch über die Hinterlassenschaften des Eiszeitalters und die Landschaft formenden Prozesse in unserer Warmzeit liegt eine Fülle an neuen Erkenntnissen seitens der geographischen und geomorphologischen Forschung vor. All dieses Wissen zusammengenommen erlaubt es heute, von der Landschaftsgeschichte des

VIII   Einladung

Taunus ein Bild von nie gekannter Genauigkeit zu zeichnen. Folgen Sie uns also zu einer Zeitreise durch die Jahrmillionen von der Entstehung bis zum heutigen Erscheinungsbild eines deutschen Mittelgebirges, dem Taunus.

Alexander Stahr,   Taunusstein
Birgit Bender,      Kelkheim (Taunus)

Im Frühjahr 2007

# Inhalt

| | | |
|---|---|---|
| **Einladung** | | VII |
| **Geologische Zeittafel** (vereinfacht) | | XIII |
| **1.** | **Prolog** | 1 |
| 1.1 | Der Taunus – kaum zu fassen | 2 |
| 1.1.1 | Von wo bis wohin? Oder: Die Loreley gehört zum Taunus! | 3 |
| 1.1.2 | Eine Taunus-Gliederung – das nächste Problem | 7 |
| | Vortaunus | 8 |
| | Hoher Taunus | 10 |
| | Östlicher Hintertaunus | 12 |
| | Idsteiner Senke | 13 |
| | Westlicher Hintertaunus | 15 |
| | Eine morpho-„logische" Gliederung | 15 |
| 1.2 | Die Sprache der Gesteine | 16 |
| 1.2.1 | Übersetzer oder: Forscher im Taunus | 17 |
| | Ein Pionier: Carl Ludwig Fridolin von Sandberger | 17 |
| | Forscher mit Denkmal: Carl Jacob Wilhelm Koch | 18 |
| | Der Vermittler: August Leppla | 19 |
| | Pianoforte oder: Franz Michels | 22 |
| | Forscher mit besonderem Ehrgeiz: Friedrich Kutscher | 22 |
| | Von den Alpen zum Taunus: Witigo Stengel-Rutkowski | 23 |
| | Die „erste Geige": Arno Semmel | 24 |
| | Jazz und Kunst: Hans-Jürgen Anderle | 26 |
| | Puck und Pürckhauer: Erhard Bibus | 27 |
| | Glück für die Taunusgeologie: Hans-Georg Mittmeyer | 28 |
| | Der Unermüdliche: Karl-Josef Sabel | 29 |
| 1.3 | Die erklärende Theorie | 30 |
| | Erste Überlegungen | 30 |
| | Der Durchbruch | 32 |
| **2.** | **Der Anfang oder: Kontinente auf Wanderschaft** | 34 |
| | Weg von Gondwana | 35 |
| | Ein Ozean? | 37 |
| 2.1 | Sphären und Deformationen – ein Exkurs | 38 |
| | Eine äußerst zähe Sache | 39 |
| | Ein Experiment | 40 |
| 2.2 | Viel Bodensatz oder: Ein Gebirge in Vorbereitung | 42 |
| | Ein strahlend weißer „Badestrand" | 45 |
| | Ein mächtiger Stapel | 46 |
| 2.3 | Kontinente gegen Kontinente | 47 |
| | Nach unten weggeführt | 48 |

|  | Vulcanus und der Gott der Unterwelt | 50 |
|---|---|---|
|  | Devonische Südsee | 52 |
| 2.4 | Metamorphosen | 54 |
|  | Ein Gebirge aus Schiefer | 55 |
| 2.5 | Der Korken im Honig | 56 |
|  | Erste Samenpflanzen und Massensterben | 57 |
|  | Eine gewaltige „Knautschzone" | 60 |
| 2.6 | Resümee | 61 |
| 2.7 | Schwindelnde Höhen? | 64 |
| **3.** | **Abtragung oder: Nichts bleibt ewig oben** | 66 |
| 3.1 | Über alle Grenzen | 68 |
| 3.2 | Druck von Afrika | 70 |
|  | Stufen im Gelände | 75 |
|  | Die Taunusküste | 77 |
|  | Die tertiären Probleme der Deutschen Bahn AG | 81 |
| **4.** | **Im Portrait: Gesteine des Taunus** | 85 |
|  | Typisch Taunus – Taunusquarzit | 86 |
|  | Immer dabei: die Hermeskeil-Schichten | 91 |
|  | Bunte Mischung – Bunte Schiefer | 92 |
|  | Besonders brauchbar – Hunsrückschiefer | 94 |
|  | Die von der Loreley: Singhofen-Schichten | 100 |
|  | Am Kellerskopf: Graue Phyllite | 101 |
|  | Noch älter? Die Gesteine der Vordertaunus-Einheit | 102 |
|  | Der Edle: Lahnmarmor | 103 |
|  | In fremder Gestalt: Pseudomorphosenquarzgänge | 110 |
| **5.** | **Das Eiszeitalter** | 113 |
| 5.1 | Welt unter Eis | 116 |
| 5.2 | Den Eiszeiten auf der Spur – ein weiterer Exkurs | 116 |
|  | Ein denkwürdiges Treffen | 118 |
| 5.3 | Die Ursachen der Eiszeiten | 118 |
|  | Gekappte Meeresströmungen | 119 |
|  | Eis- und Warmzeiten im Wechsel | 119 |
| 5.4 | Zeugen des Eiszeitalters im Taunus | 122 |
| 5.4.1 | Land der Stürme | 122 |
| 5.4.2 | Hin und weg: Bäche und Flüsse | 127 |
|  | Asymmetrische Täler | 131 |
| 5.4.3 | Fließende Hänge | 133 |
| 5.4.3.1 | Deckschichten von Bedeutung | 134 |
|  | Wenig los ohne Löss | 135 |
| 5.4.3.2 | Schuttdecke auf Schuttdecke | 136 |
| 5.5 | Leben mit den kalten Zeiten | 139 |
|  | Die Landschaft, nana und polaris | 141 |

| | | |
|---|---|---|
| | Die Tierwelt: scharfe Zähne, dickes Fell | 143 |
| | Stars der Eiszeit: Mammut & Co. | 144 |
| 5.6 | Ausblicke | 148 |
| **6.** | **Im Portrait: Böden des Taunus** | 149 |
| 6.1 | Dünne Haut: Ranker | 150 |
| 6.2 | Fein verteilter Rost: Braunerde und Parabraunerde | 151 |
| 6.3 | Immer nur sauer: Podsol | 154 |
| 6.4 | Wasser im Überfluss: Pseudogley und Gley | 158 |
| 6.5 | Wirrwarr oder: der Kolluvisol | 162 |
| 6.6 | Wo der Wein gedeiht: der Rigosol | 163 |
| **7.** | **Warme Zeiten** | 165 |
| | Das Holozän: alt, mittel und jung | 166 |
| 7.1 | Altholozän oder: Aus für Mammut & Co | 166 |
| | Die Heimkehrer | 168 |
| 7.2 | Mittelholozän: Bänder und „Hühner" | 169 |
| | Die Bandkeramiker | 170 |
| | Hügel in der Landschaft | 173 |
| 7.3 | Jungholozän oder: Taunuslandschaft im raschen Wandel | 175 |
| | Die Römer und die Taunuslandschaft | 176 |
| | Das Mittelalter: Fern vom Garten Eden | 178 |
| | Der Taunuspark oder: Hutewälder | 183 |
| | Die kleine Eiszeit | 185 |
| | Streuobstwiesen – Obst mit Tradition | 188 |
| 7.4 | Wein – Ein Getränk verändert die Landschaft | 189 |
| | Weinbau: Gründungen und Wohlstand | 189 |
| 7.5 | Kulturlandschaft im Wandel | 194 |
| **8.** | **Die berühmteste Grenze des Taunus oder: Darum ist es am Rhein so schön** | 196 |
| | Und wieder das Meer | 198 |
| | Vom Urrhein zum Engtal | 198 |
| | Die einzig richtige Antwort | 198 |
| **9.** | **Schätze im Taunus** | 200 |
| 9.1 | Glück auf: Erzbergbau im Taunus | 200 |
| | Eine der größten: Grube Zollhaus | 203 |
| | Aus den Tiefen des Tales – Grube und Bergbaumuseum Friedrichssegen | 204 |
| 9.2 | Wertvolles Nass: Grundwasser & Co. | 207 |
| 9.2.1 | Dem Trinkwasser auf der Spur | 207 |
| 9.2.2 | Sprudelnd, heiß und kalt: Mineralwässer | 211 |
| | Der Salzwasserstrom | 212 |
| | Säuerlinge und Gasaustritte | 213 |
| | Was schon die Römer nutzten: Heilquellen | 214 |

| | | |
|---|---|---|
| | Salzsieder und Gradierwerke | 214 |
| **10.** | **Wanderungen und Ausflugsziele** | 218 |
| 10.1 | Themenpfade und Wanderungen | 219 |
| | Geo-Erlebnispfad Oberjosbach im Idsteiner Land | 219 |
| | Waldlehr- und Schadenspfad Lindenkopf | 221 |
| | Weitere Wald- und Naturlehrpfade | 222 |
| | Weilbacher Kiesgruben und Naturschutzhaus | 223 |
| | Artaunerix: Zeitreise zu den Kelten | 224 |
| | Der Taunus-Lehrpfad | 225 |
| | Rundweg Feldbergkastell: Auf den Spuren der Römer im Taunus | 225 |
| | Wanderpfad „Mensch und Erde" | 226 |
| | Aartal Höhenweg | 228 |
| | Naturlehrpfad Hahnstätten | 229 |
| | Lehrpfad „Schieferbergbau im Wispertaunus" | 229 |
| | Obstlehrpfade | 231 |
| | Besucherzentrum Loreley | 231 |
| | Äskulapnatterweg Schlangenbad | 233 |
| 10.2 | Naturparks und Landschaftsdenkmäler | 234 |
| | Naturpark Hochtaunus | 234 |
| | Der Große Feldberg | 234 |
| | Der Kleine Feldberg | 235 |
| | Der Altkönig | 236 |
| | Weilsberg und Zacken | 236 |
| | Der Staufen | 237 |
| | Eschbacher Klippen | 238 |
| | Kristallhöhle Kubach | 239 |
| | Naturpark Nassau | 240 |
| | Naturpark Rhein-Taunus | 240 |
| | Rheingauer Gebück Wanderweg | 241 |
| **Literatur** | | 242 |
| **Bildnachweis** | | 246 |
| **Sachregister** | | 251 |

XIII

| **Geologische Zeittafel** (vereinfacht) | | | |
|---|---|---|---|
| Ära | System | Serie | Beginn vor ca. Mill. Jahren |
| Känozoikum (Erdneuzeit) | Quartär (alt) | Holozän | 0,01 |
| | | Pleistozän | 1,8 |
| | Quartär (neu) | Gelasium | 2,6 |
| | Tertiär | Pliozän | 5 |
| | | Miozän | 24 |
| | | Oligozän | 34 |
| | | Eozän | 55 |
| | | Paläozän | 65 |
| Mesozoikum (Erdmittelalter) | Kreide | | 142 |
| | Jura | Malm (Weißer Jura) | 156 |
| | | Dogger (Brauner Jura) | 177 |
| | | Lias (Schwarzer Jura) | 200 |
| | Trias | Keuper | 235 |
| | | Muschelkalk | 243 |
| | | Buntsandstein | 251 |
| Paläozoikum (Erdaltertum) | Perm | Zechstein (Oberperm) | 258 |
| | | Rotliegend (Unterperm) | 296 |
| | Karbon | Oberkarbon | 320 |
| | | Unterkarbon | 358 |
| | Devon | Oberdevon | 381 |
| | | Mitteldevon | 392 |
| | | Unterdevon | 417 |
| | Silur | | 443 |
| | Ordovizium | | 495 |
| | Kambrium | | 545 |

# 1

# Prolog

Der Taunus sei das schönste Mittelgebirge der Welt, sagte einst der große Naturforscher Friedrich Heinrich Alexander Freiherr von Humboldt (1769–1859). Und er musste es ja wissen, denn in der Welt ist er weit herumgekommen. Die Taunuslandschaft ist aber nicht nur schön, sie hat eine Jahrmillionen alte Geschichte zu erzählen. Gesteine, die

**Abb. 1.** Die Taunuslandschaft

Die Landschaft des Taunus begeisterte nicht nur das Universalgenie Goethe und den Naturforscher Humboldt. Auch viele andere prominente Persönlichkeiten der Geschichte waren von ihr angetan. Darunter der russische Schriftsteller und Dichterfürst Fjodor Michailowitsch Dostojewski (1821–1881), der „Märchenkönig" Ludwig II. von Bayern (1845–1886) und Kaiserin Elisabeth „Sissy" von Österreich-Ungarn (1837–1898). An sie erinnert hoch oben über der Kreis- und Kurstadt Bad Schwalbach der Elisabethen-Tempel. Der Blick auf dem Foto geht über den Niedernhausener Ortsteil Engenhahn im Untertaunus hinüber zum Großen Feldberg im Taunuskamm. Die wegen des „Unter" etwas unglückliche politische Bezeichnung „Untertaunus" für die eine Hälfte des Rheingau-Taunus-Kreises stammt aus dem 19. Jahrhundert, als Nassau von Preußen annektiert wurde, und hat mit einer naturräumlichen, geologisch-tektonischen oder geomorphologisch-geographischen Gliederung des Taunus nichts gemein.

einst als Schutt, Sand oder Ton weite Teile des Bodens eines Schelfmeeres bedeckten, bauen heute Berge wie den Großen Feldberg oder den Altkönig auf. Die Gesteine sind in Falten gelegt, zu zahlreichen Schuppen verschoben, zerbrochen und von Tälern zerschnitten. Die gewaltige Kollision von Kontinenten, Verwitterung und Abtragung, aber auch die Landschaft formenden Prozesse der Eiszeiten und das Wirken des Menschen sind wesentliche Ereignisse in der Geschichte der Taunuslandschaft.

Es dürfte bereits an dieser Stelle deutlich werden, dass die nähere Beschäftigung mit der Landschaft des Taunus, ihrer Entstehung und Wandlung sehr viel Spannendes und äußerst Interessantes erwarten lässt. Diese Landschaft bietet zwar keine spektakulären Schluchten, tausend Meter hohe Felswände oder in große Tiefe stürzende Wasserfälle. Und trotzdem ist ihre Geschichte sicherlich ebenso spannend und von Naturgewalten geprägt wie die des Grand Canyon, der Alpen oder des Himalaya.

## 1.1
## Der Taunus – kaum zu fassen

Was ist der Taunus? Die Antwort ist klar: ein deutsches Mittelgebirge. Es umfasst einen Teil des Südrandes des Rheinischen Schiefergebirges. Dieses wiederum ist ein Teil des großen Variscischen Gebirges, auch Variszisch oder Variskisch geschrieben, dessen Bausteine von den nordamerikanischen Appalachen über Südengland, die Bretagne, das französische Zentralmassiv, die Ardennen, das Fichtelgebirge und den Harz bis hin zu den Sudeten reichen.

Dieses alte Gebirge wurde nach den Variskern benannt, einem Volk der germanischen Stammesgruppe der Sueben (auch als Suevi,

---

**Der Name „Taunus"**

Über den Ursprung des Namens „Taunus" wurde viel gerätselt. Bis in das 18. Jahrhundert hinein war dieser Mittelgebirgszug schlicht „die Höh". In mittelalterlichen und frühneuzeitlichen Quellen ist der Name Taunus nirgends zu finden. Vielmehr ist auch hier die Rede von „Heyrich" oder „Hairich" für „die Höhe". Dies hat sich in den Ortsnamen Bad Homburg vor der Höhe und Rosbach vor der Höhe bis heute erhalten. Anhöhen oder Höhenzüge hießen in der keltischen Sprache „dun". Davon abgeleitet ist offenbar das latinisierte Wort „Dunus" woraus lateinisch „Taunus" wurde. Denn dieses Wort für die „Höhe" verwendet der römische Historiker und Senator Gaius (oder Publius) Cornelius Tacitus (um 55–115 n. Chr.) im Jahr 109 in einem Text über die Provinz „Germania Superior". Er schreibt von einem „Castellum in Monte Tauno", welches vermutlich das heutige Friedberg bezeichnet.

Auch der römische Feldherr Germanicus (15 v. Chr.–19 n. Chr.), der von Mainz aus über den Rhein ins Chattengebiet vorgestoßen war, spricht schon während seines Feldzuges von einem „Mons Taunus". Unklar ist, ob er damit vielleicht den Burgberg von Friedberg oder gar den Großen Feldberg meinte. Ab 60 n. Chr. nannten die Römer den Bezirk um den Verwaltungssitz Aquae Mattiacorum (nach dem Germanenstamm der Mattiaker, das heutige Wiesbaden) „Civitas Taunensiorum".

Wie auch immer, im 19. Jahrhundert führte der Frankfurter Literat und Diplomat Johann Isaac von Gerning (1767–1837) mit seinem Gedicht „Die Heilquellen am Taunus" seit dem Jahr 1813 die Bezeichnung „Taunus" in die Umgangssprache ein. Als erstes griff das Bildungsbürgertum von Gernings Taunus-Begriff auf, der sich zunächst jedoch lediglich auf den Hauptkamm, „die Höh", beschränkte. Ab wann genau der Name Taunus für das gesamte heutige Taunusgebiet gebraucht wurde, lässt sich nicht genau sagen. Vielleicht ab dem Jahr 1883. Damals wurde der „Bund der Feldbergläufer" in „Taunusklub" umbenannt, der von da an sein Wanderwegenetz auch durch den Hintertaunus bis zur Lahn hin ausbaute. Weltweit berühmt wurde der Name „Taunus" übrigens in den 50er, 60er und 70er Jahren des 20. Jahrhunderts. Und zwar auf vier Rädern durch den „Ford Taunus".

# 1 Prolog

**Abb. 2.** Der Taunus – eine vom Menschen geprägte Kulturlandschaft

Die Entwicklung der Landwirtschaft mit ihren Rodungen für Acker- und Weideland hat die Landschaft des Taunus, hier bei Niedernhausen-Oberseelbach, ebenso geprägt wie der Weinbau mit seinen Terrassen oder der Bergbau, dessen Hinterlassenschaften uns häufig begegnen.

Suebi oder Suabi bezeichnet), das einst im Fichtelgebirge um Curia Variscorum, dem heutigen Hof in Bayern (Vogtland), siedelte. Die Entstehung des Gebirges begann vor etwa 390 Millionen Jahren an der Grenze zwischen Unter- und Mitteldevon. Das war rund 300 Millionen Jahre vor der Entstehung der Alpen.

## 1.1.1
## Von wo bis wohin? Oder: Die Loreley gehört zum Taunus!

Aber wie ist der Taunus von anderen Gebirgsgruppen des Rheinischen Schiefergebirges und seinem Vorland abgegrenzt? Wo fängt er an, wo hört er auf? Hier gestaltet sich die Antwort deutlich schwieriger. In zahlreichen topographischen Kartenwerken findet man unterschiedliche Abgrenzungen. Im einen Atlas reicht der Schriftzug „Taunus" vom Mittelrhein bis zur Wetterau, im anderen Kartenwerk wird er urplötzlich gegen den Rhein vom „Rheingau Gebirge" abgelöst. Nun, beides ist richtig und letzteres falsch. Denn der als Rheingau Gebirge bezeichnete Höhenzug reicht tatsächlich bis zum Rhein, ist jedoch gemäß der naturräumlichen Gliederung Hessens eine Untereinheit des Taunus und löst ihn nicht als Gebirge ab. Politisch ist der Taunus überhaupt nicht in den Griff zu bekommen, was schon die alten Römer erleben mussten. So ist eine Abgrenzung etwa nach den derzeit bestehenden Landkreisen unmöglich, wenngleich deren Bezeichnungen es im ersten Augenblick vermuten lassen: Main-Taunus-Kreis, Hochtaunuskreis, Rheingau-Taunus-Kreis. Doch allein schon beim Main-

**4** 1 Prolog

**Abb. 3.** Das Obere Mittelrheintal bei Lorch

Der Rhein bildet unbestritten die westliche Grenze des Taunus. Der Blick geht hinüber zum linksrheinischen Hunsrück, hinweg über die Stadt Lorch an der Einmündung des Wispertales in das Mittelrheintal. Lorch ist einer der ältesten Rheinorte, der schon seit karolingischer Zeit für Weinbau bekannt ist und von den Römern „Laureacum" genannt wurde.

Taunus-Kreis würden die Probleme beginnen, da dieser von der Untermainebene bis tief in den Taunus hineinreicht.

Zur Abgrenzung des Taunus kann die naturräumliche Gliederung Hessens auf der Basis der geographischen Landesaufnahme herangezogen werden. Hier wird als Taunus der südöstliche Teil des Rheinischen Schie-

fergebirges südlich der Lahn bis zum Steilabfall gegen die Oberrheinische Tiefebene (Rhein-Main-Tiefland) bezeichnet. Wobei hier die Südabdachung des Gebirges als Vortaunus und eigenständiges, noch nicht zum Taunus gehörendes Vorgebirge beschrieben wird. Nach der naturräumlichen Gliederung wird der Taunus im Westen vom Mittelrheingebiet und im Osten vom Rhein-

# 1 Prolog

Main-Tiefland und dem so genannten West-hessischen Berg- und Senkenland begrenzt. Unter geologisch-tektonischen Aspekten gegliedert, bildet der Taunus die Südostecke des Rheinischen Schiefergebirges, begrenzt im Westen vom Mittelrhein, im Norden von der Lahn und der Lahn-Mulde, im Osten von Vogelsberg und Wetterau und im Süden von der Saar-Saale-Senke und dem Ober-rheintalgraben, zwei Grabenbrüche aus dem späten Erdaltertum (Paläozoikum) und dem Tertiär der Erdneuzeit (Känozoikum).

Die Abgrenzung des Taunus, insbesondere die südliche, gestaltet sich damit insgesamt recht schwierig, zumal sie nicht visuell und demzufolge letztendlich auch nicht verstandesgemäß nachvollziehbar ist. Wo genau

verläuft die Grenze zwischen Vortaunus und Taunus, betrachtet man das Gebirge aus der Ferne? Der Kapellenberg bei Hofheim am Taunus ragt weithin sichtbar über die Untermainebene empor, ist aber nach der naturräumlichen und geologisch-tektonischen Gliederung noch kein Taunus. Wo verläuft die Grenze zwischen der Saar-Saale-Senke und dem eigentlichen Taunus? Das dürfte nur dem ortskundigen Taunusgeologen bekannt sein. Der Mittelrhein als westliche Grenze oder die Lahn als nördliche ist hingegen für jedermann klar und eindeutig.

Zur Vereinfachung und als Ausweg aus dem Dilemma möchten wir daher folgende Grenzen eines morphologisch in Erscheinung tretenden oder „gefühlten" Taunus

**Abb. 4.** Die Lahn bei Runkel

Die Lahn bildet die nördliche Grenze des Taunus. Die Stadt Runkel liegt auf beiden Seiten des Flusses zwischen Westerwald und Taunus, rund 8 Kilometer östlich von Limburg. Die stattliche Burg wurde von den Herren von Runkel zur Sicherung der Lahnbrücke erbaut. Sie wurde im 30jährigen Krieg von österreichischen Truppen zerstört.

**6**   1 Prolog

festlegen, der sich deutlich sichtbar über die umgebenden Niederungen und Flussläufe erhebt: im Westen das Mittelrheintal, im Norden die Lahn, im Osten die Wetterau als Teil der Hessischen Senke und im Süden die Linie Untermainebene – Wiesbadener Bucht – rechtsrheinische Rheinaue bis Assmannshausen, dem „Tor zum UNESCO-Welterbe

Oberes Mittelrheintal". Somit wäre der „Kreis" geschlossen. Die Gemeinden des Vortaunus und des Rheingaus mögen dies verzeihen oder vielleicht sogar begrüßen. Und wo liegt die weltberühmte Loreley? Klar, am Rhein, aber nicht nur, sondern auch im Taunus.

**Abb. 5.** Die Loreley

In der Rheinenge bei St. Goarshausen ragt ein Felsen aus dunklem Schiefer 133 Meter schroff über die Wasseroberfläche empor. In ihm sei die schöne Nixe Loreley gebannt. Die Nixe erscheint manchmal den Schiffern hoch über dem Rhein und kämmt lieblich singend ihr goldenes Haar. Gebannt von diesem Anblick achten die Männer nicht mehr auf Stromschnellen, Wasserwirbel und gefährliche Riffe. Sie finden den Tod im Rhein. Soweit die Sage von der Loreley. Dass die eigene Dummheit auf Blondinen geschoben wird, ist also nichts Neues. Neueren Datums ist jedoch das Besucherzentrum der Loreley, das als externer Standort der Expo 2000 errichtet wurde und über Geologie, Weinbau, Schifffahrt, die große Freilichtbühne und den Mythos Loreley informiert, deren Name sich übrigens aus dem altdeutschen Wort „lorlen" für rauschen oder murmeln und umgangssprachlich „ley" für Fels oder Schiefer zusammensetzt. Dieser Name entstand aufgrund eines Echos, das heute wegen des Verkehrslärms nicht mehr wahrzunehmen ist. Das Rauschen der ehemaligen Stromschnellen wurde vom Felsen der Loreley zurückgeworfen, und es schien so, als ob das Rauschen oder Murmeln von den Felsen stammen würde. Der Anblick des Schieferfelsens und die Nähe der Stromschnellen mussten ihn einfach zum begehrten Objekt von Sagen, Geschichten und Liedern machen. Das Loreleylied aus dem Jahre 1823 von Heinrich Heine (1797–1856) dürfte mit Abstand das bekannteste Werk unter ihnen sein. Vertont wurde es 1837 durch Friedrich Silcher (1789–1860).

# 1 Prolog

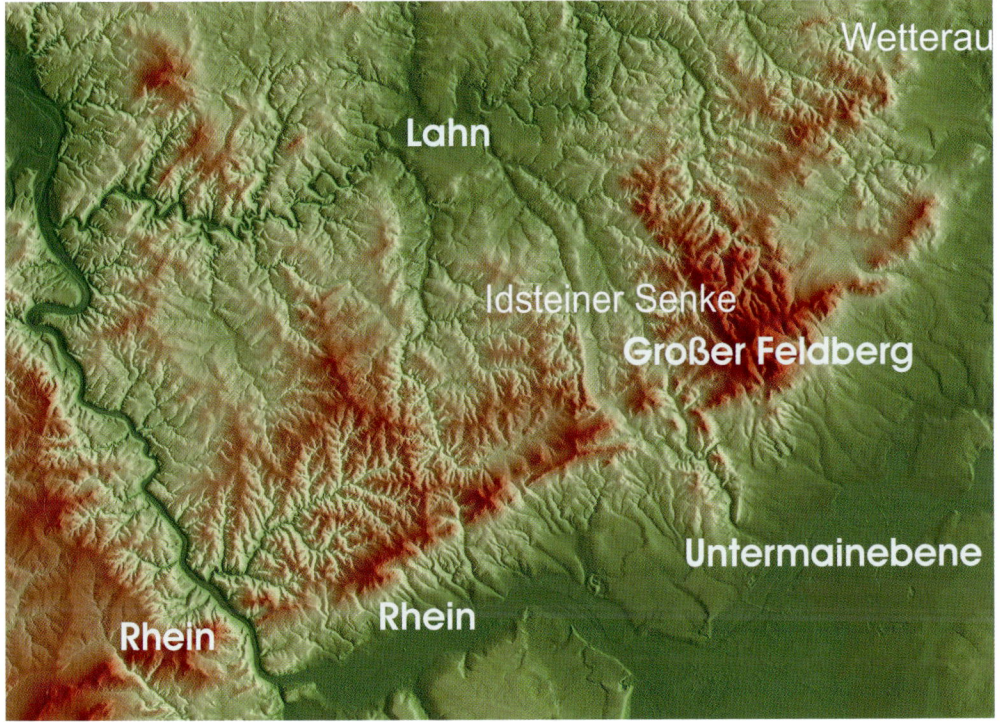

**Abb. 6.** Der Taunus und seine Grenzen

Begrenzt wird das morphologisch in Erscheinung tretende Gebirge „Taunus" im Westen durch das Mittelrheintal, im Norden durch die Lahn, im Osten von der Wetterau. Die südliche Grenze bildet die Linie Untermainebene – Wiesbadener Bucht – rechtsrheinische Rheinaue bis Assmannshausen.

## 1.1.2
## Eine Taunus-Gliederung – das nächste Problem

Sowohl naturräumlich als auch geologisch lässt sich der Taunus der Länge nach von Südwesten nach Nordosten in jeweils drei Abschnitte gliedern, wenngleich auch hier Unterschiede, aber auch Gemeinsamkeiten bestehen. Geologisch ist der Taunus in drei Großeinheiten gegliedert: im Norden die Hintertaunus-Einheit, in der Mitte die Taunuskamm-Einheit und im Süden die Vordertaunus-Einheit. Hinzu kommt noch die Idsteiner Senke als teilendes Element zwischen westlichem und östlichem Hintertau-

nus. Gemäß der naturräumlichen Gliederung werden folgende Haupteinheiten des Taunus ausgewiesen: Vortaunus, Hoher Taunus, Östlicher Hintertaunus, Idsteiner Senke und Westlicher Hintertaunus. Die geologische Vordertaunus-Einheit ist dabei nicht mit dem Vortaunus der naturräumlichen Gliederung identisch, sondern umfasst sehr alte Gesteine, zum Teil vulkanischen Ursprungs, die noch südlich der Taunuskamm-Einheit, etwa bei Eppstein oder Kelkheim, anstehen. Im Gegensatz zum naturräumlichen „Vortaunus" zählt der geologische „Vordertaunus" bereits zum Taunus.

Beide Gliederungsansätze beschreiben einen Mittelgebirgszug mit deutlich asymmet-

# 8    1 Prolog

**Abb. 7.** Vortaunus und Taunuskamm

Blick über die Skyline von Frankfurt am Main zum Vortaunus und Taunuskamm. Für die Frankfurter ist der Taunus, vor allem der Hochtaunus und Hintertaunus, eines der beliebtesten Naherholungsgebiete. Allein der Tourismusverband „Taunus Touristik Service" verzeichnet pro Jahr über 10 Millionen Tagesgäste. Davon sicherlich zahlreiche Tagesgäste aus Frankfurt am Main.

rischer Abdachung, der im linksrheinischen Hunsrück sein Gegenstück findet. Der First dieses Gebirgszuges wird vom harten Taunusquarzit gebildet, der nicht nur geomorphologisch, sondern insbesondere auch hydrogeologisch für die Grundwasserbildung und damit für die Trinkwasserversorgung von Bedeutung ist. Der Gesamtzusammenhang dieses Gebirgszuges wird nur im Hintertaunus durch die Eintiefung der Idsteiner Senke unterbrochen.

**Vortaunus**

Der naturräumlich abgegrenzte Vortaunus stellt mit seinem Kernstück, dem Eppsteiner Horst, ein eigenständiges früher auch als Hofheimer Scholle bezeichnetes Vorgebirge

dar. Zwar scheint es auf den ersten Blick die Südabdachung des Taunus zu bilden, gehört aber geologisch gesehen zur Saar-Saale-Senke und zum Oberrheintalgraben beziehungsweise zur geographischen Region der Untermainebene. Bei der Absenkung des Oberrheintalgrabens ist die „Scholle" des Vortaunus am Taunuskamm sozusagen hängen geblieben. Damit stimmt die naturräumliche Gliederung mit der geologischen überein. Beide Gliederungen zählen die Südabdachung des Gebirges nicht zum eigentlichen Taunus. Dies spiegelt auch die historische Entwicklung wider, denn bei Städten des Vortaunus wie Hofheim oder Schwalbach heißt es „am" und nicht „im" Taunus. Sie liegen vor dem Taunuskamm, vor der „Höh", wenngleich wir den Vortau-

# 1 Prolog

## Großer Feldberg

Wie man den Himalaya mit dem 8.844 Meter hohen Mount Everest gerne als Dach der Welt bezeichnet, so könnte man den Taunus mit dem Großen Feldberg das Dach des Rheinischen Schiefergebirges nennen. Denn mit 881,5 Metern Höhe NN (Normal Null NN = Pegel in Amsterdam) ist der Berg im Taunuskamm der höchste Gipfel dieses Gebirges und nach der 950,2 Meter hohen Wasserkuppe in der Rhön der zweithöchste Berg Hessens. Deshalb gibt es auf dem Großen Feldberg auch eine richtige Bergwacht. Für Wintersportler hat man einen Skilift errichtet und „rassige" Rodelbahnen existieren natürlich auch. Wenn im Rhein-Main-Gebiet Schnee liegt, dann hier – auf dem höchsten Punkt des Schiefergebirges.

**Abb. 8.** Der Brunhildisfelsen auf dem Großen Feldberg

Der Große Feldberg liegt in der Gemarkung der Gemeinde Schmitten im Hochtaunuskreis. Dass der Große Feldberg seine Umgebung deutlich überragt, ist auf die Bruchtektonik während des Tertiärs und Quartärs, dem Eiszeitalter, zurückzuführen. Er wurde gemeinsam mit dem 663 Meter hohen Pferdskopf, einer Erhebung zwischen Finsternthal und Brombach, als Feldberg-Pferdskopf-Scholle stärker als die Umgebung emporgehoben. Der Große Feldberg und sein Gipfel sind aus Schiefern (Bunte Schiefer) und Sandsteinen (Hermeskeil-Schichten) aufgebaut.

**Abb. 9.** Auf dem Gipfelplateau des Großen Feldbergs

Im Gegensatz zu allen anderen hohen Taunusgipfeln der Taunuskamm-Einheit besteht der Gipfel des Großen Feldbergs nicht aus Taunusquarzit. Quarzitische Sandsteine innerhalb der Schiefer mit hoher Verwitterungsresistenz führten dazu, dass eine markante Felsstruktur, Brunhildisfelsen genannt, von der Verwitterung aus der Umgebung herauspräpariert wurde.

Um den Ursprung seines Namens kreisen einige Geschichten. Er soll früher zum Beispiel Veltberc genannt worden sein, was von „Weltberg" stamme. Nach anderer Auffassung leite sich sein Name von Velleda ab. Sie war nach Gaius Cornelius Tacitus eine zu den Hagedisen gehörende germanische Seherin oder Prophetin vom Stamm der Brukterer, die ab dem 4. Jahrhundert zum Stammesverband der Franken zählten. Der Berg sei Velleda geweiht gewesen.

Im Jahr 1937 wurde auf dem Großen Feldberg ein Fernmeldeturm errichtet. Er sollte ursprünglich als Fernsehsendeturm dienen, wurde aber im Zweiten Weltkrieg als Radarturm genutzt. Im Krieg brannte der Turm nach Bombentreffern aus. Nach seinem Wiederaufbau steht er heute unter Denkmalschutz. Der benachbarte, ältere Aussichtsturm des Taunusklubs von 1902 brannte ebenfalls aus, nachdem er 1943 von einem deutschen Flugzeug im Nebel gerammt worden war. 1949 baute der Hessische Rundfunk den Turm wieder auf, um auf ihm eine Sendeanlage zu errichten. Diese dient heute noch als Reserveantenne für UKW.

**10**    1 Prolog

**Abb. 10.** Blick auf den Großen Feldberg

Der Fernmeldeturm auf dem Großen Feldberg markiert weithin sichtbar den höchsten Punkt des Rheinischen Schiefergebirges und der geologisch-tektonischen Taunuskamm-Einheit. Der Blick geht aus Richtung der Feldberggemeinde Schmitten hinweg über Oberreifenberg mit der Burgruine in der rechten Bildmitte zum Großen Feldberg. Der Name „Schmitten" weist auf den ältesten Erwerbs- und Industriezweig des Hochtaunus hin: die Schmiede. Die Schmiedeplätze lagen in den Taunuswäldern. Um das Eisen aus dem Gestein herauszulösen, benötigte man die Holzkohle. Deren Herstellung war der Beruf der Köhler, die in den Wäldern ihre Meiler errichteten. Vielerorts im Taunus findet man auch heute noch die alten Köhlerplätze, die sich durch runde Verebnungen im Gelände mit einem Durchmesser zwischen 10 und 15 Metern auszeichnen.

nus ungeachtet dessen aus morphologischer und letztendlich aus praktischer Sicht zum Taunus hinzurechnen.

Im Gegensatz zum Hohen Taunus ist der Vortaunus eine dicht besiedelte, vergleichsweise waldarme und mehr oder weniger städtisch geprägte Region im Einzugsgebiet von Frankfurt am Main und der hessischen Landeshauptstadt Wiesbaden. Naturräumlich werden weitere Unter- und Teileinheiten des Vortaunus unterschieden: Rheingau-Vortaunus, Rheingau-Wiesbadener Vortaunus, Wiesbadener Vortaunus, Eppstein-Hornauer

Vortaunus, Eppsteiner Horst, Hornauer Bucht, Altkönig-Vorstufe, Königsteiner Taunusfuß, Kronberger Taunusfuß sowie den Homburger Vortaunus.

**Hoher Taunus**

Über eine Strecke von rund 75 Kilometern erstreckt sich der Quarzitkamm des naturräumlichen Hohen Taunus oder der geologischen Taunuskamm-Einheit in südwestlich-nordöstlicher Richtung vom Binger Loch bis zur Wetterau. Im Durchschnitt ist

# 1 Prolog

dieser etwa nur 4 Kilometer breit. Die Höhe liegt meist über 500 Meter über dem Meeresspiegel, nur gegen den Rheingau im Südwesten und gegen die Wetterau im Nordosten wird diese Höhe unterschritten. Die höchste Erhebung bildet der Feldberg mit 881,5 Metern über dem Meer. Die Kammlinie des Hohen Taunus ist schwach gezackt und zeigt einige auch tiefere Einschnitte, in welchen die Passstraßen verlaufen. Auch hier

unterscheidet die naturräumliche Gliederung in: Niederwald, Rheingaugebirge, Wiesbadener Hochtaunus, Feldberg-Taunuskamm, Winterstein-Taunuskamm und Nauheimer Taunussporn.

Mit Ausnahme des Nauheimer Taunussporns ist der Hohe Taunus fast vollständig bewaldet. Der wirtschaftlich genutzte Taunusquarzit des Taunushauptkammes ist durch seine

**Abb. 11.** Das Weiltal im östlichen Hintertaunus

Das Weiltal im östlichen Hintertaunus, hier bei Weilrod, ist bei Wanderern und Radlern, Motorrad- und Oldtimerfahrern gleichermaßen beliebt. Die Weil ist ein linker Nebenfluss der Lahn. Sie entspringt oberhalb des ehemaligen römischen Kastells am Kleinen Feldberg im Taunus und mündet nach etwa 50 Kilometern bei der so genannten „Guntersau" unterhalb von Weilburg in die Lahn. Entlang des Flusses verläuft mit einer Gesamtlänge von etwas über 47 Kilometern ein Rad- und Wanderweg, der durch die Gemeinden Schmitten, Weilrod, Grävenwiesbach, Weilmünster, Weinbach und Weilburg führt. An der Strecke liegen neben beschaulichen Ortschaften das Forsthaus Landstein, die Mappes-, Erbis- und Runkelsteiner Mühle und der Aussichtspunkt „Weiltalblick". Der Weg beginnt beim Roten Kreuz nahe Schmitten und überwindet einen Höhenunterschied von 560 Metern.

**12** 1 Prolog

hohe Durchlässigkeit entlang von Spalten und Klüften bei gleichzeitig reichlichen Niederschlägen von über 800 bis 1.000 Millimetern ein Gestein mit hoher Kluftwasserneubildung und somit als Speichergestein für die Trinkwasserversorgung zahlreicher Taunusgemeinden von Bedeutung.

**Östlicher Hintertaunus**

Vom Kamm des Hohen Taunus fällt der naturräumlich abgegrenzte Östliche Hintertaunus in Form einer zum Lahntal abgedachten Hochfläche ab. Dabei springt er an nördlichster Stelle etwa rechtwinklig in das Marburg-Gießener Lahntal vor. Die sich vorwiegend aus devonischen Tonschiefern, vereinzelt aus Schalstein (Schalstein ist ein lokaler bergmännischer Sammelbegriff, der beispielsweise basaltische Trümmergesteine und unterschiedliche Sedimente umfasst, auch Metavulkaniklastite genannt) und Massenkalk aufbauende Landschaft wird sowohl nach Norden zur Lahn als auch nach Osten aus dem so genannten Usinger Becken über die Usa zur Wetterau hin entwässert. Es werden naturräumlich wiederum folgende Untereinheiten des Östlichen Hintertaunus

**Abb. 12.** Blick über die Idsteiner Senke

Die Idsteiner Senke, die nach Nordwesten in das Limburger Becken übergeht, teilt den Hintertaunus in den westlichen und östlichen Hintertaunus. Das Beckenklima ist infolge der Leelage trocken und warm bei einem Jahresdurchschnittsniederschlag von 590 Millimetern sowie einer mittleren Jahrestemperatur von 8,5 bis 9 Grad Celsius. Es herrschen die charakteristischen, fruchtbaren Böden einer Lösslandschaft vor, nur in den Auenbereichen sind die Böden vom Grundwasser beeinflusst. Die Idsteiner Senke war aufgrund dessen auch in Höhenlagen bis zu 400 Metern schon frühzeitig dicht und dauerhaft besiedelt. Vorgeschichtliche Siedlungen und Gräberfelder der bandkeramischen Kultur (etwa 5500–5000 v. Chr.) sind zahlreich.

# 1 Prolog

**Abb. 13.** Westlicher Hintertaunus

Blick vom Taunussteiner Ortsteil Seitzenhahn zum Aartal. Hier beginnt allmählich das schroff eingesenkte und landschaftlich reizvolle Bad Schwalbach-Hohensteiner Aartal des westlichen Hintertaunus. Einer der beeindruckendsten Abschnitte des Aartals ist die Talenge zwischen Adolfseck und Michelbach. Am 10. Mai 2003 wurde im Aartal der „Aar-Höhenweg" eröffnet, ein Projekt von „Wir von der Aar", einem Zusammenschluss der Gemeinden Taunusstein, Bad Schwalbach, Aarbergen und Hohenstein. Der Aar-Höhenweg hat eine Gesamtlänge von 59,1 Kilometern und führt von der Aarquelle bei Taunusstein-Orlen bis zu ihrer Mündung in die Lahn bei Diez. Schon zur Römerzeit war der Aar-Höhenweg eine Verbindung zwischen den Kastellen entlang des Limes.

unterschieden: Wetzlarer Hintertaunus, Weilburger Hintertaunus (mit Edelsberger Platte), Bodenroder Kuppen, Hasselbacher Hintertaunus, Münster-Maibach-Schwelle, Usinger Becken, Pferdskopf-Taunus und Steinfischbacher Hintertaunus.

**Idsteiner Senke**

Diese weitgehend mit fruchtbarem Löss bedeckte, 3 bis 4 Kilometer breite Senke zwischen westlichem und östlichem Hintertaunus ist als Grabensenke und somit

**14** 1 Prolog

**Abb. 14.** Im Wispertal des westlichen Hintertaunus

Ungefähr 20 Kilometer nordwestlich von Wiesbaden liegt eines der schönsten und waldreichsten Täler des Taunus und ganz Hessens – das Wispertal im westlichen Hintertaunus oder genauer im naturräumlichen Wispertaunus. Das rund 29 Kilometer lange Flüsschen Wisper entspringt am Heideküppel bei Heidenrod und mündet bei Lorch in den Rhein. Das Wispertal bietet in den niederen Lagen auf den flachen Südwesthängen eine ökologische Besonderheit: Dort wachsen ehemalige Eichen-Niederwälder, deren Eicheln während des Mittelalters zur Schweinemast und später zur Gerbstoffgewinnung genutzt wurden. Heute werden sie sich selbst überlassen und beherbergen eine einzigartige Flora an Flechten und Moosen. Rentierflechten (*Cladonia rangiferina*) wachsen dank des außergewöhnlichen Wispertal-Klimas so üppig wie sonst nur in den Alpen oder in Skandinavien. Mit sehr viel Glück kann man sogar der heimischen Wildkatze begegnen, die noch vor kurzem vom Aussterben bedroht war. Im Wispertaunus erreicht sie heute wieder eine recht stabile Populationsgröße. Eine weitere Besonderheit des Wispertales ist der „Wisperwind". Dabei handelt es sich um einen Bergwind, der in der Nacht und am frühen Morgen aus dem Tal der Wisper weht. Meist bei einer stabilen Hochdrucklage entwickelt sich in der Nacht ein Kaltluftstrom, der von den Hängen ins Tal und dort weiter Tal auswärts weht, wo er schließlich bei Lorch ins Rheintal strömt. Wegen des streckenweise recht engen Talquerschnitts wird die Luft dabei wie durch eine Düse gepresst und beschleunigt, so dass der Wisperwind auch recht böig sein kann. Der böigen Luftströmung wurde im 19. Jahrhundert von Ferdinand Freiligrath (1810–1876) mit dem Gedicht „Wisperwind" ein poetisches Denkmal gesetzt.

als Fortsetzung des Limburger Beckens in das Gebiet des Hintertaunus aufzufassen. Limburger Becken und Idsteiner Senke bilden dabei einen Teilgraben des Oberrheingrabens, der sich geradlinig in den Taunus hinein fortsetzt. Dieser ist wiederum eine gewaltige und erdbebenreiche Bruchzone, die westlich von Marseille am Mittelmeer beginnt und über den Rheintalgraben bis nördlich von Oslo zum Miøsa-See reicht. Ein Seitenast dieser als Mittelmeer-Miøsa-Zone bezeichneten Bruchzone ist in der Idsteiner Senke markiert. Die Idsteiner Senke

untergliedert sich naturräumlich in folgende Teileinheiten: in den Idsteiner Grund, den Escher Grund und in den zwischen beiden liegenden Idsteiner Wald sowie in den Goldenen Grund der sich zwischen Waldems-Bermbach und Limburg-Lindenholzhausen erstreckt. Der volkstümliche Name „Goldener Grund" dieses Abschnittes der Idsteiner Senke geht auf die weithin lössbedeckte fruchtbare Ackerlandschaft zurück. Ausläufer der Idsteiner Senke erreichen in Form des Autals auch Niedernhausen.

# 1 Prolog

**15**

### Westlicher Hintertaunus

Diese naturräumliche Haupteinheit des Taunus weist landschaftlich einige stärkere Kontraste auf. So umfasst die Untereinheit des Wispertaunus, auch „Hinterwald" genannt, zusammen mit dem auch als „Kemeler Heide" bekannten westlichen Aartaunus das stark bewaldete Einzugsgebiet der Wisper. Demgegenüber steht das Niederschlagsgebiet der oberen Aar mit der weiten Oberaarmulde, dem gering bewaldeten östlichen Aartaunus und dem schroff eingesenkten Bad Schwalbach-Hohensteiner Aartal. Die Zorner Hochfläche, ein Gegenstück zur linksrheinischen Hunsrückhochfläche, reicht von rheinland-pfälzischem Gebiet nur mit einem Zipfel nach Hessen herein. Weitere naturräumliche Untereinheiten des Westlichen Hintertaunus sind: Mittelrheintaunus, Unterlahnhöhen, Nastätter Mulde und Katzenelnbogener Hochfläche.

### Eine morpho-„logische" Gliederung

Im Sinne eines morphologisch oder geographisch in Erscheinung tretenden Taunus, der

**Abb. 15.** Blick über das Wispertal von Heidenrod-Dickschied

Den 600 Einwohnern von Dickschied wird einiges zum Thema Natur und Taunus geboten. Denn hier befindet sich, romantisch mitten im Wald gelegen, das Naturfreundehaus. Der „Treffpunkt" für Waldexkursionen und erlebnisreiche Tage der Naturerkundung – für den Naturfreund von nah und fern. Schon im Mittelalter betrieben die Bauern Landwirtschaft auf den Hochflächen über dem Wispertal. In den ausgedehnten Wäldern wurden Zehntausende Schweine gemästet und zahllose Köhlereien unterhalten. Man begann damit, kilometerlange Stollen in den weichen Hunsrückschiefer, das vorherrschende Gestein dieser Region, zu treiben. Wenn man nicht gerade nach Erzen suchte, war es der Schiefer selbst, der für Haus- und Dachverkleidungen begehrt war. Heute sind die Gruben schon lange stillgelegt, der Abbau lohnt nicht mehr und Schiefer wird stattdessen aus Spanien und anderen Ländern importiert. Die alten Stollen dienen heute Spinnen und Fledermäusen als ideale Behausung.

**16**  1 Prolog

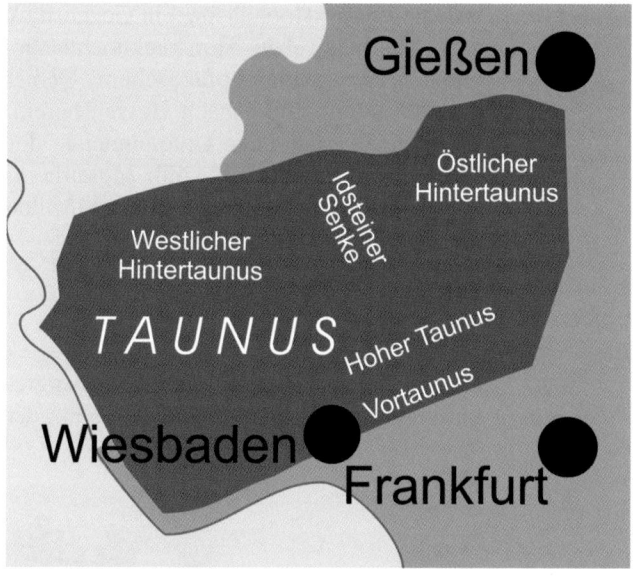

**Abb. 16.** Gliederung des Taunus
Der Taunus lässt sich morphologisch in 5 Haupteinheiten untergliedern: Vortaunus, Taunuskamm oder Hoher Taunus, westlicher und östlicher Hintertaunus und die Idsteiner Senke.

den naturräumlichen Vortaunus als Gesamterhebung mit einbezieht, lässt sich der Taunus ebenfalls wieder in drei Haupteinheiten gliedern. Und zwar in den Vortaunus mit jüngeren Gesteinen des Rotliegend und des Tertiärs, der die Südabdachung des Gebirges bildet, den Taunuskamm aus devonischen und vordevonischen Gesteinen (unter anderem Taunusquarzit, Hermeskeil-Sandstein, Bunte Schiefer, Phyllite, Sericitgneise) sowie den flacher zur Lahn hin abfallenden Hintertaunus aus devonischen Schiefern. Wobei hier noch zwischen westlichem und östlichem Hintertaunus, getrennt durch die Idsteiner Senke, unterschieden werden kann.

## 1.2
## Die Sprache der Gesteine

Jeder, der sich – auch als interessierter Laie – einmal mit historischen Fragen der Menschheitsgeschichte beschäftigt hat, weiß, wie

schwierig es ist, Begebenheiten und Entwicklungen der Vergangenheit oder Biographien berühmter Persönlichkeiten zu rekonstruieren. Und je weiter historische Ereignisse zurückliegen, desto schwieriger wird ein solches Vorhaben. In vielen Fällen liefern nur noch Scherben, Ausrüstungsgegenstände oder die Überreste von Behausungen neue wissenschaftliche Erkenntnisse. In kriminalistisch anmutender Detailarbeit blättern Historiker, Archäologen, Anthropologen und viele andere Forscher in der Geschichte des anatomisch modernen Menschen (*Homo sapiens*).

Dieser anatomisch moderne Mensch existiert nach bisherigen Erkenntnissen der Paläoanthropologie seit etwa 150.000 Jahren. Bei Funden unserer bislang ältesten Vorfahren, darunter *Ardipithecus ramidus*, der vor etwa 4,4 Millionen Jahren in Ostafrika lebte und *Australopithecus anamensis*, der 1994 von der Paläoanthropologin Meave Leakey in der Nähe des nordkenianischen Turkanasees entdeckt und auf ein Alter von etwa 4,2 bis 3,8 Millionen Jahre vor heute datiert

# 1 Prolog

wurde, gestaltet sich die Erforschung unserer Vergangenheit bereits deutlich schwieriger. Aus dieser Zeit gibt es weder Scherben noch Überreste von Bauten geschweige denn schriftliche Überlieferungen. Lediglich Knochenüberreste geben der Forschung Hinweise auf das Aussehen und die mögliche Lebensweise dieser Vorfahren. Die Gesteine des Taunus haben im Vergleich zu unseren ältesten Vorfahren das unvorstellbare Alter von mehr als 400 Millionen Jahren. Und dennoch wissen wir heute vieles über die erdgeschichtliche Vergangenheit der Gesteine und der Landschaft dieses Gebirges. Vielleicht sogar mehr als über unsere Vorfahren.

Der Mensch lernte über Jahrhunderte die Sprache der Gesteine zu verstehen und in der Landschaft zu lesen. Moderne Labormethoden und die Errungenschaften der elektronischen Datenverarbeitung helfen ihm heute dabei und bringen immer wieder neue Details dieser Sprache ans Licht. Es ist somit das Verdienst von Generationen an Geologen, Geographen, Geomorphologen, Paläontologen, Geophysikern und Mineralogen, aber auch von engagierten Gesteins- und Fossiliensammlern und Naturbegeisterten, dass wir um das Alter der Taunusgesteine wissen und die Geschichte dieser Mittelgebirgslandschaft heute in groben Zügen kennen, auch wenn sie noch zahlreiche Geheimnisse und mitunter Widersprüchliches birgt.

## 1.2.1
## Übersetzer oder: Forscher im Taunus

Es würde den Rahmen dieses Buches unweigerlich sprengen, all diejenigen Geowissenschaftler und Geowissenschaftlerinnen zu erwähnen, die sich um die Erforschung

des Taunus verdient gemacht haben, indem sie die „Sprache der Gesteine und der Landschaftsformen" entschlüsselten. Dennoch soll an dieser Stelle nicht darauf verzichtet werden, zumindest einige herausragende Persönlichkeiten und ihr Wirken sowie einige ihrer grundlegenden Arbeiten zum Taunus vorzustellen und zu würdigen.

### Ein Pionier:
### Carl Ludwig Fridolin von Sandberger

Als einer der Pioniere bei der Erforschung des Taunus ist sicherlich Prof. Dr. Carl Ludwig Fridolin v. Sandberger zu nennen. Er wird 1826 in Dillenburg als Sohn von Johann Philipp Sandberger, Professor am Weilburger Gymnasium, geboren. Und er gehört zur ersten Generation derer, die nicht mehr unter dem Aspekt einer idealistischen

**Abb. 17.** Prof. Dr. Carl Ludwig Fridolin v. Sandberger (1826–1898)

Naturphilosophie, sondern im Zeichen der exakten Wissenschaft ausgebildet werden. Dies ist nicht zuletzt auf seine Lehrer zurückzuführen, zu denen die berühmten Chemiker Robert Wilhelm Bunsen (1811–1899) und sein Doktorvater Justus Freiherr von Liebig (1803–1873) gehörten.

1847 beginnt er gemeinsam mit seinem Bruder Dr. Guido Sandberger (1821–1879) sein Hauptwerk „Versteinerungen des Rheinischen Schichtsystems in Nassau". Ein weiteres gemeinsames Werk mit seinem Bruder Guido ist die „Übersicht über die naturhistorische Beschaffenheit des Herzogthums Nassau" aus dem Jahr 1857. Im Jahr 1893 beschäftigt sich Fridolin Sandberger mit der Frage der Löslichkeit der Salze in den Mineralquellen des Vordertaunus. Carl Ludwig Fridolin v. Sandberger erhält viele Ehrungen und wird für seine Verdienste um die mineralogische und paläontologische Erforschung des Herzogtums Nassau geadelt, das weite Teile des Taunus und Westerwaldes umfasste. Er stirbt 1898 in Würzburg. Bedeutende Teile seiner paläontologischen Sammlung hat der Nassauische Verein für Naturkunde gekauft, dessen Vorsitzender, damals Sekretär genannt, er von 1849–1855 war. Sie befinden sich heute in der naturwissenschaftlichen Sammlung des Museums Wiesbaden.

**Forscher mit Denkmal:**
**Carl Jacob Wilhelm Koch**

Die ersten geologischen Kartierungen des Taunus im Maßstab 1:25 000 gehen auf Dr. Carl Jacob Wilhelm Koch zurück, der als Landesgeologe für den Regierungsbezirk Wiesbaden arbeitete. Koch wird 1827 in Heidelberg geboren und studierte dort unter anderem die Fächer Physik und Chemie. Sein Studium schließt er 1850 in Gießen ab. Nachdem er 12 Jahre lang eine Gießerei geführt hatte, lehrt er ab 1872 nach Zwischenstationen an der Bergschule in Dillenburg und als Lehrer für Naturwissenschaften in Frankfurt am Main am Landwirtschaftlichen Institut Hof Geisberg sowie am Chemischen Laboratorium Fresenius. In erster Linie war er jedoch als Landesgeologe tätig.

---

**Nassauischer Verein für Naturkunde**

Am 31. August 1829 kamen auf Einladung des Majors Freiherr von Breidbach-Bürresheim 141 Wiesbadener Bürger zur konstituierenden Sitzung des „Vereins für Naturkunde im Herzogthum Nassau" zusammen. Ihr Ziel war es unter anderem, durch die Einrichtung eines Museums (heute die naturhistorische Landessammlung im Museum Wiesbaden) die Naturwissenschaften für jeden verständlich und erfahrbar zu machen. Damit war einer der heute traditionsreichsten naturkundlichen Vereine in Deutschland gegründet. Mit der Annexion durch Preußen endete im Jahre 1866 die Geschichte des Herzogtums Nassau und der Verein erhielt einen neuen Namen, den er bis heute trägt: Nassauischer Verein für Naturkunde. Dem Ziel der Gründungsmitglieder, das Interesse der Menschen an der Natur zu wecken, ist der Verein bis heute treu geblieben und kümmert sich nach wie vor um den Erhalt der Naturwissenschaftlichen Sammlungen im Museum Wiesbaden.

Der Nassauische Verein für Naturkunde war und ist stets ein Forum für interessierte Laien, um mit Naturwissenschaftlern zu diskutieren, Fragen zu stellen und um in die komplexe Materie der verschiedenen Fachdisziplinen, wie zum Beispiel Botanik, Zoologie, Geologie, Mineralogie oder Paläontologie, einzudringen. Hauptberufliche Wissenschaftler, darunter zahlreiche Vereinsmitglieder, aber auch Gäste, boten und bieten dazu vielfältige Gelegenheit. Themenschwerpunkte sind heute Landschaft, Natur und Mensch mit ihren vielfältigen Wechselbeziehungen. Besonderes Gewicht wird auf die Erkundung in der Region gelegt. Viele der führenden „Taunusforscher" waren und sind Mitglieder im Nassauischen Verein für Naturkunde, der in der Wiesbadener Rheinstraße 10 seinen Sitz hat.

# 1 Prolog

**Abb. 18.** Dr. Carl Jacob Wilhelm Koch (1827–1882)

Koch weist unter anderem nach „das an der Grenzscheide zwischen Phylliten und Quarziten fast alle Bäche des Taunus entspringen, und zwar deshalb, weil die spaltenreichen Quarzite das Wasser auf bedeutende Tiefen herablassen, so dass sich keine Quellen bilden, während die wenig durchlässigen Phyllite das Wasser zurückhalten, wobei der Überlauf über die höchsten Erhebungen der Phyllitschichten den Ursprung der Bäche bildet." Eine Kommission der Stadt Wiesbaden schafft auf der Grundlage von Kochs Gutachten die Voraussetzungen zum Bau der Wiesbadener Trinkwasserstollen. Koch erkundet systematisch den Taunus, erkennt dessen Wasserreichtum und ist Direktor des Museums Wiesbaden. Von 1880–1882 ist er Sekretär (Vorsitzender) des Nassauischen Vereins für Naturkunde in Wiesbaden, wo

er 1882 stirbt. An sein Verdienst um die Stadt erinnert heute das „Koch-Denkmal" im Nerotal aus dem Jahr 1883. Das Denkmal, gestaltet durch den Bildhauer Hermann Schies, wurde am 4. November 1883 am Fuß des Speierskopfs im hinteren Nerotal, dem Lieblingsplatz Kochs, enthüllt. Es besteht aus einer obeliskartigen Stele mit Unterbau aus Granit und Syenit. Auf der Vorderseite befindet sich das Portrait Kochs. Der Sockelblock trägt die Inschrift: „Dem Andenken des Landesgeologen Dr. Carl Koch. Gewidmet von seinen Freunden, Mitarbeitern und Schülern 1883.

### Der Vermittler: August Leppla

Auf Professor Dr. August Leppla geht die geologische Kartierung einiger Gebiete des südlichen Taunus zurück. Darunter das Blatt

**Abb. 19.** Prof. Dr. August Leppla (1859–1924)

## 1 Prolog

5816 Königstein im Taunus. Leppla wird 1859 in Matzenbach bei Kusel geboren und studiert ab 1878 Naturwissenschaften an den Technischen Hochschulen in Aachen und München. Nach seinem Wechsel nach Straßburg wendet er sich ausschließlich der Geologie und dem Bergbau zu. 1882 promoviert er in Freiburg im Breisgau mit dem Thema „Der Remigiusberg bei Cusel". 1888 wird er Mitarbeiter der preußischen Geologischen Landesanstalt in Berlin. Im Jahr 1900 wird Leppla Landesgeologe und Professor.

1910 wird Leppla als Landesgeologe nach Wiesbaden versetzt. Von 1901 an gehörte er dem Nassauischen Verein für Naturkunde an, wodurch erstmals wieder ein aktiver Ge-

ologe unter den Mitgliedern weilte. Nach seiner Wahl in den Vereinsvorstand 1915 wurde er 1920 Vorsitzender des Vereins. Sein besonderes Anliegen in seiner Wiesbadener Zeit war die Schaffung eines erdkundlichen nassauischen Heimatmuseums. Leppla hat häufig Anstoß daran genommen, dass es in der Baumaterialienkunde viele Bezeichnungen gibt, die mit der geologischen und petrographischen Benennung nicht im Einklang stehen. In einem im Jahr 1899 in der Zeitschrift „Baumaterialienkunde" erschienenen Aufsatz schreibt er, „dass es nun an der Zeit sei, die Verbindung zwischen der technischen Prüfung von Gesteinen und den Ergebnissen petrographischer Forschungen zu knüpfen". Seine Vermittlungsversuche fruchteten nicht, und die Bezeichnungen

---

**Die naturhistorische Landessammlung im Museum Wiesbaden**

Im Jahr 1829 wurde das Wiesbadener Naturkundemuseum zusammen mit dem Nassauischen Verein für Naturkunde durch Bürger der Region und mit Unterstützung des Herzogs Wilhelm Georg August Heinrich Belgus zu Nassau (1792–1839) gegründet. Das beginnende neunzehnte Jahrhundert war unter anderem durch die gewaltigen Entdeckungen in den Naturwissenschaften geprägt. Infolgedessen kam auch in Wiesbaden der Wunsch nach einer festen Institution mit einer naturwissenschaftlichen Sammlung auf.

Das Museum bezog einige große Räume im ehemaligen Erbprinzenpalais auf der Wilhelmstraße. Vieles war zu Beginn noch improvisiert und zwischen öffentlicher Ausstellung und wissenschaftlicher Sammlung wurde nicht unterschieden. Der Schwerpunkt der Sammlungen sollte auf der Dokumentation der

**Abb. 20.**
Eingangsbereich des Museums Wiesbaden mit dem Goethe-Denkmal

# 1 Prolog

**Abb. 21.**
Die naturhistorische
Landessammlung

lokalen, nassauischen Natur liegen. Da es an einer Universität mangelte, konnten Dank des Museums einige wichtige Aufgaben von diesem übernommen werden, die der Forschung dienten. Der Anspruch, das Gebiet von Nassau in den Mittelpunkt der Sammlungen zu stellen, war allerdings schon mit der Gründung verwirkt. Denn bei der umfangreichen Gründungssammlung handelte es sich um eine weltweit angelegte. Diese vom Frankfurter Bankier Johann Christian Gerning (1745–1802), dem Vater von Johann Isaac von Gerning, aufgebaute Insekten- und Schmetterlingssammlung gehört auch heute noch zu den Schmuckstücken des Museums.

Neben der noch etwas in den Kinderschuhen stehenden öffentlichen Ausstellung diente das Museum auch als Versammlungsort der verschiedenen Interessensgruppen, wie beispielsweise der botanischen Sektion des Nassauischen Vereins für Naturkunde. Einhergehend mit den Naturobjekten konnten auch zahlreiche wissenschaftliche Schriften gesammelt werden, die den Grundstock der heute noch oft genutzten Bibliothek bildeten. Das Museum diente auch dem Zeitschriftentausch mit anderen naturwissenschaftlichen Vereinigungen.

Der zur Verfügung stehende Platz im Erbprinzenpalais reichte schon bald nicht mehr aus und mit dem von der Stadt Wiesbaden angebotenen Neubau an der heutigen Friedrich-Ebert-Allee gelang der entscheidende Schritt in die Zukunft. Mit dem Einzug in das neue Gebäude im Kriegsjahr 1915 kam es zu gewaltigen Veränderungen. Erstmals standen ausreichend Platz für die Werkstätten und Studierzimmer, die Bibliothek, die Magazine und Ausstellungen zur Verfügung. Nur wenigen Städten im damaligen Deutschen Reich war ein solcher Luxus vergönnt. Einhergehend mit dem Wechsel in den Neubau konnten deutlicher die reinen Schausammlungen von den wissenschaftlichen Sammlungen getrennt werden. Der Anspruch auf allumfassende Präsentation hatte nicht mehr oberste Priorität und erste Ansätze zu einer modernen Präsentationsform konnten verwirklicht werden. Zu diesen zählen die nachgebauten Lebensräume (Dioramen), die auch heute noch attraktiv sind.

Von einigen wenigen Ausnahmen abgesehen, überstanden die Sammlungen auch den 2. Weltkrieg unversehrt. Die naturhistorische Landessammlung besitzt heute Sammlungen aus den Bereichen Zoologie, Botanik, Geologie, Mineralogie, Paläontologie und Ethnographica, darunter sehr schöne Stücke aus dem Taunus. Mit dem heutigen Bestand gehört sie zu den 15 größten naturkundlichen Sammlungen in Deutschland.

**22**  1 Prolog

**Abb. 22.** Prof. Dr. Franz Michels (1891–1970)

Prof. Dr. Franz Michels (links) und Prof. Dr. Hans-Joachim Lippert, Vorsitzender des Nassauischen Vereins für Naturkunde von 1970–1980, aufgenommen um das Jahr 1969.

wurden bis heute nicht in Einklang gebracht. Leppla stirbt unerwartet im April 1924.

### Pianoforte oder: Franz Michels

Prof. Dr. Franz Michels wird 1946 der erste Direktor des Landesamtes für Bodenforschung. Er bekleidet dieses Amt bis er am 1. April 1959 in den Ruhestand geht. Franz Michels wird 1891 in Eltville geboren. Nach dem Abitur studierte er Naturwissenschaften mit Schwerpunkt Geologie an den Universitäten Freiburg im Breisgau, München, Bonn und Frankfurt am Main. Nach dem Ersten Weltkrieg promoviert er mit dem Thema „Das Roteisenlager der Grube Neue Lust" bei Nanzenbach im Dillkreis. Im Jahr 1922 beginnt er als Geologe bei der Preußischen Geologischen Landesanstalt, dem späteren Reichsamt für Bodenforschung, seine Arbeit, nach der er sich beim Klavierspiel und klassischer Musik entspannt. Sieben geologische Karten mit Erläuterungen des Nassauischen Landes mit Randgebieten und somit auch des Taunus schließt er ab. Sechs weitere sind zum Zeitpunkt seines Todes noch nicht veröffentlicht. Dem

Nassauischen Verein für Naturkunde tritt er 1928 bei. 1954 ernennt ihn der Verein zum Ehrenmitglied. 1960 wird er zum 1. Vorsitzenden des Vereins. Franz Michels stirbt am 19. März 1970.

### Forscher mit besonderem Ehrgeiz: Friedrich Kutscher

Besondere Verdienste um die Erforschung des Hunsrückschiefers, einem im Hintertaunus weit verbreiteten Gestein, sind Prof. Dr. Friedrich Kutscher zuzuschreiben, der auch ein passionierter Wanderer war. Er wird 1907 im Hunsrücker Weinort Manubach geboren. 1926 beginnt er in Marburg an der Lahn ein Studium der Naturwissenschaften, das er in Heidelberg und Berlin fortsetzt. 1931 promoviert er mit dem Thema „Zur Entstehung des Hunsrückschiefers am Mittelrhein und auf dem Hunsrück". Ab 1934 arbeitet Kutscher an der Preußischen Geologischen Landesanstalt.

Nach seiner Rückkehr aus Russland wird er im Jahr 1950 Bezirksgeologe beim Hessischen Landesamt für Bodenforschung (HLfB). Er beendet dort seine Arbeit 1972

# 1 Prolog

**Abb. 23.** Prof. Dr. Friedrich Kutscher (1907–1988)

als stellvertretender Amtsleiter. 1977 ernennt ihn der Nassauische Verein für Naturkunde für seine Verdienste um die Erforschung des Hunsrückschiefers zum korrespondierenden Mitglied. In 18 Veröffentlichungen in den Jahrbüchern des Landesamtes und 15 Beiträgen in den Mitteilungen des Vereins hat er sich mit der Geologie des Taunus beschäftigt. Diese sind jedoch nur ein kleiner Teil seiner Publikationen. Denn er hatte sich das sehr ehrgeizige Ziel gesetzt, 500 Arbeiten zu publizieren. Besondere Verdienste erwirbt sich Kutscher um die Wasserversorgung des Landkreises Usingen. Friedrich Kutscher stirbt 1988 in Wiesbaden.

## Von den Alpen zum Taunus: Witigo Stengel-Rutkowski

Unter den Geologen, die sich mit der jungen Tektonik im Taunus und im östlichen Rheinischen Schiefergebirge und insbesondere mit ihrer hydrogeologischen Bedeutung befasst haben, ist Dr. Witigo Stengel-Rutkowski an erster Stelle zu nennen. Das gilt ebenso, wenn es um einen Fachmann für Mineral- und Thermalwässer, aber auch für die Versorgung der Städte und Gemeinden

im Taunus mit Grundwasser geht. Witigo Stengel-Rutkowski wird am 25. Mai 1935 im thüringischen Jena als ältestes Kind des des Mediziners Dr. med. habil. Lothar Stengel-Rutkowski und seiner Ehefrau Monika geboren. 1954 macht er in Marburg an der Lahn Abitur, woran sich sein Studium der Geologie an der Philipps-Universität Marburg sowie an der Eberhard-Karls-Universität in Tübingen anschließt. Seine Diplomarbeit und spätere Dissertation fertigt er über die Geologie der Umgebung von Lech (Vorarlberg) an.

Am Hessischen Landesamt für Bodenforschung (HLfB) in Wiesbaden ist Witigo Stengel-Rutkowski 38 Jahre tätig, zuletzt als Geologiedirektor und verantwortlich für Grundwasserfragen und die Wasserversorgung in weiten Teilen Hessens. Zwei Jahre Auslandstätigkeit führen ihn nach Zaire, in alle Sahelländer Afrikas und nach Marokko. Seinen 70 Fachpublikationen, darunter Titel wie „Bruch- und Dehnungstektonik im östlichen Rheinischen Schiefergebirge als Auswirkung des Oberrheingrabens" oder „Die Säuerlinge des Westtaunus – Nachzügler eines neogenen Vulkanismus oder Vorboten künftiger tektonischer Aktivität?", schlie-

**Abb. 24.** Dr. Witigo Stengel-Rutkowski (geb. 1935)

ßen sich zahlreiche allgemeinverständlich gehaltene Veröffentlichungen für Ortschroniken und Festschriften an.

Neben seiner Mitgliedschaft im Oberrheinischen Geologischen Verein, dem er seit 1964 angehört, war und ist Witigo Stengel-Rutkowski für zahlreiche Vereine und Verbände ehrenamtlich tätig. Seit 1967 ist er Mitglied im Nassauischen Verein für Naturkunde und heute der 2. Vorsitzende. Im Jahr 2004 erhielt er die Verdienstmedaille des Vereins, für den er Exkursionen durchführt und Vorträge hält. Witigo Stengel-Rutkowski, zu dessen Leidenschaften auch das Klavierspiel, die Botanik, Geschichte und Ornithologie zählen, lebt in der hessischen Landeshauptstadt Wiesbaden.

**Die „erste Geige": Arno Semmel**

Mit der Erforschung der Entwicklung der Taunuslandschaft im Tertiär und im Eiszeitalter, ihrer Sedimente, Landschaftsformen und Böden ist der Name von Prof. Dr. Dr. h. c. Arno Semmel eng verbunden. Arno Semmel wird 1929 in Selchow, Pommern, geboren und studiert von 1953 bis 1959 Geographie, Geologie und Chemie in Rostock, Berlin und Frankfurt am Main. 1967 habilitiert er sich für das Fach Geographie an der mathematisch-naturwissenschaftlichen Fa-

kultät der Johann Wolfgang Goethe-Universität Frankfurt am Main. Semmel war unter anderem Regierungsgeologe des Staatlichen Geologischen Dienstes am Hessischen Landesamt für Bodenforschung in Wiesbaden (heute Hessisches Landesamt für Umwelt und Geologie, kurz HLUG), Wissenschaftlicher Rat und Professor am Geographischen Institut der Universität Würzburg und zuletzt Professor am Institut für Physische Geographie der Universität Frankfurt am Main. 1991 erfolgt auf eigenen Wunsch die Versetzung in den Ruhestand. Danach hatte er bis 1999 einen unvergüteten Lehrauftrag für Quartärgeologie am Institut für Geowissenschaften der Johannes Gutenberg-Universität Mainz – eine Disziplin, in der er, was die deutsche Mittelgebirgslandschaft betrifft, sicherlich mit die „erste Geige" spielt. Und die spielt er neben dem Akkordeon tatsächlich zur Entspannung – die erste Geige, die er vom Vater übernommen hat.

Die naturwissenschaftlich-mathematische Fakultät der Ruprecht-Karls-Universität Heidelberg verlieh Arno Semmel anlässlich ihres 600jährigen Bestehens im Jahr 1986 die Ehrendoktorwürde (Dr. rer. nat. h. c.) „…für seine grundlegenden und wegweisenden Beiträge zu einer ökologisch orientierten und anwendungsbezogenen Geomorphologie".

# 1 Prolog

**Abb. 25.** Prof. Dr. Dr. h. c. Arno Semmel (geb. 1929)

Semmel machte sich speziell auch um die Erforschung, Gliederung und Datierung der eiszeitlichen Deckschichten im mitteleuropäischen Raum und somit auch des Taunus verdient. Er erkannte ihre Bedeutung für die Bodenentwicklung, den Landschaftshaushalt und somit für die Standortqualität. Ebenfalls zu erwähnen ist die auf ihn zu-

## Der Staatliche Geologische Dienst (SGD) in Hessen

Der SGD in Hessen ist dem Hessischen Landesamt für Umwelt und Geologie (HLUG) in Wiesbaden zugeordnet. Zu seinen Aufgaben zählen unter anderem die geologische und bodenkundliche Landesaufnahme, der Boden- und Geotopschutz, die Beurteilung der Standsicherheit von Böschungen, Gebäuden, Talsperren und anderen Bauten, die geotechnische Langzeitbeobachtung des Weltnaturerbes Grube Messel bei Darmstadt, das Erfassen und Darstellen von Georisiken und die hydrogeologische und wasserwirtschaftliche Standortbeurteilung für die Errichtung von Erdwärmesonden in Hessen. Des Weiteren wird die Erdbebenaktivität in Hessen mit 8 seismischen Stationen des Hessischen Erdbebendienstes (HED) am HLUG überwacht. Der Fachbereich Rohstoffgeologie hat die Aufgabe, wirtschaftlich nutzbare mineralische Rohstoffe, so genannte Lagerstätten, zu erkunden, zu bewerten, darzustellen und in die Landesplanung zur langfristigen Sicherung und nachhaltigen Nutzung einzubringen. Das Aufgabengebiet Hydrogeologie im HLUG beschäftigt sich mit allen Fragen des Grundwasserschutzes und der Grundwassernutzung. Eine der Hauptaufgaben des SGD ist letztendlich die Beratung der hessischen Landesregierung und ihr nachgeordneter Dienststellen. Das HLUG geht auf die Gründung der Kurhessischen Geologischen Landesanstalt im Jahr 1853 zurück. 1873 geht die Kurhessische Geo-

**Abb. 26.** Die Rheingaukaserne, Sitz des Hessischen Landesamtes für Umwelt und Geologie in Wiesbaden

**26** 1 Prolog

logische Landesanstalt in der Preußischen Geologischen Landesanstalt auf. 1939 wird die Reichsstelle für Bodenforschung durch Zusammenlegung von zehn Geologischen Landesanstalten gebildet. 1945 wird das Hessische Geologische Landesamt im Regierungsbezirk Darmstadt gegründet und im Jahr 1946 erfolgt mit Genehmigung der Militärregierung die Gründung des Hessischen Landesamtes für Bodenforschung (HLfB). Durch Zusammenlegung des Hessischen Landesamtes für Bodenforschung mit der Hessischen Landesanstalt für Umwelt (HLfU) gibt es seit dem 1. Januar 2000 das Hessische Landesamt für Umwelt und Geologie, das in der Rheingaukaserne (Rheingaustraße186) beherbergt ist. Das Kasernengebäude wurde von 1857–1860 unter Herzog Adolf von Nassau (1817–1905) gebaut und galt zu seiner Zeit als die modernste Kaserne Europas.

rückzuführende Gliederung und zeitliche Einordnung von Flussterrassen und ihren Sedimenten. Zu seinen Forschungsschwerpunkten zählen die Quartärgeologie, die Bodengeographie und die angewandte konventionelle Geomorphologie. Zahlreiche Datierungen im Würm-Löss, seine Stratigraphie sowie quartärstratigraphische Begriffe gehen auf Arno Semmel zurück. Semmel führte weltweit Forschungsprojekte durch, dabei oft als Gutachter im Rahmen der Entwicklungshilfe, Regionalplanung oder Umweltsicherung. Doch er blieb dem Taunus bis heute treu.

„Junge Schuttdecken in hessischen Mittelgebirgen", „Tertiäre Formenelemente in der Idsteiner Senke und im Eppsteiner Horst", „Taunus: Die Erdkruste ist noch aktiv", „Untersuchungen zur quartären Tektonik am Taunus-Südrand", „Die Formenentwicklung im Bereich des Limburger Beckens und des westlichen Hintertaunus im Tertiär und Quartär" oder „Bodenhorizonte und Lagen im Taunus und dessen südlichem Vorland" sind nur eine kleine Auswahl von zahlreichen Publikationen Arno Semmels über den Taunus. Und weil Semmel immer noch ein rastloser Wanderer unter seinen Berufskollegen ist und der Forschung auch weiterhin zur Verfügung steht, werden es vermutlich noch mehr. Vielleicht ist dies auch ein Grund für seine Vorliebe, die er dem österreichischen Komponisten Franz Schubert und insbesondere dessen „Impromptus" entgegen bringt. Arno Semmel lebt in Hofheim am Taunus.

**Abb. 27.** Diplom-Geologe Hans-Jürgen Anderle (geb. 1939)

**Jazz und Kunst: Hans-Jürgen Anderle**

Wenn es um die Frage nach einem Fachmann für die Geologie des Taunus und seinem tektonischen Bau geht, wird als Antwort sicherlich der Name Hans-Jürgen Anderle fallen. Nur wenige dürften die Geologie des Taunus so gut kennen wie er. Anderle wird am 23. Januar 1939 in Reichenberg, heute Liberec, in Nordböhmen geboren und kam über Zittau in Sachsen nach Frankfurt am Main. Dort macht er 1960 Abitur, um danach an der Johann Wolfgang Goethe-Universität das Studium der Geologie aufzunehmen. Dabei blickt er auch über den Tellerrand hinaus: zur Astronomie, Philosophie und Soziologie. Zudem ist er auch ein Kenner der lückenlosen „Jazz-Stratigraphie": vom New Orleans Jazz über Swing und Cool Jazz bis hin zum Free und Nu Jazz. 1966 fertigt er seine Diplomarbeit über das Unterdevon im Loreleygebiet an.

Von 1967 bis 1972 arbeitet Anderle im Forschungsprogramm Oberer Erdmantel mit Untersuchungen zum Nordende des Oberrhein-Grabens mit. Von 1972 bis 2004 ist er Mitarbeiter des Hessischen Landesamtes für Bodenforschung (HLfB), das heutige Hessische Landesamt für Umwelt und Geologie (HLUG) in Wiesbaden. Dort arbeitete er in den Bereichen Steine und Erden, Luftbildauswertung und geologische Kartierung. Der Diplom-Geologe erstellte zahlreiche fachspezifische Publikationen und leitete ebenso zahlreiche Exkursionen für Fachleute und Laien im Taunus. „Neufassung der Spitznack-Schichten des Loreley-Gebietes", „Postvaristische Bruchtektonik und Mineralisation im Taunus", „Entwicklung und Stand der Unterdevon-Stratigraphie im südlichen Taunus" oder „Gezeitensedimente in der Hermeskeil-Formation" sind einige Titel aus der Vielzahl seiner wissenschaftlichen Aufsätze.

Der Exkursionsleitung für naturkundlich interessierte Menschen ist er auch heute noch nicht müde, und somit ist Anderle auch weiterhin im Taunus unterwegs. Darüber hinaus ist Hans-Jürgen Anderle Mitarbeiter in den Subkommissionen zur Stratigraphie von Devon und Jungproterozoikum-Silur. Seit 1996 ist Anderle 1. Vorsitzender des Nassauischen Vereins für Naturkunde in Wiesbaden und lebt heute in Wiesbaden-Naurod. Neben der Geologie und dem Jazz hat er übrigens noch eine Leidenschaft, die er mit seiner aus Kroatien stammenden Frau, der

Kunsthistorikerin Dr. Dragica Anderle, teilt: Die bildende Kunst, besonders die moderne. So hat er auch seit 1959 keine Documenta versäumt.

**Puck und Pürckhauer: Erhard Bibus**

Über die Geomorphologie des Taunus arbeitete der leidenschaftliche Eishockeyspieler Prof. Dr. Erhard Bibus. Er wird am 18. April 1943 in Teplitz-Schönau im Sudetenland geboren. Nach seinem Studium der Geographie, Geologie, Bodenkunde und Germanistik an der Johann Wolfgang-Goethe Universität in Frankfurt am Main promoviert er dort mit einer Arbeit über die Geomorphologie des südöstlichen Taunus, die von Arno Semmel mitbetreut wurde. Die Arbeit untersucht die Reliefentwicklung im südöstlichen Taunus. Im Einzelnen werden dabei die weit gespannten Rumpfflächen mit ihren vorzeitlichen Bodenresten, der Fußflächenabfall am Taunusrand sowie die tertiären und eiszeitlichen Sedimente des Untersuchungsgebietes bearbeitet und datiert.

Erhard Bibus habilitierte sich für das Fach Geographie an der mathematisch-naturwissenschaftlichen Fakultät der Johann Wolfgang Goethe-Universität Frankfurt am Main mit einer „Untersuchung zur Relief-, Bo-

**Abb. 28.** Prof. Dr. Erhard Bibus (geb. 1943)

## 28 1 Prolog

**Pürckhauer-Bohrer**

Der Pürckhauer-Bohrer (auch Boden-probennehmer, Erdbohrstock, Boden-hauer), ist ein Hohlmeißelbohrer, der bei bodenkundlichen und geomorpho-logischen Untersuchungen im Gelände zum Einsatz kommt. Er dient dazu, Bo-denproben aus dem oberflächennahen Untergrund zu entnehmen. Anhand des Bohrgutes kann die Abfolge von Bo-denhorizonten und die Beschaffenheit des Bodens beobachtet werden und somit der Bodentyp bestimmt werden. In der Regel verwendet man den 1-Me-ter Pürckhauer-Bohrer. Der Pürckhauer besteht aus einem Schlagkopf und einem konischen Metallschaft, welcher nach unten und an einer Seite geöffnet ist. Der Name leitet sich von seinem Entwickler Dr. Pürckhauer ab.

**Abb. 29.** 1-Meter Pürckhauer Bohrstöcke mit Bohrgut

den- und Sedimententwicklung am unteren Mittelrhein".

„Untersuchungen zur jungtertiären Flä-chenbildung, Verwitterung und Klimaent-wicklung im südöstlichen Taunus und in der Wetterau", „Tertiäre Formenelemente in der Idsteiner Senke und im Eppsteiner Horst" (gemeinsam mit Arno Semmel und dem verstorbenen Frankfurter Professor Wolfgang Andres) sowie „Reliefentwick-lung im Rheinischen Schiefergebirge – neue Befunde, neue Probleme", heißen einige der Arbeiten von Erhard Bibus zum Taunus. Heute schwingt Bibus das unentbehrliche Instrument eines jeden Geomorphologen und Bodenkundlers, den Pürckhauer-Boh-rer, jedoch weit südlich des Taunus. Erhard Bibus ist Professor am Geographischen Ins-titut der Eberhard-Karls-Universität in Tü-bingen und lebt in Mössingen (Baden-Würt-temberg). Frankfurt am Main, Basel und Bonn sind Stationen seiner Lehrtätigkeit. Er ist zudem freiwilliger und ständiger Mitar-beiter für Quartärgeologie und Bodenkunde des Landesamtes für Geologie, Rohstoffe

und Bergbau Baden-Württemberg. Seine ak-tuellen Forschungsschwerpunkte liegen im Bereich Geoökologie, quartäre Relief-, Bo-den- und Sedimententwicklung in Südwest-Deutschland sowie in der Paläopedologie.

### Glück für die Taunusgeologie: Hans-Georg Mittmeyer

Wenn es nochmals um die Frage nach einem Fachmann für die Geologie des Taunus ginge, dann fiel sicherlich auch sein Name. Hans-Georg Mittmeyer wird 1930 als Sohn eines Bauingenieurs und einer Arzttochter in Darmstadt geboren. Noch während sei-

**Abb. 30.** Dr. Hans-Georg Mittmeyer (geb. 1930)

1 Prolog

ner Gymnasialzeit in Frankfurt am Main kommen erste Kontakte mit den Geowissenschaften zustande, mit Bergbauhalden und dem Naturmuseum Senckenberg. Nach der Ausbombung im Krieg setzt er die Schule in Heidelberg fort, wo er auch sein Abitur ablegt.

Danach studiert Hans-Georg Mittmeyer in Hamburg Geologie. Seine Diplomarbeit und seine Doktorarbeit fertigt er über den Hunsrückschiefer im Taunus, insbesondere im Aartal an. Bei seinen Geländearbeiten im Aartal fragte er eines schönen Tages im Sommer 1949 zwei ältere Damen, ob er denn für seine Untersuchungen ihr Grundstück betreten dürfe. Als Antwort bekam er zu hören: „Sie kommen sicher von der Atombombe, hier dürfen Sie nicht herein!" Zum Glück für die Taunusgeologie war dieses Grundstück offenbar nicht so entscheidend für die Forschung des angehenden Geologen. Nach einem beruflichen Aufenthalt in der Ost-Türkei mit Aufgaben in der Erdölgeologie erhält Hans-Georg Mittmeyer eine Anstellung beim geologischen Landesamt Rheinland-Pfalz. Er führt geologische Kartierungen für das Blatt Nastätten im Taunus sowie eine großflächige Kartierung im südwestlichen Taunus durch. Zudem ist er im Hunsrück, in der Eifel und im Westerwald als Geologe tätig. Seit Mitte der siebziger Jahre ist er Mitglied in der stratigraphischen Kommission (Subkommission Devon) und immer noch mit wissenschaftlichen Publikationen befasst. Hans-Georg Mittmeyer ist sicherlich einer der besten Geländekenner im südlichen Rheinischen Schiefergebirge und besitzt detaillierte Kenntnisse der unterdevonischen Versteinerungen. Einige seiner Veröffentlichungen lauten: „Die Hunsrückschiefer des südlichen Aartales", „Zur Neufassung der Rheinischen Unterdevon-Stufen", „Die Hunsrückschiefer-Fauna des Wisper-Gebietes im Taunus" oder „Zur

Geologie des Hunsrückschiefers". Der Geologe lebt heute in Schlangenbad.

### Der Unermüdliche: Karl-Josef Sabel

Auch wenn Prof. Dr. Karl-Josef Sabel nicht unbedingt zu den „klassischen" Taunusforschern gerechnet werden kann, so ist er als Wissenschaftler dem Taunus mehr als eng verbunden. Denn einerseits leitet er am Hessischen Landesamt für Umwelt und Geologie als Geologiedirektor das Dezernat „Bodenkundliche Landesaufnahme", womit der größte Teil des Taunus bodenkundlich natürlich unter seine „Fittiche" fällt. Und er ist ein unermüdlicher Übersetzer dessen, was man in der Taunuslandschaft lesen kann: Seit mehr als 25 Jahren führt Karl-Josef Sabel naturkundlich interessierte Menschen ehrenamtlich durch den Taunus und sein Vorland. Zu seinen begeisterten „Kunden" zählen neben dem Taunusklub zahlreiche Vereine, Verbände und Bildungseinrichtungen im Rhein-Main-Gebiet. So ist er an manch einem Wochenende im Jahr mit interessierten Menschen, darunter viele Kinder und Jugendliche, unterwegs und vermittelt ihnen wertvolles Wissen über die Böden, Gesteine und die Landschaft des Taunus. Trotz seines

**Abb. 31.** Prof. Dr. Karl-Josef Sabel (geb. 1950)

Engagements kann er natürlich auch noch seinen anderen Leidenschaften nachgehen: Kochen, am liebsten italienisch, und kräftig den Badmintonschläger schwingen.

Karl-Josef Sabel erblickt am 8. März 1950 in Großholbach im Westerwald das Licht der Welt. Und dass er Westerwälder ist, darauf legt er besonderen Wert. Nach seinem Studium fertigt er eine Dissertation zum Thema „Ursachen und Auswirkungen bodengeographischer Grenzen in der Wetterau" am Fachbereich Geowissenschaften der Johann Wolfgang Goethe Universität Frankfurt am Main an. Im Anschluss an seine Tätigkeit als Hochschulassistent am Fachbereich Geowissenschaften der Universität Frankfurt und mehreren Forschungsreisen nach Brasilien wird er Mitarbeiter des Hessischen Landesamtes für Umwelt und Geologie in Wiesbaden. Seit 1997 ist er zugleich Honorarprofessor für Bodenkunde an der Johannes Gutenberg-Universität in Mainz. Karl-Josef Sabel lebt in Hofheim am Taunus.

## 1.3 Die erklärende Theorie

Wesentliche Anstöße zum Verständnis der Entstehung von Gebirgen wie dem Taunus lieferte vor allem die um 1960 von amerikanischen Geowissenschaftlern entwickelte „Theorie der Plattentektonik". Diese Theorie besagt unter anderem, dass die feste Erdoberfläche wie ein Puzzle in eine Vielzahl von Platten zerbrochen ist, die sich relativ zueinander bewegen. Wenn Platten zusammenstoßen, bildet sich, salopp gesagt, eine große Knautschzone, ein Gebirge steigt auf. Dieses Gebirge kann zum Beispiel ein Inselbogen mit großen Vulkanbergen wie auf Japan oder den Philippinen sein oder auch ein mehr als 1.000 Kilometer langes Faltengebirge wie die Alpen oder den Himalaya.

## Erste Überlegungen

Manch einem Betrachter früher Kartenwerke fiel, ohne es sich erklären zu können, sicherlich auf, dass einige Küstenlinien einander ähneln und zueinander passen. Insbesondere diejenigen von Westafrika und dem östlichen Südamerika. Die bislang älteste belegte Vermutung einer Horizontalverschiebung als Ursache dieser Ähnlichkeit von Küstenlinien stammt von dem flämischen Geographen, Kartographen und Archäologen Abraham

**Abb. 32.** Abraham Ortelius (1527–1598)

Abraham Ortelius wurde am 14. April 1527 im flämischen Antwerpen geboren. Er war ein belgischer Geograph, Kartograph und Archäologe, der auch der „Ptolemäus des 16. Jahrhunderts" genannt wurde. Von ihm stammt die bislang älteste belegte Vermutung einer Horizontalverschiebung als Ursache der Ähnlichkeit der Küstenlinien von Afrika und Südamerika. Ortelius starb am 28. Juni 1598 in Antwerpen.

# 1 Prolog

**31**

**Abb. 33.** Heutige Kontinente der Erde (nach Mercator, verändert)

Der Verlauf einiger Küstenlinien ähnelt sehr stark. Insbesondere diejenigen von Westafrika und dem östlichen Südamerika, so dass man schon früh eine ehemalige Zusammengehörigkeit der Kontinente vermutete.

Ortelius (1527–1598) in der Ausgabe seines Atlas „Theatrum Orbis Terrarum" von 1596, der vermutlich ersten Sammlung von Landkarten in Buchform. Als Motor dieser Vorgänge hat Ortelius Erdbeben und Fluten angenommen. 1756 erwog der Königsberger Theologieprofessor Theodor Christoph Lilienthal (1717–1782) die Möglichkeit, dass die beiden atlantischen Küsten von Südamerika und Afrika ursprünglich nahe beieinander lagen. Er brachte die Trennung der Kontinente mit einer biblischen Katastrophe in Verbindung.

In den Jahren 1801 und 1845 beschrieb Alexander von Humboldt die geometrische und geologische Ähnlichkeit der Küsten Afrikas und Amerikas und vermutete den ehemaligen Zusammenhang beider Küsten. Als Ursache ihrer Trennung ging er davon aus, dass der Atlantik durch einen katastrophalen Strom ausgewaschen wurde. Im Jahr 1858 ging der US-Amerikaner Antonio Snider-Pellegrini einen Schritt weiter, als er die erste Karte veröffentlichte, auf der Afrika und Amerika ohne trennenden Ozean zu sehen waren. Er glaubte, dass es die biblische Sintflut gewesen sei, welche die Kontinente voneinander getrennt habe. Der österreichische Geologe von damaligem Weltruf Eduard Suess (1831–1914) vertrat in seiner Buchreihe „Das Antlitz der Erde" zunächst die Landbrücken-Theorie, um damit die auffälligen Ähnlichkeiten zwischen bestimmten Tier- und Pflanzenfossilien auf verschiedenen Kontinenten zu erklären. Später postulierte er jedoch die Existenz von ehemals zusammen hängenden Landmassen. Er hat den Namen „Variscisches Faltengebirge" geprägt.

Das Wirken des großen Naturforschers und weit gereisten Geographen Alexander von Humboldt ist auch mit dem Taunus eng verbunden. Sein Ausspruch „der Taunus sei das schönste Mittelgebirge der Welt" ist ebenso

**32**    1 Prolog

**Abb. 34.** Alexander von Humboldt

bezeichnend wie die Tatsache, dass der Taunus nach seiner Meinung das „8. Weltwunder" darstelle. So überschwänglich dies klingen mag, über die Übereinstimmung der Küstenlinien von Afrika und Südamerika und ihre ehemalige Zusammengehörigkeit hat er sich bereits Gedanken gemacht. Nur mit seiner Interpretation, dass der Atlantik

durch einen katastrophalen Strom ausgewaschen wurde, irrte er zweifelsohne.

## Der Durchbruch

Im Jahre 1915 veröffentlichte der deutsche Geophysiker und Meteorologe Alfred Wegener (1880–1930) seine revolutionäre Kontinentalverschiebungstheorie in dem Buch „Die Entstehung der Kontinente und Ozeane". Die darin geäußerten Überlegungen Wegeners bildeten nach langer Skepsis von Seiten führender Geowissenschaftler später die Grundlage für die moderne „Theorie der Plattentektonik".

Das uns bekannte Bild von der Lage der Kontinente auf dem Globus und ihrer Umrisse ist lediglich eine Momentaufnahme eines sehr langsamen aber stetig fortdauernden Prozesses. Gegenwärtig kann man die Trennung von Platten direkt am Meeresboden beobachten. Längs durch den Atlantik zieht sich beispielsweise die Trennungsnaht, entlang derer die Eurasische und Afrikanische Platte von der Nordamerikanischen und Südamerikanischen Platte wegdriften. Entlang dieser Naht bildet sich durch aufsteigendes Magma unentwegt neue Kruste. In Millionen von Jahren werden die heutigen Kontinente ganz woanders liegen und wir würden, könnten wir in die Zukunft blicken, ihre Umrisse kaum wieder erkennen.

---

**Alfred Wegener**

Der Polarforscher, Geophysiker und Meteorologe Alfred Lothar Wegener wurde am 1. November 1880 in Berlin geboren. Er stammte aus einer Theologenfamilie, war Schwiegersohn des berühmten Meteorologen Wladimir Köppen und studierte in Heidelberg, Innsbruck und Berlin die Fächer Astronomie, Geophysik und Meteorologie. Er promovierte mit einer astronomischen Arbeit. Von 1905 bis 1906 war er Assistent am Aeronautischen Observatorium in Lindenberg. Es folgte eine Grönlandexpedition und die Habilitation. 1912 trug er seine Hypothese zur Kontinentalverschiebung auf einer Tagung in Frankfurt am Main erstmals vor, die er in dem Buch „Die Entstehung der Kontinente und Ozeane" 1915 veröffentlichte. Der revolutionäre Gedanke, dass die heutigen Erdteile ineinander passende „Puzzle-Stücke" eines großen Urkontinents sind, die sich verschoben haben, kam Wegener im Jahre 1910 beim Betrachten einer Weltkarte.

# 1 Prolog

Die Hauptpunkte seiner unmöglichen Idee waren das „Schwimmen" der nicht fixierten Kontinente und die ehemalige Existenz eines einzigen Urkontinents „Pangäa" (griechisch = ganze Erde), der vor Urzeiten zerbrach und dessen Bruchstücke die heute bekannten Erdteile bilden. Wegener verneinte die alten Vorstellungen einer schrumpfenden oder sich ausdehnenden Erde und führte die Oberflächenveränderungen allein auf die Kontinentalverschiebung zurück.

Neben dem Übereinstimmen der Kontinentalränder fand er bis zur dritten Auflage seines Buches 1922 neue Indizien für seine Theorie. Auf Spitzbergen entdeckte man Reste von Buchen, Eichen und tropischen Pflanzen. Dies konnte nach seiner Meinung nur dadurch erklärt werden, dass sich Spitzbergen von den Tropen zum Polarkreis bewegt hatte. Auch übereinstimmende Gesteinsabfolgen über die Kontinente hinweg sah er als Indiz der Kontinentalverschiebung.

Seine Theorie wurde in Frankfurt wie auch auf anderen internationalen Kongressen vom Fachpublikum aus Geologen, Paläontologen, Geophysikern und Geographen scharf kritisiert und letztendlich abgelehnt. Als Meteorologe fand er hingegen allgemeine Anerkennung.1919 bis 1924 war er Abteilungsleiter der Deutschen Seewarte und außerplanmäßiger Professor an der Universität Hamburg. 1924 erhielt er den Lehrstuhl für Geophysik und Meteorologie in Graz.

**Abb. 35.** Alfred Wegener (1880–1931)

Alfred Wegener arbeitete zeitlebens an seiner Theorie und suchte nach neuen Beweisen. Seine größte Unternehmung war die Deutsche Grönland-Expedition 1930/31 mit reichhaltigen glaziologischen und meteorologischen Erkenntnissen, auf welcher er seinen Tod fand. An seinem fünfzigsten Geburtstag trat er bei minus 54 Grad Celsius und Schneestürmen seinen Rückmarsch zur Westküste Grönlands an. Begleitet wurde er von einem Eskimo und siebzehn Hunden. Er sollte sein Ziel nie erreichen. Offenbar war Wegener einem Herzschlag erlegen. Es dauerte mehr als 50 Jahre, bis seine Theorien im Kern bestätigt wurden und allgemeine Anerkennung fanden. Die Wende brachte erst die Entdeckung und moderne Erforschung der mittelozeanischen Rücken.

# 2

# Der Anfang
# oder: Kontinente auf Wanderschaft

Lassen wir die Geschichte des Taunus und seiner Gesteine beginnen – und zwar vor 417,5 Millionen Jahren am Anfang des Devons. Zu dieser Zeit sah die Erde völlig anders aus als heute. Die Kontinente und Meere hatten Umrisse, die wohl kaum jemand wieder erkennen würde. Damals gab es im Wesentlichen zwei Riesenkontinente auf der Erde: Laurussia und im Süden davon Gondwana. Laurussia umfasste Teile von Nordamerika, Grönland, Skandinavien und Russland. Aufgrund seiner rötlichen Sedimentgesteine, die wir heute zum Beispiel noch auf den Britischen Inseln antreffen, bezeichnet man den Kontinent Laurussia auch als Old-Red-Kontinent. Gondwana, nach dem Königreich der Gonden in Zentralindien benannt, bestand aus Teilen von

Südamerika, Afrika, Indien, Australien sowie der Antarktis und lag damals rund um den Südpol. Von der südlichen Lage der Landmassen im Erdaltertum (Paläozoikum) zeugen Spuren einer Vergletscherung in Form von Moränenablagerungen, die allerdings erst am Übergang vom Karbon zum Perm vor rund 296 Millionen Jahren als so genannte Permo-Karbone Vereisung ihren Höhepunkt fand.

Auf dem Nordkontinent Laurussia, der sich im Bereich des Äquators befand, gab es zu Beginn des Devons bereits eine große Gebirgskette, das Kaledonische Gebirge. Dieses Kaledonische Gebirge (von Caledonia = keltisch-römischer Name für Nordschottland) entstand durch die Kollision

### Devon

Das Devon begann vor 417,5 Millionen Jahren und endete 358 Millionen Jahre vor heute. Devon ist ein System innerhalb des Erdaltertums (Paläozoikum) und wurde nach der südwestenglischen Grafschaft Devonshire benannt. Dort hat man im 19. Jahrhundert zum ersten Mal Gesteine dieses Systems samt eingeschlossenen Fossilien beschrieben. Unterteilt wird das Devon in drei Serien (Unterdevon, Mitteldevon und Oberdevon) und diese wiederum in mehrere Stufen. Die wesentlichen Gesteine des Taunus sind den Stufen des Unterdevons zuzuordnen. Sie beginnen mit der Gedinne-Stufe (417,5 bis 411,5 Millionen Jahre vor heute), die nach dem Ort Gedinne in Süd Belgien benannt ist. Gleichbedeutend mit Gedinne-Stufe sind die Bezeichnungen Gedinnium, Gedinnian oder Gedinnien. Es folgt die Siegen-Stufe (411,5 bis 405,5 Millionen Jahre vor heute, benannt nach der Stadt Siegen/Westfalen). Andere Bezeichnungen sind Siegenium, Siegenian oder Siegénien. Schließlich folgt die Ems-Stufe (405,5 bis 392 Millionen Jahre vor heute, benannt nach Bad Ems an der Lahn), auch als Emsium, Emsian oder Emsien bezeichnet. Dabei ist anzumerken, dass es sich bei den genannten Stufen um regionale Bezeichnungen oder regionale Stufen handelt. Überregional heißen die Stufen des Unterdevons Lochkovium, Pragium und Emsium. Zu den ersten Erforschern des Devons in England zählen die beiden schottischen Geologen Adam Sedgwick (1785–1873) und Sir Roderick Impey Murchison (1792–1871).

2 Der Anfang oder: Kontinente auf Wanderschaft

**Abb. 36.** Kaledonisches Gebirge

Reste des Kaledonischen Gebirges, aus dessen Abtragungsschutt letztendlich der Taunus entstand, bauen zum Beispiel weite Bereiche von Norwegen auf. Einer der bekanntesten Orte im Raum des Kaledonischen Gebirgszuges ist sicherlich der Geirangerfjord. Er gehört seit 2005 zum UNESCO-Weltnaturerbe und liegt etwa 280 Kilometer nordwestlich von Oslo.

und den Zusammenschluss der Kontinente Laurentia (nach dem St. Lorenzstrom in Kanada) und Baltica zu Laurussia, wodurch der zwischen ihnen gelegene Iapetus-Ozean geschlossen wurde. Die Überreste dieses Gebirges, dessen Entwicklung vor rund 590 Millionen Jahren begann, bilden heute uralte Gebirgsgruppen in Schottland, Wales oder Skandinavien. Vor allem durch seine Abtragung wurden zur Zeit des beginnenden Devons gewaltige Schuttmassen von Norden her in ein flaches, schmales und sich langsam öffnendes Schelfmeer am Südrand von Laurussia transportiert.

**Weg von Gondwana**

Den Untergrund dieses Schelfmeeres bildete über weite Bereiche ein kleines Stück vom Nordrand von Gondwana, das sich etwa 80 Millionen Jahre zuvor im Ordovizium von Gondwana getrennt hatte und nach Norden wanderte, um schließlich am Südrand von Laurussia zu landen. Man nennt diesen, an Laurussia angegliederten Teil von Gonwana heute Avalonia (nach dem mystischen Ort „Avalon" aus der Artussage beziehungsweise nach der Halbinsel Avalon in Neufundland). Südöstlich davon schloss sich

**36** 2 Der Anfang oder: Kontinente auf Wanderschaft

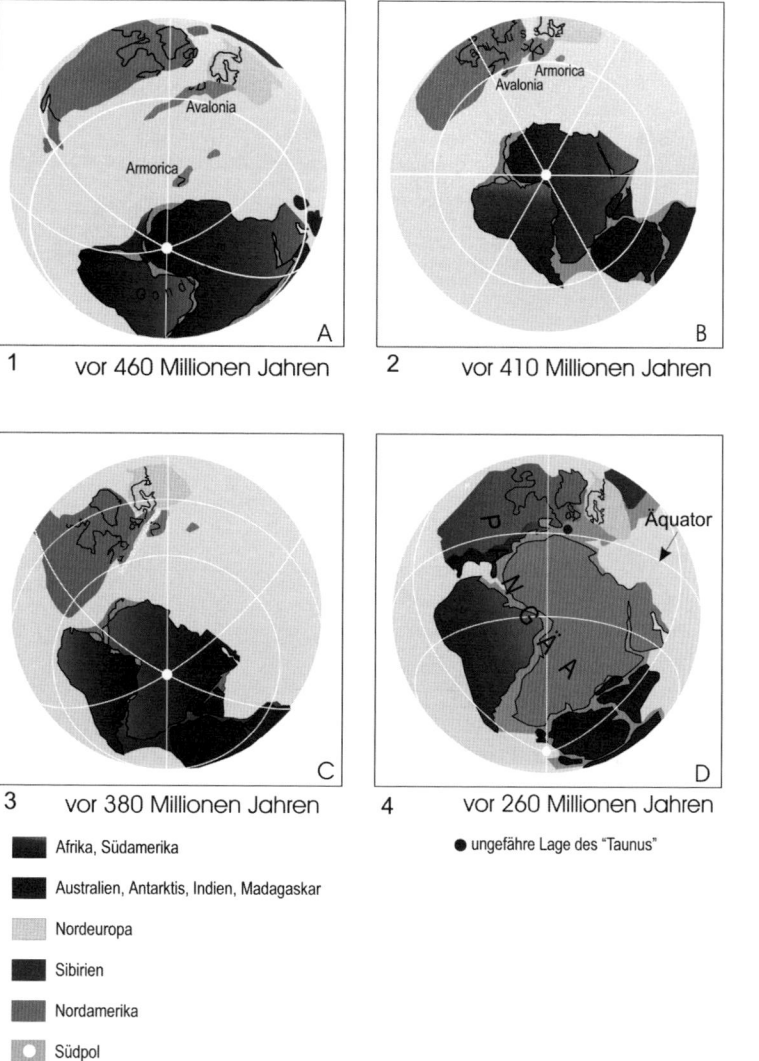

**Abb. 37.** Lageveränderung der Kontinente vom Ordovizium bis zum Perm (paläogeographische Rekonstruktion)

Bild 1 zeigt die Lage der Kontinente der Erde im Ordovizium (495 bis 443 Millionen Jahre vor heute, benannt nach dem keltischen Stamm der Ordovizier in Wales). Bild 2 zeigt die paläogeographische Situation im frühen Devon, als sich der Rhenohercynische Ozean öffnete. Bild 3 stellt die Erde zu der Zeit dar, als Avalonia und Armorica wieder auf Kollisionskurs waren und der Ozean sich allmählich zu schließen begann. Auf Bild 4 sind die paläogeographischen Verhältnisse zur Zeit des Perm (296 bis 251 Millionen Jahre vor heute, benannt nach dem ehemaligen russischen Gouvernement „Perm" am Ural) wiedergegeben, als der Rhenoherzynische Ozean wieder geschlossen war. Die abgebildeten Umrisse der Kontinente und ihre Lage zueinander stellen natürlich nur eine Rekonstruktion auf der Basis bisherigen geologischen Forschens dar. Ob die Konturen der Kontinente tatsächlich bis in das kleinste Detail so aussahen wie dargestellt, wird man wahrscheinlich nie erfahren.

2 Der Anfang oder: Kontinente auf Wanderschaft

ein weiteres kleines Stück vom nördlichen Gondwana an, Armorica genannt (von keltisch „are-mor", „vor dem Meer"; Reste dieses Kontinents bauen heute beispielsweise den Untergrund der Normandie, wiederum Armorica genannt, auf). Es begann ebenfalls schon lange vor dem Devon eine weite Wanderung nach Norden, um an Avalonia „anzudocken". Doch noch im frühen Devon rückte der Großteil von Armorica wieder etwas von Avalonia ab. Dazwischen entstand langsam ein lang gestrecktes Meeresbecken, das bis etwa 392 Millionen Jahre vor heute als Rhenohercynischer Ozean (von den lateinischen Bezeichnungen für Rhein und Harz) große Bereiche West- und Mitteleuropas einnehmen sollte.

Durch das Abrücken Armoricas von Avalonia sank der Untergrund zu beiden Seiten der Trennungslinie in Form eines Grabenbruches langsam ab, so dass Teile Avalonias und Armoricas im frühen Devon allmählich unter den Meeresspiegel gelangten und zum Schelf wurden. Ein aktuelles Beispiel für ein sich öffnendes Meeresbecken mit ausgedehnten Schelfbereichen infolge des Auseinanderrückens zweier Kontinente ist das Rote Meer, ein lang gestreckter Grabenbruch zwischen Afrika und der Arabischen Halbinsel.

Die Öffnung des Rhenohercynischen Ozeans, der die Schuttmassen des Kaledonischen Gebirges aufnahm, die heute unter anderem die Gesteine des Taunus bilden, endete schließlich mit einer erneuten Annäherung Armoricas an Avalonia vor 392 Millionen Jahren im frühen Mitteldevon.

**Ein Ozean?**

An dieser Stelle sei angemerkt, dass die gängige Bezeichnung „Rhenohercynischer Ozean" vielleicht ein falsches Bild von der Größe dieses Meeres gibt. Unter Ozean stel-

**Abb. 38.** Meeresarm

Das bis 360 Kilometer breite Rote Meer zwischen Nordost-Afrika und der Arabischen Halbinsel ist in etwa mit der Breite des ehemaligen Rhenohercynischen Ozeans zu vergleichen.

len wir uns die schier unendliche Weite von Tausenden von Kilometern breiten Meeren wie dem Atlantik oder dem Pazifik vor. Man hat jedoch unter anderem auf der Basis der heutigen Bewegungsgeschwindigkeit der driftenden Kontinente berechnet, dass dieser devonische „Ozean" nur etwa 200 bis 300 Kilometer breit war. Somit ergibt sich das Bild eines sehr langen aber schmalen Meeresbeckens, das manche Wissenschaftler eher als Meeresarm bezeichnen.

Zusammenfassend ergibt sich für die Zeit kurz vor Beginn und während des frühen Devons folgendes Bild der Erde im Gebiet des heutigen Taunus: Am Südrand des Nordkontinents Laurussia sinken große Bereiche der Erdkruste infolge einer starken Dehnung allmählich ab, da sich ein Teilstück des Kontinents, Armorica genannt, in Richtung Südosten bewegt. Als der Krustenbereich zu Beginn des Devons absinkt, kann das Meer eindringen. Teile des Südrandes von Laurussia

## 2 Der Anfang oder: Kontinente auf Wanderschaft

werden dadurch im frühen Devon zum Schelf. In dieses sich stetig ausdehnende Schelfmeer befördern die Flüsse, die mit großen Deltas im Meer münden, nun ungeheure Schuttmassen. Diese Schuttmassen, aus denen die Gesteine des Taunus wurden, stammen von der Abtragung des Kaledonischen Gebirges, das sich zu dieser Zeit noch über weite Bereiche Laurussias erstreckt.

# 2.1
# Sphären und Deformationen – ein Exkurs

Wie war dies überhaupt möglich? Warum können Stücke von Kontinenten oder sogar ganze Kontinente nach der Theorie der Plattentektonik auf dem Globus umherwandern? Und was füllte die immer größer werdende Lücke zwischen Avalonia und Armorica als

sie wieder auseinander rückten? Wir wissen heute durch die Erkenntnisse der Geophysik, dass die Erde kein durch und durch fester Körper ist. Die Erde ist ähnlich einer Zwiebel aus vielen Schalen aufgebaut, die sich hinsichtlich ihrer chemischen Zusammensetzung, Temperatur, Dichte und Aggregatzustand (also fest oder flüssig) deutlich voneinander unterscheiden.

Grob unterscheidet man Erdkruste, Erdmantel und Erdkern. Die äußerste, erkaltete und damit feste Schale setzt sich aus der Erdkruste sowie dem obersten Bereich des Erdmantels zusammen und ist in starre Platten zerbrochen. Avalonia und Armorica waren solche Platten im Kleinformat, so genannte Mikroplatten oder Terrane. Man nennt diese in Einzelstücke zerbrochene Schale Lithosphäre (von griechisch lithos = Stein und sphaíra = Kugel). Sie hat eine Dicke von 70 bis 120 Kilometern. Die Dicke der Lithosphäre schwankt deshalb, weil die

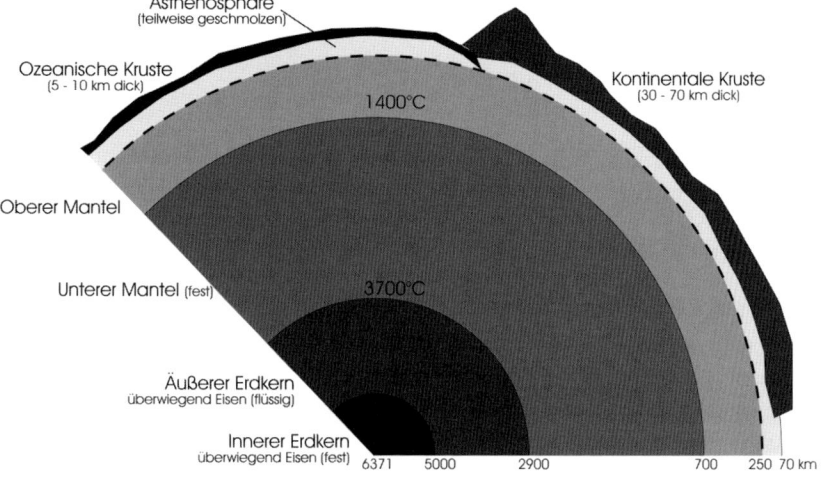

**Abb. 39.** Der Schalenbau der Erde (schematisch)

Die Erde ist ähnlich einer Zwiebel aus vielen Schalen aufgebaut, die sich hinsichtlich ihrer chemischen Zusammensetzung, Temperatur, Dichte und Aggregatzustand deutlich voneinander unterscheiden. Man weiß dies durch die seismologische Auswertung von Erdbebenwellen (von griechisch seismós = Erschütterung), die den ganzen Erdball durchlaufen und an den verschieden aufgebauten Schalen unterschiedlich reflektiert oder abgelenkt werden.

## 2 Der Anfang oder: Kontinente auf Wanderschaft

Erdkruste im Bereich von Kontinenten 25 bis 50 Kilometer und im Bereich der Ozeane zwischen nur 5 und 8 Kilometer mächtig ist. Man spricht auch von kontinentaler und ozeanischer Kruste. Die Grenzen der Lithosphärenplatten sind nicht unbedingt mit den Grenzen der Kontinente identisch. Eine Platte kann einen Kontinent und einen Ozean tragen, andere sind nur kontinental oder nur ozeanisch.

### Eine äußerst zähe Sache

Sämtliche Lithosphärenplatten bewegen sich auf dem extrem zähen Gestein der bis zu 1.200 Grad Celsius heißen Asthenosphäre (von griechisch asthenos = weich), dem

nächst tieferen Mantelabschnitt. Man kann fast sagen, die Asthenosphäre ist so zäh, dass sie gleichsam fest erscheint. Der Grund: Durch den enormen Druck von Seiten der darüber liegenden Lithosphäre (mehr als 10 Tonnen pro Quadratzentimeter) kann sich das heiße Gestein nicht verflüssigen, auch wenn die Temperaturen dazu durchaus hoch genug wären.

Durch Temperaturunterschiede im Erdmantel werden offenbar Ausgleichsströmungen in diesem zähen Material hervorgerufen, thermische Konvektion genannt, welche die Lithosphärenplatten ganz langsam mitziehen und bewegen. Diese Prozesse erlauben es dem Mantel, wie flüssige Materie zu fließen und ganze Kontinente zu bewegen. Die

**Abb. 40.** Gletschereis
Eis ist für den Geologen ein Stück Gestein, das aus kristallinen Körnern des Minerals Eis besteht. Gletschereis entsteht aus dem Sediment Schnee, wodurch sich im Laufe der Zeit das Gestein Eis bildet. Eis ist für uns fest und dennoch fließen Gletscher langsam zu Tal. Und genau wie Gletschereis kann auch scheinbar festes Gestein des Erdmantels fließen.

# 2 Der Anfang oder: Kontinente auf Wanderschaft

Viskosität oder Zähflüssigkeit des Mantels ist sehr hoch. Etwa 1.023 Mal höher als die des Wassers. Deshalb ist auch eine sichtbare Deformation der Lithosphärengesteine, mit Ausnahme rascher Deformationen bei Erdbeben, erst ab einem Zeitraum von mindestens 10.000 Jahren möglich. Das bedeutet, über kurze Zeiträume hinweg sind die Gesteine der Asthenosphäre quasi fest und elastisch, haben die Eigenschaften von Beton, aber über lange geologische Zeiträume betrachtet sind sie trotzdem weich und plastisch.

Diese ungewöhnliche Eigenschaft der Gesteine, in der Petrographie, der Wissenschaft von den Gesteinen oder der Gesteinskunde, auch als duktiles Kriechen von kristallinen Materialien bezeichnet (von lateinisch ductilis = führbar), lässt sich mit Hilfe von Ersatzmaterialien recht gut beobachten und verstehen. Für Modelle der Plattenbewegungen, der so genannten geodynamischen Modellierung, wird heute häufig Silikon-Kitt benutzt, ein Kunststoff, den man mit den Händen wie Lehm quetschen und formen kann. Lässt man aber ein Stück davon auf den festen Boden fallen, springt dieser Silikon-Kitt zurück wie ein Gummiball. Dieses erstaunliche Verhalten zeigen die Gesteine prinzipiell auch. Aber sie müssen natürlich sehr viel stärker und viel länger gequetscht und deformiert werden. Wir kennen Vergleichbares vom Eis. Eis ist für uns fest. Und trotzdem fließen Gletscher langsam zu Tal.

## Ein Experiment

Die Lithosphärenplatten wandern durch die Strömungen in der Asthenosphäre sozusagen auf dem Globus umher, was man als Kontinentaldrift bezeichnet. Ganz ähnliches passiert, wenn man größere und kleinere Styroporplatten in die Mitte eines Gefäßes mit fast siedendem Wasser gibt. Unter den größeren Styroporplatten kommt es dann zum Wärmestau, da sie das Wasser zur Luft hin gut isolieren. Das wärmere Wasser weicht zur Seite aus. Die Folge ist eine seitliche Ausgleichsströmung unter den größeren Styroporplatten. Dadurch driften die kleineren Plättchen von den größeren weg und landen nach kurzer Zeit am Gefäßrand. Die Lithosphärenplatten sind natürlich nicht so schnell. Sie gleiten um nur wenige Zentimeter pro Jahr über die darunter liegende Asthenosphäre hinweg. Wie nun genau die Platten bewegenden Materialumverteilungen in der Asthenosphäre ablaufen und warum Platten ihre Bewegungsrichtung ändern, ist jedoch bis heute noch nicht genau bekannt.

Nun, ganz so einfach wie das Beispiel der Styroporplatten ist es in der Wirklichkeit natürlich nicht. Und zwar aus einem entscheidenden Grund: Zwischen den auseinander driftenden Styroporplatten im Gefäß ist viel Platz und Wasser. Auf unserer Erde gibt es zwischen den Lithosphärenplatten natürlich keinen Freiraum. Wenn sich Lithosphärenplatten im Zuge der Kontinentaldrift, wie im Fall von Avalonia und Armorica, voneinander wegbewegen, wird die Lithosphäre entlang der entstehenden Zerrungszone zuerst gedehnt und ausgedünnt, es entstehen Brüche und Teile der Kruste sinken ab. Wie oben erwähnt, kann sich das heiße Gestein der Asthenosphäre durch den enormen Druck von Seiten der darüber liegenden Lithosphäre nicht verflüssigen, auch wenn die Temperaturen dazu hoch genug wären. Ausdünnung, Brüche oder Risse bedeuten jedoch Druckentlastung über der Asthenosphäre. Folglich kam es in diesen Bereichen zur Verflüssigung von Asthenosphärenmaterial und zum Aufstieg von Gesteinsschmelzen, welche in unserem Fall die Lücke zwischen Avalonia und Armorica füllten.

## 2 Der Anfang oder: Kontinente auf Wanderschaft

### Warum und wo Gesteine schmelzen

In der Asthenosphäre erreichen die Temperaturen bis zu 1.200 Grad Celsius. Damit ist die Asthenosphäre zwar so heiß, dass ihr Gestein schmelzen könnte, aber sie ist, im Gegensatz zur allgemeinen Vorstellung, quasi fest und elastisch. Und zwar deshalb, weil die Lithosphäre über ihr durch ihr extrem hohes Gewicht einen derart starken Druck ausübt, dass sich das Gestein der Asthenosphäre nicht verflüssigen kann. Damit dies passieren kann, müssen sozusagen Anomalien auftreten.

Es gibt daher drei Gründe, warum Gestein in der Asthenosphäre schmelzen kann:

**Abb. 41.** Geschmolzenes Gestein fließt auf Hawaii ins Meer

1. Durch nachlassenden Druck von oben bei gleich bleibender Temperatur und gleich bleibender chemischer Zusammensetzung des Gesteins. Beispielsweise im Bereich von Grabenbruchsystemen und Mittelozeanischen Rücken, wenn Kontinente auseinander driften. Auf dem Land bilden sich dadurch große Vulkanberge, die, wie die Perlen an einer Schnur, entlang einer Bruchzone aufgereiht sind. So etwas findet man beispielsweise in Ostafrika. Dort trennt sich ein Teil der Afrikanischen Platte langsam ab. Es entstand ein großes Grabenbruchsystem mit einer Kette von hohen Vulkanbergen, das Ostafrikanische Riftvalley.

2. Durch Veränderung der chemischen Zusammensetzung des Gesteins bei gleich bleibendem Druck und gleich bleibender Temperatur. Taucht eine Lithosphärenplatte mit wasserreichen Ozeanbodensedimenten unter einer anderen Platte ab, so verbinden sich Wassermoleküle der abgetauchten Sedimente mit Molekülen der Gesteinsmineralien im Erdmantel. Das heiße Gestein wird sozusagen „wässrig", es verändert sich chemisch, wodurch der Schmelzpunkt des Gesteins erniedrigt wird. Ein schönes Beispiel dafür ist der Westrand von Südamerika. Dort taucht die so genannte Nazca-Platte, die einen kleinen Teil des Pazifischen Ozeans trägt, unter der großen Südamerikanischen Platte ab. Im Hinterland bildete sich die Kette der Andenvulkane.

3. Durch zunehmende Temperatur bei gleich bleibendem Druck von oben und gleich bleibender chemischer Zusammensetzung des Gesteins. Das passiert, wenn sehr heiße Magmen aus großer Tiefe als so genannte „Hot Spots" aufsteigen. Die Vulkanketten Hawaiis sind beispielsweise durch einen Hot Spot entstanden. Sie liegen mitten im Pazifischen Ozean auf der Pazifischen Platte. Dort gibt es keinen Grabenbruch und auch keine Subduktionszone. Man bezeichnet dies daher auch als so genannten Intraplattenvulkanismus.

Schreitet die Dehnung fort, drängt ständig flüssiges Gestein nach. Das kann man heute direkt am Mittelatlantischen Rücken zwischen Südamerika und Afrika beobachten: Er durchzieht den Atlantik seiner ganzen Länge nach als riesige Nahtstelle. Da die Platten immer weiter auseinander driften, entsteht zwischen ihnen durch das aufsteigende Magma unentwegt neuer Meeresboden. Durch die geringe Dichte des aufsteigenden Magmas erhebt sich der Meeresboden zu einem gewaltigen Rücken, bei dem genannten Beispiel zum Mittelatlantischen Rücken. Wenn sich das Material vom Rücken entfernt, kühlt es ab, wird dichter und sinkt an beiden Seiten nach unten. In den entstandenen Meereströgen beiderseits des Rückens lagern sich allmählich Sedimente ab. Der Prozess des auseinander driftenden Meeresbodens wird als Seafloor-Spreading bezeichnet. Dies passiert so lange, bis sich zum Beispiel durch Veränderungen der Strö-

**42**  2 Der Anfang oder: Kontinente auf Wanderschaft

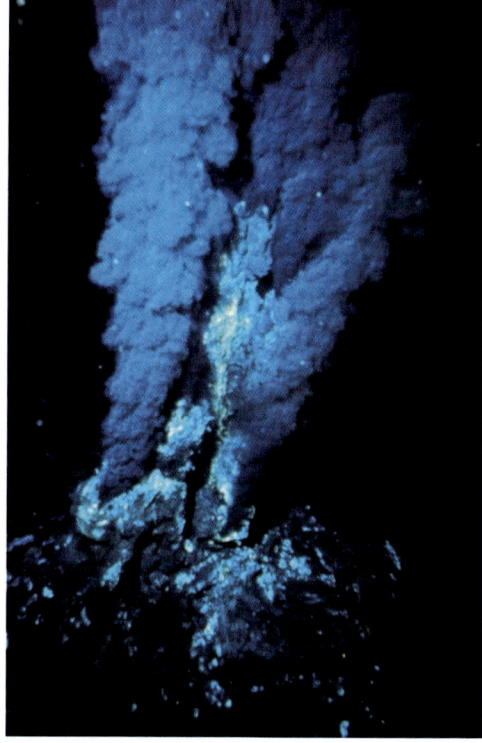

**Abb. 42.** Black Smoker im Bereich eines Mittelozeanischen Rückens

Mittelozeanische Rücken kennzeichnen die Naht zweier Kontinente, die auseinander driften. In ihrem Bereich entsteht permanent neue Erdkruste durch aufsteigendes basaltisches Magma. Auch durch den Rhenoherzynischen Ozean verlief eine solche Naht. Im Jahr 1977 entdeckten amerikanische Wissenschaftler in 2.400 Metern Tiefe des pazifischen Galapagosgrabens so genannte „Black Smokers" (= schwarze Raucher). Das sind Kamine, die sich an heißen Tiefseequellen im Bereich der Mittelozeanischen Rücken bilden. Ihre Schlote bestehen aus Schwefelmineralien und werden bis zu 15 Meter hoch. Aus den „Black Smokers" strömt bis zu 380 Grad Celsius heißes Wasser. Solche Erscheinungen dürfte es auch im Bereich des Rhenoherzynischen Ozeans gegeben haben.

mungen im heißen Erdmantel der Vorgang umkehrt und die Kontinente sich wieder nähern. Auf diese Weise öffnete und schloss sich allmählich auch der Rhenoherzynische Ozean.

## 2.2
## Viel Bodensatz oder: Ein Gebirge in Vorbereitung

Das Schelfmeer vor Laurussia, das sich später durch Seafloor-Spreading zum Rhenoherzynischen Ozean ausweiten sollte, hatte ausgedehnte Flachmeerbereiche. In diesen tummelten sich im frühen Devon Tintenfische, Pfeilschwanzkrebse, Quastenflosser, Lungenfische und Vorläufer des Nautilus, das „Perlboot". Das Klima war weitgehend trocken und warm. An Land entwickeln sich neben den noch vorherrschenden, einfachen und blattlosen Nacktpflanzen langsam frühe Vorfahren der Bärlappgewächse, der Schachtelhalme und Farne. Für die Umwandlung abgestorbener Pflanzenreste zu wertvollem Humus sorgten damals wie auch heute noch unter anderem flügellose Insekten, die Springschwänze. Sie ärgern heute noch so manchen Zimmerpflanzenfreund, treten sie in Massen auf. In Seen und Flüssen lebten zahlreiche Panzerfische als älteste Vertreter der Wirbeltiere. Man weiß dies alles, da sowohl Pflanzen als auch Tiere dieser Zeit als Fossilien die Jahrmillionen überdauert haben. Geologen oder Paläontologen können diese Fossilien heute recht genau zeitlich einordnen.

Nahe der Küste erstreckten sich weit verzweigte Deltabereiche von Flussmündungen, in die zeitweilig das Meer eindrang. Ein großes Netz sich rasch verlagernder Abflussrinnen, unterschiedliche Wasserführung und Überflutung durch Meerwasser sorgten vor weit mehr als 410 Millionen Jahren für eine bunte Mischung an Ablagerungen oder Sedimenten (von lateinisch sedimentum = Bodensatz) an der Küste und auf Schwellen des sich langsam öffnenden Meeres. Die küstennahen Bereiche glichen in vieler Hinsicht dem Wattenmeer der Nordseeküste. Je nach den Strömungsverhältnissen, dem Ge-

2 Der Anfang oder: Kontinente auf Wanderschaft

**Abb. 43.** Nautilus

Der Nautilus oder das Perlboot ist ein so genannter Kopffüßer oder *Cephalopode* und war Namen gebend für das berühmte U-Boot des Kapitäns Nemo aus Jules Vernes Roman „20.000 Meilen unter dem Meer". Die Kopffüßer sind eine uralte Tiergruppe, deren erste Vertreter bereits gegen Ende des Kambriums vor über einer halben Milliarde Jahre in den Weltmeeren auftauchten. Im frühen Devon schwamm der Nautilus durch den sich öffnenden Rhenoher

zynischen Ozean, dessen Sedimente heute den Taunus aufbauen. Auch heute noch schwimmen Perlboote als „lebende Fossilien" durch die tropischen Meere der Erde. Schalen des Nautilus werden häufig zum Kauf angeboten. Doch jeder Kauf führt zu weiteren Fängen und gefährdet somit das Überleben dieser faszinierenden Wesen aus einer fernen Welt. Es wäre mehr als schade, wenn diese letzten Zeugen der Evolutionsgeschichte für immer aus den Weltmeeren verschwinden würden.

**Abb. 44.** Der Taunus im frühen Devon

Im frühen Devon öffnete sich allmählich das Meer, welches sich später zum Rhenoherzynischen Ozean ausweiten sollte. Nahe der Küste erstreckten sich auf dem Schelf weit verzweigte Deltabereiche von Flussmündungen, wie in diesem Aquarell künstlerisch dargestellt. Ein großes Netz sich rasch verlagernder Abflussrinnen sorgte vor weit mehr als 410 Millionen Jahren für eine bunte Mischung an Ablagerungen an der Küste und auf Schwellen des sich langsam öffnenden Meeres.

**44** 2 Der Anfang oder: Kontinente auf Wanderschaft

**Abb. 45.** Wattenmeer
Ähnlich wie das Wattenmeer entlang der Nordseeküste dürfte das Schelfmeer im Süden Laurussias zur Zeit des frühen Devons ausgesehen haben, mit dem Unterschied, dass die Landschaft zu dieser Zeit unter tropischem Himmel lag.

zeiteneinfluss und der anfallenden Gesteinsfracht der in das Meer mündenden Flüsse wurden in den verzweigten Deltas sowohl Ton und Schlick als auch sandigere Verwitterungsprodukte abgelagert. Sie bilden heute als „Bunte Schiefer" der Gedinne-Stufe (417,5 bis 411,5 Millionen Jahre vor heute) mit den teilweise auffallend violettfarbenen Tonschiefern den Untergrund zahlreicher Taunusorte wie etwa von Niedernhausen,

2 Der Anfang oder: Kontinente auf Wanderschaft

Ehlhalten oder Assmannshausen. Auch die berühmte Rekonstruktion des Römerkastells „Saalburg" steht auf den Bunten Schiefern.

**Ein strahlend weißer „Badestrand"**

Den Schiefern der Gedinne-Stufe folgen in der Taunuskamm-Einheit unmittelbar die Sandsteine der Hermeskeil-Schichten der frühen Siegen-Stufe (411,5 bis 409,5 Millionen Jahre vor heute) die gemeinsam mit den Bunten Schiefern zum Beispiel den Großen Feldberg aufbauen. Die Hermeskeil-Schichten weisen auf deutlich sandigere Ablagerungen mit Gezeiteneinfluss in dem flachen tropischen Schelfmeer hin und leiten fast „unmerklich" zur Fazies des Taunusquarzits

> **Fazies**
>
> Dieser geologische Begriff stammt vom lateinischen Wort facies, das Gesicht oder Antlitz bedeutet. Er geht auf den Schweizer Geologen Amanz Gressly (1814–1865) zurück, der ihn erstmals in seinem von 1838 bis 1841 in drei Teilen erschienen Hauptwerk „Observations géologiques sur le Jura Soleurois" verwendete.
>
> Der Begriff „Fazies" bezeichnet die Gesamtheit aller charakteristischen Merkmale eines Sedimentgesteins und die geologischen sowie ökologischen Verhältnisse des Ablagerungsraumes. Unter einer Fazies werden demnach alle Eigenschaften eines Sedimentgesteins verstanden, die aus seiner Entstehungsgeschichte herrühren. Daher kann man aus der Fazies auf die Umweltbedingungen während der Sedimentation schließen. Dabei unterscheidet man die Lithofazies, die alle nicht organischen Gesteinsmerkmale umfasst und die Biofazies, welche die Merkmale fossiler Organismen im Gestein beschreibt. Der Begriff Fazies wird oft mit weiteren beschreibenden Bezeichnungen verwendet. Zum Beispiel grüne oder sandige Fazies.

**Abb. 46.** Tropischer Strand

Vor etwa 409,5 bis 404,5 Millionen Jahren vor heute bildeten die Ausgangsgesteine des Taunusquarzits einen tropischen „Traumstrand" vor der Küste Avalonias.

der jüngeren Siegen-Stufe über (409,5 bis 404,5 Millionen Jahre vor heute). Dieses typische Taunusgestein belegt, dass zu dieser Zeit in den Flachmeerbereichen des Schelfes bei starkem Wellengang ein sehr reiner Sand abgelagert wurde. Sein Quarzgehalt beträgt rund 95 Prozent. Zur Zeit des frühen Devons muss er wohl an verschiedenen Küstenbereichen einen idealen, strahlend weißen „Badestrand" mit vorgelagerten Sandbänken entlang der Küste gebildet haben, ein Landschaftsbild, wie man es vielleicht ganz ähnlich vom Urlaub in den Tropen kennt. Nur der Palmenstrand hat damals gefehlt. Gewaltige Stürme führten damals dazu, dass der Sand mitunter in meterdicken Lagen vor der Küste Avalonias angehäuft wurde. Fossile Korallen im Taunusquarzit belegen die Landnähe, nur geringe Meerestiefen und ein warmes Klima.

Aus der Ems-Stufe des Unterdevons (405,5 bis 392 Millionen Jahre vor heute) stammen die fossilreichen meist sehr feinkörnigen Hunsrückschiefer und zahlreiche weitere mit Lokalnamen bedachten Schieferschichten des östlichen und westlichen Hintertaunus, die wir heute zum Beispiel im Aartal, im Wispertal oder Idsteiner Land antreffen. Die Fazies der Schiefer belegt, dass sie, anders als die Bunten Schiefer der Gedinne-Stufe, deutlich küstenferneren Meeresbereichen entstammen. Die engräumige Faziesdifferenzierung der Schieferschichten lässt auf ein stark gegliedertes Relief des Meeresbodens mit unterschiedlichen und wechselnden Ablagerungsbedingungen schließen.

Doch welche Sedimente wurden zu dieser Zeit küstennah abgelagert? Gab es über 13,5 Millionen Jahre hinweg keine tropischen Sandstrände mehr? Vermutlich gab es auch während und nach der Ems-Stufe Sandstrände, sandige Ablagerungen auf dem Schelf und Flüsse, die ihre Sedimentfracht über weit verzweigte Abflussrinnen

eines Deltas verteilten. Doch die anstehenden Gesteine des Taunus sind das Resultat der Variscischen Gebirgsbildung. Die Sedimente des devonischen Meeres wurden durch diese, sich insgesamt über mehr als 140 Millionen Jahre hinziehende Variscische Ära nach und nach zusammen geschoben, gefaltet, verkippt, in Schuppen zerlegt, zum Teil in die Tiefe des Erdmantels gedrückt und schließlich verwittert und abgetragen. Vom ehemaligen Sedimentstapel des Rhenoherzynischen Ozeans fehlen infolge der Jahrmillionen langen Abtragung des Gebirges immerhin bemerkenswerte 22 Kilometer. Es dürften deshalb auch diejenigen Gesteinsschichten verschwunden sein, die eine lückenlose Rekonstruktion des Landschaftsbildes über den gesamten Zeitraum des Unterdevons zugelassen hätten.

**Ein mächtiger Stapel**

Durch die andauernde Öffnung des Rhenohercynischen Meeresbeckens kam es gleichzeitig mit den Ablagerungen zu fortgesetzten Dehnungen des Schelfes. Einzelne Schollen des Meeresbodens wurden dabei verkippt und es entstanden lokale Untiefen oder auch Inseln. Die Dehnung führte zur Ausdünnung der Lithosphäre mit Bildung von Brüchen und Rissen. Folglich verflüssigte sich in diesen Bereichen lokal Asthenosphärenmaterial. Magma stieg auf, und es begann ein lebhafter Vulkanismus. Dieser ganze Vorgang der Ablagerung unterschiedlichster Gesteinströmmer des Kaledonischen Gebirges und des Aufstiegs von unterschiedlichen Magmen dauerte Millionen von Jahren. Aus südlicher Richtung erfolgte die Schuttlieferung in wesentlich geringerem Umfang, da dort höhere Gebirgszüge, die allgemein intensiveren Abtragungsprozessen unterliegen, fehlten. Durch das Gewicht der Ablagerungen begann sich der Meeresboden

2 Der Anfang oder: Kontinente auf Wanderschaft

**Abb. 47.** Vulkanische Eruption
Durch die Öffnung des Rhenoherzynischen
Ozeans begann ein lebhafter Vulkanismus.

allmählich abzusenken. Im Laufe der Zeit sammelte sich dadurch ein mehrere tausend Meter mächtiger Stapel aus Sedimentschichten im Süden von Laurussia an. Vulkanismus und vertikale Krustenbewegungen schufen ein lebhaftes Relief unter dem Meeresspiegel mit Schwellen und kleineren Becken in unterschiedlichen Tiefenlagen. Im Verlauf des Devons wurden diese Unebenheiten allmählich durch weitere Ablagerungen von Gesteinsschutt ausgeglichen.

## 2.3
## Kontinente gegen Kontinente

Im frühen Mitteldevon, vor 392 Millionen Jahren, gingen Avalonia und Armorica, aber

allmählich auch die beiden Riesenkontinente Laurussia und Gondwana, durch Kontinentaldrift auf Kollisionskurs (Abb. 37 und 63). Die Annäherung der Kontinente, die jedoch kaum schneller war, als die Fingernägel wachsen, leitete den Beginn der Variscischen Gebirgsbildung ein. Der Meeresboden mit den mächtigen Sedimentstapeln, dazwischen liegenden Schwellen und vulkanischen Gesteinen wurde dadurch regelrecht in die Zange genommen und langsam eingeengt. Das traf im Verlauf der Gebirgsbildung für den Rhenohercynischen Ozean ebenso zu wie für weitere, ungefähr parallel zu ihm verlaufende Meeresbecken südöstlich davon. Denn nach dem heutigen Kenntnisstand war Armorica keine in sich geschlossene Einheit, sondern eher eine Ansammlung von Lithosphärenbruchstücken.

**48**    2 Der Anfang oder: Kontinente auf Wanderschaft

Die einzelnen Platten der Amorica-Plattenansammlung wurden von Meeresbecken voneinander getrennt. So folgte südöstlich der nördlichsten Mikroplatte Armoricas, Franconia genannt, die sich, wie oben beschrieben, im frühen Devon von Avalonia wegbewegte, Saxo-Thuringia. Der Saxothuringische Ozean (nach den lateinischen Wörtern für Sachsen und Thüringen) trennte dieses Teilstück vom nächsten, das man heute Bohemia nennt. Wie viele Teilestücke Armoricas noch weiter im Südwesten folgten, ist bis heute noch unklar.

Was passierte nun bei der Kollision der Lithosphärenplatten? Ausweichen konnten sie nicht. Folglich musste eine Platte irgendwie unter der anderen verschwinden. Lithosphärenplatten können kontinentale Kruste, ozeanische Kruste oder Anteile von beiden Krustenarten tragen. Kontinentale Kruste ist dicker als ozeanische Kruste, aber auch leichter, da sie überwiegend aus Gesteinen

wie dem Granit aufgebaut ist. Diese Gesteine haben eine geringere Dichte als der Basalt, der am Ozeanboden beziehungsweise an Mittelozeanischen Rücken zwischen zwei auseinander driftenden Platten gebildet wird, und somit ein geringeres Gewicht. Aus diesem Grund taucht bei der Kollision zwischen Platten mit ozeanischer und kontinentaler Kruste stets die Platte mit dem schwereren und dünneren ozeanischen Krustenteil unter dem kontinentalen Krustenbereich ab.

### Nach unten weggeführt

Kollidieren zwei Platten mit ozeanischer Kruste, muss ebenfalls eine Platte unter der anderen abtauchen, wobei in diesem Fall nicht von vornherein festgelegt ist, welche der beiden Platten abtaucht. Man nennt diesen Prozess des Abtauchens Subduktion (von lateinisch subducere = nach unten

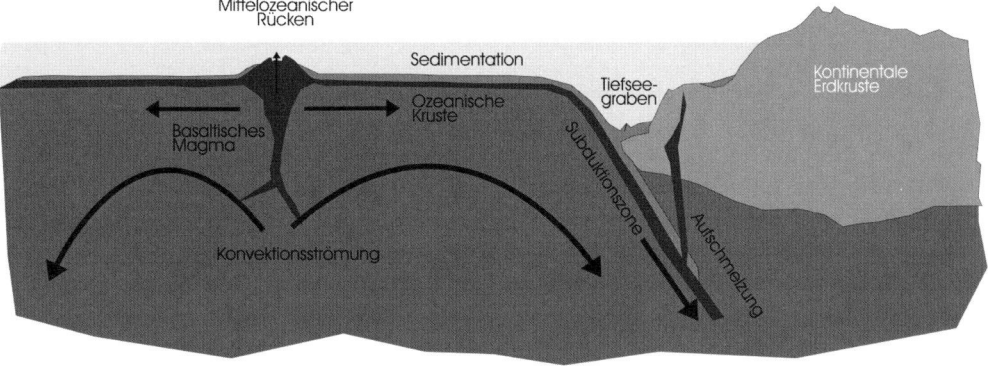

**Abb. 48.** Plattengrenzen

Die Platten der Lithosphäre wandern auf dem heißen Erdmantel, der zähplastischen Asthenosphäre. Dort, wo sich zwei Platten voneinander entfernen, wird ständig neue Kruste gebildet. Denn entlang der Trennungsnaht steigt verflüssigtes Material aus dem Erdmantel auf, also Magma aus dichtem und somit schwerem Basalt. Das Magma oder die Schmelze schließt sozusagen die entstandene „Wunde" zwischen den Platten und bildet einen Mittelozeanischen Rücken. Die Erde wird aber nicht größer. Folglich muss ein Teil der Lithosphäre wieder irgendwohin verschwinden. Und genau das passiert. Da die Platten nicht ausweichen können, muss eine Platte unter die andere abtauchen. Man nennt dies Subduktion (von lateinisch subducere = nach unten wegziehen). Im heißen Erdmantel wird der abgetauchte Plattenabschnitt ab einer gewissen Tiefe aufgeschmolzen. Dadurch steigt Magma auf und es bildet sich ein vulkanischer Inselbogen, wie zum Beispiel Japan oder die Philippinen, oder eine Kette von Vulkanen entlang des Kontinentalrandes, wie etwa im Fall der Andenvulkane am Westrand Südamerikas.

2 Der Anfang oder: Kontinente auf Wanderschaft

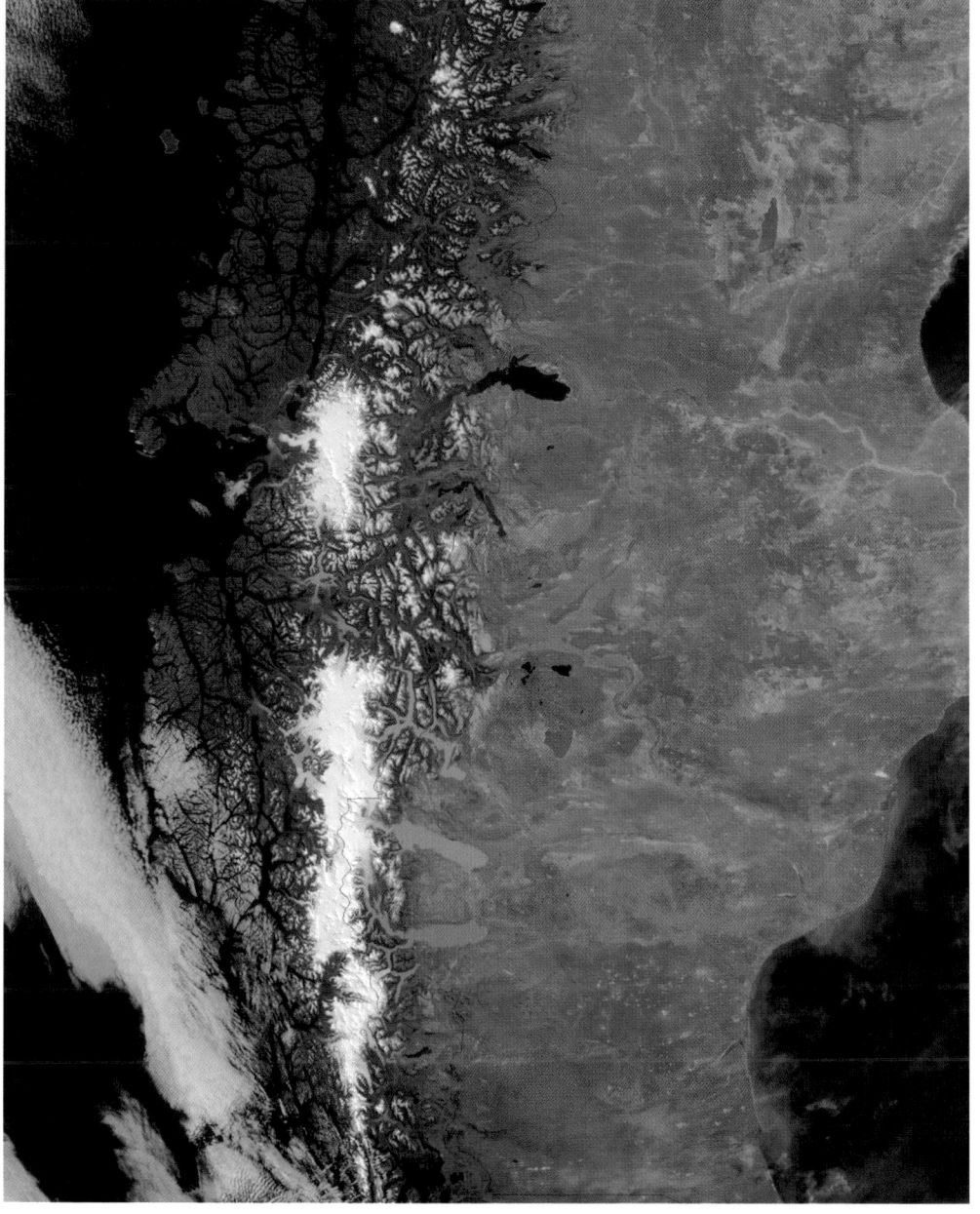

**Abb. 49.** Die Gebirgskette der Anden

In den Anden, hier im Bereich von Chile und Argentinien, befinden sich zahlreiche Vulkane, die durch die Subduktion der ozeanischen Nazca-Platte unter den Kontinentalrand der Südamerikanischen Platte entstanden. Taucht eine Lithosphärenplatte mit wasserreichen Ozeanbodensedimenten unter einer anderen Platte ab, so verbinden sich Wassermoleküle der abgetauchten Sedimente mit Molekülen der Gesteinsmineralien im Erdmantel. Das heiße Gestein verändert sich dadurch im Chemismus. Dies erniedrigt den Schmelzpunkt des Gesteins, so dass es als Magma an die Erdoberfläche steigen kann.

wegführen) und den Bereich, wo Subduktion stattfindet Subduktionszone. Stoßen schließlich zwei Platten mit kontinentaler Kruste zusammen, so überfahren sich die Platten gegenseitig, denn keine von beiden kann wegen ihrer geringen Gesteinsdichte unter der anderen abtauchen. Und genau das geschieht letztendlich bei der Gebirgsbildung.

Der Meeresboden, der durch das Auseinanderdriften von Avalonia und Armorica entstanden war, bestand aus dichtem und somit schwerem Basalt. Er musste bei der Plattenkollision also entweder unter Armorica oder unter Avalonia in nordwestliche Richtung abtauchen, da beide kontinentale Kruste besaßen. Nach bisherigen Erkenntnissen der Forschung lag die Subduktionszone am nördlichen Rand Armoricas. Der Ozeanboden des Rhenohercynischen Ozeans wurde also unter die kontinentale Kruste Armoricas gezogen (Abb. 63). Ähnliches vollzog sich auch bei den anderen Teilen von Armorica und am Nordrand von Gondwana, wo ebenfalls Subduktionszonen entstanden.

Subduzierte Plattenbereiche werden bereits in Tiefen von 100 Kilometern aufgeschmolzen. Begünstigt wird dies unter anderem durch den Umstand, dass zum Teil wasserreiche Meeresbodensedimente mit nach unten gezogen werden, deren Wassergehalt den Schmelzpunkt der Gesteine erniedrigt. Dabei entstehen Tiefseegräben, die Meeres-

tiefen von mehreren Kilometern hervorrufen können wie zum Beispiel vor der südamerikanischen Westküste. Dort taucht derzeit die ozeanische Nazca-Platte unter den Kontinentalrand der Südamerikanischen Platte, was im Atacamagraben Meerestiefen von mehr als 8.000 Metern hervorruft.

**Vulcanus und der Gott der Unterwelt**

Durch das Aufschmelzen der im Mantel abtauchenden Platte steigt Magma auf und es bilden sich Vulkanketten im Hinterland der Küsten, wie zum Beispiel in den Anden. Solche Vulkanketten befanden sich zur Zeit der Variscischen Gebirgsbildung am Nordwestrand Armoricas (Franconia), am Südrand von Bohemia und vermutlich auf dem nördlichen Gondwana. Häufig bleibt jedoch ein großer Teil des aufsteigenden Magmas in der Erdkruste stecken. Solche eingedrungenen Tiefengesteinskörper nennt man Plutone (nach Pluto, dem griechischen Gott der Unterwelt). Das heiße Gestein und seine Mineralien kühlen dort sehr langsam unter Bildung von großen Kristallen ab.

Das sicherlich bekannteste plutonische Gestein, das bei einer Plattenkollision entsteht, ist der grobkörnige Granit (von lateinisch granum = Korn). Erstarrte Plutone der Variscischen Plattenkollision finden sich beispielsweise im Spessart und im Odenwald wieder. Sie stellen Teile der Mitteldeutschen

---

**Vulkanismus**

Sämtliche Vorgänge, die mit dem Aufsteigen von Stoffen aus dem heißen Innern der Erde zu tun haben, werden unter dem Begriff „Vulkanismus" zusammengefasst. Der Begriff „Vulkan" bezeichnet prinzipiell irgendeine Stelle auf der Erdoberfläche, an der Lava, Asche, Gas oder Wasserdampf aus dem Innern der Erde austreten. Diese Austrittsstellen von festen, flüssigen oder gasförmigen Stoffen können Spalten in der Erdkruste oder große Berge, wie zum Beispiel der rund 3.350 Meter hohe Ätna auf Sizilien, sein. In den Medien wird oft der Begriff „Feuerberge" verwendet, wenn es um das Thema Vulkane geht. Doch Lava brennt nicht, sie ist nur bis zu 1.200 Grad Celsius heiß. Aufgrund der Hitze und der leuchtenden Glut kam man im 17. Jahrhundert auf die Idee, die „Feuerberge" Vulkane zu nennen, weil „Vulcanus" der römische Gott des Feuers und der Schmiedekunst war.

2  Der Anfang oder: Kontinente auf Wanderschaft

**Abb. 50.** Geysir auf Island – sichtbares Zeichen für vulkanische Tätigkeit im Untergrund

Kristallin-Schwelle dar, welche sich während der Variscischen Gebirgsbildung am Nordrand des nördlichsten Armorica-Teilstückes (Franconia) infolge des Magmen-Aufstieges empor hob. Teile des Schwarz-

waldes und der Vogesen waren ebensolche Plutone, die offenbar am Südrand von Bohemia entstanden.

Selbst in den Zentralalpen werden einige Massive aus variscischen Plutonen aufge-

**Abb. 51.** Granit

Granit zählt zu den bekanntesten Plutoniten, auch Intrusivgesteine oder Tiefengesteine genannt. Das Farbspektrum des Granits reicht von hellem Grau bis bläulich, rot und gelblich. Dabei spielen der Mineralgehalt, die Art der Erstarrung und die Umwelteinflüsse, denen das Gestein ausgesetzt war, eine Rolle. Die Kristalle der Plutonite haben infolge der langsamen Abkühlung viel Zeit sich auszubilden. Sie sind daher schon mit dem bloßen Auge sichtbar.

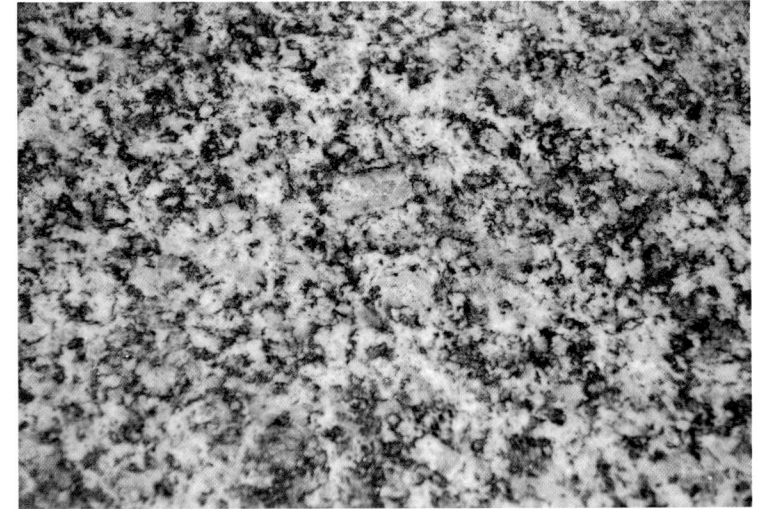

# 2 Der Anfang oder: Kontinente auf Wanderschaft

**Abb. 52.** Variscische Gesteine der Zentralalpen

Der 3.674 Meter hohe Großvenediger in den Hohen Tauern besteht aus dem so genannten Zentralgneis (Metatonalite und Augenflasergneise), metamorph überprägten plutonischen Gesteinen, die während der Variscischen Ära als Magma entlang einer Plattengrenze (vermutlich am Nordrand von Gondwana) aufstiegen und noch in der Erdkruste auskühlten. Erdgeschichtlich sind sie somit mit dem Taunus verbunden.

baut, die aber im Zuge der Alpenentstehung im Nachhinein in ihrer Struktur etwas verändert wurden. So zum Beispiel die Zentralgneise der Venedigergruppe und die Gesteine des Hauptkammes der Zillertaler Alpen. Als Bergwanderer oder Bergsteiger kann man auf manch einem Gipfel der Zentralalpen stehen und mit Recht behaupten, dass der Berg unter den Füßen – erdgeschichtlich oder zeitlich gesehen – zum Taunus gehört.

### Devonische Südsee

Zum Teil wurden die Ozeanbodensedimente des Variscischen Ablagerungsraumes im Bereich der Subduktionszonen mit in die Tiefe gezogen, zum Teil blieben sie an der Kristallin-Schwelle und am Kontinentalrand von Gondwana hängen und wurden aufgeschoben, in Schuppen zerlegt, geschiefert und gefaltet. Am Ende der Gebirgsbildung wird sich die Sedimentbedeckung am Südostrand von Avalonia durch diese Vorgänge von ursprünglich etwa 7 Kilometern auf 30 bis 40 Kilometer verdickt haben. Dieses gewaltige Gesteinspaket ist heute nur noch zum Teil erhalten, da nach dem Ende der Variscischen Gebirgsbildung nahezu 22 Kilometer davon abgetragen wurden. Die in den langsam enger werdenden Meeresbecken noch verbliebenen Sedimente wurden zusammengequetscht, sie zerbrachen und wurden angehoben, so dass neue Inseln aus dem Meer auftauchten. Durch die Beanspruchung der Lithosphäre kam es im rhenohercynischen Becken zu erneutem Vulkanismus im Mit-

2 Der Anfang oder: Kontinente auf Wanderschaft

**Abb. 53.** Atolle im tropischen Meer

Ähnlich wie in den heutigen tropischen Meeren dürfte es im Gebiet der Lahn vor mehr als 300 Millionen Jahren ausgesehen haben.

## Der Mond, die Korallen und die Zeit

Der Mond bewirkt die Gezeiten mit Ebbe und Flut, wodurch über Jahrmillionen die Erdrotation abnimmt. In welchem Ausmaß dies passiert, sagen uns devonische Korallen. Die Skelette Riff bildender Korallen, so auch die von Korallen aus dem Devon, bestehen aus Kalk oder genauer aus Aragonit, einer Modifikation des Calciumcarbonats, den sie aus ihrer Fußscheibe absondern, um der Kolonie ausreichend Festigkeit zu verschaffen und um Meeresspiegelveränderungen ausgleichen zu können.

**Abb. 54.** Korallen

Die Kalkabscheidungen erfolgen jedoch nicht gleichmäßig. Die Kalkbildungsrate beträgt bei Korallen am Tage das Zehnfache gegenüber der Nacht. Denn die Tiere leben in einer Symbiose mit Pflanzen, mit einzelligen Grünalgen, die Sonnenlicht für ihre Photosynthese benötigen. Dabei lässt der Korallenpolyp die Algen direkt in seinen Zellen leben. Das ist auch ein Grund dafür, dass Korallenriffe in vom Licht durchfluteten Meeresbereichen wachsen. Die im Schutz des Polypen lebenden Algen versorgen ihren Wirt unter anderem mit Sauerstoff, Glucose und Aminsosäuren und zwar verstärkt am Tage. Dadurch bilden sich sozusagen stärkere Tages- und schwächere Nachtwachstumsringe im Kalk aus. Zudem gibt es eine Art von Jahresringen. Paläontologen zählten die Tagesringe devonischer Korallen aus, die auf ein Jahr entfallen. Es sind 400. Ein devonisches Jahr hatte demnach 400 und keine 365 Tage.

**Abb. 55.** Der Mond

tel- bis älteren Oberdevon. Kieselsäurearme basaltische Magmen bauten große Vulkankomplexe unter dem Meeresspiegel auf. Sie bildeten Untiefen, um die sich, durch das warme Klima begünstigt, Korallen- und Stromatoporenriffe aufbauten. Das Meer wurde durch diese zahlreichen Atolle örtlich zur „devonischen Südsee". So beispielsweise im Raum des heutigen Lahn-Dill-Gebietes, wo wir die Überreste der Riffe noch heute bewundern können.

## 2.4
## Metamorphosen

Die Meeresbecken zwischen Laurussia und Gondwana wurden immer kleiner, allmäh-

lich verschwand nahezu der ganze Ozeanboden des rhenohercynischen Meeres in der Tiefe der Asthenosphäre und wurde aufgeschmolzen. Ein Teil der Ozeanbodensedimente sowie Stücke des basaltischen Ozeanbodens wurde auch weiterhin auf die Kontinentalränder aufgeschoben. Man bezeichnet diese Reststücke von ehemaligen Ozeanböden als Ophiolithe (von griechisch óphis = Schlange). Aus dem Taunus kennen wir solche Reste jedoch nicht. Zahlreiche Reste alten Ozeanbodens, der sich einst zwischen dem heutigen Nordamerika und Afrika befand, wurden hingegen in den nordamerikanischen Appalachen gefunden, die in der Endphase der variscischen Gebirgsbildung entstanden. Ein berühmtes Beispiel für einen Ophiolithen kennen sicherlich viele aus dem Urlaub in Österreich, ohne sich dessen

**Abb. 56.** Großglockner
Mit dem 3.798 Meter hohen Großglockner ragen Ozeanbodenbasalte in den Himmel. Sie wurden während der Alpidischen Gebirgsbildung metamorph überprägt und liegen heute als so genannte Prasinite vor.

## 2 Der Anfang oder: Kontinente auf Wanderschaft

---

### Metamorphose

Metamorphose (von griechisch metamorphein = umgestalten) bedeutet Verwandlung von bereits existierenden Erstarrungs- oder Sedimentgesteinen wie Basalt oder Sandstein durch hohen Druck und/oder hohe Temperatur. Wenn Lithosphärenplatten kollidieren und Gesteine, die vorher nahe an der Erdoberfläche waren, dadurch in große Tiefen gedrückt werden, entstehen infolge des Druckes und der hohen Temperaturen parallele Druckflächen und neu gebildete Minerale durch Umkristallisation. Die betroffenen Gesteine erhalten ein schiefriges Parallelgefüge, dessen Ebenen im rechten Winkel zur Druckrichtung orientiert sind. Bei schwacher Metamorphose im oberen Bereich der Erdkruste spielt Druck eine größere Rolle als Temperatur. Die Gesteine erhalten in dieser so genannten Epizone Schieferungsflächen und ein Tonstein zum Beispiel wird in dieser Zone zu Tonschiefer umgewandelt. Dabei entstehen aus den feinen Tonpartikeln die auffallend schimmernden Glimmerkristalle. Intensivere Metamorphose in der Metazone erzeugt zum Beispiel Glimmerschiefer mit einem deutlich höheren Anteil an Glimmer. Bei extrem hohem Druck und sehr hohen Temperaturen entsteht in der tiefen Katazone der Erdkruste aus ehemaligen Erstarrungsgesteinen oder Sedimenten der Gneis.

---

bewusst zu sein: Es ist der Großglockner. Mit ihm ragen Ozeanbodenbasalte, die im Zuge der Alpidischen Gebirgsbildung metamorph verändert wurden, bis 3.798 Meter in die Höhe.

Dann schließlich kollidierten die kontinentalen Plattenteile von Avalonia und Armorica (Abb. 63). Wenn jedoch zwei kontinentale Platten zusammentreffen, kann keine von beiden aufgrund ihrer geringen Dichte nach unten abtauchen. In diesem Fall überfährt die eine Platte die andere, was zur Verdopplung der Krustenmächtigkeit, zu weiteren Überschiebungen, Faltungen, Schieferungen und einer schuppenartigen Anordnung der Gesteine führt. Einige Gesteine wurden dabei in Tiefen von mehreren Kilometern gedrückt. Da in solch großen Tiefen hohe Temperaturen und Drucke herrschen, veränderten sich die Gesteine. Man nennt dies Metamorphose (von griechisch metamorphein = umgestalten). Je nachdem, wie stark der Druck und wie hoch die Temperatur war, entstanden entweder schwächer oder stärker metamorphe Gesteine.

### Ein Gebirge aus Schiefer

Taunusgesteine wie Tonschiefer und Quarzit sind weniger stark metamorphisiert. Hier-

bei muss man sich am Beispiel des Quarzits folgendes vorstellen: Die einzelnen Quarzkörner der im devonischen Meer abgelagerten Sande wurden zunächst unter dem Gewicht des immer dicker werdenden Sedimentpaketes zusammengepresst. Dadurch wurde der Sand allmählich entwässert und zu einem „normalen" Sandstein verfestigt. Der Fachmann spricht vom Prozess der Diagenese (von griechisch dia = hindurch und genesis = Entstehung). Bei der späteren Gebirgsbildung entstand nun ein so hoher Druck, dass sich die Kieselsäure, aus welcher der Quarz besteht, im Porenwasser löste und die einzelnen Sandkörner miteinander verschmelzen ließ. Dabei entstanden der schwach verfestigte Hermeskeil-Sandstein und der etwas stärker verfestigte Taunusquarzit. Da im rhenohercynischen Raum vor allem diagenetisch verfestigte Tonsteine bei der Gebirgsbildung zu Schiefern deformiert wurden, erhielt das Gebirge beiderseits des Rheins den Namen „Rheinisches Schiefergebirge".

Natürlich erfasste die Variscische Gebirgsbildung nicht nur die genannten Gesteine. Eine Vielzahl von unterschiedlichen Sedimenten und vulkanischen Gesteinen waren betroffen. Wir finden sie am Südrand des Taunus etwa beim Wiesbadener Stadtteil Naurod als Phyllite, Grünschiefer und Seri-

**56** 2 Der Anfang oder: Kontinente auf Wanderschaft

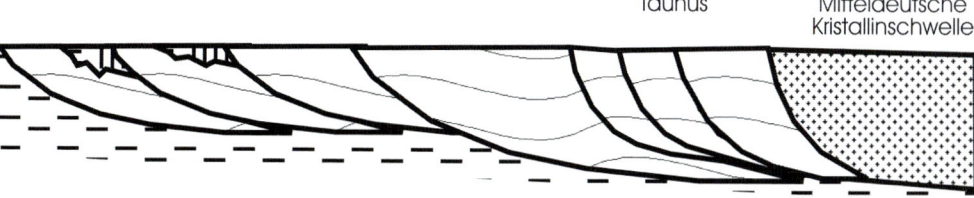

**Abb. 57.** Schuppung infolge der Gebirgsbildung
Die Grafik zeigt schematisch die Anordnung der Gesteine nach Schließung des Rhenoherynischen Ozeans (nach Weber & Behr 1983). Die Taunusgesteine wurden bei der Kollision der Kontinente nicht nur gefaltet, sondern auch in Streifen schuppenartig übereinander geschoben und zum Teil senkrecht gestellt.

citgneise. Letztere waren vulkanischen Ursprungs. Durch die Gebirgsbildung wurden sie Temperaturen von mehreren Hundert Grad Celsius und Drücken von bis zu sechs Kilobar ausgesetzt, so dass sie heute als metamorphe Gesteine mit schiefriger Struktur vorliegen. Vergleichbares geschah mit feinkörnigen Ablagerungen, die sich zu Phylliten (heute in Eppsteiner und Lorsbacher Schiefer differenziert) wandelten und zum Beispiel große Bereiche zwischen Eppstein und Hofheim-Lorsbach oder Kelkheim-Hornau und Königstein-Mammolshain einnehmen.

Infolge der Plattenkollision wurden die unterschiedlichen Sedimentschichten nicht nur verfaltet und metamorph, sondern auch in parallele Streifen zerbrochen. Diese Streifen schoben sich bei der Einengung schuppenartig übereinander und wurden schließlich in eine steile, mitunter senkrechte Lage gebracht (Abb. 57). Auf diese Weise entstand

die streifenförmige Anordnung der Taunusgesteine an der heutigen Erdoberfläche. Sehr schön kann man diese Anordnung auf verschiedenen Blättern der Geologischen Karte 1:25.000 erkennen (zum Beispiel Blatt Königstein). Entlang der Überschiebungsbahnen der steil gestellten Gesteinsstreifen konnten mineralhaltige Thermalwässer nach oben gepresst werden. Daher kam es im Umfeld dieser bevorzugten Aufstiegskanäle zur Ausscheidung von Mineralien wie Quarz und Feldspat, aber auch von Erzen wie Pyrit (Katzengold), Bleiglanz oder Kupferkies.

## 2.5
# Der Korken im Honig

Die doppelte Lithosphäre infolge der Kollision kontinentaler Platten erfährt im dich-

**Gebirge**
Im geologischen und bergmännischen Sprachgebrauch ist ein „Gebirge" ein bestimmter Abschnitt der Erdkruste, der entstehungsgeschichtliche Gemeinsamkeiten und Zusammenhänge aufweist. Dabei muss es sich nicht um eine über der Erdoberfläche erkennbare Gebirgslandschaft im geographischen oder geomorphologischen Sinn mit Bergen und Tälern handeln. So werden auch die Bereiche der Erdkruste, in denen Steinkohle unter Tage abgebaut wird, als Steinkohlengebirge bezeichnet. Insofern war der Taunus bereits vor seiner Heraushebung ein Gebirge. Und aus diesem Grund zählen viele Geologen den wesentlich jüngeren Vortaunus mit seinen Sedimenten aus dem Rotliegenden (Perm) und dem Tertiär geologisch auch nicht zum „Gebirge" Taunus.

2 Der Anfang oder: Kontinente auf Wanderschaft

**Abb. 58.** Der Taunus
Der Taunus von Karben in der Wetterau aus gesehen. Von links nach rechts sind der Altkönig, der Große Feldberg, der Kolbenberg, der Herzberg, der Hesselberg und der Steinkopf zu sehen.

teren Material der Asthenosphäre einen so gewaltigen Auftrieb, dass sie sich allmählich zum Gebirge hebt. Etwa so wie ein Korken, der in zähen Honig gedrückt wurde. Das ist ein sehr langsamer Vorgang und einige junge Gebirge wie die Alpen oder der Himalaya befinden sich immer noch nicht im so genannten isostatischen Gleichgewicht (von griechisch isos = gleich und stasis = Stand). Sie steigen weiterhin auf.

Die Variscische Gebirgsbildung endete im Taunus vor 320 Millionen Jahren und weltweit vor rund 250 Millionen Jahren. In ihrer Endphase wurde noch der Meeresraum im Bereich der Appalachen zwischen dem heutigen Nordamerika und Afrika geschlossen. Laurussia, Gondwana und all die kleineren

Lithosphärenbruchstücke waren nun zum gewaltigen Superkontinent Pangäa (von griechisch pán = ganz und gé = Erde) vereint und die bislang größte Massenkarambolage der Erdgeschichte beendet. Alle Kontinente der Erde bildeten nun eine Landmasse, die vom großen variscischen Faltengebirgsbogen durchzogen war. Neben zahlreichen anderen variscischen Gebirgsgruppen war auch der Taunus entstanden.

**Erste Samenpflanzen und Massensterben**

Auch die belebte Natur machte in dieser gewaltigen Zeitspanne der Variscischen Gebirgsbildung eine enorme Entwicklung

**58**  2 Der Anfang oder: Kontinente auf Wanderschaft

**Abb. 59.** Panzerfisch

Man kann ihn ohne weiteres als „Schrecken der oberdevonischen Meere" bezeichnen: *Dunkleosteus terrelli,* der Größte unter den Panzerfischen des Erdaltertums. Übersetzt bedeutet sein Gattungsname „Dunkle's Knochen", nach dem US-amerikanischen Paläontologen Dr. David Dunkle von der Universität Cleveland, der sich intensiv mit den Fossilien dieses Fisches befasste. Die Nahrung dieses 8 bis 10 Meter langen Panzerfisches bestand unter anderem aus großen Fischen, darunter auch Haie, und Kopffüßern wie dem Nautilus. Er war das größte Wirbeltier im Devon. Besondere Merkmale sind die stark gepanzerte Kopfpartie und der äußerst starke Kiefer mit rasiermesserscharfen Zähnen. *Dunkleosteus*, ein veralteter Name für diese Gattung ist *Dinichthys* (schrecklicher Fisch) wurde in Afrika, Europa (Belgien, Polen) und Nordamerika gefunden.

durch. Im Mitteldevon, vor 390 bis 375 Millionen Jahren, als Avalonia und Armorica auf Kollisionskurs waren, entstehen Tausendfüßer, Insekten und Spinnen. Amphibien, die sich aus den Lungenfischen des unteren Devons entwickelt hatten, gehen an Land. In der Pflanzenwelt entstehen die ersten Farne.

Im Oberdevon, vor 375 bis 360 Millionen Jahren schwirren die ersten geflügelten Insekten über die Landschaft, die damit die ersten Lebewesen waren, welche den Luftraum eroberten. Aus den in diesem Zeit-

raum entstehenden Amphibien entwickeln sich später alle Reptilienarten. Eine große Artenvielfalt an Fischen entsteht, wozu auch die ersten Haie und die Quastenflosser zählen, die immer noch die Meere bewohnen. *Dunkleosteus terrelli*, der größte Vertreter der Panzerfische (*Placodermi*) mit einer Länge von bis zu 10 Metern, war im Meer des Oberdevon der Räuber schlechthin und das größte bislang bekannte Tier seiner Zeit. Bis zu 20 Meter hohe Landpflanzen der Gattung *Archaeopteris* mit primitivem Stamm und farnähnlichen Wedeln bilden bis zu ihrem Aussterben am Übergang vom Devon

2  Der Anfang oder: Kontinente auf Wanderschaft

zum Karbon vor 360 Millionen Jahren den Hauptbestand der frühesten Wälder.

Das Unterkarbon, vor 360 bis 325 Millionen Jahren, bringt die ersten Vertreter der Moose hervor. In der Tierwelt erscheint mit dem Neunauge ein Fisch, den es noch heute gibt. Die Panzerfische sterben aus, und es entwickelt sich eine große Artenvielfalt bei den geflügelten Insekten. Erste Exemplare der Reptilien werden bekannt. Im Oberkarbon, vor 325 bis 290 Millionen Jahren, erscheinen die riesigen Libellen. Auch die Eidechsen betreten gemeinsam mit Tieren, die den Übergang zu den Säugetieren darstellen, die Bühne der Evolution. Dann tauchen erste Samenpflanzen in Form von Nadelbäumen (Koniferen) auf.

Im späten Devon, vor etwa 370 Millionen Jahren, ereignete sich ein großes Massen-

sterben, von dem etwa 30 Prozent aller Meereslebewesen betroffen waren. So zum Beispiel Brachiopoden, Ammoniten und Fische. Weniger betroffen waren frühe Landpflanzen und Reptilien. Bekannt geworden ist dieses große Sterben unter dem Begriff „Kellwasserkrise", benannt nach dem Flüsschen Kellwasser im Harz. Gesteine aus dieser Zeit (dunkle Kalksteine und Tonschiefer), die auf anaerobe Verhältnisse schließen lassen, deuten darauf hin, dass plötzliche Veränderungen im Sauerstoffgehalt des Meerwassers ursächlich für das Massensterben waren.

Mit dem Ende der Variscischen Gebirgsbildung, vor rund 250 Millionen Jahren an der Grenze zwischen Erdaltertum (Paläozoikum) und Erdmittelalter (Mesozoikum), kam es zum größten Artensterben in der

**Abb. 60.** Libelle
Im Karbon bevölkerten riesige Libellen die Erde. Die ältesten Funde stammen aus dem oberen Karbon und sind mehr als 300 Millionen Jahre alt. Diese *Palaeodictyoptera* genannten Tiere hatten eine Flügelspannweite von bis zu 60 Zentimetern. Die Abbildung zeigt die heute lebende Gefleckte Heidelibelle (*Sympetrum flaveolum*).

**2 Der Anfang oder: Kontinente auf Wanderschaft**

**Abb. 61.**
Meteoriteneinschlag
Der Einschlag eines großen Meteoriten wird bei fast allen Massensterben als mögliche Ursache betrachtet.

Erdgeschichte überhaupt. 93 Prozent der Meereslebewesen und 75 Prozent der bekannten auf dem Land lebenden Arten verschwanden für immer. Dieses „große Sterben" erstreckte sich wahrscheinlich über fünf Millionen Jahre hinweg. Nach neueren Datierungen könnten es sogar nur wenig mehr als eine Million Jahre gewesen sein. Genau wie im Falle der bekanntesten Opfer eines Massensterbens vor 65 Millionen Jahren, den Dinosauriern, werden auch hier

starker Vulkanismus, Meeresspiegelschwankungen, Klimaschwankungen, ein Meteoriteneinschlag oder das Zusammenwirken mehrerer derartiger Ereignisse als Ursachen diskutiert.

**Eine gewaltige „Knautschzone"**

Das Gebiet des heutigen Taunus lag zur Zeit Pangäas bei heißem Klima fast am Äquator. Die Kontinentaldrift ist jedoch ein steter

**Abb. 62.** Taunusrand
Der südliche Rand des Taunus und somit auch des Rheinischen Schiefergebirges stellt die Naht oder Geosutur dar, wo Avalonia und Armorica kollidierten und „zusammengeschweißt" wurden. Der Blick geht über Kronberg zur Untermainebene.

## 2 Der Anfang oder: Kontinente auf Wanderschaft

Prozess. Und so zerfiel Pangäa im Laufe der Jahrmillionen wieder und die Materialumwälzungen in der Asthenosphäre schoben die Bruchstücke in ihre heutige Position mit ihren uns so vertrauten Umrissen. Lediglich das Rheinische Schiefergebirge und all die anderen variscischen Gebirgsgruppen blieben als Zeugen der großen Knautschzone kollidierender Kontinente. Diese Knautschzone war so gewaltig, dass Mitteleuropa während der Variscischen Gebirgsbildung in Nord-Süd-Richtung um mindestens 500 Kilometer, eventuell sogar um 1.000 Kilometer verkürzt worden ist. Die Kollisionsnaht, an der die Kontinentalplatten Avalonias und des nördlichen Armoricas zusammentrafen, verläuft längs des südlichen Taunusrandes von Südwesten nach Nordosten.

## 2.6
## Resümee

Im Erdzeitalter des Ordoviziums, das vor 495 Millionen Jahren begann und vor rund 443 Millionen Jahren endete, bestand die Festlandmasse im Wesentlichen aus zwei riesigen Kontinenten: Laurussia und südlich davon Gondwana. Vor rund 490 Millionen Jahren begann ein kleines Stück von Gondwana, Avalonia genannt, nach Norden in Richtung Laurussia zu wandern. Diese Mikroplatte wurde schließlich Teil des südlichen Laurussia. Eine Ansammlung von Mikroplatten, Armorica genannt, löste sich ebenfalls von Gondwana, driftete nordwärts und dockte an Avalonia an. Noch im frühen Devon rückte der Großteil von Armorica vor etwas mehr als 410 Millionen Jahren jedoch wieder von Avalonia ab. Dazwischen entstand bis 392 Millionen Jahre vor heute der Rhenohercynische Ozean.

Im frühen Mitteldevon, das vor 392 Millionen Jahren begann, gingen Avalonia und Armorica, aber allmählich auch die beiden Riesenkontinente Laurussia und Gondwana auf Kollisionskurs. Die Annäherung der Kontinente leitete den Beginn der Variscischen Gebirgsbildung ein. Der Schelfbereich und der Meeresboden des Rhenohercynischen Ozeans mit seinen mächtigen Sedimenten und vulkanischen Gesteinen wurde dadurch regelrecht in die Zange genommen und langsam eingeengt. Die Sedimente wurden durch diese Beanspruchung verformt, zu schwach metamorphem Gestein umgewandelt, teils gefaltet und schuppenartig zusammen geschoben. An Subduktionszonen entstand reger Vulkanismus, vom Prinzip her ähnlich dem am Westrand Südamerikas mit den zahlreichen Andenvulkanen. Bei der Kollision der Kontinentalmassen erfuhr die Lithosphäre quasi eine Verdoppelung und wurde somit tief in den Erdmantel gedrückt. Infolge nach oben gerichteter Ausgleichsbewegungen erfolgte der Aufstieg des Variscischen Gebirges und somit des Taunus. Vor rund 250 Millionen Jahren mit Beginn der Trias endete diese Gebirgsbildung.

Man kann die Entstehung von Falten-, Decken- oder Kettengebirgen, wie sie mit dem Taunus, aber auch den Alpen oder dem Himalaya beispielhaft vertreten sind, zusammenfassend in sechs Entwicklungsphasen darstellen, die nach dem kanadischen Geophysiker und Geologen John Tuzo Wilson auch Wilson-Zyklus genannt werden:

I. Embryonalstadium

Einer Gebirgsbildung oder Orogenese (von griechisch óros = Berg, Gebirge und genés = bürtig, stammend) geht ein Embryonalstadium voraus, in dem sich Lithosphärenplatten durch das Aufdringen von Gesteinsschmelzen voneinander trennen. Durch die

**62** 2 Der Anfang oder: Kontinente auf Wanderschaft

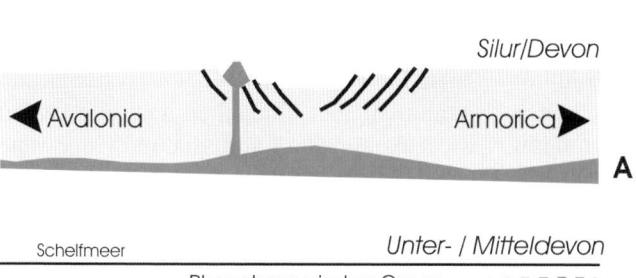

Silur/Devon

◄ Avalonia   Armorica ►

**A**

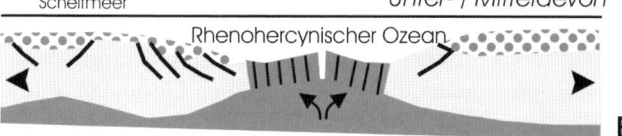

Schelfmeer   Unter- / Mitteldevon

Rhenohercynischer Ozean

**B**

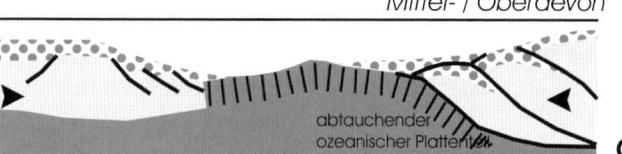

Mittel- / Oberdevon

abtauchender
ozeanischer Plattenteil

**C**

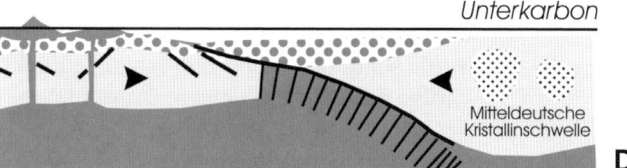

Unterkarbon

Mitteldeutsche
Kristallinschwelle

**D**

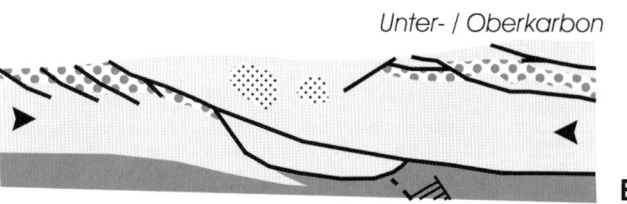

Unter- / Oberkarbon

**E**

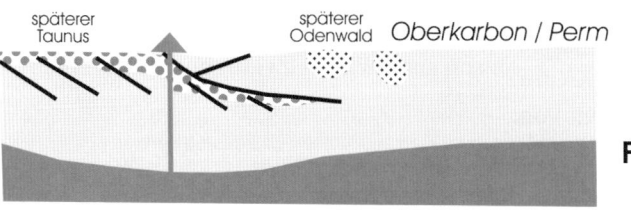

späterer   späterer
Taunus   Odenwald   Oberkarbon / Perm

**F**

**Abb. 63.** Öffnung, Entwicklung und Schließung des Rhenohercynischen Ozeans (stark schematisiert), verändert und ergänzt nach Franke (2000) und Franke & Oncken (1990)

A) Im frühen Devon, beziehungesweise an der Grenze Silur-Devon, driftet Armorica von Avalonia langsam ab. Durch die Dehnung der Erdkruste entsteht ein Grabenbruch, in Spalten und Rissen der Kruste steigt Magma auf, da sich das Gestein infolge der Ausdünnung der Kruste und der damit verbundenen Druckentlastung verflüssigen kann.

B) Infolge der andauernden Dehnung kann schließlich das Meer in den entstandenen Grabenbruch eindringen. Ein flaches Schelfmeer entsteht. Zwischen den Mikroplatten oder Terranen Avalonia und Armorica bildet sich aufgrund der fortlaufenden Kontinentaldrift ein Mittelozeanischer Rücken, von dem aus bis zum frühen Mitteldevon permanent neuer Meeresboden aus Basalt gebildet wird. Auch der Sedimentstapel auf dem Schelf ist stark angewachsen.

C) Im frühen Mitteldevon beginnt die erneute Kollision der Terrane. Der Sedimentstapel wird zusammen geschoben und der Ozeanboden unter Armorica subduziert.

D) Im Unterkarbon kommt es durch die Einengung der Kruste erneut zu Brüchen und lebhaftem Vulkanismus. Der Ozeanboden ist fast vollständig subduziert. Ein Teil des subduzierten Ozeanbodens wird samt seinen Meeressedimenten aufgeschmolzen. Die Gesteinsschmelze steigt zur Erdoberfläche, bleibt jedoch beim Aufstieg in der Kruste als Pluton stecken. Die Mitteldeutsche Kristallinschwelle, die später unter anderem Teile des Odenwalds bildet, entsteht.

E) Die Kontinente sind endgültig kollidiert, der Ozeanboden ist in der Tiefe des Erdmantels verschwunden oder zum Teil auf den Kontinent aufgeschoben worden. Die mächtigen Sedimentstapel des ehemaligen Schelfmeeres sind gefaltet, in Schuppen zerbrochen und zusammen geschoben worden. Teilweise werden diese Schuppen sogar senkrecht gestellt.

F) Auch im frühen Perm kommt es durch die Beanspruchung der Kruste zu weiterem Vulkanismus. Allmählich beginnt sich die stark verdickte und dadurch in den Erdmantel gedrückte Kruste zum Variscischen Gebirge und somit auch zum Ur-Taunus zu erheben.

## 2 Der Anfang oder: Kontinente auf Wanderschaft

Dehnung der kontinentalen Kruste entsteht ein Grabenbruchsystem, entlang dessen Magma an die Oberfläche dringt. Es kommt zu vulkanischer Tätigkeit.

### II. Jugendstadium

Im Jugendstadium dauert die Dehnungs- und Bruchtektonik an und es erfolgt eine vollständige Trennung beider Kontinentalschollen. Zwischen ihnen entsteht ein neuer Ozean mit einem mittelozeanischen Rücken, wo permanent neuer Meeresboden oder ozeanische Kruste gebildet wird. Das Rote Meer beispielsweise ist ein Ort solcher Prozesse.

### III. Reifestadium

Die beiden Kontinentalschollen driften immer weiter auseinander. Es entsteht in diesem Reifestadium ein mehr oder weniger breiter Ozean mit Vulkanismus im Bereich des mittelozeanischen Rückens. In entstehenden Senkungströgen werden marine und küstennahe Sedimente abgelagert. Ein Beispiel für dieses Stadium ist der Atlantische Ozean, der vollständig vom Mittelatlantischen Rücken durchzogen wird.

### IV. Abklingendes Stadium

An den Rändern des entstandenen Ozeans kommt es durch Veränderung der Bewegungsrichtung der Lithosphärenplatten zu Subduktionsprozessen. Die neu gebildete ozeanische Kruste taucht nun wieder in den oberen Erdmantel ab und der Ozean wird verkleinert. Die Subduktion des ozeanischen Teils einer Lithosphärenplatte erfolgt unter Abscherung und Überschiebung von Sedimentpaketen auf den Kontinentalrand im Kollisionsbereich. An den Subduktionszonen bilden sich Tiefseegräben und Hochgebirge vom Typus der Anden oder vom Inselbogen-Typus. Das nun über dem Meeresspiegel teilweise herausgehobene

Gebirge unterliegt der Verwitterung und Abtragung. Der Pazifik, der auf allen Seiten von Subduktionszonen begrenzt ist, befindet sich heute in einem solchen abklingenden Stadium.

### V. Endstadium

Im Endstadium wird der Ozean durch Subduktion immer kleiner und die zuvor getrennten Kontinentalplatten nähern sich immer mehr.

### VI. Geosutur

Schließlich erfolgt im Stadium einer Geosutur (von lateinisch suere = zusammennähen) die vollständige Subduktion der ozeanischen Kruste. Der Ozean verschwindet und es kommt zur Kontinent-Kontinent-Kollision. Bei der Kollision der Kontinente werden ozeanische Krustenfragmente sowie Sedimente des Kontinentalschelfs und kontinentale Gesteinsmassen infolge des seitlichen Druckes und der Raumverengung gefaltet und schließlich in zahlreiche Gesteinsdecken oder Gesteinsschuppen abgeschert und übereinander gestapelt. Ein großer Teil der von der Einengung betroffenen Gesteinsmassen weicht dabei in die Tiefe aus, Gesteine werden dadurch metamorph überprägt. Die Horizontalbewegungen der Gesteinsmassen in Kilometerdicke mit Faltenbildung und Überschiebungen von ganzen Gesteinspaketen (Decken) finden dabei weitgehend submarin, also unter dem Meer statt. Die beträchtlich verdickte Kruste erfährt im dichteren Material der Asthenosphäre schließlich einen so gewaltigen Auftrieb, dass Hebung einsetzt und das Gebirge emporgehoben wird. Das ist ein sehr langsamer, phasenweiser Vorgang und einige Gebirge wie die Alpen befinden sich immer noch nicht im so genannten isostatischen Gleichgewicht. Schließlich formen Verwitterung, Abtragung und vielfach auch Gletscher das Gebirge.

## 2 Der Anfang oder: Kontinente auf Wanderschaft

**John Tuzo Wilson**

John Tuzo Wilson wurde 1908 in Ottawa, Ontario, Kanada geboren. Er studierte unter anderem in Toronto und Cambridge und erlangte 1936 seinen Doktortitel an der Princeton University, New Jersey. Danach arbeitete er am Geological Survey of Canada. Der kanadische Geophysiker und Geologe gewann internationale Anerkennung durch seine Arbeiten zur Gebirgsbildung, der Geologie von Meeresbecken und der Struktur von Kontinenten. Einen besonderen Bekanntheitsgrad erwarb er sich durch seine Arbeiten über Hot Spots und deren Bedeutung für das Seafloorspreading. Er gilt als einer der Pioniere der Plattentektonik. Im Jahr 1970 formulierte er den nach ihm benannten Wilson-Zyklus. John Tuzo Wilson starb 1993 in Toronto.

## 2.7 Schwindelnde Höhen?

Mehrfach wurden die Alpen erwähnt. Dabei drängt sich die Frage auf, ob denn der Taunus beziehungsweise das Variscische Gebirge ursprünglich einmal ähnliche Höhen aufzuweisen hatte wie die Alpen oder gar der Himalaya, also ein Hochgebirge war. Auch diese, jedoch viel jüngeren Gebirge, entstanden ja prinzipiell auf gleiche Art und

**Abb. 64.** Hohe Taunusberge?

2 Der Anfang oder: Kontinente auf Wanderschaft

Weise durch die Öffnung von Ozeanen und die anschließende Kollision von Lithosphärenplatten.

Sicherlich war das Variscische Gebirge und somit auch der Taunus einmal ein hohes Gebirge, vermutlich um vieles höher als heute. Jedoch bezweifeln einige Geologen und Geographen, dass der Taunus jemals Höhen von über 3.000 oder gar 4.000 Metern über dem Meeresspiegel wie etwa die Alpen erreichte. Ein häufig vorgebrachtes Argument gegen einen sehr hohen Taunus ist, dass grobkörnige Schuttsedimente der Abtragung, wie sie im Vorland der Alpen typisch sind, nur in bescheidenem Maße vorkom-

men. Zudem weisen die Gesteine des Taunus nicht die starken Metamorphosegrade auf, wie etwa viele Gesteine der Alpen. Das bedeutet, sie wurden bei der Plattenkollision nicht so tief in den Erdmantel gedrückt wie zahlreiche Gesteine der Alpen. Und was nicht tief nach unten versenkt wird, kann auch nicht sehr hoch aufsteigen. Zudem war der Rhenoherzynische Ozean im Vergleich zur viel jüngeren Tethys, dem Ursprung der alpinen Sedimente, nur ein relativ schmales Meeresbecken. Genauere Aussagen über die ehemalige Höhe des variscischen Gebirges können somit bislang nicht getroffen werden und folglich bleibt viel Raum für Spekulationen.

---

**Hochgebirge**

Hochgebirge ist nicht allein durch hohe Berge charakterisiert, sondern vor allem durch eine deutliche Abfolge von unterschiedlichen Höhenstufen, die zum Beispiel in den Alpen von den Tallagen über die Bergwälder und Wiesen der Almen bis hinauf zu den Gletschern reicht. Aufgrund dieser Charakterisierung sind beispielsweise auch die deutlich unter 2.000 Meter hohen Gebirgszüge Nordnorwegens als Hochgebirge anzusprechen, denn sie weisen eine klare vertikale, klimabedingte Abfolge von Höhenstufen auf. Da niemand weiß, ob der Taunus nach seinem Aufstieg im Zuge der Variscischen Gebirgsbildung, gleich bis in welche Höhe, in deutliche Höhenstufen gegliedert war, sollte man nur nach der Möglichkeit eines hohen Taunus und nicht nach einem möglichen Hochgebirge Taunus fragen.

# 3

# Abtragung oder: Nichts bleibt ewig oben

Nachdem die kollidierten Gesteinsmassen der Mikroplatten Avalonia und Armorica vor rund 320 Millionen Jahren langsam zum Taunus aufgestiegen waren, begann noch vor dem endgültigen Ende der Variscischen Ära eine lange Festlandszeit mit Verwitterung und Abtragung. Bereits in der Perm-Zeit, die vor 251 Millionen Jahren endete, war der Taunus vergleichsweise stark eingeebnet. Feucht-warmes Tropenklima während der noch fortdauernden Variscischen Gebirgsbildung im Oberkarbon und im frühen Perm (später war Mitteleuropa in

diesem Zeitalter eher wüstenhaft trocken), aber auch im darauf folgenden Erdmittelalter, dem Mesozoikum, und im frühen bis mittleren Tertiär, sorgte über Jahrmillionen immer wieder für intensive chemische Verwitterungsprozesse.

Vor allem die so genannte Silikatverwitterung bewirkte in den feucht-warmen Phasen gemeinsam mit flächenhaften Abspülungsprozessen eine starke Einebnung des Taunus. Diese Form der Verwitterung, auch Hydrolyse genannt, bewirkt den Austausch

**Abb. 65** Sumpflandschaft des Karbons

Der Abtragungsschutt des aufsteigenden Variscischen Gebirges wurde in einem nördlich gelegenen Molassetrog – Molasse ist eine Bezeichnung für Rand- und Innensenken von Gebirgen, welche die abgetragenen Gesteinsmassen eines aufsteigenden Gebirges aufnehmen – sedimentiert, der als Subvariszikum bezeichnet wird. An dessen Randbereichen entwickelten sich im Oberkarbon die Mitteleuropäischen Kohlevorkommen. Ausgedehnte Sumpflandschaften prägten das Landschaftsbild. Man könnte das Karbon beziehungsweise das Oberkarbon, auch als „das" Zeitalter der Farne bezeichnen. Die beherrschenden Pflanzen in den „Kohlesümpfen" waren baumartige Pflanzen, die zur Pflanzenabteilung der Bärlapppflanzen (*Lycopodiophyta*) gezählt werden. Sie erreichten Größen von bis zu 40 Metern mit Stammdurchmessern von über einem Meter. Schachtelhalme (*Spenophyta*) brachten ebenfalls bis zu 20 Meter große baumähnliche Formen hervor. Im Ruhrgebiet erreichen die Ablagerungen des Oberkarbons eine Mächtigkeit von 6.000 Metern.

3 Abtragung oder: Nichts bleibt ewig oben

von Ionen an der Mineraloberfläche durch Wasserstoff-Ionen des Wassers. Es entstehen chemisch instabile Verbindungen, die weitere Reaktionen eingehen, bis schließlich leicht wasserlösliche Endprodukte vom Sickerwasser abgeführt werden. Das Ge-

**Abb. 66.**
Rheinische Insel oder Rheinisches Massiv

Der Raum des heutigen Taunus lag vom ausklingenden Erdaltertum an weitgehend über dem Meeresspiegel. Aus diesem Grund finden sich im Taunus, mit Ausnahme von randlichen Gebieten, auch keine Ablagerungen des Erdmittelalters, dem Mesozoikum. Erst im Tertiär kam das Meer in einige Teile des Taunus zurück und hinterließ seine Sedimente.

**Tertiär**

Das Tertiär wurde zusammen mit dem Quartär (Eiszeitalter und Gegenwart = Pleistozän und Holozän) im Jahr 2004 aus der Internationalen Geologischen Zeitskala gestrichen. Stattdessen wurde die Erdneuzeit (Känozoikum, zuvor Tertiär und Quartär) in die Perioden Paläogen und Neogen eingeteilt, die bereits Unterteilungen des Tertiärs waren. Viele Fachleute sahen diesen Schritt sehr kritisch. Denn die Besonderheiten der Erdentwicklung im Eiszeitalter (Pleistozän), die sich deutlich vom vorhergehenden Pliozän, der jüngsten Abteilung des ehemaligen Tertiärs, unterscheiden, kamen in der neu strukturierten Zeitskala nicht zur Geltung. Die Kritik hat dazu geführt, dass das Quartär wieder in die Zeitskala aufgenommen und neu festgelegt wurde. Der Zeitraum des Quartärs, der früher 1,8 Millionen Jahre umfasste, wurde auf 2,6 Millionen Jahre ausgedehnt und umfasst jetzt alle eiszeitlichen Ablagerungen. Das Quartär beginnt nun offiziell schon im so genannten Gelasium, dem letzten Teil des Pliozäns. Damals vor rund 2,6 Millionen Jahren begann die Eiszeit mit der Vereisung der Polkappen. Der Zeitraum des Quartärs stimmt damit auch mit der jüngsten Entwicklungsgeschichte des Menschen überein. Doch viele Wissenschaftler bleiben mehr oder weniger aus Gewohnheit oder gar zum Trotz dem Tertiär treu. Auch vielen naturkundlich interessierten Laien ist „Tertiär" ein Begriff als Zeitraum zwischen Erdmittelalter und Eiszeiten, weswegen er auch in diesem Buch beibehalten wird.

stein verwittert schließlich völlig zu Ton, beziehungsweise zum Tonmineral Kaolinit, benannt nach dem Berg Kaoling in Südwestchina, ein begehrter Rohstoff für die Porzellanindustrie. Man spricht daher auch von einer Kaolinisierung des Gesteins. Kaolinitreiche Sedimente des östlichen Hintertaunus, die in Zeiten verstärkter Erosion in Senkungsgebieten abgelagert wurden, bilden wertvolle Lagerstätten für die keramische Industrie.

## 3.1
## Über alle Grenzen

Das Ergebnis der intensiven Verwitterung des Taunus war eine Rumpfflächenlandschaft. Sie ist neben einem plateauartigen Erscheinungsbild von sanften Erhebungen vor allem dadurch charakterisiert, dass die Landschaftsoberfläche über alle Gesteinsarten und Gesteinsgrenzen hinweg greift. Gesteinsstrukturen werden einfach gekappt, steil stehende Schichten der Schiefer von der Abtragung glatt geschnitten. Das in sich

stark gefaltete Gebirge wirkt dadurch an der Oberfläche oft radikal geglättet. Die Rumpfflächenbildung ist also unabhängig von der Art und Lagerung des Gesteinsuntergrundes. Ähnliche Vorgänge laufen heute zum Beispiel in den wechselfeuchten Tropen ab, deren Klima in etwa mit dem zur Zeit des frühen und mittleren Tertiärs des Taunusgebietes zu vergleichen ist.

Auch nach der Entstehung des Taunus ist die Erde natürlich nicht zur Ruhe gekommen, denn die Materialströme in der heißen Asthenosphäre bewirken eine niemals endende Beanspruchung der Erdkruste, ein ständiges Hin und Her, Auf und Ab über die Jahrmillionen. Folglich kam es immer wieder zu Hebungen der Erdkruste, die von relativen Ruhephasen unterbrochen wurden. Im Verlauf der Hebungsphasen konnten sich die Fließgewässer tiefer in den Untergrund einschneiden. In den Ruhephasen wurde wieder weiträumig über alle Gesteinsunterschiede hinweg abgetragen. Das Ergebnis war eine treppenähnliche Abfolge von einzelnen Rumpfflächen. Den Übergang von einer zur nächst höheren Rumpffläche nennt man Rumpfstufe. Insgesamt hat man

**Abb. 67.** Rumpffläche (schematisch)
Eine Rumpffläche ist dadurch charakterisiert, dass Verwitterung und Abtragung das Gestein unabhängig von der Gesteinslagerung und der Gesteinsstrukturen radikal abtragen. Die Rumpfflächen im Taunus zeugen von den ehemals feucht-warmen Klimaverhältnissen. Sie sind also fossile Rumpfflächen oder Vorzeitformen. Gegenwärtig ist die Rumpfflächenbildung als Ergebnis des Zusammenwirkens von intensiver chemischer Verwitterung und der flächenhaften Abtragung durch Niederschläge auf die wechselfeuchten Tropen beschränkt.

3 Abtragung oder: Nichts bleibt ewig oben

**Abb. 68.** Rumpflächenlandschaft
Die Rumpfflächenlandschaft des Taunus mit dem schneebedeckten Großen Feldberg in der Bildmitte.

im Taunus sechs dieser Stufen ausgewiesen. Trotz dieser Stufigkeit des Reliefs hatte der Taunus insgesamt eine nur noch sehr bescheidene Höhe, die bei weitem nicht mit der von heute zu vergleichen ist. Über den am höchsten gelegenen Rumpfflächen erhob sich schließlich nur noch ein Härtlingszug aus Taunusquarzit, da er der intensiven Verwitterung doch erheblichen Widerstand entgegensetzen konnte.

**Abb. 69.** Der Taunus im Perm
Künstlerische Darstellung des ausgehenden Erdalterums. Härtlinge aus Quarzit überragen die wüstenhafte Taunuslandschaft im Perm vor mehr als 250 Millionen Jahren.

## 3.2 Druck von Afrika

Noch im Perm brach zwischen der Saar und der thüringischen Saale parallel zum heutigen Taunuskamm und dem Soonwald im Hunsrück ein rund 40 Kilometer breiter Graben ein, der unter anderem den in südliche Richtung transportierten Ab-tragungsschutt des Taunus aufnahm. Zwischen Hofheim am Taunus und Lorsbach sind diese Ablagerungen, rote Sedimente, im Vortaunus noch stellenweise anzutreffen und werden dem geologischen Zeitalter des Rotliegenden (vor etwa 290 bis 257 Millionen Jahren) zugeordnet. Typische Gesteine des Rotliegenden, ein alter Bergmannsausdruck aus dem Raum Mansfeld im östlichen Harzvorland, sind Konglomerate, leicht ver-

**Abb. 70.** Hämatit

Hämatit ($Fe_2O_3$), auch Blutstein, Eisenglanz, Roteisenstein, Roteisenerz oder Rötel genannt, enthält im reinen Zustand 70 Prozent Eisen und ist somit das wichtigste Eisenerz. Seine Farbe ist rotbraun, stahlgrau oder schwarz. Unter tropischen Klimaverhältnissen wird eisenhaltiges Gestein zu Hämatit oxidiert, wodurch Sedimente und Böden eine rötliche Färbung erhalten. So zum Beispiel die Sedimente des Rotliegenden und des Buntsandsteins. Auch in den Mittelmeerländern finden sich oft rote Böden. Die rötliche Färbung entsteht dadurch, dass der Hämatit die Gesteinskörnchen mit einem dünnen Häutchen aus feinen Oxidpartikeln überzieht. Werden diese Partikel gröber, so kann kein Licht mehr hindurch scheinen und der Hämatit erscheint schwarz oder grau. Die Strichfarbe bleibt jedoch rötlich, da durch die Reibung wieder feine Partikel entstehen. Hämatit ist deshalb auch ein wichtiges und zudem ungiftiges Pigment. Schon in der Altsteinzeit wurde es für Höhlenmalereien und zur Körperbemalung eingesetzt. Für den Einsatz im künstlerischen Bereich wird Hämatit auch gepresst. Die resultierenden Stangen werden unbehandelt oder als Minen verwendet. Diese Rötelstifte sind weich, färben gut und werden für Zeichnungen und zum Skizzieren genutzt. Im Taunus wurde vielerorts Hämatit bergmännisch gefördert. So beispielsweise bei der Grube Zollhaus im westlichen Hintertaunus oder im Gebiet der Lahn.

3  Abtragung oder: Nichts bleibt ewig oben

**Abb. 71.**
Rotliegendkonglomerat

Sedimente des Rotliegenden oder unteren Perms sind zwischen Hofheim am Taunus und Lorsbach aufgeschlossen. Sie stellen den Abtragungsschutt des Taunus dar und liegen heute als Konglomerat vor (von lateinisch conglomerare = zusammenballen). Dabei sind gröbere Gesteinsfragmente mit einem feineren Bindemittel verkittet. Mit zunehmender Entfernung vom Taunus werden die Rotliegendgesteine immer feinkörniger.

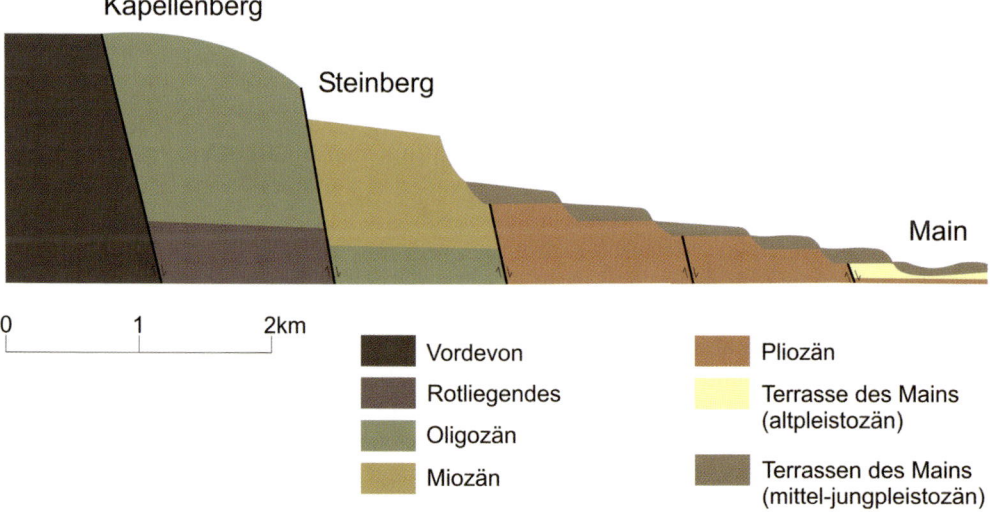

**Abb. 72.** Schematischer Querschnitt durch den Taunussüdrand (nach Semmel 1979, verändert)

Die Skizze zeigt die relativ zueinander verschobenen Schollen des Vortaunus infolge der seit längerem andauernden Hebung des Taunus und der Absenkung beziehungsweise weniger starken Hebung der Untermainebene. Nördlich des Hofheimer Kapellenberges mit den tertiären Sedimenten folgt die geologische Vordertaunus-Einheit mit vordevonischen Gesteinen. Richtung Süden folgen die Flussterrassen des Mains.

**72**  3 Abtragung oder: Nichts bleibt ewig oben

**Abb. 73.** Dinosaurier

Seit dem Erdmittelalter, dem Mesozoikum, war der Taunus Festland und Abtragungsgebiet. Daher finden sich im Taunus auch keine Überreste der Giganten der „Urzeit". Aber dennoch dürfte der eine oder andere Dino in der Gegend des Taunus unterwegs gewesen sein. Vielleicht sogar recht große Exemplare ähnlich dem abgebildeten Plateosaurus, von dem zahlreiche Skelette zwischen 1911 und 1932 in Trossingen, östlich von Villingen-Schwenningen in Baden-Württemberg gefunden wurden.

festigte Gerölle von Sand- und Tonsteinen in einer feinkörnigen Matrix. Das Meer war zu dieser Zeit weit entfernt und das Klima begann sich in Mitteleuropa von feucht-tropisch zu trocken-heiß zu wandeln. Es wurde wüstenartig trocken. Bei der Ablagerung unter Luftsauerstoff-Einfluss wird der Eisenanteil der Gesteine unter solchen Klimaverhältnissen zum rotem Eisenoxid Hämatit oxidiert ($Fe_2O_3$ von griechisch haimatoeis = blutig), woher die rötliche Färbung stammt (Abb. 70). Der Abtragungs- oder Verwitterungsschutt des Taunus wurde zur Zeit des Rotliegenden von episodisch auftretenden Sturzbächen in Richtung Vorland verfrachtet. So befinden sich die gröbsten Sedimente

des Rotliegenden nahe dem Taunusrand und werden in weiterer Entfernung stets feinkörniger.

Die Bruchlinie, an der sich der Graben absenkte, nennt man die Taunusrandverwerfung oder Hunsrück-Taunus-Südrandstörung. Bei dieser Störung handelt es sich nicht um eine auf einen Meter genau festzulegenden Riss in der Erdkruste, sondern um eine relativ schmale Zone, in der die Gesteinsschollen aneinander vorbeiglitten, sich verharkten und das Gestein zermürbten. Diese Südwest-Nordost verlaufende Störungszone hat gewaltige Ausmaße und reicht bis in große Tiefen, was im Zusammenhang

3 Abtragung oder: Nichts bleibt ewig oben

mit der Gewinnung von Mineralwasser von Bedeutung ist (s. Kap. 9.2.2). Während der Rotliegend-Zeit wurden im Graben selbst Sedimente von über 3.000 Meter Mächtigkeit abgelagert. Rechtwinklig zu dieser Störung treten zahlreiche Querklüfte auf, die von Nordwest nach Südost verlaufen. Solche Rissstrukturen sind für den Taunus typisch und werden häufig vom Verlauf der Flüsse nachgezeichnet.

Dann begann der Riesenkontinent Pangäa zu zerfallen, in vielen Regionen gewann wieder das Meer die Oberhand. Der stark abgetragene Taunus, beziehungsweise das gesamte Rheinische Schiefergebirge, war von

nun an bis einschließlich der Kreidezeit, die vor etwa 65 Millionen Jahren endete, im Wesentlichen eine realtiv kleine Landmasse, die als so genannte Rheinische Insel oder Rheinisches Massiv über den Meeresspiegel ragte. Daher gibt es auch keine Gesteine aus dieser Zeit im Taunus. Lediglich vereinzelt in kleinen Spalten an den Rändern des Gebirges sind Ablagerungen des Erdmittelalters zu finden. Und noch eines gibt es aus diesem Grund nicht: Fossilien aus der Dinosaurier-Ära. Während der Taunus ein relativ flaches Festland war, vollzogen sich der Aufstieg und das Ende der Urzeitriesen auf der Erde. Erhalten blieben ihre Skelette

**Abb. 74.** Landschaft im Tertiär

Während des Tertiärs waren sowohl Krokodile als auch Alligatoren über alle nördlichen Kontinente weit verbreitet, auch in Europa gab es mindestens drei Krokodil- und zwei bis drei Alligatorarten. Dass sich Krokodile unter dem warmen Klima auch in dem einen oder anderen Gewässer im Taunus getummelt haben, ist zwar Spekulation, aber nicht unwahrscheinlich. Denn gar nicht allzu weit entfernt vom Taunus hat man ein Krokodil (*Asiatosuchus germanicus*) im UNESCO Weltnaturerbe Grube Messel gefunden.

**74**    3 Abtragung oder: Nichts bleibt ewig oben

jedoch nur in Sedimentationsräumen und nicht in Abtragungsgebieten wie dem Taunus. Ob der eine oder andere Dino durch das Taunusgebiet zog, bleibt also weitgehend der Fantasie überlassen, ist aber dennoch wahrscheinlich.

Eine erneute und verstärkte Heraushebung des Taunus im Tertiär gab ihm fast seine heutige Höhe, die mit 881,5 Metern im Großen Feldberg gipfelt. Diese erneute Hebung, die bis in das Quartär hinein andauern sollte, war mit der Bildung von Bruchschollen verbunden, die der heutigen Landschaft zusätzlich zu den Rumpfstufen den treppenartigen

Charakter mit auffällig ebenen Hochflächen verleiht. Diese so genannte Bruchschollentektonik ließ auch Tiefschollen entstehen, die gegenüber den benachbarten Schollen deutlich abgesenkt sind. Zu diesen Tiefschollen zählen zum Beispiel das Limburger Becken, die Senken von Breithardt und Usingen sowie die Idsteiner Senke. Diese Tiefschollen sind wiederum in weitere Schollen zerbrochen. So besteht etwa die Idsteiner Senke aus mindestens 10 weiteren Bruchschollen. Sie sind vertikal zueinander versetzt und unterschiedlich gekippt. Durch die Bruchschollenbildung sind die Gesteine entlang der die Schollen begrenzenden Stö-

**Abb. 75.** Eiszeitliche Talstufe im Mittelrheintal

Deutlich ist die steile Talstufe des Mittelrheintales zu erkennen. Sie ist erst in den vergangenen 600.000 Jahren während des Eiszeitalters entstanden. Als Ursache für diese plötzlich einsetzende Stufe werden verschiedene Prozesse diskutiert. Insbesondere die Absenkung des Meeresspiegels während der Eiszeiten und die damit verbundene Tieferlegung der Erosionsbasis werden als Ursache angesehen. Jedoch werden auch tektonische Ursachen diskutiert.

3 Abtragung oder: Nichts bleibt ewig oben

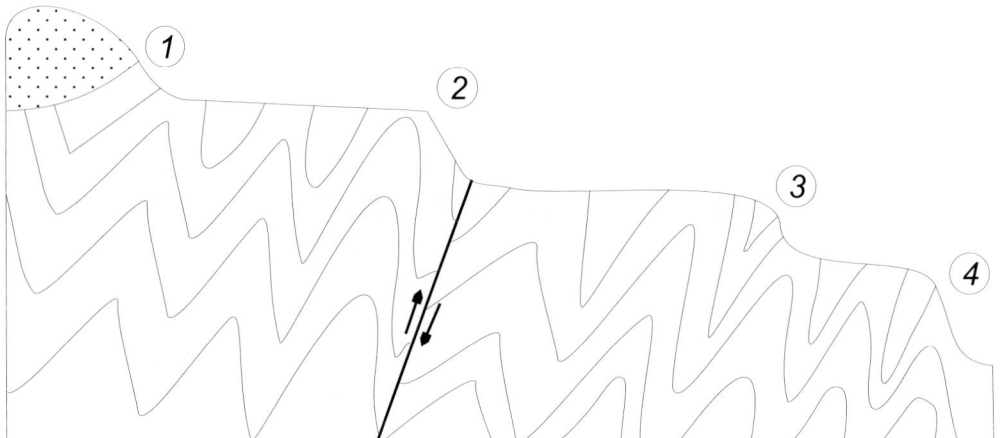

**Abb. 76.** Stufentypen im Taunus

Die schematische Skizze (nach Semmel 1991) verdeutlicht die vier Stufentypen im Taunus. 1 = Stufe des Taunusquarzits als morphologischer Härtling; 2 = Bruchstufe durch eine tektonische Verwerfung; 3 = Rumpfstufe infolge des Einschneidens eines neuen Flächenniveaus; 4 = Talkante durch starke Tiefenerosion während der Eiszeiten.

rungen zum Teil bis in mehr als 60 Metern Tiefe zerbrochen. Auch im Tertiär kam es zum Wechsel von Hebungsphasen der Erdkruste mit intensiver Einschneidung durch Fließgewässer und Ruhephasen, die eine flächenhafte Abtragung unter feucht-warmem Klima bewirkten. Regelrecht zerlegt wurde die Taunuslandschaft während der späteren Eiszeiten. Es entstand ein wesentlich engeres Talnetz mit auffallenden Talkanten, wobei die Ursache hierfür noch nicht endgültig geklärt ist. Man vermutet, dass insbesondere die Absenkung des Meeresspiegels während der Eiszeiten und die damit verbundene Tieferlegung der Erosionsbasis zur verstärkten Tiefenerosion beigetragen haben. Aber auch tektonische Ursachen sind in der Diskussion.

**Stufen im Gelände**

Wir finden demnach vier Typen von Geländestufen im Taunus: Bruchstufen, Rumpfstufen, Härtlingsstufen am Übergang zum Tau-

nusquarzit und Talkanten infolge eiszeitlicher Tiefenerosion (Abb. 76). Während Bruchstufen und Rumpfstufen beim Betrachten der Landschaft nicht ganz einfach zu unterscheiden sind, können die Härtlingsstufen aufgrund ihrer Lage unterhalb der höchsten Erhebungen des Taunuskammes gut im Gelände erkannt werden. Dort, wo der Taunusquarzit unterhalb der Gipfel einsetzt, ist bei genauem Hinschauen ein deutlicher Geländeknick sichtbar. Ausnahme bildet hier der Große Feldberg, der aus den Bunten Schiefern und Hermeskeil-Sandstein aufgebaut wird. Auch die Talkanten sind im Gelände oft gut zu erkennen. Besonders beeindruckend ist die Talkante des Mittelrheintales, an der das Engtal des Rheins ansetzt.

Die Erdkruste Mitteleuropas wurde jedoch nicht erst im Tertiär, sondern bereits beim einsetzenden Zerfall Pangäas im Perm sowie erneut vor 150 Millionen Jahren mit der beginnenden Kreidezeit besonders stark beansprucht und zerbrochen. Die Ursache für die Phänomene seit der Kreidezeit war die

## 3 Abtragung oder: Nichts bleibt ewig oben

### Erdbebengebiet Taunus

Durch die Kollision zwischen afrikanischer und eurasischer Platte entstanden nicht nur die Alpen. Auch der Taunus mit seinen viel älteren, spröden Gesteinen ist dadurch von zahlreichen Brüchen durchzogen worden. Spannungen im Gestein infolge der andauernden Plattenkollision entladen sich hin und wieder in spürbaren Erdbeben. So zum Beispiel am 29. November 1997. Mit einer Stärke oder Magnitude von 4.4 auf der Richterskala ließ das Idsteiner Beben nicht nur die Mitglieder der Sängervereinigung 1863 Wörsdorf e.V. am frühen Abend auf der Konzertbühne kräftig wackeln. Die Erschütterungen waren in einem Umkreis bis zu 100 Kilometern zu spüren.

Sämtliche Erdbeben werden heute an den Stationen des Hessischen Erdbebendienstes (HED) aufgezeichnet, einem Gemeinschaftsprojekt des Hessischen Landesamts für Umwelt und Geologie (HLUG) und des Institut für Geowissenschaften, Facheinheit Geophysik, der Universität Frankfurt am Main. Zu diesem Stationsnetz gehört auch das Taunus Observatorium auf dem 825 Meter hohen Kleinen Feldberg. Das Stationsnetz ermöglicht die genaue Lokalisierung eines Erdbebens, selbst die Schwächsten werden erfasst.

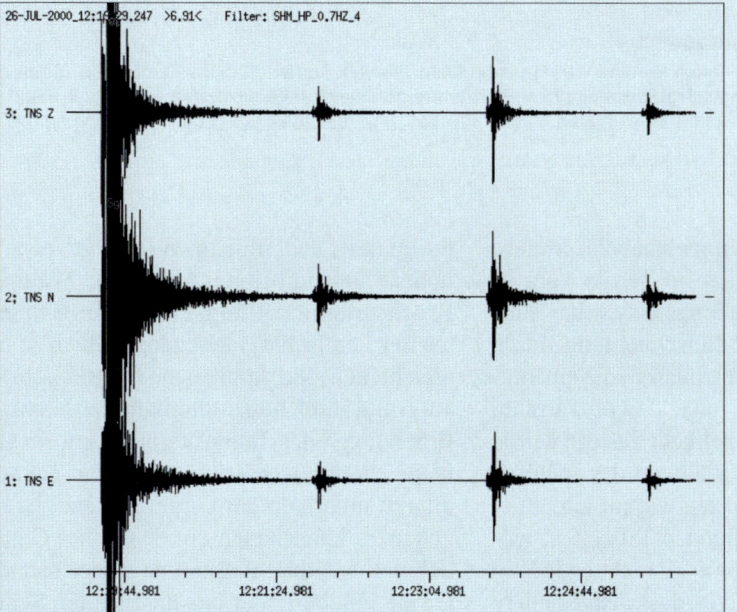

**Abb. 77.**
Seismogramm
(Aufzeichnung) des
Idsteiner Bebens

### Ursachen der Erdbeben

Je nach Ursache werden Erdbeben in drei große Gruppen eingeteilt: tektonische Beben, vulkanische Beben und Einsturzbeben. Sprengungen, Atombombentests, Bergstürze, Hangbewegungen und Meteoriteneinschläge sind ebenfalls in der Lage, mehr oder weniger starke Erdbeben auszulösen. Jedoch stellen tektonische Erdbeben, zu denen auch die Erdbeben im Taunus zählen, die überwiegende Zahl aller Beben. Diese Erdbeben entstehen, wenn Spannungen im Untergrund die Gesteinsfestigkeit überschreiten. Besonders anfällig sind Schwächezonen im geologischen Untergrund, so genannte „Störungen", wie die Idsteiner Senke.

Bei einem Erdbeben wird die Energie im Gestein beiderseits der Bruchfläche gespeichert, bis die Festigkeitsgrenze erreicht ist. Wird diese Grenze überschritten, kommt es zum Bruch. Die gespeicherte Energie wird dann schlagartig durch Zurückschnellen der beiden Gesteinspartien in einen entspannten Zustand freigesetzt. Die Blöcke sind anschließend gegeneinander versetzt.

## 3 Abtragung oder: Nichts bleibt ewig oben

Entstehung und Heraushebung der Alpen durch die Kollision der afrikanischen mit der eurasischen Platte. Während die jungen Gesteine der Alpen in großen Tiefen unter dem Meeresboden noch zu Falten verformbar waren, reagierten die alten, nun an der Oberfläche liegenden variscischen Gesteine auf den Druck von Afrika mit Bruch. Durch begleitende Dehnungsprozesse der Erdkruste entstanden Spalten im Gestein, die in Tiefen von mehr als 30 Kilometern reichen. Das ist eine Tiefe, in der Basaltschmelzen entstehen. Daher waren diese Vorgänge insbesondere vom frühen Tertiär an von einem regen Vulkanismus begleitet.

Es entstanden unter anderen die Basaltlandschaften des Vogelsbergs, des Knülls und der Eifel. Kleinere Basaltvorkommen gibt es auch im Taunus, so zum Beispiel in Wiesbaden-Naurod am Erbsenacker, bei den Taunussteiner Stadtteilen Wingsbach und Seitzenhahn, am Sportplatz von Königstein-Mammolshain oder in Kronberg, die zum Teil als Rohstoff abgebaut wurden. Die Hebungs- und Bruch- beziehungsweise Absenkungsvorgänge in den Graben- und Beckenlandschaften dauern immer noch an, was wir durch gelegentliche Erdbeben bemerken. Eine gewaltige, erdbebenreiche Bruchzone reicht westlich von Marseille am Mittelmeer über den Oberrheingraben bis in die Nähe von Oslo. Ein Seitenast dieser als Mittelmeer-Miøsa-Zone bezeichneten Bruchzone ist in der Idsteiner Senke markiert. Bis heute hält die Absenkungsbewegung im Oberrheingraben mit bis zu 0,4 Millimetern im Jahr an. Aus alledem erkennt man, dass sogar die kontinentale Lithosphäre selbst keinen festen, ungestörten in sich geschlossenen Block darstellt. Sie besteht vielmehr aus einer großen Anzahl an Einzelteilen, kleinen und kleinsten Bruchschollen, die sich relativ zueinander bewegen, ein regelrechtes Bruchschollenmosaik.

**Die Taunusküste**

Im mittleren Tertiär drang das Meer infolge der Grabenbruchbildungen bis zum Taunus vor. Durch die Absenkung des Untergrundes bestand für vergleichsweise kurze Zeit eine Verbindung zwischen einem südlichen Meer, dem Vorläufer des heutigen Mittelmeeres, mit dem damaligen Nordmeer, dem Vorläufer der heutigen Nordsee. Diese Nord-Süd gerichtete rund 300 Kilometer lange, 40 Kilometer breite und mit kaum 100 Metern Wassertiefe recht flache Meeresverbindung reichte vom Oberrheingraben über die Wetterau, die Niederhessische Senke bis hin zum Leinetalgraben. Die mittlere Jahrestemperatur betrug damals etwa 18 bis 20 Grad Celsius. Entlang der Ufer des tertiären Binnenmeeres wuchsen Palmen, Lorbeer, Zimtbäume, Pinien, Eschen, Ulmen und Nadelwälder. In zahlreichen Buchten drang das Meer auch tief in den Taunus hinein vor und nur die höchsten Landstriche ragten aus der Brandung. Davon zeugen Brandungsgerölle, die sich von Hofheim am Taunus über das Schwarzbachtal bis in die Gegend von Niedernhausen, aber beispielsweise auch bei Wiesbaden-Frauenstein sowie im Hintertaunus, entlang der Lahn oder des Mittelrheins verfolgen lassen. Diese unter anderem als „Hofheimer Kiese", „Vallendarer Schotter" oder „Arenberg-Formation" bezeichneten oligozänen Sedimente (Oligozän = Serie des mittleren Tertiärs etwa 23,8 bis 33,5 Millionen Jahre vor heute) sind im Wesentlichen Brandungsgerölle, wie wir sie heute an vielen Küsten der Erde antreffen können. Im Taunus haben sie sich sicherlich mit Schottern von Flussmündungen verzahnt. Da sie bereits sehr alt sind, bestehen sie weitgehend aus schwer verwitterbarem Quarz, der Quarzgängen oder dem Taunusquarzit der umliegenden Höhenzüge entstammt. Gerölle aus leicht verwitternden Schiefern sind schon lange verschwunden.

**78**    3 Abtragung oder: Nichts bleibt ewig oben

**Abb. 78.** Brandungsgerölle bei Wiesbaden-Frauenstein

Die Hofheimer Kiese oder Vallendarer Schotter sind im Taunus weit verbreitet, wo sie heute als Arenberg-Formation bezeichnet werden. Dabei handelt es sich um Brandungsgerölle eines ehemaligen tertiären Meeres, verzahnt mit den Geröllen einmündender Flüsse. Hier bei Wiesbaden-Frauenstein liegen sie gegenüber dem Grorother Hof direkt den so genannten Lorsbacher Schiefern auf, die in der geologischen Karte als Phyllithe ausgewiesen sind. Die Gerölle bestehen überwiegend aus Quarz, der dem nahen Frauensteiner Quarzgang entstammt.

Direkt sehen kann man die meisten Überreste der alten Küste nur an einigen Stellen, da sie von eiszeitlichem Lockermaterial bedeckt sind. Stellenweise fördert jedoch die Erosion einige gut zugerundete Brandungsgerölle zu Tage. Ein weiterer Meeresarm erstreckte sich entlang der Westgrenze des heutigen Taunus von der Niederrheinischen

**Abb. 79.** Verteilung von Land und Meer im Tertiär

Die vermutliche Verteilung von Meer und Land im Oligozän, verändert und ergänzt nach Brinkmann & Krömmelbein (1977). Damals wären viele Orte im Taunus Küstenorte mit subtropischem Klima gewesen. An den Ufern wuchsen Palmen, Lorbeer, Zimtbäume und Pinien.

3 Abtragung oder: Nichts bleibt ewig oben

**Abb. 80.** Schnecke aus den tertiären Sedimenten

Diese Schnecke zeugt nicht nur vom tropischen Meer am Taunus, sie war auch ein beliebtes Tauschobjekt unserer steinzeitlichen Vorfahren.

Bucht zur Oberrheinschen Tiefebene und bereitete somit den „Urrhein" vor. Im nordwestlichen Taunus hat man vereinzelt im Meer lebende Einzeller, so genannte Foraminiferen, gefunden, die bekannten Formen aus dem Tertiärmeer des Oberrheingrabens und dem Mainzer Becken entsprechen. Vom tertiären Meer zeugen auch weiße und gelbe Meeressande, die beispielsweise südöstlich und östlich vom Niedernhausener Ortsteil Schäfersberg oder bei Wiesbaden-Frauenstein anzutreffen sind. Die feinkörnigen Hin-

**Abb. 81.** Haifischzähne

Haifischzähne in den tertiären Sedimenten des Taunus zeugen vom marinen Milieu am Rande und in Buchten des Taunus. In diesem tertiären Meer tummelten sich neben Muscheln, kleineren Fischen, Rochen und Seekühen auch Haie. Rund 30 Haifischarten wurden für diesen Lebensraum, vor allem im Mainzer Becken, bislang nachgewiesen. Darunter Verwandte der Sandhaie, Katzenhaie, Tigerhaie, Dornhaie, Weißhaie und der bis zu 12 Meter lange Procarcharodon. Dass sich in den Ablagerungen des Tertiärmeeres so viele Haifischzähne finden, liegt unter anderem daran, dass Haien mit ihrem sogenannten Revolvergebiss dauernd Zähne ausfallen und wieder neue nachwachsen. Die Aufnahme zeigt Ausstellungsstücke der naturhistorischen Landessammlung im Museum Wiesbaden.

**Überreste der Sintflut?**

Noch vor 300 Jahren konnte man sich die Funde von Meeresbewohnern fern von einem Meer und hoch über dem Tal nicht erklären. Haifischzähne erkannte man deshalb schon gar nicht als solche. Wegen ihrer spitzen Form deutete man sie als versteinerte Zungen, die bei Mondfinsternis vom Himmel fielen. Auch dem Skelett eines längst ausgestorbenen Riesensalamanders, das nahe dem Bodensee ausgegraben wurde, erging es nicht anders. Es wurde als Knochengerüst eines armen Sünders vorgestellt, der zur Strafe in der Sintflut ertrunken sei.

**80** 3 Abtragung oder: Nichts bleibt ewig oben

**Abb. 82.** Zahn des Procarcharodon

Mit bis zu 10 Zentimeter langen Zähnen übertraf der gigantische Räuber des Tertiärmeeres alle anderen Haie seiner Zeit. Der Procarcharodon ist entfernt mit dem Weißen Hai (*Carcharodon carcharias*) verwandt und tummelte sich mit diesem im Tertiärmeer vor der „Taunusküste". Die ersten bekannten Haie haben sich schon vor rund 400 Millionen Jahren im frühen Devon entwickelt. Das war etwa 150 Millionen Jahre vor den Dinosauriern, womit die Haie so alt sind wie die Taunusgesteine. Über 2.000 Arten konnten bislang anhand von Fossilien identifiziert werden. Heute gibt es noch etwa 460 bekannte Haiarten. Die frühesten Haie, die man bisher gefunden hat, sahen anders aus als ihre heutigen Verwandten. Einige von ihnen ähnelten mehr den länglichen Aalen als typischen Fischen. Außerdem hatten sie kleinere Gehirne, und ihre Zähne waren glatt und nicht so scharf und gezackt wie bei den lebenden Haien. Da ihre Flossen weniger beweglich waren, nimmt man an, dass die früheren Haie nicht so wendig waren.

terlassenschaften des Tertiärmeeres wurden zum Teil abgebaut und zur Herstellung von Stuck und Feinputz verwendet. Aus Sandgruben in Wiesbaden-Frauenstein wurde der „Frauensteiner Stubenstreusand" gewonnen. So genannte „Sandbauern" brachten den tertiären Meeresand in die umliegenden Dörfer und Städte, wo er als Scheuermittel für Töpfe, Pfannen, Herde und Holzfußböden verwendet wurde, aber auch, um die Ritzen zwischen den Brettern der Holzböden zu schließen. Sie galten als Brutstätte für Flöhe.

Nicht nur Sande und Brandungsgerölle blieben vom Tertiärmeer lokal bis zum heutigen Tage erhalten. Auch immer noch scharfe Haifischzähne und andere Relikte von ehemaligen Meeresbewohnern lassen sich gelegentlich finden. So gibt es zum Beispiel Funde von Haifischzähnen, Meeresmuscheln und Seepocken bei Medenbach. Bei Hallgarten grub man die Knochen einer Seekuh aus. Bei den Rheingauorten Eltville,

Hattenheim, Hallgarten und Erbach finden sich Muscheln und Meeresschnecken. Sie fanden sich auch bei steinzeitlichen Funden und wurden von unseren Vorfahren offenbar als Schmuckschnecken aufgesammelt. Im Tauschverkehr kamen die Schnecken aus dem Tertiärmeer während der Steinzeit in die Siedlungen der Jäger und Sammler in fast ganz Europa.

In zahlreichen Buchten und entlang des Südrandes des Taunus tummelte sich also eine Vielzahl an Meeresbewohnern im warmen Wasser des Tertiärmeeres. Darunter auch Rochen, Seeschildkröten und besonders große Haie. Der größte unter ihnen war sicherlich Procarcharodon. Er jagte im Mainzer Becken und entlang der Taunusküste größere Fische und Seekühe. Dieser, mit dem Weißen Hai entfernt verwandte Räuber des Tertiärmeeres war bis zu 12 Meter lang und trug bis zu 10 Zentimeter lange dolchartige Zähne, von denen er mehr als 160 besaß (Abb. 82).

3 Abtragung oder: Nichts bleibt ewig oben

Die Buchten des Tertiärmeeres haben letztendlich die Lage der heutigen Talsohlen mit ihren Wasserläufen vorbereitet. Nach dem Rückzug des Meeres schnitt die Erosion, begünstigt durch die anhaltenden Krustenhebungen, tief in den Untergrund und hinterließ nur in geschützten, flacheren Lagen die Überreste des ehemaligen Küstenbereiches und seiner Bewohner.

**Die tertiären Probleme der Deutschen Bahn AG**

Dass es im Tertiär deutlich wärmer war als heutzutage, belegen unter anderem die Überreste intensiv gefärbter Böden im Taunus. Diese Böden entstanden unter tropischen und subtropischen Klimabedingungen und sind durch oxidierte Eisenverbindungen intensiv gelbbraun, orange oder tiefrot gefärbt. Für die intensiven Farbtöne ist vor allem das Eisenoxid Hämatit verantwortlich. Zu diesen Böden zählen beispielsweise so genannte Fersiallite (nach den vorherrschenden Elementen Fe Eisen, Si Silizium und Al Aluminium benannt) oder Plinthosole, die durch einen sehr dichten, eisenoxidreichen Horizont aus Ton und Quarz gekennzeichnet sind. Nur auf vor Erosion geschützten Verebnungen oder schwächer gehobenen Landschaftsbereichen blieben die tropischen Böden an einigen Stellen des Taunus bis heute erhalten. Durch die intensive Verwitterung unter den Umweltbedingungen im Mesozoikum und Tertiär wurde der tiefere Untergrund des Taunus bis in mehrere Zehner

---

**Regolith und Saprolith**

Die Gesteine unterliegen an der Erdoberfläche dem Einfluss der Atmosphäre und somit der physikalischen und chemischen Verwitterung. Sofern das ehemals feste Gestein dabei nicht völlig aufgelöst wurde (zum Beispiel Steinsalz oder Kalk) und seine Verwitterungsrückstände nicht durch Wasser oder die Schwerkraft weit wegtransportiert wurden, bedecken sie noch das feste Gestein.

Die Rückstände können zum Beispiel ganz grober Schutt, aber auch feiner Sand oder sogar Ton sein. Das hängt davon ab, wie das Gestein verwittert und welche Verwitterungsart vorherrscht. Die ganze Decke aus Verwitterungsrückständen nennt man Regolith (von griechisch rhegos = Decke, Mantel und lithos = Stein). Zwischen dem Regolith und dem völlig unverwitterten Gestein folgt noch eine Übergangszone aus morschem Fels, der jedoch noch bestimmte Strukturen und Eigenschaften des frischen Gesteins wie zum Beispiel Klüfte aufweist. Man bezeichnet diesen Bereich auch als Saprolith (von griechisch sapros = verfault). Dieser

Saprolith kann wie im Falle des Taunus unter tropischen Verwitterungsbedingungen mehrere Dekameter mächtig werden. Umgangssprachlich wird der Saprolith auch „Faulfels" genannt. Diese „gelbbraune zähe, stark verdichtete Erdmasse" war schon bei früheren Gleisbauarbeiten oder beim Bau von Luftschutzstollen im Krieg ein lästiges Hindernis. Im Regolith ist von der ursprünglichen Gesteinsstruktur nichts mehr zu erkennen. Durch weitere Prozesse entwickelt sich in ihm schließlich ein Boden, der eine völlig neue Struktur erhält und in unterschiedliche Horizonte zu gliedern ist.

**Abb. 83.** Saprolith im Schwarzbachtal bei Lorsbach

**82**   3 Abtragung oder: Nichts bleibt ewig oben

**Abb. 84.** Fossiler Boden

Die Überreste intensiv gefärbter Böden im Taunus belegen, dass es im Tertiär deutlich wärmer war als heute. Diese Böden entstanden unter tropischen und subtropischen Klimabedingungen. Daher weisen sie durch oxidierte Eisenverbindungen intensiv gelbbraune, orangene oder tiefrote Farben auf. Die Aufnahme zeigt einen fossilen Plinthosol aus dem mittleren Tertiär in einem Steinbruch bei Biebrich im Hintertaunus, der von eiszeitlichem Schutt überdeckt ist. Der rotweiß gefleckte Bodenhorizont ist insgesamt mehr als 5 Meter mächtig. Dieser Boden hat sich im Saprolith der devonischen Schiefer entwickelt. Die überlagernden Deckschichten bestehen aus Basalttuff und Basaltblöcken (Basislage) sowie aus Löss und Laacher See Tephra enthaltenden Solifluktionsschuttdecken (Mittel- und Hauptlage).

Meter Tiefe, mitunter bis in Tiefen von 100 Metern lehmig-tonig zersetzt. Genau wie in den heutigen Tropen, bewirkten Wärme und eine hohe Feuchtigkeit den Zerfall der Gesteine. Sie wurden, obwohl ihre Struktur beibehaltend, regelrecht „matschig", was

auch als „Zersatz", „Faulfels" oder „Saprolith" bezeichnet wird.

Dieser Umstand einer tiefgründigen mesozoisch-tertiären Verwitterungsdecke bereitete bei der Errichtung der ICE-Trasse Köln-

3 Abtragung oder: Nichts bleibt ewig oben

Rhein-Main als Teil des europäischen Hochgeschwindigkeitsnetzes der Deutschen Bahn AG erhebliche Probleme und ungeahnte Mehrkosten. Für den Bau der Bahnstrecke waren umfangreiche Untersuchungen gemacht worden, beispielsweise Kernbohrungen bis in 80 Meter Tiefe und Laborversuche, deren Ergebnisse in Gutachten niedergelegt sind. Die Geologie, der Zersatz und die Auflockerung der Taunusgesteine waren durchaus erkannt worden, der Baugrund nach Aussage der Deutschen Bahn AG schwieriger als erwartet. Doch beauftragte Tunnelbau-Spezialisten aus Österreich, die alpine Verhältnisse gewohnt waren, haben die geologischen Verhältnisse zunächst nicht ernst genommen. Auch der rasche Wechsel zwischen bröckeligem Schiefer und festem Taunusquarzit bereitete Probleme. Beim Tunnelbau angewandte Verfahren für feste Gesteine versagten plötzlich bei einem Gesteinswechsel. Zudem kam es an Gesteinswechseln immer wieder zu Wassereinbrüchen in Tunnels. Zusätzliche und sehr aufwendige Baumaßnahmen, die vorher nicht eingeplant waren, mussten ergriffen werden. Das kostete viel Zeit und Geld.

Den härtesten Kampf führten die Eisenbahn-Bauer mit den Mergeln im südlichen Taunusvorland. Mergel sind rutschanfällige Lockergesteine aus Ton, Lehm und Kalk. Wird eine Böschung bei Bauarbeiten angeschnitten, fließt der Mergel regelrecht aus. Das kam ebenfalls immer wieder bei den Bauarbeiten vor. Fachleute glauben, dass

**Abb. 85.** ICE-Trasse
Die ICE-Trasse Köln-Rhein-Main, hier kurz vor dem 2.765 Meter langen Tunnel Niedernhausen, verläuft über weite Strecken durch den Taunus. Die mesozoisch-tertiäre Verwitterungsdecke brachte dem Unternehmen Bahn beim Bau der Strecke unerwartete und kostspielige Schwierigkeiten.

die Bahn in Zukunft noch weitere Probleme mit dem rutschigen Untergrund im Taunusvorland bekommen wird.

Bei den intensiven Zersetzungsprozessen im Tertiär wurden auch Eisen und Mangan gelöst und in Form von Krusten und Knollen im tieferen Untergrund wieder ausgefällt. Jahrmillionen später sollten sie als Erze abgebaut werden und den Taunus zum Bergbaugebiet machen. Zum Ende des Tertiärs, als der Taunus bereits wieder ähnliche Höhen wie heute aufwies, sanken die Jahresmitteltemperaturen allmählich ab und es begann das Eiszeitalter, in dem wir uns heute noch befinden, das Quartär.

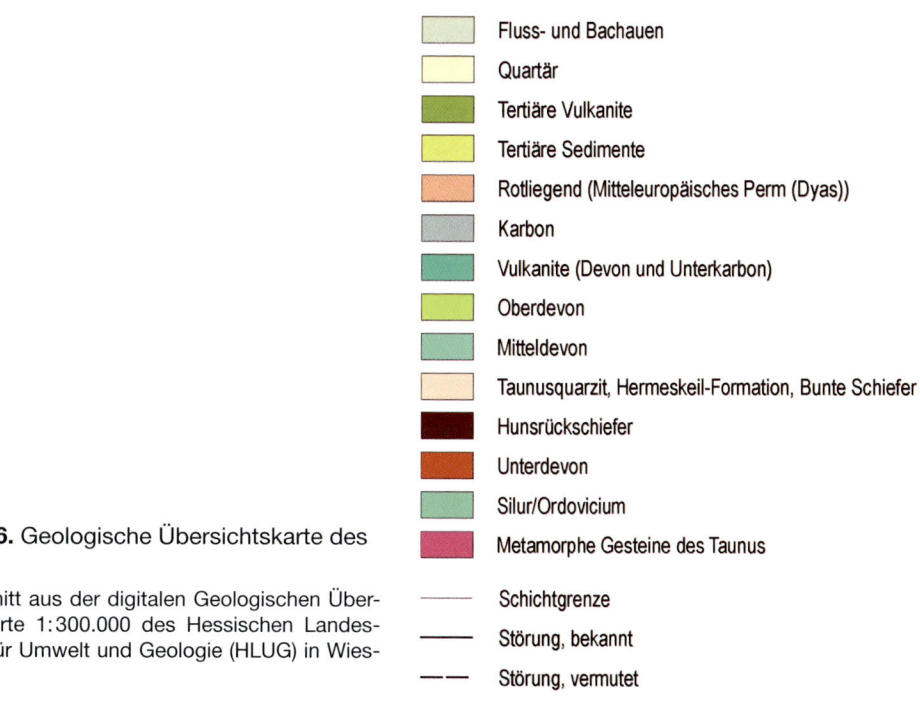

**Abb. 86.** Geologische Übersichtskarte des Taunus

Ausschnitt aus der digitalen Geologischen Übersichtskarte 1:300.000 des Hessischen Landesamtes für Umwelt und Geologie (HLUG) in Wiesbaden.

# 4

## Im Portrait:
## Gesteine des Taunus

Möchte man Gesteine des Taunus beschreiben, so steht man vor der Frage: welche Gesteine des Taunus? Denn so vielfältig wie
seine Landschaft, sind auch die Gesteine
des Taunus. Um unsere „Zeitreise" nicht all-

zu lange zu unterbrechen, sollen sich die
folgenden Beschreibungen auf die wesentlichen und interessantesten Festgesteine des
Taunus aus dem Erdaltertum (Paläozoikum)
beschränken.

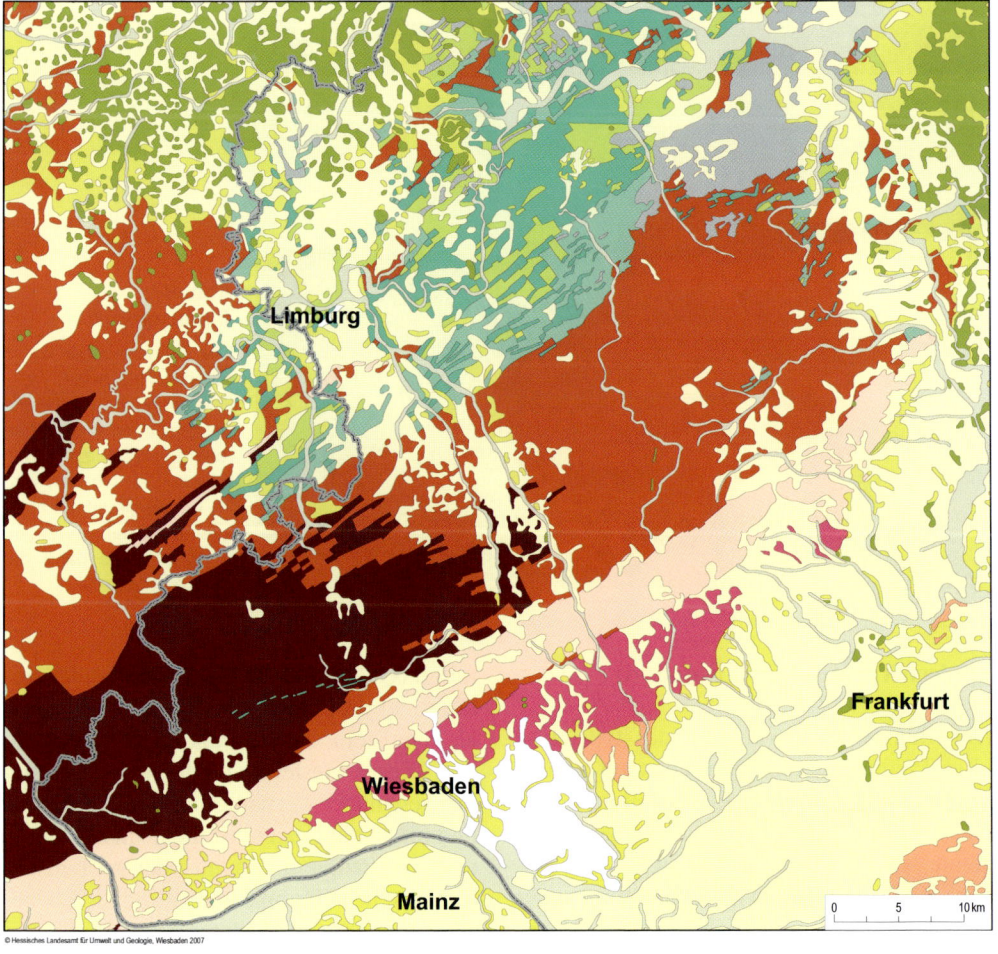

© Hessisches Landesamt für Umwelt und Geologie, Wiesbaden 2007

**86**   4 Im Portrait: Gesteine des Taunus

**Abb. 87.**
Taunusquarzit
Der Taunusquarzit ist im frischen Bruch fast weiß. Bräunliche Bereiche sind auf Oxidation von enthaltenem Eisen zurückzuführen. Das Gestein wird im Taunus heute nur noch in einem Quarzit-Werk im Köpperner Tal nahe der Saalburg abgebaut.

**Typisch Taunus – Taunusquarzit**

Der Taunusquarzit ist wohl das typischste aller Taunusgesteine. Dabei handelt es sich um hellgraue, mitunter fast weiße und sehr harte, schwach metamorphisierte Sandsteine. Die Sandkörner des zuvor diagenetisch verfestigten Sandsteins sind infolge der Gebirgsbildung durch ein kieseliges Binde-

mittel (Quarz) extrem stark miteinander verkittet, so dass man das Gestein nicht mehr als Sandstein, sondern als Quarzit bezeichnet. Dieses Gestein ist sehr widerstandsfähig gegenüber Verwitterung und Abtragung und bildet daher zumeist die höchsten Berge und Höhenzüge im Taunus, der geologisch-tektonischen Taunuskamm-Einheit. So besteht auch der 798 Meter hohe Gipfel des

4 Im Portrait: Gesteine des Taunus

Altkönigs, der dritthöchste Berg des Taunus, aus Taunusquarzit. Trotz seiner Höhe von 881,5 Metern besteht der Gipfel des Feldbergs nicht aus Taunusquarzit, sondern aus sandigen Anteilen der Bunten Schiefer und lokal aus den Hermeskeil-Schichten.

Die Bestandteile des Taunusquarzites wurden in Flachmeerbereichen bei starkem Wellengang und Gezeiteneinfluss als sehr sauberer Sand mit einem Quarzgehalt von rund 95 Prozent abgelagert. Gewaltige Stürme führten dazu, dass der Sand teils in meterdicken Lagen angehäuft und Fossilien in Linsen zusammengeschwemmt wurden. Manche Quarzitbänke sind bis zu 6 Meter mächtig und wurden in dieser Schichtstärke auf einmal abgelagert, was auf die hohe Intensität von Stürmen schließen lässt. Zu den Fossilien im Taunusquarzit gehören unter anderem Korallen und Muscheln ähnelnde Brachiopoden, so genannte Arm-

**Abb. 88.** Felsklippen im Taunusquarzit
Der „Hohle Stein" zwischen dem kleinsten Idsteiner Stadtteil Lenzhahn und dem Niedernhausener Ortsteil Oberjosbach, ein ausgewiesenes Naturdenkmal, ist eine markante Gruppe aus Felsklippen im Taunusquarzit nordwestlich des Buchwaldkopfes. Ein höherer Anteil an Kieselsäure oder Quarz (chemisch: $SiO_2$), den wir in anderer Form zum Beispiel als Bergkristall, Amethyst oder Rosenquarz kennen, sorgte dafür, dass dieser Quarzitbereich des Taunushauptkammes von der intensiven Verwitterung unter feucht-warmem Tropenklima vom Mesozoikum bis zum Tertiär als „Härtling" herauspräpariert wurde. Der „Hohle Stein" ist eine von 10 Stationen des Geo-Erlebnispfades Oberjosbach im Idsteiner Land, einem rund 5 Kilometer langen und für die Region bislang einmaligen Rundweg durch die Geschichte der Taunuslandschaft.

füßer mit zweiklappigem Gehäuse, von denen es heute nur noch wenige Arten gibt sowie Schnecken und Trilobiten, das sind vielfüßige hartschalige Gliedertiere der warmen Ozeane des Erdaltertums. Vor allem die Korallen belegen nur geringe Meerestiefen und ein warmes Klima zur Zeit der Entstehung des Taunusquarzites. Neben den Fossilien im Taunusquarzit gibt es Lebensspuren, die nur durch Tiere entstanden sein können. Leider sind die Erzeuger der Spuren bis heute nicht bekannt, da von ihnen selbst keine Reste erhalten sind.

Aufgrund des stellenweise hohen Quarzanteils und der dadurch bedingten Härte wurde der Taunusquarzit an zahlreichen Orten des Taunus gegenüber der Umgebung als „Härtling" durch Verwitterung und Abtragung allmählich herauspräpariert. Auf diese Weise entstanden markante Felsklippen. Beispiele sind die Felsklippen des Altensteins bei Taunusstein-Hahn, des Elisabethensteins im Wald bei Bad Homburg oder des Hohlen Steins bei Niedernhausen-Oberjosbach.

An steilen Hängen im Taunusquarzit finden sich im Hochtaunus und im Bereich des Mittelrheintals mitunter großflächige Halden aus Schuttmaterial. Sie werden als „Rosseln" bezeichnet, was von „rosseln" stammt und „rasseln" bedeutet. Hierbei wird auf das Geräusch herabrollender Steine Bezug genommen. Die Rosseln sind zum Teil Produkte der Frostsprengungsverwitterung während der Eiszeit, zum Teil aber auch auf menschliche Tätigkeit zurückzuführen. Viele Rosseln sind kaum von Vegetation bedeckt, was auf die auch heute noch erfolgende Schuttlieferung aus dem Taunusquarzit hindeutet. Eine beeindruckende Rossel, die „Weiße Mauer" befindet sich im Altköniggebiet (Abb. 89). Die Bezeichnung „weiß" bezieht sich auf den im frischen Bruch nahezu weißen Taunusquarzit, wenngleich die Schuttkomponenten der Weißen Mauer äußerlich zu dunkleren Farbtönen hin verwittert sind. Ein weiteres Beispiel für ein Gebiet mit ausgeprägten Rosseln ist der 446,5 Meter hohe Butznickel mit der so genannten Rentmauer bei Schlossborn. Als „Rosseln" werden gelegentlich auch Lesesteinrücken bezeichnet, die an vielen Orten des Taunus zu finden sind. Dabei handelt es sich um Wälle oder Ansammlungen aus unterschiedlich großen Gesteinsbrocken, die bei der Feldarbeit aufgelesen und am Rande des Feldes allmählich als markanter Wall aufgehäuft wurden.

## Frostsprengungsverwitterung

Kein Felsen ist absolut glatt. Je nach Gesteinsart gibt es mehr oder weniger viele Risse und Spalten im Fels. In diese kann bei Regen oder wenn Schnee schmilzt Wasser eindringen. Fällt die Lufttemperatur dann unter 0 Grad Celsius, gefriert das Wasser in den Rissen oder Spalten des Gesteins. Nun hat Wasser die physikalische Eigenschaft, sich auszudehnen, wenn es gefriert. Und zwar um 9 Prozent seines Volumens. Dadurch entwickelt es eine enorme Sprengkraft.

Aus diesem Grund sollte man auch keine volle Wasserflasche aus Glas in das Gefrierfach des Kühlschrankes legen. Sie würde früher oder später platzen. Der Wechsel von Gefrieren und Auftauen lockert allmählich das Gestein. Schließlich zerfällt es in Trümmer der verschiedensten Größen. Je vollständiger alle Poren, Risse oder Klüfte mit Wasser gefüllt und je größer diese sind, desto intensiver wirkt die Frostsprengung.

Da diese Form der Verwitterung, die zur physikalischen oder mechanischen Verwitterung gezählt wird, die Anwesenheit von Wasser und Temperaturen unter dem Nullpunkt erfordert, tritt sie gegenwärtig nur in bestimmten Gebieten der Erde auf. So beispielsweise in Mitteleuropa, in vielen Hochgebirgen oder in der Arktis. Obwohl ein Teil der Rosseln im Taunus sicherlich eiszeitlichen Ursprungs ist, ist die Frostsprengung auch gegenwärtig in der kalten Jahreszeit wirksam, so dass die Schutthalden auch weiterhin Material zugeführt bekommen, wenn auch in deutlich geringerem Umfang.

## 4 Im Portrait: Gesteine des Taunus

**Abb. 89.** Die Rosseln der Weißen Mauer

Rosseln im Quarzit sind zum Teil natürlichen Ursprungs. Man findet sie aber auch häufig unterhalb von Schürfen und Gruben des Bergbaus im 19. Jahrhundert.

Taunusquarzit wird in einem Quarzit-Werk im Köpperner Tal nahe der Saalburg abgebaut (Abb. 87). Er wird unter anderem als Naturstein für Gartenanlagen, im Straßenbau, als Schotter und auch als Hochofen-Auskleidung genutzt. Für die moderne Glasindustrie ist der hier anstehende Taunusquarzit mit 94 bis 97 Prozent Quarz noch zu unrein, denn für die Glasherstellung braucht man einen 99 prozentigen Quarz.

**Abb. 90.** Lesesteine

An vielen Orten im Taunus trifft man Ansammlungen oder gar Wälle aus Lesesteinen an, wie hier bei einem Feld nahe Niedernhausen. Sie entstehen dadurch, dass die Landwirte größere Gesteinsbrocken vom Acker entfernen, also „auflesen", und am Rande des Feldes ablegen. Als Lesesteine werden jedoch auch größere Steine in Schuttdecken bezeichnet, die ortsfremd sind. Somit kann der Geologe, Bodenkundler oder Geomorphologe davon ausgehen oder im wörtlichen Sinn im Untergrund „lesen", dass dieses ortsfremde Gestein weiter oben am Hang anstehen muss. Es gibt schließlich noch eine dritte Bedeutung des Begriffs „Lesestein". Am Beginn der Entwicklung künstlicher Sehhilfen stand der so genannte „Lesestein". Dies war eine nach außen gewölbte Linse aus glasklaren Mineralien. Sie diente im Mittelalter den sehschwach gewordenen Mönchen zum besseren „Auflesen" von Geschriebenem. Diese im 13. Jahrhundert entwickelten Urahnen aller Brillen, wurden nicht vor das Auge gehalten, sondern mit ihrer ebenen Fläche auf die Texte gelegt. Dadurch wurde eine erhebliche Vergrößerung erreicht. Die Lesesteine bestanden aus Quarz (Bergkristall) oder Beryll, einem häufig vorkommenden Silikat-Mineral, wovon sich die Bezeichnung „Brille" ableitet.

**90**  4 Im Portrait: Gesteine des Taunus

**Abb. 91.** Bauwerk aus Taunusquarzit

Als Rohstoff für die Bauindustrie ist der Taunusquarzit wegen seiner Härte seit jeher äußerst begehrt. Bereits die Römer errichteten aus Taunusquarzit ihre Kastelle und Wachtürme. Und schon in vorrömischer Zeit wurden aus Taunusquarzit Ringwall-Anlagen gebaut. Auch der markante Kirchturm des Niedernhausener Ortsteils Oberjosbach ist aus Taunusquarzit errichtet.

Das 1899 gegründete Taunusquarzitwerk gehörte zu den größten Güterkunden an der Taunusbahn. 1950 hatte das Werk eine Abbauleistung von rund 400 Tonnen pro Tag. In den siebziger Jahren des 20. Jahrhunderts war der Taunus die größte Förderstätte für Quarzit in Europa. Heute sind es etwa 4.000 Tonnen pro Tag.

Beim Köpperner Werk handelt es sich um das einzige noch existierende Quarzitwerk im Taunus. Das Werk nennt sich „Taunusquarzitwerk Saalburg" und gehört zurzeit zu einem mexikanischen Konzern. Der Abbau von Taunusquarzit fand beispielsweise nach dem 2. Weltkrieg auch in Rosbach vor der Höhe statt, wo in den neunziger Jahren die Förderung wieder auslief. Das knapp 50.000 Quadratmeter große ehemalige Grubengelände im Stadtwald steht heute unter Naturschutz. Quarzit aus dem „Bremthaler Quarzitwerk" wurde durch die Jenaer Glaswerke Schott und Söhne von 1937 bis 1972 weltweit vertrieben. So kommt es, dass man den Eppsteiner Stadtteil sogar in Chile kennt. Im Jahr 1937 kauften die Jenaer Glaswerke eine 3.300 Quadratmeter große Fläche für ein Betriebsgebäude und eine Verladerampe an der Nauroder Straße. Im Quarzitwerk Bremthal arbeiteten, vor allem in der Nachkriegszeit, zeitweise fast 40 Männer. Noch vor 30 Jahren zog sich eine sehenswerte 30 Meter tiefe Schlucht durch das Gelände. Dann wurde der Quarzitbruch mit Aushub aus umliegenden Bauprojekten verfüllt.

4 Im Portrait: Gesteine des Taunus

**Abb. 92.**
Brachiopoden

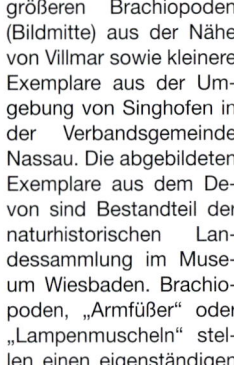

Die Abbildung zeigt einen größeren Brachiopoden (Bildmitte) aus der Nähe von Villmar sowie kleinere Exemplare aus der Umgebung von Singhofen in der Verbandsgemeinde Nassau. Die abgebildeten Exemplare aus dem Devon sind Bestandteil der naturhistorischen Landessammlung im Museum Wiesbaden. Brachiopoden, „Armfüßer" oder „Lampenmuscheln" stellen einen eigenständigen Tierstamm dar, der vom unteren Unter-Kambrium

(540 Millionen Jahre vor heute) bis heute nachgewiesen ist. Dabei handelt es sich ausschließlich um Meeresbewohner, die in der Erdgeschichte unterschiedliche Lebens- und Ablagerungsräume bewohnt haben. Sie kommen heute vom Gezeitenbereich bis in die Tiefsee vor. Brachiopoden sind Meerestiere mit zwei Schalenklappen, wodurch sie äußerlich Muscheln recht ähnlich sehen. Sie haben jedoch systematisch mit Muscheln überhaupt nichts gemein und sind anatomisch vollkommen anders aufgebaut. Ihre Schale besteht aus einer so genannten Ventral- und einer Dorsalklappe. Die Größe der Schale ausgewachsener Tiere erreicht wenige Millimeter bis über 20 Zentimeter. Die Schale umgibt den Weichkörper der Tiere.

## Immer dabei: die Hermeskeil-Schichten

Die Hermeskeil-Schichten treten im gesamten Taunuskamm auf und werden nach ihrem bevorzugten Vorkommen im Hunsrücker Raum bei Hermeskeil (Idarwaldsattel) benannt. Man findet sie in der Taunuskamm-Einheit unter dem Taunusquarzit als nächst tiefere Serie stets mit den Bunten Schiefern zusammen. Ihre Entstehung erfolgte in brackischem bis marinem Milieu mit Gezeiteneinfluss. So zeigt gelegentlich eine so genannte Kreuzschichtung in den Sandsteinen eine entgegengesetzt gerichtete Gezeitenströmung. Zwischengelagerte Tonschiefer sind Stillwasserablagerungen der Pausen zwischen Ebbe und Flut. In den Hermeskeil-Schichten finden sich unterschiedliche Fossilien wie Reste von Fi-

schen, Muscheln oder Brachiopoden (etwa *Acrospirifer primaevus*).

Zu den Hermeskeil-Schichten gehören im Wesentlichen hellrote, braune, seltener gelbliche und hellgraue Sandsteine mit einem hohen Glimmeranteil, wodurch sie im frischen Bruch glänzen. Im Gelände sind diese Sandsteine oft nur schwer vom darüber folgenden Taunusquarzit zu unterscheiden. Ein wesentliches Unterscheidungsmerkmal zum Taunusquarzit liegt darin, dass beim Sandstein Bruchflächen um einzelne Körner herumgehen, da das Bindemittel zwischen den Quarzkörnern weniger fest ist als die Körner selbst. Einzelne Sandkörner können sich beim Bruch lösen, was im Falle des Quarzites kaum möglich ist. Beim Taunusquarzit geht der Bruch durch einzelne Körner hindurch, denn Körner und Bindemittel aus Quarz sind hier in der Regel gleich fest.

# 4 Im Portrait: Gesteine des Taunus

**Abb. 93.** Hermeskeil-Sandstein

Zu den Hermeskeil-Schichten gehören im wesentlichen Sandsteine mit einem hohen Glimmeranteil. Manch ein Gipfel im Taunuskamm, so etwa die Gipfel von Kippel und Hammersberg bei Niedernhausen und Bereiche des Gipfelaufbaus des Großen Feldbergs, bestehen aus den Sandsteinen der Hermeskeil-Schichten. Viele Gebäude im Taunus, so auch beispielsweise das Gemäuer des abgebildeten Gebäudes im alten Ortskern von Niedernhausen-Oberjosbach, sind aus gelben und rötlichen Sandsteinen der Hermeskeil-Schichten errichtet worden.

## Bunte Mischung – Bunte Schiefer

Die Bunten Schiefer der Taunuskamm-Einheit setzten sich aus weinroten bis violettroten, grünen und grünlichgrauen Tonschiefern mit Einlagerungen von grünen Schlufftonschiefern, hellgrauen, grüngrauen bis olivgrauen Sandsteinen, Quarziten und Konglomeratlinsen zusammen, was zeigt, dass der Begriff „Bunte Schiefer" ebenso wie „Taunusquartz" zugleich auch eine stratigraphische Einheit bezeichnet. Konglomerate sind verfestigte Schotter, deren Komponenten deutlich zugerundet und von einer feineren Matrix umgeben sind. Sie werden heute als ehemalige Ablagerungen weit verzweigter Flussdeltas mit zeitweiligem Meereseinfluss gedeutet. Ein großes Netz sich rasch verlagernder Abflussrinnen, unterschiedliche Wasserführung und Überflutung durch Meerwasser sorgten vor mehr als 410 Millionen Jahren für eine bunte Mischung an tonigen bis sandigen Sedimenten an der Küste und auf Schwellen des sich langsam öffnenden Meeres.

Die zum Teil auffällige violette Färbung der Bunten Schiefer beruht auf fein verteilten Eisenglanzblättchen (Hämatit) in der schuppig-glimmerigen Tonschiefersubstanz. Fossilien wurden in den Bunten Schiefern kaum gefunden, nur einige Pflanzenreste und Überbleibsel von kieferlosen Fischen (*Agna-*

---

### Das Alter der Gesteine

Im Verlauf unserer Zeitreise sind Jahrmillionen verstrichen. Dabei stellt sich die Frage, wie man das Alter von Gesteinen überhaupt bestimmen kann. Dafür gibt es unterschiedliche Methoden. Das relative Alter von Gesteinen kann bereits im Gelände festgestellt werden. Wird ein Schiefer von einem Basaltgang durchschlagen, so muss der Schiefer natürlich älter sein. Zuerst wurden feinkörnige Verwitterungsprodukte wie Tone oder Sande abgelagert und im Laufe der Zeit verfestigt und durch Vorgänge der Gebirgsbildung geschiefert. Erst anschließend konnte das basaltische Magma diesen Schiefer durchdringen.

Eine weitere Möglichkeit der relativen Altersbestimmung liefern Fossilien im Gestein, versteinerte Überreste von Lebewesen. Bereits im 17. Jahrhundert erkannten der englische Naturwissenschaftler und Arzt Martin Lister (1638–1712) sowie der englische Naturhistoriker, Geologe und Arzt John Woodward

4  Im Portrait: Gesteine des Taunus

(1665–1728), dass bestimmte Fossilien immer wieder in einer beobachteten Gesteinsschicht vorkamen. Doch erst dem englischen Landvermesser und Ingenieur William Smith (1769–1839) fiel beim Bau eines Kanals um das Jahr 1800 auf, dass einige Fossilien immer nur in bestimmten Schichten, so genannten Horizonten, zu finden waren. Mit dieser Erkenntnis konnte er weit voneinander entfernt liegende Gesteinsschichten, die gleiche Fossilien enthielten, auf einer geologischen Zeittafel in die gleiche Altersstufe einordnen, was zu seinem Spitznamen „Schichten-Smith" führte.

In Deutschland formulierte 1810 der Geologe Christian Leopold Freiherr von Buch (1774–1853), der ein Kommilitone von Alexander von Humboldt an der Bergakademie in Freiberg war, den Begriff des Leitfossils. Findet man das gleiche Leitfossil in Sedimentgestein von verschiedenen Orten der Erde, so sind die Gesteine annähernd gleich alt. Diese relative Form der Altersbestimmung wird auch als Biostratigraphie bezeichnet (von griechisch bios = Leben und Stratigraphie = Schichtenkunde).

Für Minerale und somit auch für die Gesteine gibt es jedoch auch physikalische Datierungsmethoden, die auf der Halbwertszeit radioaktiver Elemente beruhen. Alle Stoffe im Universum setzten sich aus kleinsten Teilchen zusammen, den Atomen. Atome bestehen wiederum aus noch kleineren Teilchen: Neutronen, Protonen und Elektronen. Da manche Atome mal mehr Elektronen oder mal mehr Protonen besitzen, gibt es auch viele unterschiedliche Atome und somit auch viele verschiedene Elemente und Stoffe. Die Hälfte einiger ganz bestimmter Atome wandelt sich nach einer gewissen Zeit in andere Atome um, ein Naturgesetz. Man nennt diese gewisse Zeit „Halbwertszeit". Wenn sie verstrichen ist, verwandelt sich wiederum die Hälfte des Restes in die gleichen anderen Atome um und so weiter, und so fort. Die Halbwertszeit einiger Atome, die sich zum Beispiel in den Gesteinen der Erdkruste verwandeln, beträgt viele Millionen Jahre. Wenn nun ein Gestein ein bestimmtes Mengenverhältnis an verwandelten und nicht verwandelten Atomen enthält, kann man daraus das Alter des Gesteins errechnen.

tha) der Gattung *Pteraspis*. Häufig werden die Schiefer von milchigem, aus Kieselsäure bestehendem Quarz durchzogen, der während der Gebirgsbildung in den beanspruchten Sedimenten entstand. Starker Druck und erhöhte Temperatur führten zur Lösung von Kieselsäure. Sie wurde in Klüften und Spalten, die bei der Gebirgsbildung aufreißen, als Milchquarz wieder ausgefällt. Im Verwitterungsschutt der Schiefer finden sich daher auch des Öfteren mehr oder weniger große Quarzbrocken.

**Abb. 94.** Bunte Schiefer
Die Aufnahme zeigt oberflächlich verwitterte Schichten der Bunten Schiefer in einer Baugrube in Eppstein-Ehlhalten (Saprolith).

**94** 4 Im Portrait: Gesteine des Taunus

**Abb. 95.** Bauwerk aus Bunten Schiefern

In verschiedenen Taunusorten wurden Versuche unternommen, die Bunten Schiefer als Dachschiefer zu verwenden. Sie lassen sich aber kaum in die gewünschte Größe und Form spalten. Daher wurden derartige Versuche bald wieder eingestellt. Jedoch fanden sie hier und da als Material zur Errichtung von Mauerwerk Verwendung. Die Abbildung zeigt ein Mauerwerk aus den violettfarbenen Tonschiefern in Niedernhausen-Oberjosbach.

In einigen Taunusorten, so etwa in Niedernhausen, Ehlhalten oder Schlossborn, wurden Versuche unternommen, die verlockend aussehenden Schiefer als Dachschiefer zu verwenden. Da sie sich kaum in die gewünschte Größe und Form spalten lassen, wurde dieses Unterfangen bald eingestellt. Jedoch fanden sie hier und da als Material zur Errichtung von Mauerwerk Verwendung. Da die Tonschiefer dicht sind und somit als Wasserstauer fungieren, kommt es

an der Grenze zwischen ihnen und den durchlässigen, geklüfteten Sandsteinen und Quarziten vielfach zu Quellaustritten.

**Besonders brauchbar – Hunsrückschiefer**

Der Name „Hunsrückschiefer" geht auf den belgischen Geologen André Hubert Dumont (1809–1857) zurück, der ausgedehnte Vorkommen dunkler Tonschiefer im Hunsrück beschrieb und als „hundsrückien" bezeichnete. Dabei handelt es sich um Schiefer aus feinkörnigen Sedimenten, darunter meist schluffige Tone mit Einschaltungen von Fein- und Mittelsanden, die wiederum in weitere Fazies unterteilt werden (Kaub-Schichten, Bornich-Schichten, Sauerthal-Schichten). Diese feinblättrig spaltenden dunklen Tonschiefer sind im Hintertaunus oder der geologisch-tektonischen Hintertaunus-Einheit weit verbreitet. Im südlichen Taunus gibt es ebenfalls kleinere Vorkommen der Hunsrückschiefer, etwa am Südhang des Niederwalds bei Rüdesheim, zwischen Hohemark und Saalburg, bei Köppern und Ober-Rosbach.

Der Hunsrückschiefer wurde, anders als die „Bunten Schiefer", in küstenferneren Gebieten gebildet. Sein sehr feinkörniges Material, das zu 60 bis 70 Prozent aus Ton besteht, ist in so weiter Ferne von der Küste des Old Red-Kontinents als „Resttrübe" in tieferen, aber auch flacheren Meeresbecken abgelagert worden, dass nur ab und zu sandige Lagen eingeschaltet sind. Gelegentlich zeigen die Schichtung der Schiefer und der Wechsel zwischen etwas mächtigeren Sanden und dünnen Tonlagen den Einfluss der Gezeiten. Die Sande belegen einen Tidenstrom, die Tonlagen die Stillstandsphasen zwischen Ebbe und Flut. In die Schiefer eingeschaltete Bänke aus zusammengeschwemmten Schalen und Schalenabdrücken von Brachi-

4 Im Portrait: Gesteine des Taunus

**Abb. 96.** Hunsrückschiefer in Adolfseck

Die Aufnahme zeigt eine Felswand aus Hunsrückschiefern in Adolfseck, dem kleinsten Stadtteil Bad Schwalbachs.

opoden sind auf Grund berührenden Seegang bei Stürmen zurückzuführen. Noch vor der Variscischen Gebirgsbildung sind durch die Dehnung und Beanspruchung des Schelfes am Rande des Old Red-Kontinents basaltische Schmelzen an zahlreichen Stellen als Gänge in die devonischen Ablagerungen eingedrungen. Sie liegen heute als sehr alte Basalte, so genannte Diabase, vor,

die sich insbesondere im Bereich des westlichen Hintertaunus konzentrieren.

Aufgrund ihrer stellenweise hervorragend erhaltenen Fossilien gehören die Hunsrückschiefer mit zu den weltweit bedeutendsten Fossillagerstätten des Devons. Bekannt ist er vor allem durch Meeresorganismen mit Weichteilerhaltung, wobei die Weichteile

**Abb. 97.** Das obere Aartal bei Taunusstein in den Hunsrückschiefern

Durch die Druckrichtung während der Gebirgsbildung von Südosten liegen heute von Südwest nach Nordost verlaufende Faltenzüge und Gesteinsschuppen im Schiefer vor. Man sagt: Die Faltenzüge „streichen" von Südwest nach Nordost. In ihnen haben sich infolge der starken Einengung ebenfalls von Südwest nach Nordost verlaufende Längsklüfte gebildet. Diese bestimmen den Verlauf vieler Bäche und Täler im Taunus, wie auch den der oberen

Aar zwischen Taunusstein-Neuhof und Taunusstein Bleidenstadt. Das Wasser kann dadurch, dass es parallel zur Schieferung beziehungsweise in Richtung des Streichens der Schichten abfließt, den Untergrund leichter erodieren. Die geologische Struktur des Gesteins gab somit der Aar und anderen Taunusbächen ihre Fließrichtung vor.

**96**  4 Im Portrait: Gesteine des Taunus

**Abb. 98.** Fossile Qualle im Hunsrückschiefer

*Plectodiscus discoideus* ist eine Qualle die vor rund 380 Millionen Jahren das devonische Meer durchschwamm. Quallen sind Organismen, die zu rund 99 Prozent aus Wasser bestehen und bevölkern seit mehr als einer halben Milliarde Jahren die Weltmeere.

**Abb. 99.** Ohrenqualle

Ähnlich wie diese heutige Ohrenqualle (*Aurelia aurita*), schwebten die Quallen des Devons durch das Meer.

heute oft als Pyrit – bekannt als „Katzengold" – vorliegen. Sie eignen sich daher vorzüglich für eine Untersuchung mit Röntgenstrahlen. Häufige Elemente der Hunsrückschiefer-Fauna sind Arthropoden, bei denen sich zahlreiche Vertreter finden, die man aus anderen Ablagerungsräumen nicht kennt. Diese Gliedertiere oder Gliederfüßer (*Arthropoda*) sind ein Stamm der Häutungstiere (*Ecdysozoa*). Zu ihnen gehören so unterschiedliche Tiere wie beispielsweise Insekten, Tausendfüßer, Krebse, Entenmu-

scheln, Spinnen, Skorpione, Milben und die ausgestorbenen Trilobiten.

Aus den mitunter hohen Anteilen an Pyrit im Schiefer, der durch Oxidation auch die Braunfärbung des Gesteins bei Verwitterung bewirkt, kann man schließen, dass zur Zeit seiner Entstehung am Meeresboden Schwefelwasserstoff vorhanden war. Denn aus Letzterem, Eisen und anderen Elementen im Meerwasser, bildet sich das Eisenbisulfid Pyrit. Bezüglich der Umweltbedingungen

4 Im Portrait: Gesteine des Taunus

**Abb. 100.** Trilobit im Hunsrückschiefer

Die Aufnahme zeigt *Chotecops sterzeli*, einen Trilobiten aus dem Devonmeer. Die glitzernden Partien bestehen aus Pyrit – auch bekannt als Katzengold. Trilobiten waren Tiere, die vom Kambrium bis ans Ende des Perm bis vor etwa 250 Millionen Jahren in den Meeren existierten. Sie besaßen ein kalkhaltiges Außenskelett, ein so genanntes Exoskelett, und starben noch aus, bevor die Dinosaurier die Erde eroberten. Trilobiten bilden die Klasse der *Trilobita* und sind heute wichtige Leitfossilien für das Paläozoikum (Erdaltertum).

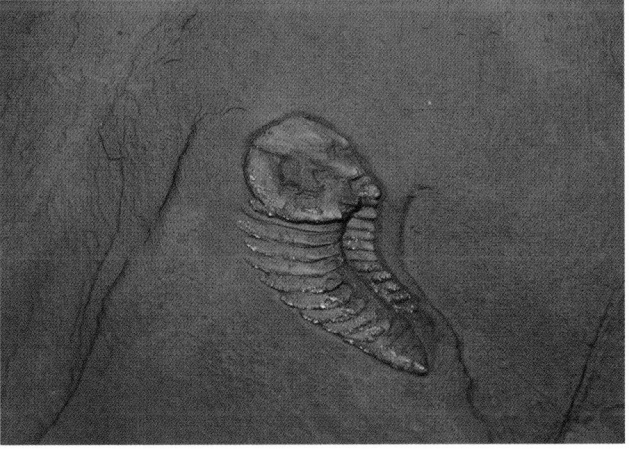

am Meeresboden bedeutet dies Sauerstoffarmut und somit optimale Verhältnisse zur Konservierung von Meeresorganismen. Die arten- und individuenreiche Fauna des Hunsrückschiefers spricht jedoch zugleich für einen hohen Sauerstoffgehalt des Wassers. Niedriger Sauerstoffgehalt würde zwar auch eine individuenreiche, jedoch artenarme Tierwelt erwarten lassen. Daher kann man davon ausgehen, dass im devonischen Schelfmeer meist sauerstoffhaltiges Wasser zur Verfügung stand. Lediglich bei fehlender Wasserzirkulation in bestimmten Beckenbereichen oder bei einer Sauerstoff zehrenden Plankton-Überproduktion konnten Umweltbedingungen mit einer erhöhten Schwefelwasserstoffkonzentration in tieferen Meerwasserschichten auftreten, denen die gute Fossilerhaltung im Hunsrückschiefer zu verdanken ist.

Eine weitere Besonderheit der Hunsrückschiefer ist der lokal recht hohe Anteil an organischer Substanz von bis zu einem Prozent. Die Ablagerung von Restrübe konnte die allmähliche Absenkung des Meeresgrundes oder Meeresbeckens nicht ausgleichen. Im an Kleinlebewesen reichen tropischen Meer wurde daher im Verhältnis zur Sedimentmächtigkeit viel organisches Ma-

terial abgelagert. Ohne Variscische Gebirgsbildung könnte aus diesen Schichten heute vielleicht Erdöl und Erdgas gewonnen werden. Doch durch hohen Druck und Temperaturen von über 250 Grad Celsius während der Gebirgsbildung liegen die Kohlenwasserstoffe heute in Form von Graphit vor, der auch in bestimmtem Umfang zur dunklen Färbung des Gesteins beiträgt.

Die Hunsrückschiefer wurden, bei lokaler Eignung, als Dachschiefer abgebaut. Ein

**Abb. 101.** Fossiler Seestern im Hunsrückschiefer

*Echinasterella sladeni* ist ein Seestern des devonischen Meeres und lebte vor etwa 380 Millionen Jahren. Seesterne (*Asteroidea* von lateinisch aster = Stern) gehören zum Stamm der Stachelhäuter. Sie sind weltweit in den Meeren verbreitet.

**4 Im Portrait: Gesteine des Taunus**

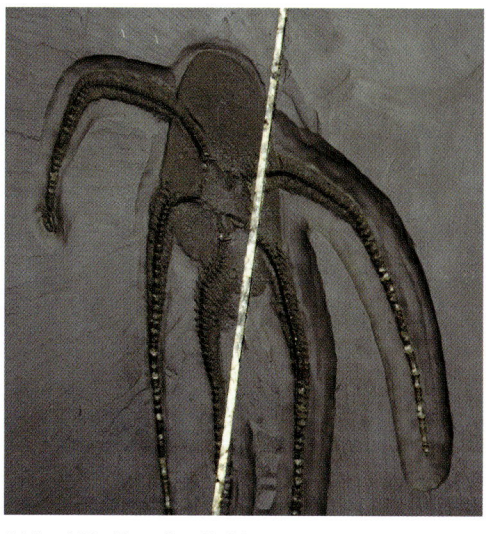

**Abb. 102.** Fossiler Schlangenstern im Hunsrückschiefer

Die Schlangensterne (*Ophiuroidea* von griechisch ophis = Schlange und ura = Schwanz) gehören ebenfalls zum Stamm der Stachelhäuter. Abgebildet ist der Schlangenstern *Furcaster decheni*. Sie sind sehr enge Verwandte der Seesterne und zeichnen sich wie diese durch eine fünfstrahlige Symmetrie aus. Die Fortbewegung erfolgt durch das Bewegen der Arme, wodurch sie recht flink werden können. Die Tiere sind sehr empfindlich gegen Berührungen. Die Arme werden dann abgeworfen, können aber wieder regeneriert werden. Die Nahrung der Schlangensterne besteht unter anderem aus Aas oder Plankton.

bedeutendes Zentrum des Schieferbergbaus bildete der Wispertaunus. Seine Geschichte reicht bis zur Zeit der Römer zurück, die in den Wäldern beiderseits der Wisper Schieferplatten brachen, um ihre Unterkünfte und Wachtürme wetterfest zu decken. In jüngerer Zeit kam der Bergbau zwischen den Heidenroder Ortsteilen Zorn und Nauroth Mitte des 18. Jahrhunderts in Schwung. Der Schiefer war dort von außerordentlicher Qualität. Der Schieferbergbau auf der Grube Rosit kann bis ins Jahr 1741 zurückverfolgt werden, jedoch ist hier sogar mit noch älterem Bergbau zu rechnen. Darauf deutet beispielsweise der Flurname „An der Leienkaut" hin, der sich aus Lei (= Ley) für Schiefer und Kaut für Grube oder Bergwerk zusammensetzt. So findet man im Taunus häufig Flurnamen wie „Leienkaut" oder auch „Steinkaut". Mit dem Naurother Dachschiefer wurden wegen seiner hohen Qualität und seiner schönen Färbung zahlreiche Kirchen und repräsentative Bauten auch in der weiteren Umgebung eingedeckt, so der Mainzer Dom und die Kolonnaden des Wiesbadener Kurhauses. Weitere Schiefergruben kamen hinzu: Hermani, Rosenthal und Meiers Hoffnung, deren Schiefervorkommen jedoch weniger ergiebig waren.

**Abb. 103.** Schlangenstern

Heute gibt es etwa 2.000 Arten von Schlangensternen. Darunter auch der abgebildete *Ophiura sarsi*. Schlangensterne entwickelten sich bereits im frühen Ordovizium vor rund 500 Millionen Jahren.

4 Im Portrait: Gesteine des Taunus

**Abb. 104.** Dachschiefer

Anders als die Bunten Schiefer eignen sich Tonschiefer der Hunsrückschiefer sehr gut zur Bedachung und Verkleidung von Gebäuden.

Einen Aufschwung erlebte der Bergbau, als die Regierung von Nassau wegen Brandgefahr Strohdächer verbot und Schieferdächer anordnete. Die Grube Rosit wurde mit einer zeitweiligen Produktion von 6.000 Tonnen Schiefer im Monat die größte ihrer Art in Hessen. In der sonst von Land- und Forstwirtschaft geprägten Region war sie einer der wichtigsten Wirtschaftsfaktoren und Arbeitgeber. Angaben über die Zahl der Bergarbeiter variieren stark. In Spitzenzeiten können es in dieser Gegend bis zu 300 Menschen gewesen sein. Sie mussten bis zu 150 Meter tief einfahren, um den wertvollen Schiefer zu brechen. Harte Schichtarbeit, Unfallgefahr, Staublungen und Tuberkulose bedeuteten für die Bergleute oder „Leyenbrecher" eine Lebenserwartung von durchschnittlich nur 44 Jahren. Die Verdrängung des Schiefers durch kostengünstigere Asbestzementplatten und importiertes Abdeckmaterial führte 1965 zur Stilllegung der Grube. Aus dem Volumen der Abraumhalden ergibt sich eine ungefähre Länge der ehemaligen Stollen von immerhin 10 Kilometern. Weitere Dachschiefergruben im westlichen Taunus wurden im 16., 17. und 18. Jahrhundert zum Beispiel bei Lorch, Lorchhausen, Geroldstein, Presberg, Espenschied und Wollmerschied betrieben.

**Abb. 105.** Abraumhalden

Die Abraumhalde Rosit des Schieferbergbaus bei Heidenrod-Nauroth bietet zahlreichen Tieren eine perfekte Wärmeinsel, während die Gruben daneben mit ihren Stollen unter anderem Fledermäusen und Salamandern Quartier geben. Entlang der Halden führt der Lehrpfad „Schieferbergbau im Wispertaunus", der im Jahr 2004 eingeweiht wurde.

### Die von der Loreley: Singhofen-Schichten

Neben den Hunsrückschiefern werden im Hintertaunus zahlreiche weitere Schiefer-Schichten nach ihrer Fazies unterschieden, darunter die Spitznack-Schichten und Schwall-Schichten, die von einigen Geologen in der Formation der „Singhofen-Schichten" zusammengefasst werden. Diese mehr sandigen Schiefer sind häufig von Sandsteinen durchsetzt und bilden die jüngste Folge des Unterems im Hintertaunus. So zum Beispiel zwischen den Taunussteiner Ortsteilen Seitzenhahn und Wambach. Auch der Felsen der berühmten Loreley besteht aus Schiefern des Singhofener Schichtkomplexes. Fossilien wie Schnecken, Muscheln und Brachiopoden, Grabbauten aus mit Sand gefüllten Röhren sowie Merkmale der Gezeitenströmungen im Gestein belegen, dass die Ausgangsmaterialien der Schiefer, Sande und Tone, einst in einem vergleichsweise flachen Meer abgelagert wurden.

**Abb. 106.** Der Loreleyfelsen

Der Felsen der berühmten Loreley besteht aus Tonschiefern des Singhofener Schichtkomplexes. Dabei handelt es sich um eine mehr als 250 Meter mächtige Abfolge von leicht metamorphen Sedimenten des Devonmeeres.

4 Im Portrait: Gesteine des Taunus

Diese devonische Schiefer-Formation wurde nach dem Ort Singhofen an der Bäderstraße benannt, welche die Städte Wiesbaden, Schlangenbad, Bad Schwalbach und Bad Ems verbindet. Gelegentlich finden sich in den Schiefern so genannte Porphyroide, die aus wechselnden Mischungen von vulkanischen Gesteinen und Schelfsedimenten bestehen. Ihre Entstehung wird auf Rutschungen am Meeresboden zurückgeführt, wobei die unterschiedlichen Gesteinsmaterialien vermischt wurden.

**Am Kellerskopf: Graue Phyllite**

Hierbei handelt es sich um eine Serie grauer, grünlicher oder brauner Schiefer mit Einlagerungen von Sandsteinen und Quarziten, die am weither aus der Main- und Rhein-ebene erkennbaren Kellerskopf bei Naurod und auch im Wiesbadener Rambachtal anzutreffen sind. Sie wurden von August Leppla, einem der Pioniere der Taunusgeologie, als Kellerskopf-Schichten bezeichnet und sind auf der geologischen Karte als „Graue Phyllite" ausgewiesen. Schon um die Jahrhundertwende wurden in ihnen im Goldsteintal Fossilien entdeckt, Abdrücke von Meeresbewohnern wie Brachiopoden und Korallen. Bislang wurden die Grauen Phyllite deshalb zeitlich in das älteste Unterdevon, in die untere Gedinne-Stufe gestellt. Nach neueren Arbeiten werden sie jedoch in die Přídolí-Stufe des Silur (419 bis 417,5 Millionen Jahre vor heute) eingestuft. Sie sind somit deutlich älter als die Bunten Schiefer der Gedinne-Stufe und sind als Ablagerungen weit verzweigter Flussmündungssandbänke in einem Deltafrontbereich zu sehen.

**Abb. 107.** Der Kellerskopf bei Naurod
Oberhalb von Wiesbaden-Naurod erhebt sich der Kellerskopf mit einem Aussichtsturm und Restaurant. Von hier hat man einen guten Blick über das Rhein-Main-Gebiet.

**102**    4 Im Portrait: Gesteine des Taunus

**Abb. 108.** Eppsteiner Schiefer (Phyllite)

Die grünlichgrauen metamorphen und gefalteten Schiefer des Vordevons sind an zahlreichen Stellen im Eppsteiner Stadtgebiet aufgeschlossen, wobei sie von der Verwitterung an der Oberfläche rötlichbraun erscheinen.

**Noch älter?**
**Die Gesteine der Vordertaunus-Einheit**

Südlich des Taunuskammes oder der Taunuskamm-Einheit erstreckt sich zwischen Rüdesheim am Rhein und Bad Homburg vor der Höhe eine mehr als 50 Kilometer lange und bis zu 6 Kilometer breite Zone aus schwach metamorphen Gesteinen, die als Vordertaunus-Einheit bezeichnet wird. Die

---

### Lorsbacher Wand und Walterstein

Unterhalb des 361,2 Meter hohen Hahnenkopfes zwischen Lorsbach und Eppstein ragt das Naturdenkmal „Walterstein" über dem Schwarzbachtal. Der Fels aus vordevonischen Schiefern (Phylliten) wurde früher für relativ kurze Zeit als Steinbruch genutzt, vermutlich für den Eisenbahnbau im Tal. Durch diese Steinbruchtätigkeit entstand am Fuße des Waltersteins die heute zum Klettern genutzte 25 Meter hohe, senkrechte und unnatürlich glatte Felswand. Dieser bekletterbare Bereich wird als „Lorsbacher Wand" bezeichnet.

Die Lorsbacher Wand gilt heute als eines der bedeutendsten Klettergebiete in Südhessen. Der Fels bietet Schwierigkeitsgrade zwischen 4 und 9. Zum Schutz von Pflanzen und Tieren ist der Walterstein Wand vom 1. Dezember bis zum 31. März für Kletterer gesperrt. Dies soll unter anderem die Ansiedlung des Wanderfalken ermöglichen. Hat sich der Wanderfalke tatsächlich im Fels häuslich eingerichtet, so gilt die Sperre bis zum Ausflug der Jungvögel Ende Juni. Zudem gilt ein generelles Betretungsverbot für die Felsköpfe und die steilen Waldhänge rechts und links der Felswand, das auch für Wanderer gilt.

**Abb. 109.** Die Lorsbacher Wand am Fuße des Waltersteins

4 Im Portrait: Gesteine des Taunus

ursprünglichen Gesteine vor der metamorphen Überprägung waren Sedimente und Vulkanite. Diese Gesteine zählen zu einem etwa 30 Kilometer breiten Gebirgsstreifen aus schwach metamorphen Gesteinen, der vom Saargebiet bis zum Harz reicht. Dieser Gebirgsstreifen ist der Mitteldeutschen Kristallinschwelle nördlich vorgelagert und wird als „Nördliche Phyllit-Zone" bezeichnet.

Zu den metamorph veränderten Sedimenten der Vordertaunus-Einheit gehören die älteren Eppsteiner Schiefer und die jüngeren Lorsbacher Schiefer, die auf der geologischen Karte als Phyllite bezeichnet werden. Bei den Eppsteiner Schiefern handelt es sich um grüngraue, schlecht sortierte und fossilienfreie Sedimente. Die Lorsbacher Schiefer, Kletterern bestens vom Felsensemble „Lorsbacher Wand und Walterstein" bekannt, lassen sich in einen Feinsand und Sporen führenden unteren und einen feinsandfreien oberen Teil weiter untergliedern.

Die metamorph überprägten Vulkanite, so genannte Metavulkanite, setzen sich aus Grünschiefern (Metaandesite), die beispielsweise am Rossert bei Kelkheim als „Rossert Grünschiefer" anstehen, und Sericitgneisen (Metarhyolithe) zusammen. Eine Datierung dieser Vulkanite ergab ein Alter von etwa 426 Millionen Jahren. Sie sind damit im Silur entstanden. Aufgrund ihrer geochemischen Zusammensetzung entsprechen sie Gesteinen, wie sie heute im Bereich von vulkanischen Inselbögen entstehen, so etwa wie im Falle des japanischen Inselbogens. Deshalb ist anzunehmen, dass ein silurischer Inselbogen durch die Herausbildung einer Subduktionzone vor Avalonia bei der ersten Kollision dieses Terrans mit Laurussia entstanden ist. Während der Variscischen Gebirgsbildung wurden die vordevonischen Gesteine des Inselbogens stark deformiert und metamorph umgewandelt, als Armorica

**Abb. 110.** Japanischer Inselbogen
Die geochemische Zusammensetzung der Grünschiefer und Sericitgneise des Taunus ähnelt Gesteinen, die heute im Bereich von Inselbögen entstehen, so etwa im Bereich des japanischen Inselbogens.

erneut mit dem Südrand von Avalonia kollidierte.

**Der Edle: Lahnmarmor**

Infolge der Plattenkollision von Avalonia und Armorica vor rund 392 Millionen Jahren wurden die Meeresbecken des Rhenoherzynischen Ozeans immer enger. Durch die tektonische Beanspruchung der Lithosphäre kam es im devonischen Meer zu Vulkanismus mit kieselsäurearmen basaltischen Magmen. Große Vulkankomplexe wuchsen vom Meeresboden zum Teil bis über den Meeresspiegel. Um erloschene Vulkane und Untiefen bauten sich Riffe auf, die heute als Lahnmarmor oder Nassauer Marmor zum Beispiel an der Nordgrenze des Taunus bei Villmar zu bewundern sind. Der welt-

## 4 Im Portrait: Gesteine des Taunus

**Abb. 111.** Lahnmarmor

Wahrscheinlich schon vor 2.000 Jahren wurde Lahnmarmor geschätzt und abgebaut. Selbst an „prominenter" Stelle wurde Lahnmarmor verwendet. So beispielsweise in den berühmten Epitaphien des Mainzer Doms, beim einzigen Apostelgrab nördlich der Alpen in der Abtei St. Matthias in Trier, im barocken Marmorbad des Weilburger Schlosses, an den Altären der Mannheimer Jesuitenkirche, in der Klosterkirche Amorbach, im Berliner und Würzburger Dom, in der Eremitage in St. Petersburg und im Kreml sowie in der Eingangshalle des Empire-State-Building in New York. Auch im Wiesbadener Kurhaus und im Palast des Maharadjas von Tagore in Indien findet sich Lahnmarmor.

**Abb. 112.** Empire-State-Building

Für den Innenausbau des Empire-State-Buildings in New York wurde der als besonders fest und Wasser abweisend geltende Lahnmarmor aus Villmar verwendet.

weit begehrte Lahnmarmor schillert in den Farben schwarz, grau, rot oder ist bunt gemischt. Zwölf ehemalige Lagerstätten sind heute von Hecken überwuchert. Nur einer der Steinbrüche mit rotem Marmor existiert noch. Dieser rote Marmor von Villmar ist weltweit einzigartig und wurde inzwischen als Naturdenkmal ausgewiesen.

4 Im Portrait: Gesteine des Taunus

**Abb. 113.** Naturdenkmal „Unica"
Das Stromatoporenriff nahe des Bahnhofs Villmar wurde mit seiner Lahnmarmorvarietät „Unica" als Naturdenkmal ausgewiesen. Es wurde mit einem Schutzdach versehen und am 3. September 2001 der Öffentlichkeit offiziell vorgestellt. Villmar galt in den vergangenen Jahrhunderten im In- und Ausland als „Marmormetropole". Heute sind alle ehemaligen Marmorbrüche verwaist. Die gesägten Wände im Unica sind eine Hinterlassenschaft der Nassauischen Marmorwerke Dykerhoff & Neumann.

Hauptriffbildner im Devonmeer waren Stromatoporen, längst ausgestorbene urtümliche Meeresorganismen, die zu den Schwämmen zu zählen sind. Sie bildeten gemeinsam mit Korallen die Riffe bei einer tropischen Wassertemperatur von etwa 24 Grad Celsius. Muscheln, Schnecken und Schwämme siedelten sich an. In flachen Lagunen verrotteten unter tropischem Klima ihre Überreste sowie ein reicher Pflanzenwuchs, was die Bildung eines Faulschlamms bewirkte. Der daraus entstandene Kohlenstoff färbte den sich langsam bildenden Kalkstein aus Stromatoporen schwarz und grau. Hinzu kam eisenhaltiges Wasser infolge des Vulkanismus, das andere Stellen des Kalkes gelb, braun und rot färbte oder auch in Adern durchzog.

Der Name Lahnmarmor ist eigentlich nicht richtig, da es sich dabei nicht um einen echten Marmor handelt. Letzterer entsteht als metamorphes Gestein in großer Tiefe und unter hohem Druck. Der „Lahnmarmor" hingegen konnte nicht auskristallieren, da er nicht dem extrem hohem Druck und der extrem hohen Temperatur des echten Marmors ausgesetzt war. Der „Lahnmarmor", ein Begriff aus der Steinmetz-Industrie, ist

ein nicht metamorpher, gut polierbarer Massenkalkstein. Im petrographischen oder gesteinskundlichen Sinn handelt es sich also um Kalkstein. Zum Glück ist das so, denn unter den Entstehungsbedingungen eines echten Marmors hätte er seine besondere Farbigkeit verloren. Diese Eigenschaft jedoch hat den „Lahnmarmor" weltweit so begehrenswert gemacht. Das zeigt sich unter anderem darin, dass die Eingangshalle des Empire State Buildings in New York oder etwa die Eremitage in St. Petersburg mit Lahn-Marmor ausgestattet wurden.

Villmar bildet das Zentrum des Vorkommens von Lahnmarmor. Einzigartig erhielt sich hier unmittelbar nördlich der Lahn und somit einen „Steinwurf" außerhalb des Taunus ein urzeitliches Riff in Lebensstellung, das heißt, es ist nicht verkippt und unzerstört erhalten geblieben. Die Struktur des Stromatoporen-Riffs weist unterschiedliche Lagen auf, was vermutlich auf einen Tag-Nacht oder Gezeitenzyklus zurückzuführen ist. Die Wachstumsdauer des Riffs dürfte etwa 2.000 Jahre betragen haben. Die Wachstumsgeschwindigkeit der Stromatoporen hat man mit einigen Millimetern pro Jahr berechnet. Stürme, Tsunamis, Vulkanausbrüche oder

**106**  4 Im Portrait: Gesteine des Taunus

Erdbeben haben wiederholt dazu geführt, dass große Teile der Rifforganismen zerstört wurden. Dezimeter mächtige, rote Schuttlagen sind Zeugen derartiger Ereignisse, auf denen sich die Stromatoporen erneut ansiedelten (Abb. 111). Dank früherer Abbaumethoden, bei denen man den Riffkalk mit riesigen Seilsägen zerteilte, können Besucher heute auf mehreren, stufenartigen Etagen über gesicherte Treppen durch das devonische Naturdenkmal spazieren.

Eine weitere Attraktion für Besucher des nördlichen Taunus ist die Kubacher Kris-

tallhöhle im Massenkalk des Lahngebietes bei Weilburg an der Lahn. Die Kubacher Kristallhöhle fasziniert nicht nur durch ihre gewaltigen Kuppeln und Gewölbe, sondern auch durch eine bezaubernde und äußerst formenreiche Welt aus Calcitkristallen und Perltropfsteinen. Im Jahr 1974 gelangten zum ersten Mal Menschen in die Kubacher Kristallhöhle, die auf außergewöhnliche Weise entdeckt wurde. Gesucht wurde eigentlich eine prächtige Tropfsteinhöhle, auf die man nach Aussage alter Bergleute im 19. Jahrhundert gestoßen war. Doch ihre Lage war in Vergessenheit geraten. Gefunden hat

**Abb. 114.** Kubacher Kristallhöhle

Ein Blick in die Kubacher Kristallhöhle. Mit Mitteln des Landes Hessen, des Landkreises Limburg-Weilburg, der Stadt Weilburg und mit enormen Eigenleistungen des ortsansässigen Höhlenvereins, unterstützt von zahlreichen Sach- und Geldspenden, wurde die Höhle ab dem Jahr 1975 erschlossen. Neben der Höhle bietet das Freilicht-Steinemuseum im Eingangsbereich den Besuchern die Möglichkeit, Taunusgesteine aus verschiedenen Erdzeitaltern zu betrachten. Die bis zu 12 Tonnen schweren Gesteinsblöcke sind nach Art ihrer Entstehung angeordnet und mit erklärenden Schildern ausgestattet.

4 Im Portrait: Gesteine des Taunus

**Abb. 115.** Kalkwerk Hahnstätten

Der Firma Schaefer Kalk GmbH & Co KG steht im Werk Hahnstätten eines der reinsten Kalksteinvorkommen in Europa zur Verfügung. Dabei handelt es sich um einen, ähnlich dem Kalk von Villmar, 350 Millionen Jahre alten mitteldevonischen Massenkalk mit nur geringen Anteilen an Nebenmineralien.

man schließlich die Kubacher Kristallhöhle. Das Höhlensystem entstand während der Eiszeiten durch in Klüfte und Spalten des Kalkgesteins eindringendes Wasser, wodurch der Kalkstein allmählich gelöst wurde. Gelegentlich lagerten sich die gelösten Calcium-Ionen wieder als Calciumcarbonat an und bildeten auf diese Weise beeindruckende Kristallformen. Diese Prozesse sind bis heute noch nicht abgeschlossen. Vom Frühjahr bis zum Spätsommer bildet sich in der Höhle der so genannte „Sommersee". Im

**Kalkbrennen: Von Kalk zu Kalk**

Als Kalkbrennen bezeichnet man einen chemischen Vorgang, der Kalkstein durch thermische Behandlung zu Branntkalk umwandelt. Kalk gehört im Taunus zu den ältesten und auch bedeutendsten Baustoffen. Bereits im Altertum war die Kunst des Kalkbrennens weit verbreitet. Als Brennstoff wurde meist Holz alternativ Torf oder Kohle eingesetzt. Die ersten Einrichtungen dazu waren die so genannten Meiler, während später einfache Feldöfen ohne Ummauerung eingesetzt wurden. Das Brennen von Kalk zur Mörtelherstellung war wie bei der Köhlerei stets mit drastischen Eingriffen in den Waldbestand verbunden. Heutzutage verwendet man zur Kalkherstellung große Ringschachtöfen.

Der chemische Ablauf in den Kalköfen ist recht einfach: Bei über 1.000 Grad Celsius gibt der Kalk (Calciumcarbonat) Kohlenstoffdioxid ab und wird dadurch in Branntkalk (Calciumoxid, CaO) verwandelt. Dem Kalkbrennen schließt sich der Vorgang des Kalklöschens an, wobei der Branntkalk sich mit Wasser zu gelöschtem Kalk (Calciumhydroxid, $Ca(OH)_2$) verbindet. Dieser gelöschte Kalk nimmt bei der Verwendung als Mörtel schließlich wieder Kohlenstoffdioxid ($CO_2$) auf und reagiert wieder zu Kalk (Calciumcarbonat, $CaCO_3$) wobei er „aushärtet".

## Karst

Durch das von Natur aus in der Luft vorkommende Kohlenstoffdioxid wird Regenwasser zur schwachen Säure, zur Kohlensäure. Diese Säure löst Kalkstein oder Karbonate auf. Durch die Lösung von Kalkstein entstehen unter anderem Dolinen, trichter- oder kesselförmige Hohlformen im Kalkgestein, oder etwa eindrucksvolle Karsthöhlen wie die Kubacher Kristallhöhle. Überall dort, wo Höhlen und andere Verwitterungs- oder Lösungsformen im Kalkstein vorkommen, spricht man von Karst. Der Begriff Karst wurde vom gleichnamigen und mehr als 1.000 Meter hohen slowenischen Kalkgebirge abgeleitet, das sich zwischen Triest

**Abb. 116.** Die Naturbrücke Rakovskocjan im slowenischen Karstgebirge

und Ljubljana erstreckt. Den Vorgang, der in einem Kalkgebiet zu den verschiedenen Lösungsformen und zur so genannten Karstlandschaft führt, bezeichnet man als Verkarstung.

dunklen, geheimnisvollen Wasser spiegelt sich, je nach Jahreszeit, die Beleuchtung wider. In manchen Jahren allerdings bleibt das Wasser ganz aus. Ab 1975 wurde die Höhle erschlossen. Sie ist seit 1981 für die Öffentlichkeit zugänglich. Die Höhle besitzt die höchste Halle aller deutschen Schauhöhlen. Sie ist 30 Meter hoch (Kap. 10.2 Wanderungen und Ausflugsziele).

## Kohlensäureverwitterung

Kohlenstoffdioxid ($CO_2$) in der Luft reagiert mit Regenwasser zur Kohlensäure. Demnach ist Regenwasser auch ohne Umweltbelastungen, etwa durch Industrieabgase, immer etwas sauer und greift die Gesteine an. Insbesondere für die weit verbreiteten Kalkgesteine ist dies neben der Frostsprengung in kühleren Klimaten der wesentliche Verwitterungsprozess. Kalkgesteine sind in reinem Wasser nur schwer löslich. Sehr leicht löslich sind sie hingegen durch starke Säuren wie etwa Salzsäure. Aber bereits bei Einwirkung einer schwachen Säure, wie sie die Kohlensäure darstellt, erfolgt die Lösung des Kalkes beziehungsweise des ihn aufbauenden Minerals Calcit ($CaCO_3$). Durch die Reaktion der Kohlensäure mit dem Kalk bildet sich das leicht lösliche Calciumhydrogencarbonat [$Ca(HCO_3)_2$], das mit dem Sickerwasser abgeführt wird.

Diese Verwandlung ist die wesentliche Voraussetzung für die Löslichkeit des Kalkes, die mit abnehmenden Wassertemperaturen zunimmt. Daher kann die Kohlensäureverwitterung im Gegensatz zu anderen chemischen Verwitterungsprozessen auch in arktischen Regionen wirksam werden. Wie alle Verwitterungsprozesse, ist auch die chemische Verwitterung der Kalksteine ein langsamer Vorgang. Je nach den lokalen Verwitterungsbedingungen wurden Kalklösungsraten von 0,01 bis 4 Millimeter pro Jahr ermittelt. Der gesamte Vorgang der Kalklösung kann auch genau umgekehrt ablaufen. Gelöster Kalk fällt dann aus Calciumhydrogencarbonat-haltigem Wasser aus und Kohlenstoffdioxid wird an die umgebende Luft abgegeben. Das Ergebnis sind beispielsweise die bekannten Tropfsteine oder die Calcitkristalle der Kubacher Höhle.

4 Im Portrait: Gesteine des Taunus

**Abb. 117.** Usinger Pseudomorphosenquarzgang „Eschbacher Klippen"

Nördlich der Stadt Usingen ragen die bekanntesten Felswände des Taunus 12 Meter in die Höhe: die Eschbacher Klippen. Dass die beiden steil stehenden Felsrippen aus Quarz eigentlich Buchstein und Saienstein
heißen, wissen vermutlich nur die Wenigsten. Dieser Pseudomorphosenquarzgang erstreckt sich nördlich
des Usinger Ortsteils Eschbach im Hochtaunuskreis über 6 Kilometer in einer Mächtigkeit von bis zu 80 Metern quer durch das Usatal bis zum Wormstein im Usinger Stadtwald. Zu sehen sind davon aber nur die bis
zu 12 Meter hohen Felsen, die im Falle des größeren Buchsteins über eine Länge von 60 Metern von der Verwitterung aus dem umgebenden Gestein herauspräpariert wurden. Bekannt wurden die Eschbacher Klippen
vor allem als Kletterfelsen. Bei gutem Wetter kann man das Heer der „Alpinisten" bei mehr oder weniger ge-
konnten Trainingseinheiten beobachten oder es selbst einmal versuchen. Es sind Routen aller Schwierigkeitsgrade vorhanden (Kap. 10.2 Wanderungen und Auflugsziele).

Mitteldevonische Massenkalke finden sich
auch bei Köppern, Rosbach vor der Höhe,
Bad Nauheim sowie bei Hahnstätten, wo
sie im großen Stil durch die Schaefer Kalk
GmbH & Co KG industriell für Branntkalk
und andere Kalkprodukte abgebaut, verarbeitet und weltweit vermarktet werden. Sie
zählen zu den reinsten Kalksteinvorkommen

in Europa. Die Kalksteine werden gebrochen, gesiebt und teilweise gewaschen in definierter Qualität und Körnung für die Weiterverarbeitung bereitgestellt oder direkt verladen. In insgesamt 14 Öfen des Betriebes werden jährlich bis zu eine Million Tonnen Kalk gebrannt. Darüberhinaus werden die Massenkalke zu Kalkmilch, Füllstoffen, Pigmenten, Putz und Werkmörtel verarbeitet.

Die Verwitterungsprozesse im Tertiär haben sich auf diese Massenkalke in besonderer Weise ausgewirkt. Entlang von Schwächezonen des im Zuge der Variscischen Gebirgsbildung stark beanspruchten Massenkalks erfolgte eine intensive Verkarstung durch die Kohlensäureverwitterung mit der Entstehung von Dolinen, Höhlen, Karstkegeln und so genannten Karstschlotten, mit Sediment verfüllte Lösungshohlformen im

Kalk. Die mitunter sehr tief reichenden Karstschlotten wurden im Tertiär und im darauf folgenden Eiszeitalter unter anderem mit Tonen, Sanden und Schottern verfüllt. Das älteste derartige Sediment im Taunus befindet sich im Massenkalk von Hahnstätten. Es enthält organische Einlagerungen mit Pollenkörnern altertümlicher, längst ausgestorbener Blütenpflanzen des Paläozäns, der ältesten Epoche des Tertiärs (65 bis etwa 55 Millionen Jahre vor heute). Dabei handelt es sich um das älteste Tertiärvorkommen im Rheinischen Schiefergebirge überhaupt.

### In fremder Gestalt: Pseudomorphosenquarzgänge

Im Rheinischen Schiefergebirge und insbesondere im Taunus sind häufig von der Verwitterung aus dem Gestein herausprä-

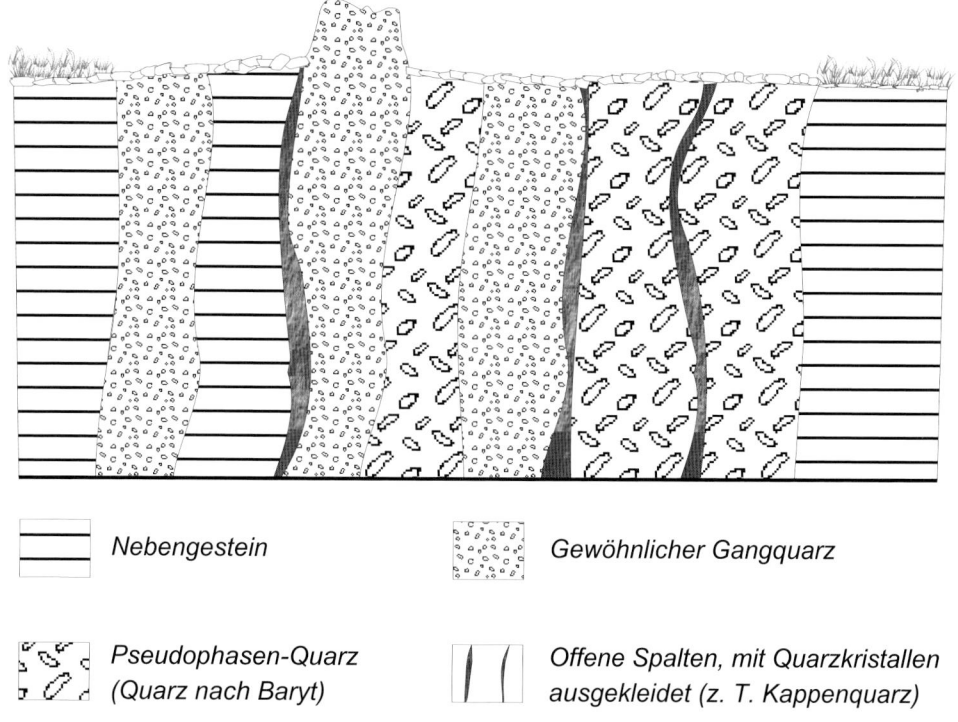

Nebengestein

Gewöhnlicher Gangquarz

Pseudophasen-Quarz
(Quarz nach Baryt)

Offene Spalten, mit Quarzkristallen ausgekleidet (z. T. Kappenquarz)

**Abb. 118.** Schematisches Querprofil durch die „Eschbacher Klippen"

4 Im Portrait: Gesteine des Taunus

**111**

**Abb. 119.** Kappenquarz-Rasen

Dieser beeindruckende Kappenquarzrasen befindet sich vor dem Museum Wiesbaden und stammt aus dem Usinger Pseudomorphosenquarzgang. Grabbeigaben in latènezeitlichen Bestattungen, einer Epoche der jüngeren vorrömischen Eisenzeit, belegen, dass die Kappenquarzkristalle des Taunus bereits bei den Kelten bekannt und geschätzt sein mussten. Kappenquarz fand man beispielsweise in einem latènezeitlichen Grab bei Bad Nauheim in der Wetterau.

parierte Quarzgänge zu finden. Der bekannteste unter ihnen ist unbestritten der Usinger Quarzgang, auch bekannt unter dem Namen „Eschbacher Klippen". Dieser Quarzgang ist, wie viele andere im Taunus, auf die tektonische Beanspruchung des Taunus zurückzuführen. Denn im Anschluss an die Gebirgsbildung wurde am Taunus, wie am gesamten Rheinischen Schiefergebirge, durch Bewegungen der Erdkruste kräftig gezerrt. Zunächst beim beginnenden Zerfall Pangäas im Perm, dann ab der Kreidezeit durch die Entstehung der Alpen. Diese Beanspruchungen führten zur Zerlegung des Taunus und weiter Teile Mitteleuropas in einzelne Bruchschollen.

Mit dem Zerfall Pangäas kam es zu frühen intensiven Dehnungsprozessen und Bruchbildungen. Entlang deren Grenzen konnten heiße wässrige Lösungen, so genannte hydrothermale Fluide, zirkulieren und vulkanische Schmelzen, so zum Beispiel die Basalte bei Wiesbaden-Naurod, aufsteigen. Aus den wässrigen Lösungen wurde neben Quarz und verschiedenen Erzen vielfach Schwerspat (Baryt), ein Bariumsulfat ($BaSO_4$), ausgeschieden, was der Geologe oder Mineraloge als postorogene Mineralisationen bezeichnet. Der Baryt, ein in zentimeter- bis dezimetergroßen Tafeln kristallisiertes Mineral, wurde später durch Quarz verdrängt, wobei teilweise die Kristallstruktur des Baryts erhalten blieb. Man bezeichnet dieses Auftreten eines Minerals in Gestalt eines anderen Minerals als Pseudomorphose (griechisch „pseudo" = falsch und „morphe" = Gestalt). Im Fall der Taunus-Quarzgänge hat eine Pseudomorphose von Quarz nach Baryt stattgefunden. Als sich Gangspalten weiter öffneten, schied sich der Quarz in seiner eigenen Struktur aus. In Bereichen, wo er ausreichend Platz fand, bildete er schöne Kristalle aus, die so genannten Kappenquarze, die zum Teil auch im Usinger Quarzgang zu finden sind. Vor dem Museum Wiesbaden liegt in der Rhein-straße ein solcher Kappenquarz-Rasen, der aus einer Spalte bei Usingen stammt.

Für den Usinger Quarzgang hat man ein Rotliegendalter ermittelt, so dass dieser im Zusammenhang mit der tektonischen Beanspruchung der Erdkruste mit beginnendem Zerfall von Pangäa zu sehen ist. Weitere Pseudomorphosenquarzgänge finden sich beispielsweise bei Wiesbaden-Frauenstein, Reichenbach und Steinfischbach. Der Quarzgang von Naurod-Niedernhausen-Bremthal begrenzt die Idsteiner Senke im Westen.

# 5

# Das Eiszeitalter

Setzen wir unsere kurz unterbrochene Zeitreise durch den Taunus mit dem erdgeschichtlichen Abschnitt fort, dem wir unserer pulsierendes Leben, unseren Wohlstand, kurz unsere Lebensgrundlage zu verdanken haben: mit dem Quartär oder Eiszeitalter. Es begann vor 2,6 Millionen Jahren und dauert immer noch an, woran auch die aktuelle Klimaerwärmung nichts ändern wird. In den letzten 600 Millionen Jahren kam es auf der Erde mehrfach zu stärkeren Abkühlungsphasen oder Eiszeitaltern während derer Eiszeiten und Warmzeiten einander abwechselten. Große Teile des Festlandes waren während einer Eiszeit von Gletschern bedeckt. Belege für weiträumige Vereisungen gibt es zum Beispiel aus dem Karbon und Perm vor mehr als 225 Millionen Jahren. Die jüngste Eiszeit endete vor rund 10.000 Jahren mit dem ausklingenden Pleistozän (von griechisch pleistos = am meisten und keinos = neu). Der Begriff „Pleistozän" wurde im Jahr 1839 von Charles Lyell (1797–1875) geprägt.

Die Ursachen der mit dem Eiszeitalter vor 2,6 Millionen Jahren erneut einsetzenden Klimaverschlechterung sind noch nicht sicher bekannt. Mehrfach wechselten seit diesem Zeitpunkt Eiszeiten und Warmzeiten einander ab. In den Kaltphasen gelangten gewaltige Gletscherströme von Skandinavien bis nach Nord- und Ostdeutschland und die Alpengletscher stießen weit in das Vorland vor. Die Natur wurde durch die extremen Umweltbedingungen der Eiszeiten sehr rasch in weiten Bereichen umfassend und nachhaltig verändert. Nicht nur in den vergletscherten Gebieten, sondern auch ganz entscheidend in den eisfreien Räumen, so auch im Taunus, der nie vergletschert war.

Der Mensch machte während des Eiszeitalters oder der älteren Steinzeit, dem Paläolithikum, trotz des oft unwirtlichen Klimas eine rasche Entwicklung durch. Zu Beginn des Eiszeitalters verwendeten *Homo rudolfensis* (= Mensch vom Rudolfsee, nach dem früheren Namen des Turkanasees in Kenya) und *Homo habilis* (= befähigter Mensch) noch einfache Hackgeräte und Geröllgeräte aus Stein. Es folgte vor 1,8 Millionen Jahren mit dem Beginn des Pleistozäns *Homo erectus* (= aufrecht gehender Mensch), der einfache Hütten baute und bereits den Gebrauch

**Abb. 120.** Charles Lyell
Sir Charles Lyell (1797–1875) war ein britischer Geologe. Auf ihn geht der Begriff „Pleistozän" zurück. Zudem teilte er das Tertiär erstmals in drei Teile auf: Pliozän, Miozän und Eozän.

**114**  5 Das Eiszeitalter

**Abb. 121.** Ungefähre Eisverbreitung auf der Nordhemisphäre während der letzten Eiszeit.

Während des Höhepunktes der jüngsten Eiszeit, die vor rund 10.000 Jahren endete, lag der Meeresspiegel um 120 bis 130 Meter tiefer als heute. Dadurch entstanden zahlreiche Landbrücken. Nebenmeere und Flachmeere wie beispielsweise die Nordsee fielen teilweise oder vollständig trocken. Große Bedeutung erlangte die Landbrücke über die heutige Beringstraße. Sie verband Nordasien mit Nordamerika. Der Austausch zahlreicher Tier- und Pflanzenarten sowie die Besiedlung des amerikanischen Kontinentes erfolgten über diese Landbrücke.

des Feuers kannte. Dann trat vor 350.000 Jahren der archaische *Homo sapiens* auf die Bühne der Evolution (von lateinisch sapiens = weise). Er gebrauchte Jagdspeere, lebte in Hütten und Zelten und war bekleidet. Vor 220.000 bis vor 27.000 Jahren durchstreifte auch der Neandertaler (*Homo neanderthalensis*) Mitteleuropa, der seine Toten mit Grabbeigaben bestattete, Farbstoffe verwendete und als hervorragender Jäger dem Großwild nachstellte. Und schließlich machte ihm der anatomisch moderne Mensch Konkurrenz, der aus Afrika kommend vor 35.000 Jahren in Mitteleuropa eintraf und als einziger der Gattung Homo unsere nacheiszeitliche Warmzeit, das Holozän, erreichte.

**Abb. 122.** Eisverbreitung in Europa während des letzten Eiszeithöhepunktes, verändert und ergänzt nach Probst (1999).

Auf dem Höhepunkt der letzten Eiszeit drangen die Eismassen der skandinavischen Gletscher bis nach Nord- und Ostdeutschland vor. Im Süden Deutschlands ragte der Eisrand weit in das Alpenvorland hinein. Der Raum dazwischen war hingegen weitgehend gletscherfrei und tundrengleich, man spricht vom Periglazialraum (von griechisch peri = um und von lateinisch glacies = Eis). Solche Tundrenlandschaften gibt es heute beispielsweise in Kanada und Sibirien. Als „weitgehend gletscherfrei" bezeichnet man ihn deshalb, weil es in einigen Mittelgebirgen wie dem Schwarzwald oder den Vogesen lokale Vergletscherungen gab, die charakteristische Landschaftsformen wie beispielsweise Kare und Moränen hinterließen. Der Taunus war hingegen nie vergletschert. Dazu war er offenbar nicht hoch genug.

## Quartär

Das Quartär oder Eiszeitalter stellt einen wichtigen Begriff innerhalb der geologischen Zeitrechnung dar. Es beschreibt den jüngsten geologischen Zeitraum der Erdgeschichte bis heute. Nach einem langen Zeitabschnitt der Erdgeschichte, in dem es seit Beginn des Mesozoikums keinerlei permanente Vereisung gab, begann vor rund 2,6 Millionen Jahren die Vereisung beider Polkappen. Dieses einschneidende Ereignis markiert seit dem Jahr 2005 die Grenze zwischen Tertiär und Quartär. Zuvor war von den Geologen die Grenze zwischen Tertiär und Quartär zwischen Pliozän und Pleistozän, also vor 1,8 Millionen Jahren gezogen worden. Eine schlüssige Abgrenzung zum davor liegenden Zeitraum war schlecht möglich und die Grenze zum Tertiär umstritten. Das führte im Jahre 2004 sogar zur Streichung des Tertiärs und des Quartärs aus der Geologischen Zeitskala durch die Internationale Stratigraphische Kommission (International Commission on Stratigraphy, ICS).

Im Jahre 2005 waren die Bemühungen verschiedener Vereinigungen für Quartärgeologie erfolgreich, dem Begriff doch wieder einen Platz in der Geologischen Zeitskala einzuräumen. Der Zeitpunkt des Beginns des Quartärs wurde nun auf 2,6 Millionen Jahre vor der Gegenwart festgelegt. Damit wurden eine bessere Abgrenzung zu den davor liegenden Zeiträumen erreicht und alle eiszeitlichen Ablagerungen einbezogen. Ausschlaggebend für die Wiedereinführung des Quartärs war auch, dass sich innerhalb der neuen zeitlichen Grenzen die Entwicklungsgeschichte des heutigen Menschen (*Homo sapiens*) abspielt. Verwirrend ist die Tatsache, dass das Quartär nun das Holozän, also die Abteilung der „Jetztzeit", das Pleistozän und den jüngeren Abschnitt des Pliozäns, Gelasium genannt, umfasst, also nicht mehr wie bislang die beiden erstgenannten Epochen. Der Beginn des Pleistozäns vor 1,8 Millionen Jahren wurde hingegen nicht verschoben.

Der Begriff Quartär stammt vom lateinischen quartus für „der Vierte". Er wurde schon 1829 von dem französischen Geschichtsschreiber, Archäologen und Geologen Jules Desnoyers (1800–1887) vorgeschlagen, um Sedimente im Pariser Becken anzusprechen, die deutlich jünger als die tertiären Ablagerungen waren. Damit sollte das Quartär die vierte und letzte Abteilung einer heute nicht mehr verwendeten Gliederung der Erdgeschichte darstellen, die so aussah: Primär, Sekundär, Tertiär und Quartär.

**Abb. 123.** Welt unter Eis

Während im eisfreien Taunus Tundrenklima herrschte, waren die Täler von Hochgebirgen wie den Alpen während der Eiszeiten von mächtigen Eisströmen bedeckt. Nur die höchsten Gipfel, wie hier auf Spitzbergen, ragten aus dem Eis heraus.

**116**  5 Das Eiszeitalter

---

**Eiszeit oder Kaltzeit?**

In den Gebieten Mitteleuropas, in welche die skandinavischen Gletscher von Norden oder das Eis der Alpen von Süden eindrangen, spricht man in der deutschsprachigen Literatur stets von Eiszeit. Für solche Gebiete, die nicht vergletschert waren, verwendet man neben dem Begriff Eiszeit auch den Begriff „Kaltzeit". Er soll die fehlende Vereisung verdeutlichen. Da es sich bei den Eiszeiten um ein globales Phänomen handelt, findet im Folgenden auch für den Taunus nur der Begriff „Eiszeit" Verwendung. Denn auch wenn es im Taunus keine Gletscher gab, herrschte Eiszeit.

## 5.1 Welt unter Eis

Die Eiszeiten des Quartärs traten immer im Wechsel mit Warmzeiten auf. Das bedeutet, dass sich aus geowissenschaftlicher Sicht vergleichsweise kurz hintereinander Eiszeiten oder Glaziale und Warmzeiten oder Interglaziale mit höheren Jahresdurchschnittstemperaturen abwechselten. Dabei dauerten zumindest die jüngeren Eiszeiten nach Auffassung der meisten Quartärforscher jeweils etwa 100.000 Jahre. Die Warmzeiten waren deutlich kürzer und dauerten nur 10.000 bis 20.000 Jahre. Bislang sind aus dem Quartär Mitteleuropas 20 Eiszeiten bekannt, die nach Flüssen benannt werden. Da sie in Mitteleuropa vor allem für das Alpenvorland sowie in Norddeutschland erforscht sind, tragen die Eiszeiten jeweils zwei Namen. So

heißt beispielsweise die letzte Eiszeit, die wiederum durch Wärmeschwankungen untergliedert ist, in Süddeutschland „Würm" und in Norddeutschland „Weichsel". Ob alle Eiszeiten im Norden und Süden synchron abliefen, ist bis auf die jüngste Eiszeit wissenschaftlich nicht gesichert.

## 5.2 Den Eiszeiten auf der Spur – ein weiterer Exkurs

Welche Spuren in der Landschaft ließen in der Wissenschaft überhaupt erst den Gedanken daran aufkommen, dass es einmal Eiszeiten gegeben haben musste und wann geschah dies? Gegen Ende des 18. Jahrhunderts suchte der schottische Naturforscher und Geologe James Hutton (1726–1797) die Schweizer Alpen auf. Er fand Gesteinsblöcke, die nicht zum Gestein der umliegenden Berge passten. Nach eingehenden Beobachtungen der Landschaft kam Hutton zu dem Schluss, dass die Gletscher, auf denen er viele solcher Blöcke sah, nach unten fließen und dabei die großen Gesteinsblöcke transportieren. Als sich die Gletscher auflösten, kombinierte Hutten, setzten sie ihre Gesteinsfracht in weiter Entfernung von ihrem Herkunftsgebiet wieder ab.

**Abb. 124.** James Hutton (1726–1797)

Hutton gilt als der Begründer der Geologie als Wissenschaft. Und er vertrat bereits ein grundlegendes Prinzip der Geologie, den Aktualismus. Denn Hutton ging davon aus, dass dieselben geologischen Prozesse, die in der Gegenwart zu beobachten sind, auch in der Vergangenheit gewirkt haben müssen. Daher wären nach seiner Auffassung direkte Rückschlüsse von heute auf die früheren Abläufe möglich. Im Jahr 1785 veröffentlichte Hutton das Buch „Theory of the Earth". Darin betont er die Bedeutung langsamer, aber beständiger geologischer Prozesse, welche die Erdoberfläche formen.

5 Das Eiszeitalter

Diese Ansicht wurde damals nicht gern akzeptiert, denn die herumliegenden Findlinge wurden von der Kirche als unwiderlegbarer Beweis für die Sintflut angesehen, die diese Steine über Berg und Tal gerollt hatte. Doch allmählich kam eine ganze Reihe von nach-

## Rodolphe Agassiz

Louis Jean Rodolphe Agassiz wird 1807 in der Schweiz geboren. Er war Zoologe, Paläontologe und Geologe und entwickelte sich zu einem der ersten international renommierten US-amerikanischen Wissenschaftler. Bekannt ist er vor allem wegen seiner Bahn brechenden Eiszeitstudien sowie seiner Leistungen als Ichthyologe (Fischkunde) und Hochschullehrer. Von ihm stammt die Wortwendung, dass Gletscher „die große Pflugschar Gottes" seien.

Mit dem Ziel, Mediziner zu werden, studierte er ab 1824 an den Universitäten von Heidelberg und München. Parallel dazu erweiterte er seine Kenntnisse in den Naturwissenschaften. 1829 promovierte er als Doktor der Philosophie in Erlangen und 1830 als Doktor der Medizin in München. Nach seinem Umzug nach Paris wurden Alexander von Humboldt und der französische Anatom und Paläontologe Georges Cuvier (1769–1832) seine Mentoren, die ihn ermutigten, sich in Geologie und Zoologie weiterzuentwickeln. In der Biologie blieb die Ichthyologie zeitlebens sein Forschungsgebiet. Die These von der Eiszeit wurde dadurch angestoßen, dass die Forscher das Problem hatten, das Vorhandensein von Findlingen zu erklären. Jahrzehnte lang rätselten und forschten Geologen. Erste Thesen, dass einstmals Gletscher weite Teile Europas überzogen hätten, wurden ab 1822 aufgestellt. 1837 referierte dann Agassiz in einem enthusiastischen Vortrag seine These, dass die Erde in früheren Epochen Eiszeiten ausgesetzt war. Trotz seines Ansehens als Naturforscher fand er vorläufig keine Unterstützer für die Eiszeit-Theorie.

Er ließ sich nicht entmutigen, sammelte Beweise für seine Aussagen und veröffentlichte 1840 seine «Studien über Gletscher». Im gleichen Jahr während einer Reise nach England stellte er gemeinsam mit dem führenden englischen Geologen William Buckland (1784–1856) fest, dass auch die Landschaft Schottlands unter der Einwirkung von Gletschern geformt wurde. Zu einem ähnlichen Schluss kam er für die Berglandschaften von England, Wales und Irland. Bis die Eiszeittheorie breite Akzeptanz fand, vergingen noch mehrere Jahrzehnte. Im Herbst 1846 begab sich Agassiz in die USA, um dort die Naturgeschichte und die Geologie der Vereinigten Staaten zu untersuchen und von 1847 an als Professor für Zoologie und Geologie an der Harvard University zu lehren. Agassiz machte sich mit revolutionären Lehrmethoden einen Ruf, die weniger darin bestanden, Informationen zu vermitteln, sondern eher die Verbindung der Studenten zur Natur herzustellen. Er zählte zu den bekanntesten und geschätzten Lehrern seiner Zeit.

Agassiz starb 1873 in Cambridge. Sein Grabmal besteht aus einem Felsen der Moräne des Aargletschers, auf dem einst seine Forschungshütte stand. Seinem Namen sind einige Denkmäler gesetzt: das 3.946 Meter hohe Agassizhorn in den Berner Alpen, das 3.749 Meter hohe Agassizjoch, eine Reihe von Tierarten wie der Agassiz' Zwergbuntbarsch (*Apistogramma agassizii*) und die Kalifornische Wüstenschildkröte (*Gopherus agassizii*) sowie ein riesiger See, gebildet aus Gletscherschmelzwasser, Agassiz-See genannt. Sogar ein Krater auf dem Mars trägt seinen Namen.

**Abb. 125.** Louis Jean Rodolphe Agassiz

denklichen, aufgeschlossenen Menschen, unter ihnen Wissenschaftler, Jäger, Brückenbauer und Holzfäller, zu derselben Erkenntnis wie Hutton. Auch sie sahen die Findlinge und bemerkten die merkwürdig polierten, regelrecht glattgehobelten Felsen am Talboden. Das schien für sie doch eher die Arbeit von Gletschern zu sein als das Ergebnis der Sintflut. Die klugen Beobachter waren aber nicht berühmt oder mächtig genug, um den Menschen die Augen für die wirklichen Ursachen vieler Landschaftsformen zu öffnen.

**Ein denkwürdiges Treffen**

Anläßlich eines Treffens der Schweizer Gesellschaft der Naturwissenschaften in Neuchátel hielt der brillante schweizerisch-amerikanische Zoologe, Paläontologe und Geologe Jean Louis Rodolphe Agassiz (1807–1873) im Juni 1837 die Eröffnungsrede. Einige der führenden Geowissenschaftler Europas waren anwesend. In seiner Rede kam Agassiz zu dem Schluss, dass nicht die Sintflut die Findlinge bewegt hatte, sondern die Gletscher. Und er erklärte, dass das Tal, in dem sie sich gerade befanden, einst unter einer eineinhalb Kilometer dicken Eisschicht begraben war. Weiter erklärte er, dass die Gletscher ehemals über ganz Europa verbreitet waren. Die anwesenden Wissenschaftler und Mitglieder der Gesellschaft waren wütend und empört über die Aussagen von Agassiz. Er bat die Tagungsteilnehmer, ihm nach draußen zu folgen, um die Beweise für seine Aussagen vor Ort zu begutachten. Auf dieser Exkursion konnte Agassiz einige Fürsprecher gewinnen. Doch es benötigte noch einen langen, harten internationalen Feldzug, um auch die letzten Zweifler davon zu überzeugen, dass sich die Gletscher bewegen, dass sie über weite Teile Europas verbreitet waren und dass sie die Ursache für die unterschiedlichsten Phänomene in der Landschaft Europas darstellen. Im Jahre

1840 schließlich führte Agassiz den Begriff „Eiszeit" in die Wissenschaft ein.

Es gab für die Forscher noch viele andere Belege in der Landschaft, die für eine ehemalige Eisbedeckung sprachen. Beispiele sind glatt polierte Felsoberflächen mit merkwürdig parallel zueinander verlaufenden Schrammen. Auch von einem Gebirgsfluss mitgeführte Gerölle polieren allmählich ein felsiges Flussbett. Doch parallel verlaufende Schrammen können nicht durch Gerölle eines Flusses entstehen. Dafür gab es nur eine Erklärung: unzählige Steine mussten in unterschiedlichen Höhen mit großem Druck am Fels entlang durch das Eis transportiert worden sein. Das kann an heutigen Gletschern beobachtet werden, die sich langsam talwärts bewegen und bei denen viele Steine, die am Rand des Eises in unterschiedlichen Höhen festgefroren sind, an den Felsen entlang kratzen. Aus solchen und weiteren Hinweisen in der Landschaft konnten die Forscher damals schließen, dass die Gletscher einmal viel größer und das Klima viel kälter gewesen sein musste. Die Eiszeitforschung war geboren.

## 5.3
# Die Ursachen der Eiszeiten

Die Wissenschaft begann, sich mit der Eiszeit zu beschäftigen. Und sofort tauchte natürlich die Frage auf, warum es Eiszeiten überhaupt gab. Als man später herausfand, dass es einen mehrfachen Wechsel zwischen Eis- und Warmzeiten im Pleistozän gab, wurde der Erklärungsbedarf noch größer. Heute erklärt die Wissenschaft mit der „Theorie der Plattentektonik", dass es überhaupt zu Eiszeit-Phasen oder Eiszeitaltern kommen kann.

5  Das Eiszeitalter

**Abb. 126.** Findlinge

Neben den vielen Tonnen schweren Findlingen auf Rügen mit eigenem Namen wie „Buskam" oder „Schwa-
nenstein", gibt es zahllose kleinere Exemplare entlang der Küste. Sie bestehen aus Gesteinen Skandinaviens
und wurden mit der weichselzeitlichen Moräne abgelagert. Solche ortsfremden Gesteine, die nicht durch
Flüsse transportiert worden sein können, belegen in vielen Regionen der Erde eine ehemalige Vergletscherung.

### Gekappte Meeresströmungen

Während langer Zeiten im Verlauf der Erdgeschichte lagen an den Polen keine Fest-
landsgebiete und es gab dort im Gegensatz
zu heute weder Gletscher noch Packeis.
Warme Meeresströmungen konnten die offenen Polargebiete vom Äquator her durch-
strömen. Damit wurde die Atmosphäre dabei unterstützt, die Temperaturen ungefähr
gleichmäßig über den ganzen Erdball zu
verteilen.

Durch Kontinentaldrift gelangten schließlich große Landmassen an Stellen, an denen
sie den Wärmetransport durch die Mee-
resströme unterbrachen. Am stärksten ist
dieser Effekt, wenn Kontinente direkt an
den Polen oder in ihrer Nähe liegen, etwa

so wie heute. Die Temperaturunterschiede
zwischen Äquator und den Polen nahmen
erheblich zu. Dadurch, dass die Polargebiete nun viel stärker abkühlten und große
Landmassen um sie herum lagen, bildeten
sich dort Gletscher. Im Verlauf einer Eiszeit
wuchsen diese Gletscher dann gewaltig an,
in einer Warmzeit zogen sie sich zurück.

### Eis- und Warmzeiten im Wechsel

Es blieb jedoch die Frage, warum sich Eis-
und Warmzeiten abwechselten. Die bislang
beste Erklärung für diesen Wechsel fand
der jugoslawische Astronom, Mathematiker und Geophysiker Milutin Milankovitch
(1879–1958). Er befasste sich mit den Be-

**120** 5 Das Eiszeitalter

**Abb. 127.** Gletscher auf Grönland

Durch die Drift der Kontinente gelangte die größte Insel der Erde in die Nähe des Nordpols, so dass sich Gletscher bilden konnten. Mit Grönland (Grönländisch Kalaallit Nunaat = Land der Menschen), Nordamerika und Eurasien scharten sich große Landmassen um das Nordpolargebiet.

wegungen der Erde um ihre eigene Achse und ihrer Bahn um die Sonne. Drei Ursachen, astronomische Parameter genannt, bestimmen die Stärke der Sonneneinstrahlung und damit die Temperaturen auf der Erde. Es sind die Schiefe der Ekliptik, die Präzes-

### Milutin Milanković

Milutin Milanković wurde 1879 im kroatischen Dalj (ehemals Österreich-Ungarn) geboren und war Astrophysiker und Mathematiker. Im Jahr 1920 erlangte er durch die Berechnung der Milanković-Zyklen große Bekanntheit in der Paläoklimatologie. Er versuchte mit seiner Theorie, eine Verbindung zwischen dem Strahlungshaushalt der Erde und den in der Vergangenheit aufgetretenen Eiszeiten herzustellen. Der Strahlungshaushalt wird unter anderem durch die Schiefe der Ekliptik, die Präzession der Erdachse und die Exzentrizität der Erdbahn um die Sonne beeinflusst. Milanković selbst entwickelte erstmals eine Formel, mit der für jeden Breitengrad die so genannten Milanković Strahlungskurven berechnet werden konnten. Die Schwankungen der jahreszeitlichen Sonneneinstrahlung sind für jeden Breitengrad unterschiedlich. Ebenso verhält es sich mit den Maxima und Minima der Strahlungskurven auf der Nord- und Südhalbkugel.

Die von Milanković aufgestellte Theorie, dass Unterschiede im Strahlungshaushalt der Erde, die durch die oben genannten veränderlichen Bahnparameter hervorgerufen werden, als alleinige Begründung für die Eiszeiten herangezogen werden können, hat jedoch Kritiker. Jedoch Gegner wie auch Befürworter der Theorie haben bislang weder eindeutige Beweise gegen noch für die Richtigkeit der Theorie liefern können. Unbestritten ist allerdings, dass die Unterschiede im Strahlungshaushalt der Erde einen maßgebenden Einfluss auf das Klima der Vergangenheit hatten und es auch in Zukunft haben werden. Milanković starb 1958 in Belgrad.

sion der Erdachse und die Exzentrizität der Erdbahn um die Sonne.

Die Schiefe der Ekliptik beschreibt die Neigung der Erdachse gegenüber der Erdbahn. Derzeit ist die Erdachse um 23,5 Grad geneigt. Diese Neigung verändert sich im Laufe der Zeit um bis zu 2,3 Grad bis sie schließlich wieder den Wert von 23,5 Grad einnimmt. Das geschieht über einen Zeitraum von rund 41.000 Jahren. Eine geringere Neigung sorgt für weniger Sonneneinstrahlung an den Polen und kann damit Klimaänderungen herbeiführen. Die Erdachse beschreibt durch die so genannte Präzession außerdem eine kegelförmige Bahn. Sie trudelt vergleichbar mit einem auslaufenden Kinderkreisel um ihre Achse. Im Durchschnitt durchläuft die Erde diese Bahn vollständig innerhalb von 21.000 Jahren.

Die so genannte Exzentrizität schließlich beschreibt die Form der Erdbahn um die Sonne. Sie gleicht mal mehr einer Ellipse oder mal mehr einem Kreis. Der Schwankungsbereich, in dem sie eine der beiden Extremformen erreicht, ist mit 72.000 bis zu 103.000 Jahren recht groß. Zurzeit hat die Erdbahn eine Exzentrizität von 1,7 Prozent. Bei einer Kreisform, beträgt die Exzentrizität 0 Prozent. Die Form der Erdbahn verstärkt die Temperaturgegensätze zwischen Sommer und Winter und kann ebenfalls das Klima verändern.

Exzentrizität und Präzession bestimmen den Zeitpunkt, an dem die Erde der Sonne am nächsten ist, „Perihel" genannt. Dieser Zeitpunkt verschiebt sich in einer Periode von etwa 22.000 Jahren, wodurch sich die jahreszeitlichen Temperaturgegensätze verstärken. Heute befindet sich die Erde zur Zeit der Wintersonnenwende im Perihel. In Mitteleuropa sind wir also im Winter der Sonne am nächsten. Gegen Ende der letzten Eiszeit befand sich die Erde zur Zeit der Wintersonnenwende aber im entgegen gesetzten Punkt

**Abb. 128.** Die astronomischen Einflüsse auf das Klima der Erde

Die Erdachse beschreibt durch die Präzession eine kegelförmige Bahn. Die Schiefe der Ekliptik beschreibt die Neigung der Erdachse gegenüber der Erdbahn, wobei die Erdachse zurzeit um 23,5 Grad geneigt ist. Die Exzentrizität schließlich beschreibt die Form der Erdbahn um die Sonne.

mit der größten Entfernung von der Sonne, „Aphel" genannt. Dieser Umstand macht nachvollziehbar, dass es damals auf der Erde viel kälter als heute war. Milutin Milankovitch hat mit seinen Berechnungen der Erdbahnparameter, trotz vieler Kritiker und Skeptiker seiner Arbeit, die bislang beste Antwort auf die Fragen nach dem Wechsel von Eis- und Warmzeiten gefunden.

## 5.4
# Zeugen des Eiszeitalters im Taunus

In Hochgebirgen wie den Alpen oder den Pyrenäen sind die Zeugen des Eiszeitalters nicht zu übersehen: Kare, Findlinge, Moränen, vom Eis polierte Felsen und scharfe Felsgrate springen selbst dem ungeschulten Beobachter direkt ins Auge. Im Taunus muss man schon genauer hinsehen, um die Zeugen des Eiszeitalters zu entdecken. Doch sie sind überall vorhanden und zu entdecken und haben eine ebenso weite Verbreitung wie die eiszeitlichen Landschaftsformen der Hochgebirge und diejenigen der Gletschervorfelder Nord- und Ostdeutschlands.

Zu diesen Zeugen im Taunus, wie auch in vielen anderen deutschen Mittelgebirgen, zählt zum Beispiel eine typische Abfolge von Terrassen entlang der Flüsse und Bäche, die damals eher mit den weit verzweigten Wildflüssen in Alaska oder Kanada vergleichbar waren. Auch weit verbreitete Schuttdecken, die durch eiszeitliches Bodenfließen entstanden sind, und „Flugstaub", der als Löss in den stürmischen Zeiten des Eiszeitalters aus den Flussbetten zusammengeweht und in den Taunustälern wieder abgelagert wurde, zeugen vom Eiszeitalter.

### 5.4.1 Land der Stürme

Würden uns die unerbittlichen Naturgesetze der Physik den Bau einer Zeitmaschine er-

**Abb. 129.** Von den Eiszeiten geformte Taunuslandschaft
Auf den ersten Blick sieht man es ihr nicht an, dass sie von den Naturgewalten des Eiszeitalters geprägt wurde. Doch bei genauerem Hinsehen offenbart sich die Taunuslandschaft als wahre Fundgrube für die Eiszeitforschung oder Quartärgeologie.

5 Das Eiszeitalter

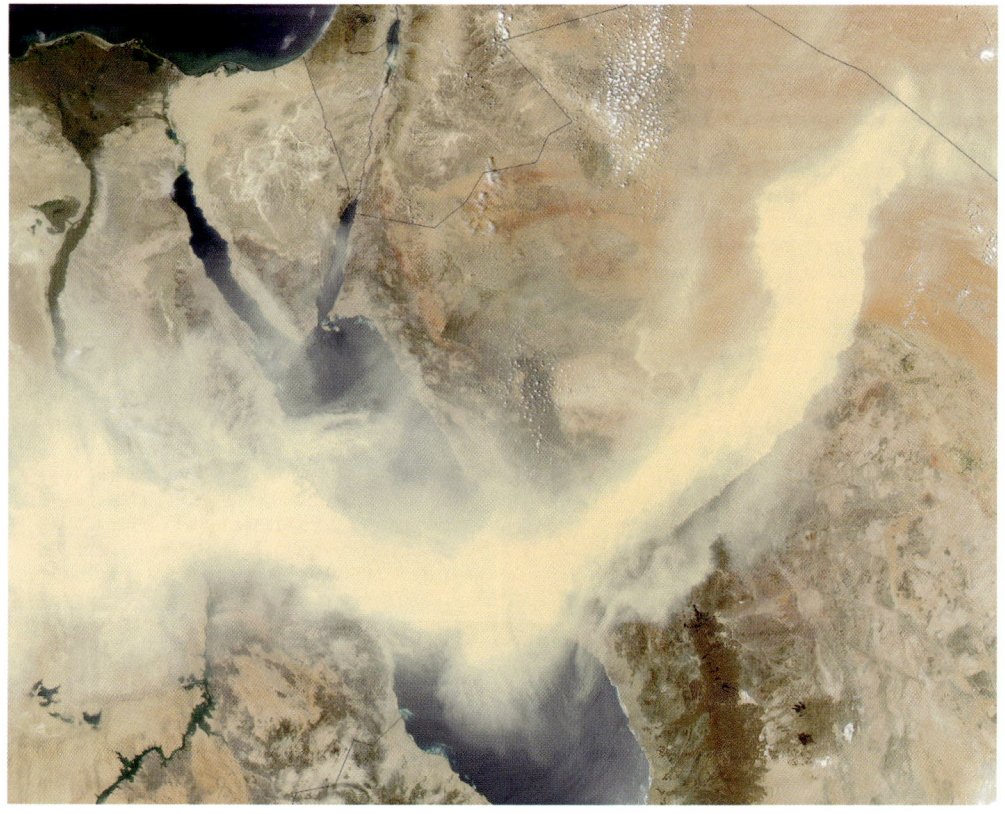

**Abb. 130.** Staubsturm
Ähnlich wie dieser Staubsturm über dem Roten Meer dürften die gewaltigen Staubstürme der Eiszeit aus dem Weltraum ausgesehen haben.

lauben, hätten wir im Taunus und seinem Vorland bei einer Reise durch die letzte Eiszeit nicht nur Probleme mit Mückenplagen und dem Morast der oberflächlich auftauenden Dauerfrostböden in den Talniederungen und Beckenlandschaften: Gewaltige Stürme, für die es heute auf der Erde kaum vergleichbares gibt, griffen während der trocken-kalten Phasen der Eiszeit die Erdoberfläche an und verwehten sie zu ungeheuren, alles verschleiernden Staubwolken aus feinem mehlartigen Löss. Feinmaterial, das die Stürme aufnehmen konnten, war in gigantischem Überschuss verfügbar. Denn beim Transport unzähliger Flussgerölle durch die

ungebändigten Fließgewässer wurden diese permanent aneinander gerieben, wodurch viel Abrieb in Form von feinem Staub in den Flussbetten zurück blieb.

Glücklicherweise gab es diese Stürme. „Glücklicherweise" trifft zumindest aus heutiger Sicht zu. Denn das unwirtliche, fast lebensfeindliche Klima der Eiszeiten beeinflusste und formte unsere Landschaft nachhaltig und entscheidend. Es ermöglichte damit nicht zuletzt unseren wirtschaftlichen Wohlstand. Während der letzten Eiszeit wurden Millionen Tonnen Löss aus den Schotterbetten von Flüssen wie Rhein und

## Löss

Der Begriff „Löss" ist die hochdeutsche Schreibweise für das schweizerisch-elsässisch-schwäbische Wort „lösch" für locker. Beim Löss handelt es sich um ein sehr feines äolisches, also vom Wind transportiertes gelbbraunes Lockermaterial aus verschiedenen Mineralien. Der Löss wurde in den Eiszeiten durch starke Stürme aus den Flussbetten und den Vorfeldern der großen Gletscherströme ausgeweht. Schließlich wurde der Staub wieder abgelagert. In manchen Gebieten der Erde sind die abgelagerten Staub- oder Lössschichten bis zu mehrere 100 Meter mächtig. So etwa in China, wo die Abtragung des Löss den Huáng Hé zum „Gelben Fluss" macht. Löss ist ein sehr feines Pulver, dessen Körnchen im Durchmesser nur 0,002 bis 0,02 Millimeter groß sind. Mineralkörnchen dieses Korngrößenbereiches bezeichnet man auch als Schluff in Abgrenzung zu anderen Korngrößen wie Sand oder Ton. Die Lösskörnchen bestehen im Wesentlichen aus dem Mineral Quarz. Dazu kommen noch einige andere Minerale sowie Kalk und so genannte Tonminerale, feine, schichtartig aufgebaute Minerale, welche die Fähigkeit haben, zwischen ihren Schichten Nährstoff-Ionen aufzunehmen oder abzugeben. Der gelblich braune Löss findet auch als Heilmittel Verwendung: Er wird als Pulver, beispielsweise zum Einnehmen bei Magenproblemen sowie zur äußerlichen Anwendung verwendet. Wissenschaftlich ist „Heilerde" demnach nichts anderes als Löss. Um ihn als Arznei verwenden zu können, wird er gereinigt, getrocknet, nochmals gemahlen und gesiebt. Für die medizinische Anwendung von Löss sind vor allem der Kalk- und Tonmineralanteil entscheidend, da der Kalk die Magensäure neutralisiert und die Tonminerale Ionen der Säure bindet.

**Abb. 131.** Löss als Heilerde

Main sowie aus den großen Beckenlandschaften von den heftigen Winden bis in die angrenzenden Mittelgebirge verfrachtet. So auch in den Taunus.

Die bevorzugten Auswehungsgebiete des Löss waren Rhein und Main, wobei das Rheinmaterial überwiegt. Die im Eiszeitalter breiten Betten der Wasserläufe waren während der Eiszeithöhepunkte nur zurzeit der Schneeschmelze überflutet, im Sommer und Herbst lagen sie weitgehend trocken und das feine Material konnte vom Wind aufgenommen und verweht werden. Am Ufer der Flüsse und in den Taunustälern wurde ein Großteil des Lösses wieder abgelagert. Ein gewisser Anteil an Löss dürfte auch dem Ferntransport aus dem Vorfeld der Gletscher Nord- und Ostdeutschlands entstammen. Mit zunehmender Höhenlage, Exponiertheit des Geländes und steigenden Niederschlagsmengen, die vermehrte Ab-

spülung bewirkten, wurde die Lössmächtigkeit jedoch immer geringer, so dass wir heute nennenswerte Lössanwehungen nur in tiefer gelegenen und etwas geschützteren Bereichen und Senken antreffen. So etwa beispielhaft in der Idsteiner Senke.

Man kann davon ausgehen, dass das Eiszeitklima in Phasen der Lössablagerung ab 250 bis 300 Meter Höhe so feucht war, dass nur relativ wenig des feinen Staubs transportiert wurde und der Löss größerer Verspülung unterlag, die mit Entkalkung des Sediments einherging. Folglich findet sich Löss in Bereichen über 300 Meter Höhe, abgesehen von geschützten Lagen, hauptsächlich als Beimengung in Schuttdecken, welche den oberflächennahen Untergrund des Taunus als weiteres eiszeitliches Produkt bedeckten. Typisch für das Taunusgebiet ist auch die Lössverteilung an den von Nordwesten nach Südosten und umgekehrt fließenden

# 5 Das Eiszeitalter

## Zeugen des Eiszeitalters. 11 Meter Löss

Die alte Ziegelei in Bad Soden förderte ein Lössprofil zutage, das für die geologische Erforschung des Eiszeitalters ein Glücksfall war. Es gewährte seltene Einblicke in die Warm- und Eiszeitverhältnisse der letzten 1 Million Jahre. Üblicherweise folgte eiszeitlichen Lössablagerungen eine warmzeitliche Bodenbildung, in der darauf folgenden Eiszeit jedoch wieder ein starker Bodenabtrag. Aufgrund der geschützten Leelage zum Sulzbach konnte sich ein mehr als 11 Meter mächtiges Lösspaket erhalten, das 10 Böden dokumentiert. Die älteste und unterste Bodenbildung entwickelte sich nicht im Löss, jedoch die restlichen 9. Damit errechnen sich 9 Eiszeit-Warmzeit-Zyklen, was mehr Eiszeiten belegt, als nach klassischer Zählweise zu erwarten gewesen wären.

Außerdem weisen alle Warmzeitböden Ähnlichkeiten zum heutigen Boden auf, was den Schluss nahe legt, dass jeweils etwa gleiche Klimaverhältnisse wie heute herrschten. Im und unter dem 7. Boden ist eine auf 730.000 Jahre datierte Veränderung des Magnetfeldes der Erde belegt. Solch eine Messung ist für Sedimente auf dem Festland ungewöhnlich, da hier selten eine kontinuierliche Ablagerung über einen so langen Zeitraum vorkommt. Kaum zu fassen: dieses einzigartig informative Lössprofil fiel Baumaßnahmen zum Opfer. Das Vorhaben, im Jahr 2000 ein Lackprofil in Originalgröße von einer benachbarten Profilwand abzunehmen, scheiterte. Auch eine Fotografie des kompletten Aufschlusses fehlt.

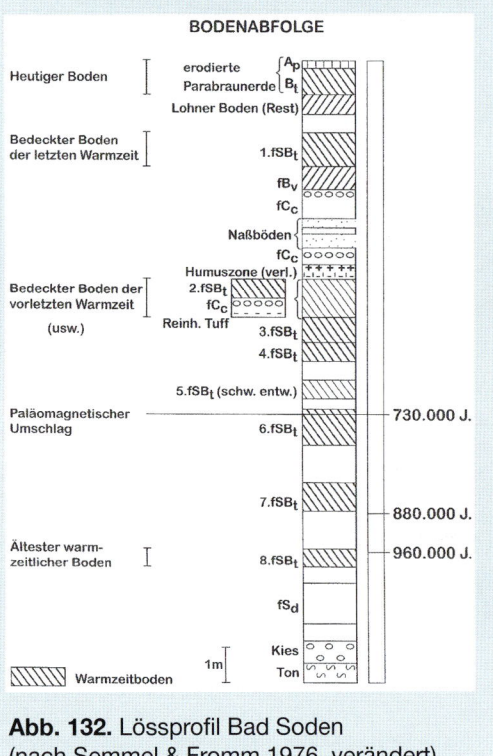

**Abb. 132.** Lössprofil Bad Soden
(nach Semmel & Fromm 1976, verändert)

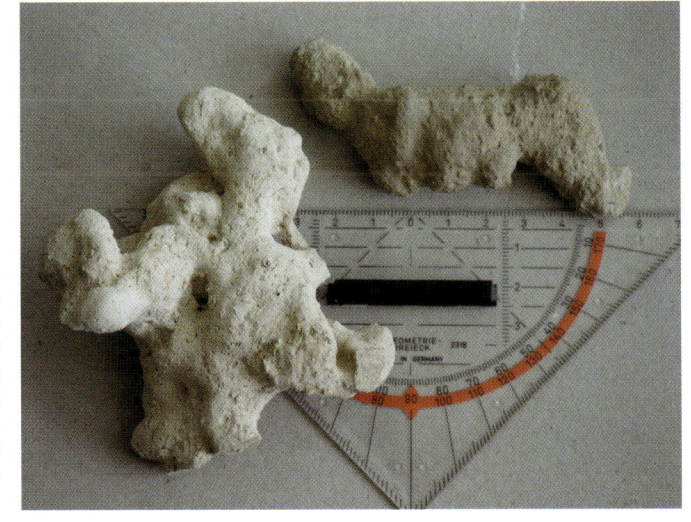

**Abb. 133.** Lösskindel

Man kann mitunter kuriose „Skulpturen" in mächtigeren Lössablagerungen ausgraben. Sie werden Lösskindel oder Lösspuppen genannt. Durch saure Sickerwässer kommt es zu einer Entkalkung von Löss. Der gelöste Kalk wird in tieferen Schichten wieder ausgefällt. Der konzentrierte Kalk bildet dann oft bizarr geformte Konkretionen, die Lösskindel.

**126** 5 Das Eiszeitalter

**Abb. 134.** Eiskeil mit Lössfüllung

Ein typisches Phänomen der Eiszeit ist die Entstehung von Eiskeilen. Auch im Taunus und seinem Vorland sind sie nicht selten. Ein Eiskeil, auch Frostkeil genannt (im oberen Bildbereich als graue trichterartige Erscheinung zu erkennen), ist ein mit mineralischem und/oder organischem Material gefüllter Riss im ehemaligen Dauerfrostboden, der durch mechanische Spannungen im gefrorenen Boden entstanden und zuvor mit Eis gefüllt war. Da das Eis im Bodenriss, der Eiskeil, nach seinem Auftauen durch andere Materialien ersetzt wurde, spricht man auch von Eiskeilpseudomorphose, was die Sache genauer trifft. In Auftauphasen gelangen Wasser, mineralische und organische Materialien in einen derartigen Bodenriss hinein. Gefriert der Boden erneut, drückt das sich um 9 Prozent ausdehnende Eis das umliegende Sediment auseinander. Durch Wiederholung des Vorganges konnten in manchen Regionen der Erde im Verlauf von Tausenden von Jahren unter Umständen mehrere Meter breite und bis zu mehrere Dekameter tiefe Keile entstehen. Eingeschlossene Reste von Pflanzen und mitunter von Tieren erlauben Rückschlüsse auf Umweltbedingungen der letzten Eiszeit. Das Foto aus den Weilbacher Kiesgruben im Taunusvorland zeigt im freigekratzten Profilbereich einen Hochflutlehm (blaugrauer und hellbrauner Profilbereich) über Main-kiesen (unterer dunkelbrauner Bereich), in dem sich während der letzten Warmzeit zuerst ein von Stauwasser geprägter Boden, ein Pseudogley und anschließend ein vom Grundwasser beeinflusster Boden, ein Gley (siehe hierzu Kapitel 6.4) gebildetet haben, was infolge von Oxidations- und Reduktionsprozessen zu den kräftigen Farben führte. In der letzten Eiszeit gefror der Boden und ein mit Eis gefüllter Riss entstand. Während einer Auftauphase des Eiskeils gelangte angewehter Löss hinein.

Bächen. Da auch während der Eiszeiten Westwindwetterlagen die Regel waren, gelangte das Material bevorzugt im Windschatten, das heißt im Lee von Geländeerhebungen zur Ablagerung. Aus dem Löss entwickelten sich dort durch Verwitterung äußerst fruchtbare, sehr nährstoffreiche und Wasser haltende Böden, so genannte Parabraunerden. Die Lössakkumulationen und die daraus entstandenen Böden ermöglichten im Taunus, seinem Vorland und anderen Mittelgebirgen somit erst eine ertragreiche Landwirtschaft. Daher profitieren wir heute von der „Naturkatastrophe" Eiszeitalter.

Was für die Natur in diesem Zeitraum eine Katastrophe im Sinne einer raschen Wendung war, ist für uns Menschen heute also

ein Glücksfall. Ohne Eiszeiten wären die Böden im Taunus und anderswo in Europa tiefgründig verwittert, tonig und nährstoffarm wie vielerorts in den Tropen. Der Landwirt würde einen Saprolith, den Faulfels, oder Lette bewirtschaften (Lette ist eine landläufige, volkstümliche Bezeichnung für tonreichen Untergrund). Nichts hat jedoch nur Vorteile: Der beim Ackerbau geschätzte Löss hat zwar für das Grundwasser eine filternde und damit schützende Wirkung gegen Verunreinigungen, die Sickerwässer mit sich führen. Er verringert aber gleichzeitig die Menge der Grundwasserneubildung, und wo noch kalkhaltiger Löss vorkommt, weist das Grundwasser die „Lösshärte", also einen ungewünscht hohen Kalkgehalt auf.

5 Das Eiszeitalter

**Abb. 135.** Von einer Baugrube aufgeschlossene Lössanwehung

Mächtige Lössanwehungen sind die Folge der eiszeitlichen Stürme. Im Taunus finden sie sich in der Regel in Leelagen der Westwinde und besonders mächtig im Vortaunus und beispielsweise in der Idsteiner Senke.

---

**Löss für Ziegel**

Aus Löss entstand durch Entkalkung und Umlagerung Lösslehm, der Ausgangsstoff für die Ziegelherstellung. Zur Ziegel- und Backstein-Herstellung in früherer Zeit diente die Technik des so genannten Feldbrandes. Dicht bei einer Lehmgrube wurden dabei mittels Holzformen einheitliche Ziegel hergestellt, an Ort und Stelle auf dem Feld zu einem Meiler aufgebaut, im Innenraum mit Brennmaterial gefüllt und angezündet. Dieser Brennvorgang dauerte bis zur Erkaltung 4 bis 6 Wochen. Pro Feldbrand ergab das mehrere tausend Backsteine, die direkt an die Baustellen gefahren wurden. Schließlich fanden neue Konkurrenzbaustoffe wie beispielsweise zementgebundene Steine oder Hohlblocksteine aus Bims beim Bauen immer mehr Verwendung. Klassische Backsteine hatten weitgehend ausgedient, Ziegeleien arbeiteten nicht mehr rentabel und wurden stillgelegt. Der Lehm fand neben der Ziegelherstellung auch zum Verputz beim Fachwerkbau bis ins 19. Jahrhundert im Taunus Verwendung.

---

## 5.4.2
## Hin und weg: Bäche und Flüsse

Mit dem Wechsel von kälteren und wärmeren Klimaphasen im Eiszeitalter änderte sich auch das Verhalten der Flüsse im Taunus und seinem Vorland. Die intensive Frostsprengungsverwitterung während einer Eiszeit lieferte bei gleichzeitig nur spärlicher Vegetation den Flüssen und Bächen viel Schutt zu. In Perioden der Schneeschmelze strömte über dem eiszeitlichen Dauerfrostboden reichlich Wasser talwärts, das in der Lage war, große Mengen Schutt in die Bäche und Flüsse zu transportieren. Neben dieser intensiven Hangabspülung beförderte sicherlich auch das eiszeitliche Bodenfließen,

die Solifluktion, Material in die Flusstäler, wenn auch in vergleichsweise recht bescheidenem Umfang. Es bildeten sich mächtige Aufschüttungen in den Tälern, wobei sich die Flussbetten erhöhten und die Flüsse allmählich in ihrem eigenen Schutt ertranken. Das gesamte Bild der Fließgewässer während der Eiszeiten war ein völlig anderes als das Heutige. Sie waren eher den Flüssen der heutigen Arktis mit ihren zahllosen Seitenarmen, Mäandern und mächtigen Sand- und Kiesbänken ähnlich.

Gegen Ende einer Eiszeit kam es im Taunus und anderen Mittelgebirgen zur Freisetzung erheblicher Wassermassen durch vermehrte Niederschläge infolge des Klimawandels

**128**  5 Das Eiszeitalter

**Abb. 136.**
Adventelvas auf Spitzbergen

Ähnlich dem Adventelvas im Adventdal auf Spitzbergen mit seinen unzähligen Flussläufen dürften Rhein, Main und viele andere Flüsse und Bäche im Taunus während einer Eiszeit ausgesehen haben.

## Solifluktion

Der Begriff setzt sich aus den lateinischen Wörtern solum = Boden und fluere = fließen zusammen. Er wurde im Jahr 1906 vom schwedischen Geologen Johan Gunnar Andersson (1874–1960) ins Leben gerufen. Andersson bezeichnete mit diesem Begriff alle Fließbewegungen des Bodens. Heute versteht man unter Solifluktion insbesondere das Bodenfließen unter Bedingungen des Permafrostes, auch als Gelisolifluktion bezeichnet (von lateinisch gelidus = eisig).

Infolge des eiszeitlichen Klimas waren die Böden und der oberflächennahe Untergrund des Taunus dauerhaft gefroren. In den etwas wärmeren Monaten des Jahres taute der Dauerfrostboden jedoch oberflächlich auf. Dadurch geriet er schon bei geringen Hangneigungen, ab etwa 2 Grad Neigung, in Bewegung. Dabei können unterschiedliche Prozesse der Solifluktion wirksam gewesen sein:

Bei größerer Hangneigung und relativ hohem Wasserangebot bilden sich Solifluktionsloben, der Boden fließt dabei „breiartig" in Girlanden mehr oder weniger langsam den Hang hinab (s. Abb. 142). Derartige Erscheinungen, auch Durchtränkungsfließen genannt, kann man heute beispielsweise in den Zentralalpen oberhalb der natürlichen Baumgrenze beobachten. Beim Regelationsfließen werden die Bodenbestandteile durch wachsendes Eis senkrecht zum Hang angehoben und bewegen sich beim Auftauen wieder lotrecht nach unten. Dadurch bewegt sich der gesamte Hang in der Summe Stück für Stück langsam abwärts. Im Taunus und in anderen Mittelgebirgen dürfte das Regelationsfließen vorgeherrscht haben, wenngleich beide Arten der Solifluktion vorkamen. Beide Prozesse des Bodenfließens können mit oder ohne Vegetationsdecke auftreten. Man spricht daher auch von gebundener und freier Solifluktion. Bei der gebundenen Solifluktion kommt es zum Zerreißen der Grasnarbe und zur Bildung von Abrissnischen in der Vegetationsdecke. Auch hier kann man davon ausgehen, dass sowohl die gebundene als auch die freie Solifluktion im Taunus vonstatten gingen. Beim Regelationsfließen werden größere Steine im bewegten Material in typischer Weise mit ihrer Längsachse in Richtung des Gefälles eingeregelt. Beim Durchtränkungsfließen ist das Material chaotischer gelagert. Bei häufigem Frostwechsel dürfte in den Eiszeiten auch die Kammeissolifluktion wirksam gewesen sein. Dabei bilden sich in der Nacht bis zu 15 Zentimeter lange Eisnadeln unter kleinen Bodenpartikeln, die dadurch ebenfalls senkrecht zur Hangoberfläche angehoben werden. Beim Auftauen am nächsten Tag fallen die Bodenpartikel entsprechend der Schwerkraft hangabwärts. Kammeis entsteht nur auf ungefrorenem Untergrund, während der Eiszeiten also in der wärmeren Jahreszeit.

5 Das Eiszeitalter                                                                           **129**

**Abb. 137.** Weilbacher Kiesgruben
Im südlichen Vorland des Taunus wurden während der Eiszeiten die mächtigen Mainkiese und -sande abgelagert, die beispielsweise in den Weilbacher Kiesgruben abgebaut werden. Durch den hohen Anteil an Quarzsand sind diese Sedimente ein begehrter Rohstoff für die Bauindustrie.

vom trocken-kalten Klima des Eiszeithöhepunktes zu einem mehr feucht-kalten Klima.
Im Gegensatz zu heute konnten die Niederschlagsmengen, aber auch Schneeschmelz-
wasser, im immer noch gefrorenen Untergrund nicht versickern. Sie konnten vom
Boden und oberflächennahen Untergrund
nicht gespeichert werden. Gewaltige Wassermassen, welche die heutigen Abfluss-
raten deutlich übertrafen, strömten daher
in die Vorfluter. Die nun reißenden Flüsse
räumten die Schotter der Täler wieder aus.
Verbliebene Überreste des ehemaligen Tal-
bodens bildeten in der darauf folgenden
Warmzeit schließlich den Fluss begleitende

Fluss- oder Schotterterrassen. Auch innerhalb einer Eiszeit konnten infolge von Wärmeschwankungen mitunter gewaltige Wassermassen anfallen und die Schotter aus-
räumen. So sind beispielsweise vom Main
mindestens zwei Terrassen der letzten Eiszeit belegt. Während einer Warmzeit erfolgt
eine nur bescheidene Einschneidung, auch
die Schuttlieferung von den Hängen kommt,
im Vergleich zur Eiszeit, weitgehend zum
Erliegen.

Bei größeren Flüssen und Bächen, wie dem
Main, der Weil, der Aar oder der Lahn, die
auch heute über zumeist große Strecken in

**5 Das Eiszeitalter**

**Abb. 138.** Sohlental der Aar

Anders als bei einem Kerbtal, wo die Seitenhänge direkt an das Flussbett grenzen, erstreckt sich beim Sohlental zwischen den Talhängen und dem Flussbett, wie im Falle der Aar unweit Bad Schwalbach-Adolfseck, eine mehr oder weniger breite Talsohle mit der Talaue unmittelbar zu beiden Seiten des Gewässers. In seinem Verlauf ändert sich die Form des Aarteils hin und wieder und nimmt unweit von Aarbergen-Michelbach fast die Form eines Kerbtals an.

so genannten Sohlentälern fließen, erfolgte während einer Warmzeit bei Hochwasser mitunter auch eine Aufschotterung oder Akkumulation von Hochflutlehm, was beispielsweise bei den noch verbliebenen Wildflüssen der Hochgebirge zu beobachten ist. So etwa beim Lech in den Alpen oder beim Braldo und Indus in Pakistan. Im Gegensatz zu typischen Kerbtälern, wo die Seitenhänge direkt an das Flussbett grenzen, erstreckt sich beim Sohlental zwischen Talhängen

und Flussbett eine mehr oder weniger breite Talsohle mit der Talaue unmittelbar zu beiden Seiten des Gewässers. Bei Hochwasser wurden die Flussufer aus Schotter- und Sandablagerungen zurückversetzt, wodurch das Bach- oder Flussbett breiter und des Fließgewässer seichter wird.

Die Folge ist eine verminderte Transportkraft des Fließgewässers. Die vom Ufer abgetragenen Lockermaterialien, aber auch

5 Das Eiszeitalter

**131**

bestehende Sand- und Kiesbänke werden nun nach nur kurzem Transport wiederum als Sand- oder Schotterbänke vom Fluss abgelagert. Dadurch werden sie selbst zu Transporthindernissen und fangen weiteres Material ab. Eine Erhöhung ihrer Oberfläche ist die unmittelbare Folge. Schließlich werden sie so hoch, dass der Fluss sie in mehreren Armen umfließt. Man spricht von einer Verwilderung des Flusses oder von seiner Breitenverzweigung. Während der folgenden Eiszeit wurden die Täler des Taunus und seines Vorlandes wieder intensiv mit weiterem Schutt zugeschüttet, der innerhalb oder gegen Ende der Eiszeit abermals ausgeräumt wurde. Mindestens sieben eiszeitliche Terrassen konnten daher im Taunus, an Main und Rhein bislang nachgewiesen werden.

**Asymmetrische Täler**

Im Taunus fällt eine Asymmetrie der Täler auf, insbesondere bei denjenigen, die ungefähr von Norden nach Süden oder von Nordost nach Südwest verlaufen. Der westliche oder nach Osten exponierte Hang ist deutlich flacher ausgebildet als der Gegenhang. Auch mächtigere Ablagerungen von Terrassenkiesen sind nur auf den Westhängen zu finden und fehlen an den Osthängen meist ganz. Infolge der vorherrschenden Westwinde und der Leelage der nach Osten ausgerichteten oder exponierten Hänge wurden immer wieder große Mengen an Löss abgelagert. Durch beide Faktoren, Westwinde und Lössakkumulation, kam es dazu, dass die Fließgewässer zum Osthang abgedrängt wurden. Hinzu trat ein weiterer Effekt: Der

**Abb. 139.** Entstehung von Flussterrassen

A) Während oder gegen Ende der Eiszeit entstandene Terrasse. In der Warmzeit verliert der Fluss seine Erosionskraft.

B) Hochwasser in der Warmzeit und vor allem starke Materialzufuhr in einer erneuten Eiszeit schottern die Terrasse wieder auf.

C) Die aufgeschotterte Terrasse wird innerhalb der Eiszeit durch Wärmeschwankungen oder gegen Ende der Eiszeit wieder ausgeräumt. Ein Teil der Schotter bleibt als Terrasse erhalten. Der Fluss verliert in der darauf folgenden Warmzeit erneut seine Erosionskraft.

D) Durch den Wechsel von Warm- und Eiszeiten entsteht eine Folge von Schotterterrassen zu beiden Ufern des Flusses. Dabei kann es innerhalb einer Eiszeit mehrfach zur Ausräumung der Schotter kommen, so das es mehrere Flussterrassen einer Eiszeit geben kann. Deshalb ist es nicht möglich, jeweils eine Terrasse einer Eiszeit zuzuordnen.

A

B

Schotter

C
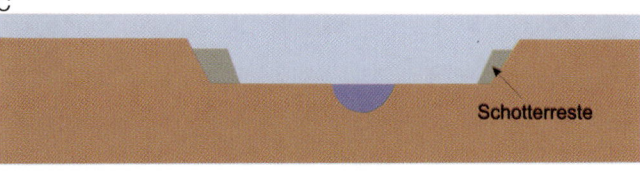

Schotterreste

D
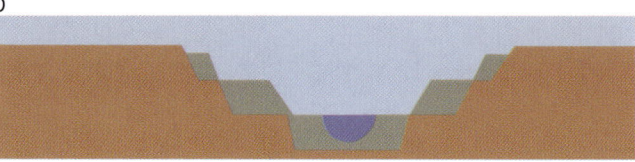

**132**  5 Das Eiszeitalter

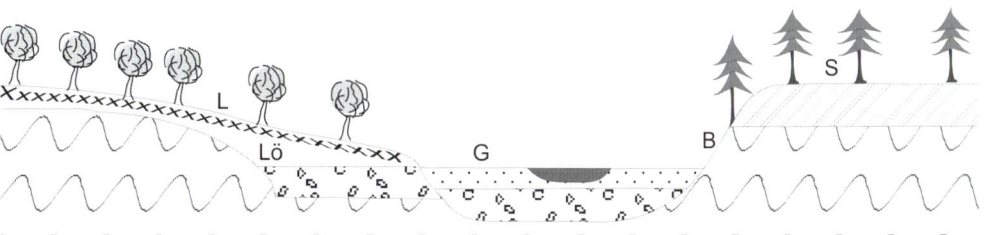

**Abb. 140.** Asymmetrisches Tal (nach Semmel 1993b, verändert)

Der schematische Querschnitt zeigt ein typisches asymmetrisches Tal im südlichen Taunus, wie zum Beispiel das Liederbachtal bei Kelkheim-Hornau. Auf dem nach Osten exponierten Hang wurde infolge der Leelage über den paläozoischen Gesteinen und den Kiesen einer Bachterrasse Löss (Lö) abgelagert, in dem sich ein wertvoller Boden für den Ackerbau, eine Parabraunerde (L), entwickelt hat. Wenn häufig hohe Grundwasserstände eine Ackernutzung jedoch unrentabel machen, finden sich auf den flacheren Westhängen der Taunustäler auch Streuobstwiesen oder Grünland. In der Aue hat sich im Auenlehm über den Schottern ein vom Grundwasser beeinflusster Boden, ein so genannter Gley (G) entwickelt. Auf dem steileren nach Westen exponierten Hang trifft man als Bodentyp die im Taunus weit verbreitete Braunerde (B) an. Die sich diesem Hang anschließende Fläche ist durch die mesozoisch-tertiäre Verwitterung tiefgründig zu einem tonigen, wasserundurchlässigen Saprolith verwittert. Staunässe führte hier zur Ausbildung eines typischen Staunässebodens, einem Pseudogley (S).

Westhang war infolge geringerer Sonneneinstrahlung mit Beginn der wärmeren Monate des Jahres länger schneebedeckt. Die erodierende Wirkung des Fließgewässers konnte sich somit am Osthang wesentlich früher entfalten. Dieser wurde schließlich durch Unterschneidung deutlich steiler als der Gegenhang. Früher wie heute ist der Osthang, der nach Westen exponiert ist, der wärmere Hang mit der höchsten Sonnenein-

**Abb. 141.** Blick über das obere Aartal bei Taunusstein

Das von Nordost nach Südwest verlaufende obere Aartal zwischen Taunusstein-Neuhof und Taunusstein-Bleidenstadt ist über weite Strecken ein typisch asymmetrisches Tal, ein Produkt der Eiszeit. Der nach Südosten exponierte Talhang ist durch Lössanwehung deutlich flacher ausgebildet als der nach Nordwest exponierte Hang.

Die Nutzungsverteilung ist ebenfalls typisch für viele asymmetrische Taunustäler: Der lössbedeckte Hang eignet sich infolge guter Nährstoffversorgung hervorragend für Grünlandnutzung. Für eine Ackernutzung ist der Standort wegen oft hoher Grundwasserstände weniger geeignet. Der steilere Gegenhang ist bebaut und trägt im Bereich des Bildausschnittes den Taunussteiner Ortsteil Wehen. Im Hintergrund erkennt man die 618 Meter über dem Meer messende Hohe Wurzel in der Taunuskamm-Einheit, die höchste Erhebung im Rheingau-Taunus-Kreis.

5 Das Eiszeitalter

**Abb. 142.** Solifluktion

Beim Durchtränkungsfließen bilden sich Solifluktionsloben, der Boden fließt dabei „breiartig" in Girlanden und Loben mehr oder weniger langsam den Hang hinab (siehe auch Kapitel 5.4.2). Die Abbildung zeigt Solifluktion in Form des Durchtränkungsfließens als gebundene Solifluktion unter Vegetation am Karagem-Pass im bis zu 4.506 Meter hohen Altai-Gebirge (Altay = Unter dem Mond) im Grenzgebiet von Kasachstan, Russland (Sibirien), der Mongolei und China. Neben dem Regelationsfließen dürfte auch diese Form der Solifluktion während der letzten Eiszeit im Taunus vonstatten gegangen sein.

strahlung. Dort konnte daher auch die temperaturabhängige Verwitterung der Gesteine verstärkt wirken und den Hang zusätzlich abtragen und steiler werden lassen. Diese Asymmetrie hat in Tälern bis heute Auswirkungen auf die Nutzung. Auf den flacheren ostexponierten Hängen entwickelten sich in den Lössakkumulationen wertvolle Parabraunerden, während die steileren westexponierten Hänge häufig flachgründige Braunerden tragen. Auf flachen Westhängen herrscht daher meist Ackerbau vor, während auf steileren Osthängen oft der Wald dominiert.

### 5.4.3 Fließende Hänge

Unter dem Einfluss des eiszeitlichen Klimas waren die Böden und der oberflächennahe Untergrund des Taunus dauerhaft gefroren. Man spricht auch von Dauer- oder Permafrost. In den wärmeren Monaten des Jahres taute der Dauerfrostboden oberflächlich auf, wodurch er schon bei geringen Hangneigungen in Bewegung geriet. Dabei wurden, je nach standörtlichen Bedingungen, die unterschiedlichen Prozesse der

Solifluktion wirksam. Es entstanden über dem anstehenden Gestein der Hänge so genannte Solifluktionsschuttdecken.

Auch innerhalb der Eiszeiten kam es immer wieder zu Klimaänderungen mit dem Wechsel von wärmeren und kälteren Phasen, so dass die Schuttdeckenbildung zeitweise zum Erliegen kam, dann aber wieder einsetzte. Man kann daher mehrere Schuttdecken oder periglaziale Deckschichten unterscheiden. Sie werden auch als periglaziäre Lagen bezeichnet. Der Begriff „periglazial" bezeichnet die Landschaftsverhältnisse und „periglaziär" den Entstehungsprozess unter periglazialen Bedingungen, beide Begriffe werden aber oft synonym verwendet. Da die Schuttdecken einer älteren Eiszeit von der darauf folgenden wieder durch neue Umlagerungsprozesse aufgearbeitet wurden, stammen die Schuttdecken, die durch den Beginn des Holozän sozusagen konserviert wurden, mit großer Wahrscheinlichkeit aus der letzten Eiszeit. Genau festzustellen, wie alt die periglazialen Bildungen sind, stellt sich mit Ausnahme der jüngsten bislang als sehr schwierig heraus.

## 5.4.3.1
## Deckschichten von Bedeutung

Früher ging man davon aus, dass das anstehende Gestein die chemischen und physikalischen Eigenschaften des oberflächennahen Untergrundes entscheidend beeinflusst. Heute weiß man, dass diese Eigenschaften ausschließlich von den periglazialen Deckschichten bestimmt werden. Die Beimengung von Löss wirkt sich sehr deutlich auf die Bodenbildung und Bodeneigenschaften aus. Sie ermöglicht in vielen Fällen, trotz nährstoffarmem Ausgangsgestein, eine gute Nährstoffversorgung der Böden. So wachsen unterhalb des Taunuskamms über dem Taunusquarzit und den Sandsteinen der Her-

meskeil-Schichten an vielen Stellen nach der „Fichtenmonokulturzeit" inzwischen wieder Mischwälder. Warum auch nicht, könnte man fragen. Doch die genannten Gesteine bestehen ausschließlich aus Quarz. Sie verwittern nur sehr schwer und bilden meist Härtlingszüge, die stufenartig über dem Gelände herausragen. Quarz ist reines Siliciumdioxid ($SiO_2$). Doch Pflanzen benötigen Nährstoffe wie Stickstoff, Phosphor, Kalium, Calcium oder Magnesium und Spurenelemente wie Eisen, Kupfer oder Zink. Der Vorrat an Stickstoff im Boden stammt zwar größtenteils aus der Atmosphäre, die anderen Hauptnährstoffe und Spurenelemente fehlen im Quarzit. Trotzdem wachsen auf Quarziten, aber auch auf nährstoffarmen

**Abb. 143.** Mischwald über Taunusquarzit
Die Beimengung von Löss in die periglazialen Deckschichten wirkt sich positiv auf die Bodenbildung und Bodeneigenschaften aus. Sie ermöglicht in vielen Fällen, trotz nährstoffarmem Ausgangsgestein wie dem Taunusquarzit, der hier im Wald oberhalb von Niedernhausen-Oberjosbach das anstehende Gestein bildet, eine gute Nährstoffversorgung der Böden und somit der Pflanzen.

5  Das Eiszeitalter

**Abb. 144.** Eiszeitliche Schuttdecke

Nicht nur im Taunus, sondern fast überall in Mitteleuropa ist das Gestein der Mittelgebirge von eiszeitlichen Schuttdecken überlagert. In ihnen entwickelten sich, bis auf wenige Ausnahmen, die heutigen Böden. Durch die Solifluktion bedingt, sind die gröberen Komponenten des Schuttes hangabwärts eingeregelt.

Sandsteinen, durch den in die Schuttdecken eingemengten Lössanteil dichte Wälder mit Bäumen, die nicht so genügsam sind wie die Fichte.

Genau genommen ist der Löss aber nur der „Grundstein" für die Nährstoffversorgung. Denn erst nach seiner Entkalkung oder Verwitterung durch die Kohlensäureverwitterung, und der damit beginnenden Bodenentwicklung, werden größere Mengen an Nährstoffen für die Pflanzen verfügbar. Auch die physikalischen Eigenschaften des Löss sind für die Pflanzen, gleich ob Waldbäume oder beispielsweise Getreide, von großem Vorteil. In den sandig-grusigen Verwitterungsprodukten von Quarziten des Taunuskammes versickert das Niederschlagswasser in darin ausgebildeten Böden rasch und ist für die Pflanzen kaum verfügbar. In Böden aus sehr feinkörnigen Verwitterungsprodukten von Tonschiefern wird das Wasser gestaut, was sicherlich keinen guten Pflanzenstandort verspricht. Der Löss mit seiner überwiegenden Korngröße Schluff hingegen hält das Wasser besser als Sand und ist zugleich besser wasserdurchlässig als tonige Substrate. Zudem bleiben noch viele Grobporen, die nicht mit Wasser erfüllt sind, so dass der Boden auch ausreichend mit Sauerstoff versorgt wird. Der im Schutt unterhalb des unmittelbaren Taunuskammes beigemengte Löss und die darin entwickelten Böden sind daher sowohl aus chemischer als auch aus physikalischer Sicht ein relativ guter Pflanzenstandort. Auch hier kann man den segensreichen Einfluss der Eiszeiten auf unsere heutige Umwelt erneut betonen.

**Wenig los ohne Löss**

Betrachtet man die Deckschichten in den Quarzitgebieten des Taunus, so fällt auf, dass größere Steine im Schutt recht scharfkantig sind. Dies zeigt eine nur geringe Verwitterung des Gesteins innerhalb von rund 10.000 Jahren. Denn nur eine stärkere chemische Verwitterung führt zu einer Abrundung von Gesteinskanten. Diese Erscheinung findet sich jedoch nicht nur bei ohnehin schwer verwitterbaren Taunusquarziten, sondern auch bei Schuttdecken aus weniger verwitterungsresistenten Gesteinen wie den

**136** 5 Das Eiszeitalter

**Abb. 145.**
Verwitterungsprodukte
des Taunusquarzits

Unter den Klimaverhältnissen
im Holozän verwittern die Taunusgesteine unter dem vor-
wiegenden Einfluß der physikalischen Verwitterung zu
Sand und mehr oder weniger
grobem Schutt. Das grobe
Schuttdeckenmaterial aus
Verwitterungsprodukten des
Taunusquarzits, hier oberhalb
von Niedernhausen-Oberjosbach entnommen, weißt noch
recht scharfe Kanten auf, was
auf die geringe Verwitterungs-
intensität hinweist.

Schiefern. Ohne den Löss mit seiner großen Oberfläche, die der Verwitterung zahllose Ansatzpunkte bietet, bestünden die Deckschichten des Taunus unter den vorherrschenden Klimaverhältnissen im Holozän nur aus Sand und grobem Schutt. Die Lössbeimengung in den Deckschichten führte nicht nur zu deutlich besseren Standorteigenschaften, sie ist auch bedeutend für die Bindung von Schadstoffen. Schwermetalle und organische Umweltgifte würden ohne den Lössanteil rasch durch die durchlässigen Deckschichten sickern und über Klüfte und andere Hohlräume im Gestein in das Grundwasser gelangen. Die Schuttdecken und ihr unterschiedlicher Aufbau beeinflussen also entscheidend mehrere ökologische und ökonomische Faktoren: den Oberflächenabfluss und die Bodenerosion, die Versickerung, die Nährstoffversorgung der Pflanzen und den Schutz des Grundwassers.

## 5.4.3.2
## Schuttdecke auf Schuttdecke

Die pleistozänen Schuttdecken kann man an vielen Stellen des Taunus sehr schön an Wegböschungen erkennen. Durch das „Bo-

denfließen" in Form des Regelationsfließens sind die gröberen Gesteinsfragmente oft auffällig mit ihrer Längsachse in Gefällsrichtung eingeregelt, eine typische Erscheinung der Solifluktion. Man gliedert heute die Schuttdecken in Mitteleuropa und somit auch im Taunus mit Ausnahme des Alpenraumes in vier Komplexe mit eigenständigem Substrataufbau: Basislage, Mittellage, Hauptlage und Oberlage. Eine ähnliche viergliedrige Abfolge von Schuttdecken findet sich zwar auch in den bayerischen Alpen, sie sind jedoch bislang zeitlich nicht mit denjenigen in den Mittelgebirgen korrelierbar.

Die Basislage ist aus dem unterlagernden oder hangaufwärts vorkommenden Gestein hervorgegangen. Durch intensive Frostsprengungsprozesse wurde das Gestein gelockert, verwittert und durch Solifluktion Hang abwärts verlagert. Insbesondere bei steil stehenden Schiefern kann man oft beobachten, dass diese oberste Verwitterungsschicht des Gesteins, die aus einzelnen aus dem Verband heraus gelösten Gesteinsbruchstücken besteht, Hang abwärts umgebogen ist. Man nennt dies Hakenschlagen. Die Basislage ist frei von Löss. Der Grund:

5 Das Eiszeitalter

**Abb. 146.** Hakenschlagen

Bei steil stehenden Schiefern kann man oft beobachten, dass die oberste Verwitterungsschicht des Gesteins, die aus einzelnen aus dem Verband heraus gelösten Gesteinsbruchstücken besteht, hangabwärts umgebogen ist, was als Hakenschlagen bezeichnet wird.

Diese Lage entstand zu Beginn der Eiszeit, wo nachweislich kühl-feuchtes Klima herrschte. Löss konnte nur in trocken-kalten Klimaphasen verweht werden.

Die Mittellage enthält immer einen höheren Anteil an Löss, und ist nur an vor Erosion geschützten Positionen bis heute erhalten geblieben. Die Hauptlage, der an Klippen und Felsdurchragungen noch lokal eine Oberlage aus den anstehenden Gesteinen folgen kann, ist heute in Mitteleuropa flächenhaft verbreitet und enthält neben Löss auch Aschenmaterial des Laacher See-Vulkans, die so genannte Laacher See Tephra (von griechisch téphra = Asche). Der letzte Ausbruch des Laacher See-Vulkans, dem die Tephra entstammt, ereignete sich an einem Frühlingstag vor 12.900 Jahren in der Eifel nahe der Stadt Mendig. Dieser Ausbruch erfolgte zur Zeit einer wärmeren Phase in der ausklingenden letzten Eiszeit (= Spätglazial), dem so genannten Alleröd-Interstadial. Seine Aschen überdeckten große Teile des Taunus und blieben an vielen Stellen bis heute erhalten. Ein letzter starker Kälteeinbruch gegen Ende der Eiszeit vor rund 12.400 Jahren leitete für das Spätglazial die Jüngere Tundrenzeit mit erneut sehr kaltem

## 138  5 Das Eiszeitalter

**Abb. 147.** Der Laacher See

Der See zeichnet den Krater des Vulkans nach. Während des Ausbruchs stieg eine der herauf schießenden Eruptionssäulen aus heißen Gasen und Gesteinspartikeln 30 bis 40 Kilometer hoch auf. Es war eine Katastrophe, die in fast ganz Europa ihre Überreste hinterließ. Der zehntägige Ausbruch des Laacher See-Vulkans war in Mitteleuropa das verheerendste Naturereignis in jüngerer geologischer Zeit. Er förderte nahezu doppelt so viel Material wie die etwa 350 anderen Vulkane der West- und Osteifel zusammen. Insgesamt über zwanzig Kubikkilometer Gestein. In den Haupteruptionsphasen wurde die kaum vorstellbare Menge von 300.000 bis 500.000 Tonnen Material pro Sekunde gefördert. Zum Vergleich: Der Ausbruch des Mount St. Helens im US-Bundesstaat Washington beförderte 1980 knapp drei Kubikkilometer Gestein in die Luft. Was für ein beängstigendes Schauspiel der Ausbruch des Laacher See-Vulkans wohl für den steinzeitlichen Menschen gewesen sein musste.

Klima ein, während derer die Hauptlage unter Einarbeitung des vulkanischen Materials gebildet wurde. Mit Beginn unserer Warmzeit vor rund 10.000 Jahren wurden die So-lifluktionsprozesse gestoppt und die Schuttdecke unter einer sich schnell ausbreitenden Vegetation bis heute konserviert.

### Zeitmarke in der Landschaftsentwicklung: Die Laacher See Tephra

Die Eruption des Laacher-See-Vulkans fand vor 12.900 Jahren statt. Sie stellt die gewaltigste spätpleistozäne Vulkaneruption in Mitteleuropa dar. Durch diese Eruption wurden gewaltige Massen an Asche bis über 30 Kilometer hoch in die Atmosphäre geschleudert. Sie wurden von Winden in der Troposphäre zunächst nach Osten, beim Weiteraufstieg der Eruptionssäule in die Stratosphäre von den vorherrschenden Winden mindestens 1.000 Kilometer weit in Richtung Nordosten transportiert. Ein zweiter Fallout-Fächer erstreckt sich vom Laacher See bis nach Norditalien. Aufgrund ihrer großen geographischen Verbreitung und ihres genau bekannten Alters gehören die Fallout-Ablagerungen des Laacher-See-Ereignisses zu den besten Zeitmarken in der jüngsten geologischen Vergangenheit Mitteleuropas.

5  Das Eiszeitalter

**139**

**Abb. 148.** Mount St. Helens

Am 18. Mai 1980 brach der Mount Saint Helens im Nordwesten der USA bei Portland und Seattle aus. Im Vergleich zum Laacher See-Vulkan ein "kleiner Fisch".

Die Aschen des Laacher See-Vulkans finden wir jedoch nicht nur eingearbeitet in die Schuttdecken im Taunus. Feine Aschenpartikel und Bimsstuffe wurden von der Eifel bis nach Stockholm und Turin getragen. Für die Jäger, die im ausgehenden Paläolithikum im Taunus nach Rentier und Wildpferd Ausschau hielten, muss dieser Vulkanausbruch, den man bis in den Taunus registrieren konnte, einem Weltuntergang gleichgekommen sein.

## 5.5
## Leben mit den kalten Zeiten

Im Taunus wie anderorts sind das Leben und die Menschen der Eiszeit nur schwer vorstellbar. Kino- und Fernsehfilme zeigen die Menschen der Altsteinzeit fast immer auf ähnliche Weise: Affenartige plumpe Wesen sitzen in Felle gehüllt in einer Höhle ums Feuer und geben Grunzlaute von sich. Ab und zu nehmen sie die Keule in die Hand und gehen damit aufeinander los oder auf die Jagd nach schrecklich wilden Tieren. So

**Abb. 149.**
Gasblasen im Laacher See

Am Ostufer des Laacher Sees steigen heute noch Gasbläschen auf: ein Zeichen für immer noch vorhandene vulkanische Aktivität.

**140** 5 Das Eiszeitalter

**Abb. 150.** Hütten aus Mammutknochen

Durch die Jagd, aber auch ohne menschliches Zutun entstandene Ansammlungen von Mammutknochen wurden vor etwa 15.000 Jahren auch als Baumaterial für Hütten verwendet. Große Knochen und Schädel bildeten die Fundamente der Unterkünfte, die Dächer bestanden aus Stoßzähnen, Geweihen und Fellen. Solche steinzeitlichen Hütten waren wohl überwiegend im Winter bewohnt. Insgesamt hat man bisher mehr als 70 derartige Hütten gefunden, die meisten davon in Zentralrußland.

falsch diese Darstellung ist, sie hat unsere Vorstellung geprägt. Wissenschaftler sind sich heute weitgehend einig, dass unsere Vorfahren durchaus in der Lage waren, sich zu artikulieren. Allzu plump können sie auch nicht gewesen sein, denn es galt, bei äußerst

widrigen Klimaverhältnissen als Jäger und Sammler stets erfolgreich zu sein.

Es ist zu vermuten, dass sich auch während der Eiszeiten, zumindest im Frühjahr und Sommer, altsteinzeitliche Jäger und Samm-

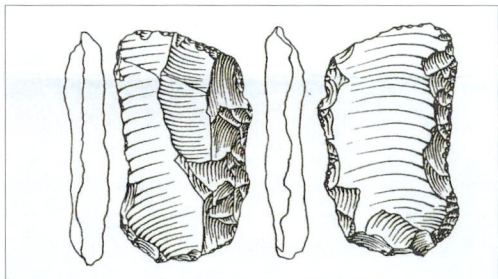

**Abb. 151:** Altsteinzeitliche Funde

Auf einem Grundstück in Oestrich-Winkel-Hallgarten wurde im Mai 1988 in den Aushubmassen eines Neubaus mittelpaläolithisches Gerät gefunden, das dem Neandertaler zugeordnet wird. Dabei handelt es sich um einen Schaber aus einem Feuersteinabschlag. Er ist grau-bräunlich patiniert und glänzend. Es ist das erste eindeutig bestimmte altsteinzeitliche Gerät aus dem Rheingau. Ebenfalls dem Neandertaler zugeordnet wird ein Faustkeilfund bei Wiesbaden-Erbenheim, der zu den ältesten Artefakten in Hessen zählt.

5 Das Eiszeitalter

ler im Taunus aufgehalten haben. Die großen Tierherden verweilten dort, beispielsweise Rentiere, um zu kalben. In den Steppenniederungen wurden Mücken und Dasselfliegen gleichzeitig zur Pein. Schließlich war der zu Morast aufgetaute Steppenboden in den Niederungen im Gegensatz zu den steinigen Mittelgebirgsböden schlechter zu begehen. Zudem konnten Früchte, Samen, Pilze und zahlreiche Kräuter den Speiseplan der Jäger und Sammler in den Hochlagen bereichern. Bis vor 27.000 Jahren war zumindest in den tieferen Tallagen des Taunus der Aufenthalt von Neandertalern wahrscheinlich, da seine Anwesenheit am Rhein in Oestrich-Winkel-Hallgarten sowie in Wiesbaden-Erbenheim durch Funde belegt ist. Danach verschwand der Neandertaler für immer.

**Die Landschaft, nana und polaris**

Während einer Eiszeit verschwand der Wald zeitweise völlig aus dem Taunusgebiet. Bedeutsam für den Taunus war, dass nicht nur der Wald verschwand, sondern in manchen Perioden die Hänge bestenfalls spärlich mit Gräsern und Kräutern bedeckt waren. Darunter blieb der Boden dauerhaft gefroren und taute nur im Sommer oberflächennah auf. Zwischen den Eiszeiten entwickelten sich in den Warmzeiten zunächst Pionierbaumgesellschaften und daraus artenreiche Mischwälder, wie sie für gemäßigte Klimazonen typisch sind. Gegen Ende der letzten Warmzeit, dem so genannten Eem-Interglazial, machten vor 115.000 Jahren in Mitteleuropa vor allem Fichten und Tannen die Hauptbestandteile der Wälder aus. Die fortschreitende Klimaverschlechterung führte zur Dominanz der Nadelbäume.

Doch mit dem allmählichen Beginn der letzten Eiszeit, die man für den nordeuropäischen Raum als Weichsel-Eiszeit und für den alpinen Raum als Würm-Eiszeit bezeichnet, kam es zur Ausdünnung der Kiefernwälder und der Anteil an Tundrenpflanzen nahm zu. Die niedrigen Temperaturen erlaubten vielerorts nur eine schüttere Gras-

**Abb. 152.** Eiszeitliches Klima auf Spitzbergen

Die rasante Entwicklung des Menschen ging zeitweise unter klimatischen Bedingungen vonstatten, wie sie heute beispielsweise annähernd in Spitzbergen (Svalbard) anzutreffen sind.

**142**  5 Das Eiszeitalter

**Abb. 153.** Arktische Vegetation auf Grönland – ein Blick in die Eiszeit

Man kann die typische subarktische Vegetation auf der Insel Grönland, hier am Søndre Strømfjord (Kangerlussuaq), und in anderen arktischen Regionen entlang des Polarkreises durchaus mit derjenigen vergleichen, die während der letzten Eiszeit im Gebiet des Taunus vorherrschte. Zwergweiden, Zwergbirken, Moose, Flechten und Gräser bestimmen das Bild der baumlosen Tundrenvegetation. Auch typische Vertreter der eiszeitlichen Tierwelt, wie Moschusochsen (*Ovibos moschatus*) und Rentiere (*Rangifer tarandus*), bevölkern die Gegend um Kangerlussuaq.

**Abb. 154.** *Betula nana*

Die Zwergbirke (*Betula nana*) gehört zur Familie der Birkengewächse (*Betulaceae*). Der sommergrüne Zwergstrauch erreicht nur Wuchshöhen zwischen 0,2 und 0,5 Meter und war während der Eiszeiten in Mitteleuropa und somit auch im Taunus weit verbreitet. Temperaturen von unter minus 40 Grad Celsius sind für die Zwergbirke kein Problem, die heute noch in Relikten auf dem Brocken im Harz, im Bayerischen Wald, im Erzgebirge und Riesengebirge vorkommt. Sie ist heute den gesamten Polarkreis umspannend, circumboreal verbreitet. Auf Grönland und Spitzbergen ist sie eine der wenigen Gehölzpflanzen.

5 Das Eiszeitalter

**143**

bedeckung. In geschützten Lagen wuchsen zwergwüchsige Bäume wie beispielsweise die Zwergbirke (*Betula nana*) und die Polarweide (*Salix polaris*). Es war die Zeit der Zwerge, wie zahlreiche Pflanzenfunde belegen. Die durchschnittlichen Julitemperaturen lagen nun unter 10 Grad Celsius, die durchschnittlichen Temperaturen im Januar bei minus 15 Grad Celsius. Während der Eiszeithöhepunkte, die von kürzeren Temperaturanstiegen unterbrochen wurden, erreichten die Januartemperaturen durchschnittlich minus 27 Grad Celsius, im Juli sanken sie unter 5 Grad Celsius. Man kann das damalige Klima und die Vegetationsverhältnisse während der Eiszeit in etwa mit dem Klima der Tundra im nördlichen Kanada, auf Grönland oder im arktischen Spitzbergen vergleichen.

**Die Tierwelt: scharfe Zähne, dickes Fell**

Große Säugetiere wie Wollhaarmammut (*Mammuthus primigenius*), Wollnashorn (*Coelodonta antiquitatis*), Steppenbison (*Bison priscus*), Wildpferd (*Equus caballus*), Riesenhirsch (*Megaloceros giganteus*) oder Höhlenlöwe (*Panthera leo spelaea*) beherrschten während der letzten Eiszeit die vegetationsreiche Steppentundra oder Mammutsteppe der Ebenen an Rhein und Main.

**Abb. 155.** Wolf

Der Wolf (*Canis lupus*) war sicherlich einer der größten Nahrungskonkurrenten des steinzeitlichen Menschen und vermutlich ein ausdauernder, lästiger Begleiter. Die außerordentlichen Jagdfähigkeiten des Wolfes haben sich die Menschen letztendlich zu Nutze gemacht. Unklar ist bis heute, ob der Wolf zum Menschen kam oder ob der Mensch ihn sich geholt hat. Unstrittig ist, dass der Mensch dadurch auf den Hund gekommen ist.

**Abb. 156.** Vielfraß

Der Vielfraß (*Gulo gulo*) ist im Grunde genommen ein ziemlich groß geratener Marder, der sicherlich auch den eiszeitlichen Taunus durchstreifte. Er lebt als Einzelgänger und hat ein Jagdrevier, das etwa 1.000 Quadratkilometer umfasst. Der deutsche Name „Vielfraß" leitet sich vermutlich vom norwegischen Begriff "fjellfrass" ab, was man mit Bergkatze übersetzen kann.

**Abb. 157.** Schneeleopard

Der Schneeleopard (*Uncia uncia*) war dem Eiszeitklima gut angepasst. Mit seinem dichten, langen Fell trotzte er der Kälte. In Mitteleuropa verschwand er nach der Eiszeit. Die letzten Vertreter seiner Art leben heute im Himalaja und am Amur.

**Abb. 158.** Rentier

In der letzten Eiszeit war das Rentier (*Rangifer tarandus*) eine wichtige Jagdbeute der Menschen. Während das Fleisch als Nahrung diente, wurden die Knochen, das Geweih und die Felle der Tiere zu Speerspitzen, Werkzeugen und Kleidung verarbeitet. Das Foto zeigt das Svalbard Rentier (*Rangifer tarandus platyrhynchus*), eine kleine endemische Unterart des Rentieres.

Diese Gebiete waren etwas reicher mit Pflanzen ausgestattet als der Taunus. In den höheren Lagen des Taunus dürften sich Wolf (*Canis lupus*), Rentier (*Rangifer tarandus*), Schneeleopard (*Uncia uncia*) und Vielfraß (*Gulo gulo*) aufgehalten haben. Im Frühjahr wanderten die großen Tierherden der Steppe auch in die Mittelgebirgsregion des Taunus, um auf den Hochflächen zu kalben und der Mückenplage in den Steppenniederungen zu entgehen. Man vermutet, dass sich daher dort im Frühjahr und Sommer auch Jäger und Sammler aufgehalten haben.

### Stars der Eiszeit: Mammut & Co

Die engsten Verwandten der afrikanischen und indischen Elefanten sind die ausgestorbenen Mammuts, welche die Mammutsteppen von Rhein und Main durchstreiften. Das Wollhaarmammut hatte eine Schulterhöhe von knapp drei Metern. Typisch für das Wollhaarmammut sind nach oben gebogene Stoßzähne. Als größtes Tier der letzten Eiszeit hatte das Mammut für den Menschen der Steinzeit eine große Bedeutung: Vom Fleisch über Knochen, Stoßzähnen, Sehnen

5 Das Eiszeitalter

**145**

**Abb. 159.** Wollhaarmammut in der Mammutsteppe des Mains

Ein Wollhaarmammut (*Mammuthus primigenius*) war für steinzeitliche Jäger des Taunus und seines Vorlandes eine begehrte Beute, die von Fleisch über Kleidung bis hin zum Baumaterial für die Behausung alles lieferte, was sie zum Überleben benötigten. Ähnlich wie auf diesem Aquarell dürfte die Mammuthsteppe des Untermains mit dem Taunus im Hintergrund ausgesehen haben.

bis zum langen Fell dienten alle Bestandteile ihrer Lieblingsbeute ihrem Überleben in der Kälte. Erstmals wissenschaftlich beschrieben wurde das Wollhaarmammut im Jahr 1799 von dem Göttinger Naturforscher und Anatomen Johann Friedrich Blumenbach (1752–1840) als *Elephas primigenius*.

Ebenso wollig wie bei den Menschen als Beute begehrt war das Wollnashorn, auch Fellnashorn genannt. Diese wehrhaften Pflanzenfresser lebten vermutlich als Einzelgänger und zupften mit kräftiger Lippe Gras in den Steppen. Ein weiterer stattlicher Zeitgenosse war der Riesenhirsch (*Megaloceros giganteus*), der eine Schulterhöhe von

etwa 2 Metern hatte und damit so groß wie ein heutiger Elch war, aber deutlich leichter und hochbeiniger gebaut. Sein Geweih, das nur die männlichen Tiere trugen, übertraf an Größe der Geweihe aller heutigen Hirsche. Es erreichte eine Spannweite von vier Metern und war mit bis zu 50 Kilogramm eine der größten Stirnwaffen, die Paarhufer je hervorbrachten.

Auch der Höhlenbär wurde vom Menschen gejagt. Er war ungefähr ein Drittel größer als die heutigen Braunbären. Außer dem Menschen gab es während der Eiszeiten in Mitteleuropa natürlich auch andere Jäger und Nahrungskonkurrenten wie den Wolf

**Abb. 160.** Johann Friedrich Blumenbach

Johann Friedrich Blumenbach studierte Medizin in Jena und Göttingen und promovierte 1775 mit der Arbeit *„De generis humani varietate nativa"* (Über die natürlichen Unterschiede der Menschheit). 1776 wurde er außerordentlicher Professor der Medizin und Inspektor der Naturaliensammlung in Göttingen und 1778 ordentlicher Professor. Er trat 1835 in den Ruhestand und starb 1840.

und prächtige Großkatzen wie die Säbelzahnkatze (*Homotherium*), die jedoch vor 30.000 bis 40.000 Jahren in Europa verschwunden ist. Fossilien, die Auskunft über die Tierwelt des Eiszeitalters im Taunus und seiner Umgebung geben, tauchen beispielsweise immer wieder in Kiesgruben auf. Eine besonders bemerkenswerte Fundstelle sind die so genannten Mosbacher Sande in Wiesbaden. Dabei handelt es sich um Ablagerungen des Rheins, des Mains und von Taunusbächen, die nach dem kleinen, später in Wiesbaden eingemeindeten Ort Mosbach benannt worden sind. Seit 1845 konnten

**Abb. 161.** Wollnashorn

Im Gegensatz zum Mammut als Herdentier lebte das Wollnashorn (*Coelodonta antiquitatis*) vermutlich als Einzelgänger in den Steppen von Rhein und Main.

## 5 Das Eiszeitalter

### Die Mosbach Sammlung

Die Naturhistorische Landessammlung des Museum Wiesbaden beherbergt eine große Fossilien-Sammlung aus den so genannten Mosbacher Sanden. Dabei handelt es sich um Zeugnisse aus dem Alt- und Mittelpleistozän. Die ältesten Funde sind über 890.000 Jahre alt, die meisten Funde sind nur wenige 100.000 Jahre jünger. Bei Mosbach wurden in zahlreichen Gruben Sande, Kiese und Kalke abgebaut. Heute wird der Begriff Mosbacher Sande für einen weit verbreiteten Fundhorizont verwendet. Ins Museum gelangten ab Mitte des 19. Jahrhunderts zahlreiche Fundstücke, die von Arbeitern und Interessierten geborgen wurden. Eine systematische Aufsammlung erfolgte damals noch nicht. Die erste Sammlung wurde von August Römer (1825–1899) aufgebaut, welche er dann dem Museum verkaufte, an dem er als Präparator und Konservator tätig war. Schnell wurden diese Zeugnisse einer vorzeitlichen Tierwelt über die Landesgrenzen hinaus bekannt. Leider war die Zuordnung der Funde zu einem bestimmten Fundhorizont im Nachhinein oft nicht mehr möglich.

In den eiszeitlichen Flusssanden wurden außerdem keine zusammenhängenden Skelette, sondern ausschließlich einzelne Knochen und Zähne gefunden. Damit lassen sich diese Funde auch nicht in imposanter Form den Museumsbesuchern präsentieren. Wie ist es zu diesem Fossilreichtum gekommen? Im Mainzer Becken und Rhein-Main-Gebiet haben Rhein und Main ihr Flussbett oft verlagert. Früher muss es einen bis zu 20 Kilometer breiten, mäandrierenden Schwemmfächer am Ausgang des Ur-Mains gegeben haben. Die Fließgeschwindigkeit war im Vergleich zum Ur-Rhein deutlich herabgesetzt und oft kam es zu einem Rückstau des Wassers. Gleichzeitig lagerten sich durch die Senkung des Rheintalgrabens und des Taunusvorlandes verstärkt Sedimente ab. Damit waren optimale Voraussetzungen für diese Fossilienfalle gegeben. In den Fluss geratene Kadaver blieben in Fragmenten in diesem Schwemmfächer liegen. Zahlreiche Verbiss-Spuren und Verwitterungsanzeichen zeugen von Raubtieren und Aasfressern, die die Kadaver entsprechend fragmentiert zurückließen.

Bis heute konnten mehr als 65 Säugetier-, 4 Vogel- und 152 Schnecken- und Muschelarten entdeckt werden. Und auch zukünftig wird diese Fossilienlagerstätte für Überraschungen sorgen. Die meisten der bisher nachgewiesenen Arten besitzen noch heute verwandte Formen in Eurasien und Afrika, so dass man auf Grund der Lebensgemeinschaft auf das damals vorherrschende Klima schließen kann. Von Klimaänderungen während des Eiszeitalters zeugen in Schichten beispielsweise eine Übergangsfauna mit Tieren eines eher atlantisch geprägten Klimas wie Flusspferde und denen eines eher kontinental beeinflussten Klimas mit Steppenelefant, Ren und Moschusochse. Ein Flusssystem besitzt eine Fülle unterschiedlichster Lebensräume. Typische Waldbewohner waren viele Hirschartige, Schweine, Wisente, Bären und der Waldelefant. Von einer offenen Steppenlandschaft zeugen Steppenelefant, Etruskisches Nashorn und diverse Hunde- und Katzenvertreter. Aber auch typische Flussbewohner konnten nachgewiesen werden, beispielsweise Fische, Bisamspitzmaus, Fischotter und Biber.

**Abb. 162.** Schädel eines Wollnashorns der Wiesbadener Mosbach Sammlung

Fossilien aus den Mosbacher Sanden finden sich in zahlreichen Museen. So etwa die Sammlung im Naturhistorischen Museum Mainz, die etwa 15.000 Stücke umfasst, oder die noch heute sich im Aufbau befindende Sammlung im Landesamt für Denkmalpflege Hessen (Schloss Biebrich). In der Naturwissenschaftlichen Sammlung im Museum Wiesbaden befindet sich die älteste Mosbach Sammlung mit 1.090 Stücken. Die Sammlung in Wiesbaden verfügt zwar im Vergleich zu Mainz über weitaus weniger Fundstücke, darunter auch der Schädel des Wollnashorns (*Coelodonta antiquitatis*), allerdings sind von den 65 bekannten Säugetierarten mindestens 53 auch in der Wiesbadener Sammlung vertreten.

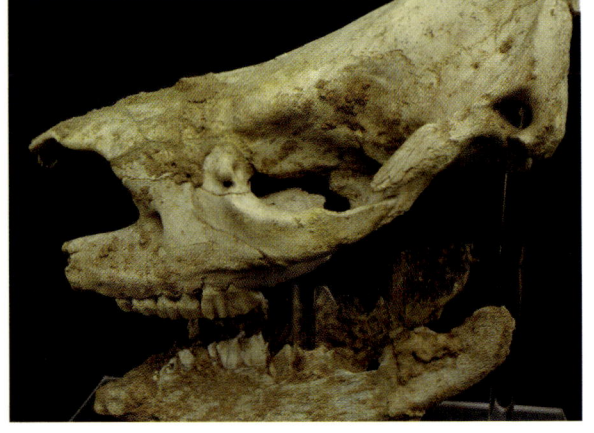

## 5 Das Eiszeitalter

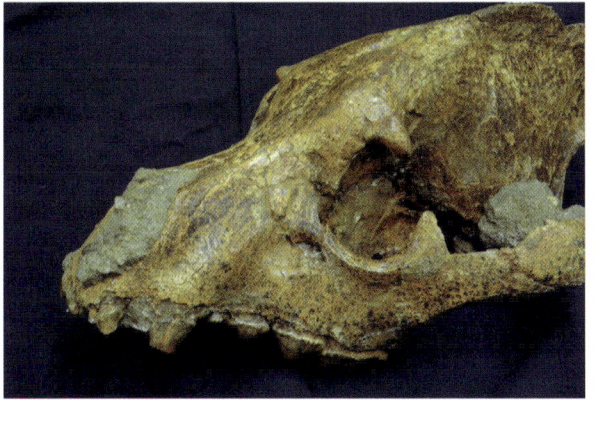

**Abb. 163.** Schädel einer Hyäne

Um welche Art Hyäne es sich beim abgebildeten Schädel aus den Mosbacher Sanden handelt, ist unklar. In der Eiszeit lebte jedoch eine große Unterart der Tüpfelhyäne (*Crocuta crocuta*) in den Kältesteppen Mitteleuropas. Diese so genannte Höhlenhyäne (*Crocuta crocuta spelaea*), früher *Hyaena spelaea* genannt, dürfte vermutlich auch im Taunus und seinem Vorland ein ernster Nahrungskonkurrent der Frühmenschen gewesen sein.

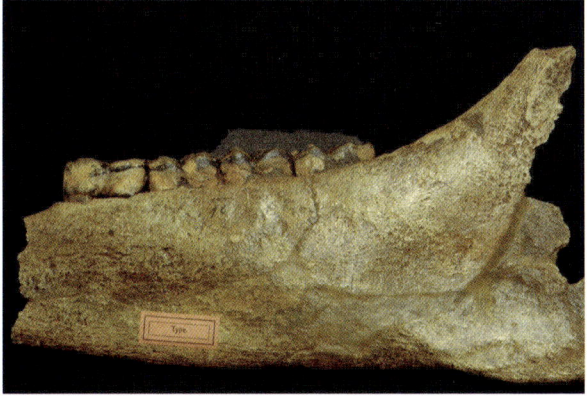

**Abb. 164.** Unterkiefer eines Pferdes aus den Mosbacher Sanden

Aus Europa sind Überreste von Pferden der Gattung *Equus* seit der Altsteinzeit belegt. Mit Beginn des Eiszeitalters vor 2,6 Millionen Jahren wanderten die verschiedenen Equus-Arten, deren Entwicklung im Eozän vor rund 55 Millionen Jahren mit dem *Hyracotherium* oder *Eohippus* begann, nach Eurasien, Afrika und Amerika.

Wissenschaftler dort Fossilien sammeln und bis heute über 60 Säugetierarten bestimmen.

## 5.6 Ausblicke

Wir leben in einer Warmzeit des Eiszeitalters, dem Holozän. Nach dem heutigen Stand der Wissenschaft umfassten die bisherigen Eiszeiten des Pleistozän, wie erwähnt, eine Zeitspanne von jeweils rund 100.000 Jahren, die dazwischen liegenden Warmzeiten dauerten etwa 10.000 bis 20.000 Jahre. Ein

Grund für den Beginn der Vereisungen weiter Teile der Erde vor 2,6 Millionen Jahren ist der Umstand, dass die Landmassen sich um die Pole geschart hatten, was eine Gletscherbildung erst ermöglichte. Da unsere Warmzeit bereits rund 10.000 Jahre andauert und die Kontinente immer noch in etwa da liegen, wo sie vor 2,6 Millionen Jahren lagen, steuern wir, den Berechnungen von Milutin Milankovitch zufolge, mit großer Wahrscheinlichkeit auf eine neue Eiszeit zu. Ob diese künftige Eiszeit, trotz aktueller Klimaerwärmung, erst in 5.000 oder 10.000 Jahren oder gar früher einsetzt, weiß heute niemand. Fest steht zumindest, wir leben immer noch im erdgeschichtlich jungen Eiszeitalter des Quartärs.

# 6

# Im Portrait:
# Böden des Taunus

Wiederholt wurden im Zusammenhang mit den unterschiedlichen Aspekten der Geologie und Landschaftsentwicklung des Taunus der Boden, einige Bodentypen und die Bedeutung des Bodens für den Naturraum des Taunus erwähnt. Doch möchte man die Böden des Taunus genauer beschreiben, so steht man erneut vor der Frage: welche Bö-

den des Taunus? Denn so vielfältig wie die Gesteine und die Landschaft des Taunus sind auch seine Böden. Um unsere Zeitreise abermals nicht allzu lange zu unterbrechen, sollen sich die folgenden Beschreibungen wiederum auf die wesentlichen Böden des Taunus und hierbei auf diejenigen mit charakteristischen Bodenprofilabfolgen beschrän-

**Abb. 165.** Ökofaktor Boden
Der Boden ist für das Leben von Menschen, Tieren und Pflanzen einer der wichtigsten Ökofaktoren. Wir leben vom Boden, und ohne Boden hätten wir keine Nahrung. Er übernimmt vielfältige Funktionen: Standort für Pflanzen, Nährstofflieferant, Produktionsgrundlage für Nahrungs- und Futtermittel, Wasserspeicher, Filter und Puffer für Schadstoffe. Der Boden ist zugleich auch ein äußerst komplexer Lebensraum. In einer Handvoll humosen Oberbodens gibt es mehr Lebewesen als Menschen auf der Erde, und die Lebensgemeinschaften der Bodenorganismen sind mindestens so artenreich und faszinierend wie diejenigen der Korallenriffe und Regenwälder.

---

**Boden: eine Definition zwischendurch**

Nicht alles Lockermaterial unter unseren Füßen ist ein Boden. Es gibt eine Vielzahl an Definitionen von Bodenkundlern, Geographen und Geologen, die allesamt zwar ähnlich aber zugleich mit Kompromissen behaftet sind. Folgende Definition bietet wesentliche, wenngleich ebenso kompromissbehaftete Aussagen: Boden ist der oberste, belebte sowie mit Wasser und Luft durchsetzte Teil der Erdkruste, der durch länger anhaltende physikalische, chemische und biologische Prozesse klimaabhängig entstanden und in einzelne Horizonte zu gliedern ist, sich aber auch hinsichtlich seiner Struktur und Färbung vom unterlagernden Gestein, gleich ob Fest- oder Lockergestein, durch die längerfristige Einwirkung der Standortfaktoren deutlich unterscheidet. Zu diesen Standortfaktoren gehören die Verwitterbarkeit und die chemische Zusammensetzung des Gesteins, das Wasserangebot, die Temperatur und der Temperaturwechsel, die Form und Himmelsrichtung der Geländeoberfläche, die Tätigkeit der Lebewesen und die Zeit.

**150** 6 Im Portrait: Böden des Taunus

**Abb. 166.** Boden

Ein Feld zwischen Lahnstein und Nassau im westlichen Hintertaunus. Eigentlich nichts Spektakuläres. Doch der braune Boden hat dem Fachkundigen eine lange Geschichte zu erzählen. Sie reicht von der letzten Eiszeit über die ersten Bodenverluste durch den wirtschaftenden Menschen bis zu seinem heutigen Zustand.

ken. Denn, wie überall in der Natur, gibt es auch zwischen den zahlreichen Böden fließende Übergänge.

# 6.1
# Dünne Haut: Ranker

In den Hochlagen des Taunuskammes, wo beispielsweise exponierte Quarzit-Kuppen nur die Entwicklung extrem flachgründiger, saurer und nährstoffarmer Böden zuließen, findet sich als Bodentyp der Ranker. Der Name Ranker leitet sich vom österreichischen Begriff „Rank" für Berghalde oder Steilhang ab. Es sind sehr schwach entwickelte, steinreiche Böden, die vom darunter befindlichen Festgestein geprägt sind und bei denen der von Lehm und Sand durchsetzte humose Oberboden, Ah-Horizont genannt (h von humos oder Humus), direkt dem Festgestein aufliegt. Dieser Ah-Horizont wird nicht mächtiger als 30 Zen-

6 Im Portrait: Böden des Taunus

**Abb. 167.** Ranker

Ranker, wie dieser aus Tonschiefern im Hintertaunus, sind sehr flachgründige Böden mit einem Ah/mC-Profil (m = massives Festgestein). Der von Steinen und Sand durchsetzte Ah-Horizont ist relativ scharf gegen den C-Horizont (= unverwittertes Ausgangsgestein) abgesetzt. Gelegentlich ist das Festgestein auch bereits leicht aufgelockert. Dann weist der Boden ein Ah/(ilC)imC-Profil auf (i bedeutet „silikatisch" und meint Gestein ohne oder mit nur sehr wenig Kalkanteil, l steht für locker).

timeter. Aufgrund ihrer Eigenschaften sind diese Böden landwirtschaftlich nicht rentabel nutzbar. Sie zählen zu den Grenzertragsböden. Auch die forstliche Nutzung ist nicht besonders wirtschaftlich, jedoch zum Erhalt der Bodendecke zweckmäßig. Bei den Rankern im Taunuskamm handelt es sich in vielen Fällen nicht um natürlich entwickelte Böden. Die Waldrodungen führten in der Regel zur Abspülung der dort nur 50 bis 70 Zentimeter mächtigen Schuttdecken, in denen zuvor meist Braunerden entwickelt waren.

## 6.2 Fein verteilter Rost: Braunerde und Parabraunerde

Bei der Verwitterung zahlreicher Minerale wird Eisen freigesetzt und oxidiert. Es rostet sozusagen. Dies ist mit einer Braunfärbung oder so genannten Verbraunung des Bodens und einer Erhöhung seines Tongehaltes verbunden. Man bezeichnet dies auch als Verlehmung. Auf diese Weise entstehen Braunerden mit einem typischen Ah/Bv/C-

**Das Bodenprofil**

Die Boden bildenden Prozesse und Standortfaktoren bewirken bestimmte Bodenprofile. Ein solches Bodenprofil ist ein senkrechter Schnitt durch den Bereich des oberflächennahen Untergrundes, der von der Bodenbildung erfasst wurde. Man kann ein Bodenprofil erstellen, indem man mit einem Bohrer einen Bohrkern zieht oder indem man eine Schürfgrube bis zum Ausgangsgestein der Bodenbildung gräbt. Bodenprofile sind in so genannte Bodenhorizonte, kurz Horizonte, gegliedert. Sie sind das Ergebnis der Boden bildenden Prozesse, die das Ausgangsgestein der Bodenbildung verändern. Das Zusammenspiel der Standortfaktoren bewirkt ganz bestimmte Horizontabfolgen. Sie unterscheiden sich unter anderem in der Farbe, in ihrer Struktur oder hinsichtlich ihrer Korngrößenverteilung. Horizonte werden in der Bodenkunde durch Großbuchstaben gekennzeichnet. So bezeichnet beispielsweise der Großbuchstabe A den humosen Oberboden (= A-Horizont), der Buchstabe B häufig den Unterboden und C das Ausgangsgestein der Bodenbildung. Zur Kennzeichnung von bestimmten Horizontmerkmalen (beispielsweise humos, beackert, vernässt oder mit Stoffen angereichert) werden Kleinbuchstaben verwendet [beispielsweise Ah-Horizont für den humosen Oberboden (h für humos) oder Ap für den mit dem Pflug bearbeiteten Horizont (p für Pflug)]. Dabei kann es natürlich zu den verschiedensten Übergangshorizonten kommen. Also Horizonte, die auch noch Eigenschaften eines anderen Horizontes besitzen.

**152** 6 Im Portrait: Böden des Taunus

**Abb. 168.** Braunerde

Bei der chemischen Verwitterung zahlreicher Mineralien wird Eisen freigesetzt und oxidiert. Die dadurch zustande kommende braune Farbe von Böden der gemäßigten Klimate wird durch das Eisen-Oxidhydroxid Goethit FeO(OH) – nach Johann Wolfgang von Goethe – verursacht. Diese „Verbraunung" ist mit einer Erhöhung des Tongehaltes verbunden. Man bezeichnet dies als Verlehmung. Die Erhöhung des Tongehaltes hat zwei Gründe: Bei der chemischen Verwitterung von Gesteinen wie beispielsweise Quarzit, Schiefer oder auch Löss entstehen aus den Verwitterungsrückständen neue Minerale, die Tonminerale. Zudem enthalten kalkhaltige Festgesteine, wie sie etwa im Hintertaunus vorkommen, oft noch andere Mineralien als Beimengung oder „Verunreinigung". Werden die Verwitterungsrückstände dieser Gesteine durch weitere Verwitterung entkalkt, bleiben die feinen tonigen Verunreinigungen zurück und reichern den Boden nun relativ mit Material der Korngröße Ton an. Das Foto zeigt eine Braunerde aus Haupt- über Basislage über anstehendem Schiefer bei Bad Schwalbach.

Profil. Dabei bezeichnet Bv den verbraunten und verlehmten Horizont (v von verwittert) und C das unverwitterte Ausgangsgestein der Bodenbildung. Der im Bereich des Tau-nushauptkammes außerhalb der exponierten Lagen vorherrschende Boden ist sicherlich die Braunerde. Auch über den Tonschiefern des östlichen und westlichen Hintertaunus

---

**Bodentyp**

Forscher neigen im Allgemeinen dazu, alle Dinge, mit denen sie sich beschäftigen, zu ordnen oder zu klassifizieren, das heißt in bestimmte Systeme einzuordnen. Das ist zum einen gut so und zum anderen auch in der Bodenkunde nicht anders. Deshalb gibt es die Bodensystematischen Einheiten, in denen die in der Bundesrepublik verbreiteten Böden zusammengestellt sind. Lebewesen werden von Biologen von der Domäne übers Reich bis hinunter zur Gattung, Art und Varietät in ein klares System eingeordnet. Ähnlich ist es beim Boden. Hier gibt es zum Beispiel Abteilungen, Klassen und Typen. Je nachdem wie stark das Wasser die Bodenentwicklung bestimmt (Wasserregime), unterscheidet man vier Boden-Abteilungen: Terrestrische Böden (Böden außerhalb des Grundwassereinflusses), Semiterrestrische Böden (Böden, die vom Grundwasser beeinflusst sind), Semisubhydrische, Subhydrische Böden (Böden im Einfluss der Gezeiten und Unterwasserböden) und Moore. Böden, die sich im gleichen Entwicklungszustand befinden und die gleiche oder eine ähnliche Horizontabfolge aufweisen, werden innerhalb der Abteilungen zu Bodenklassen zusammengefasst. Innerhalb der Bodenklassen werden wiederum Bodentypen aufgrund bestimmter Horizontabfolgen, Horizontmerkmale oder Ausgangsgesteine unterschieden, bei denen also eine ganz bestimmte Konstellation der Standortfaktoren vorliegt.

6 Im Portrait: Böden des Taunus

153

sowie der Idsteiner Senke ist die Braunerde außerhalb von mächtigeren Lössanwehungen der häufigste Bodentyp. Die aus den periglazialen Deckschichten entstandenen Braunerden bestehen meist aus schwach bis mittel steinigem Lehm mit deutlichem Lössanteil. Die natürliche Vegetation auf diesen sehr sauren Böden (pH-Werte <3) ist der Hainsimsen-Buchenwald, jedoch trifft man vielerorts im Taunus Fichtenwald über Braunerden an.

Kommt es im Boden zu einer vertikalen Verlagerung und Anreicherung von Ton in tieferen Bodenbereichen, spricht man von Parabraunerden (vom griechischen para = neben, abweichend). Diese Böden besitzen ein Ah/Al/Bt/C-Profil. Das dem Großbuchstaben nachgestellte Symbol l steht für lessiviert (vom französischen lessiver = auslaugen im Sinne von Verlagern) und das Symbol t für Tonanreicherung. Parabraunerden finden sich im Taunus häufig auf den nach Osten oder Südosten exponierten Hängen asymmetrischer Täler auf denen während der letzten Eiszeit verstärkt Löss abgelagert wurde. Auch in den Lössablagerungen der Idsteiner Senke oder zum Beispiel an den weiten Westhängen des Emsbachtales von Bad Camberg bis südlich von Walsdorf ha-

**Abb. 169.** Parabraunerde

Bei der Entwicklung einer Parabraunerde wird bei ausreichenden Niederschlägen Ton im Profil von oben nach unten verlagert. Der Transport des feinkörnigen Materials erfolgt dabei in gröberen Bodenporen, entlang von Schrumpfungsrissen im Boden und in Regenwurmgängen. Der verlagerte Ton wird im Unterboden angereichert und bildet dort nicht selten eine für Wasser schwer durchlässige Schicht. Diese Anreicherung kann zur Staunässe führen. Tonverlagerung ist der entscheidende Vorgang für die Entstehung einer typischen Parabraunerde.

Zurzeit des neolithischen Ackerbaus handelte es sich bei den Lössböden des Taunus und Vortaunus noch nicht um Parabraunerden, sondern verbreitet um Schwarzerden. Sie gehören auch heute für die Landwirtschaft zu den wertvollsten Böden. Unter dem Begriff „Schwarzerden" werden Böden zusammengefasst, die auf Grund der Anreicherung von hochwertigen Humusstoffen bis zu einer Tiefe von 60 bis 80 Zentimetern dunkelbraun bis schwarz gefärbt sind. Schwarzerden entstanden unter kontinentalen Klimabedingungen mit sehr heißen Sommern und kalten Wintern. Ausgedehnte Wälder konnten sich unter diesen Bedingungen nicht ansiedeln, wohl aber eine üppige Steppenvegetation aus Gräsern und Kräutern. So wurden große Mengen an organischer Pflanzenmasse produziert, die im Hochsommer vertrocknete und bei tiefen Temperaturen im Winter nur langsam abgebaut wurde. Bodentiere wie Regenwürmer, Hamster und Ziesel arbeiteten die abgestorbenen organischen Rückstände tief in den Boden ein und durchmischten den mächtigen Horizont. Die Schwarzerden gingen infolge einsetzender Klimaverschlechterung, es wurde kühler und feuchter, durch zunehmenden Abbau des Humus und pH-Wert-Absenkung in Braunerden und Parabraunerden über. An wenigen Stellen des Vortaunus sind Schwarzerden als Relikte erhalten.

ben sich typische Löss-Parabraunerden entwickelt. Im Vortaunus ist die Parabraunerde der vorherrschende Bodentyp.

Durch Erosion sind die ursprünglichen Profile der Parabraunerden jedoch oft stark verkürzt, da gerade die wertvollen Lössböden am anfälligsten gegenüber der Erosion durch Wasser sind. Sie enthalten besonders viel Material der Korngröße Schluff, die von 0,002 bis 0,063 Millimeter Durchmesser reicht und somit zwischen Ton (kleiner als 0,002 Millimeter und Sand (0,063 bis 2,0 Millimeter) liegt. Ton haftet gut aneinander und Sand lässt das Wasser gut versickern, so dass beide Korngrößen die Erosion durch Wasser erschweren. Man kann davon ausgehen, dass im Taunus und seinem Vorland kaum noch Parabraunerden ohne Erosionsschäden vorkommen. Ein beträchtlicher Teil der erodierten Löss-Parabraunerden des Taunus liegt heute in den Auen als braune Auenlehme. Im Vortaunus sind die Parabraunerden infolge starker Bodenabtragung an vielen Stellen zu Pararendzinen mit einem Ah/C-Profil degradiert. Der Begriff „Rendzina" stammt von polnischen Bauern und bedeutet soviel wie „Kratzer". Er verdeutlicht das scharrende Geräusch des Pfluges an den vielen Steinen im Boden, wenn das Ah/C-Profil über kalkhaltigem Festgestein ausgebildet ist. In diesem Fall heißt auch der Bodentyp „Rendzina". Ihn findet man im Taunus im Bereich der devonischen Massenkalke, wenn periglaziale Deckschichten fehlen.

## 6.3
# Immer nur sauer: Podsol

Neben Rankern über Festgestein treten im Bereich des Taunuskammes in Schuttdecken aus Verwitterungsprodukten des Taunusquarzites und der Hermeskeil-Schichten

Podsole auf. Der Name „Podsol" stammt aus dem Russischen und bedeutet frei übersetzt „Ascheboden". Dieser Name ist recht treffend, denn im Gelände erkennt man typische Podsole an ihrem gebleichten, weißlichgrau gefärbten Oberboden. Die Sandsteine und Quarzite des Taunus verwittern nur grobkörnig. Das Feinmaterial der Podsole besteht deshalb überwiegend aus Sand. Dieses saure, calcium- und magnesiumarme sowie gut wasserdurchlässige Ausgangsmaterial der Bodenbildung bietet Streu zersetzenden Bodenorganismen, aber auch den höheren Pflanzen nur recht bescheidene Lebensbedingungen. Hinzu kommen eine relativ hohe Luftfeuchte und niedrige Jahresmitteltemperaturen. Daher herrscht an diesen Standorten oft die genügsame Fichte vor, deren Nadelstreu recht nährstoffarm und schwer zersetzbar ist. Im sauren Boden existieren überwiegend Pilze und bestimmte Bakterien, die mit diesen schlechten Bedingungen zu Recht kommen.

Die Folge: Die Streu wird nur ungenügend abgebaut, was unter Wald zu einer bis zu 20 Zentimeter mächtigen Rohhumusauflage führen kann, die wiederum nur in geringen Mengen pflanzenverfügbare Nährstoffe liefert – ein Teufelskreis. Auch wenn man den Bodenorganismen ihr karges Dasein zugute halten muss, sie haben einen Nachteil: Sie hinterlassen beim Zersetzen der organischen Substanz leicht mit dem Sickerwasser abtransportierbare organische Säuren. Zum Beispiel Zitronensäure. Auf ihrem Weg mit dem Sickerwasser nach unten „schnappen" sich diese Säuren unter anderem organische Stoffe, Eisen- und Manganoxid-Ionen und bleichen somit den Boden. Denn diese Oxide verleihen dem Boden normalerweise seine braune Farbe. Es bleibt ein an diesen Stoffen verarmter, gebleichter Horizont zurück. Man bezeichnet diesen gebleichten Bodenbereich als Eluvial- oder Ae-Hori-

6 Im Portrait: Böden des Taunus

**Abb. 170.** Fichtenbestand
Über Podsolen oder podsolierten Böden findet sich im Taunus meist die genügsame Fichte, deren Nadelstreu recht nährstoffarm und schwer zersetzbar ist, so dass der Vorgang der Podsolierung gefördert wird.

zont (A = Oberboden und e von lateinisch
eluere = ausspülen). Im Unterboden stoßen
die Säure-Metall-Verbindungen, metallor-
ganische Komplexe genannt, auf höhere
pH-Werte. Nun hat das Spiel ein Ende. Die
weitere Verlagerung und Verbindung der
metallorganischen Komplexe wird dadurch
gestoppt. Warum dies so ist, konnte die Bodenkunde noch nicht restlos klären. Zuerst
lagern sich die organischen Stoffe ab, dann
die Oxide, so dass unter dem gebleichten Horizont ein grauschwarzer Bh-Horizont (h von
Humus) folgt und zum Schluss ein rötlich-
brauner Bs-Horizont (s von Sesquioxide).
Oft ist der Bh-Horizont aus verschiedenen
Gründen nicht oder nicht deutlich sichtbar.

Dann folgt auf den Ae-Horizont direkt der
rötlichbraune Horizont. Unter dem Begriff
„Sesquioxide" (sesqui = eineinhalbfach)
versteht man Moleküle, die aus drei Atomen
Sauerstoff und zwei Atomen eines anderen
Moleküls bestehen. Es ist eine Sammelbe-
zeichnung für Oxide und Hydroxide des
Aluminiums (Al), Eisens (Fe) und Mangans
(Mn).

In geschützteren Reliefbereichen, in Mul-
den- und Leelagen, des Taunuskammes enthält der Verwitterungsschutt des Quarzites
und der Hermeskeil-Schichten deutlich
mehr Feinmaterial der Korngröße Schluff,
wobei es sich um Lössanteile und Verwitte-

**156**  6 Im Portrait: Böden des Taunus

**Abb. 171.** Podsol

Typische Podsole sind infolge der Stoffverlagerungen oft recht farbenprächtige Böden. Im Taunus findet man sie in Schuttdecken aus grobkörnigem Verwitterungsmaterial über Taunusquarzit und den Sandsteinen der Hermeskeil-Schichten. Das Foto zeigt einen Podsol, der sich auf dem Kleinen Feldberg in mehreren Schuttdecken gebildet hat: in einem holozänen Sediment über Haupt- und Basislage. Unter dem humosen und dunkel gefärbten A-Horizont folgt der graue und gebleichte Ae-Horizont, darunter ist der rötlichbraune Bs-Horizont zu erkennen.

## Bodenentwicklung

Die Bodenentwicklung wird in der Fachsprache als Pedogenese von griechisch pédon = Boden und génesis = Entstehung bezeichnet. Eine der wichtigsten Vorraussetzungen für die Entwicklung der meisten Böden, sieht man zum Beispiel von Mooren ab, ist die Verwitterung der Gesteine oder das Vorhandensein periglazialer Deckschichten wie im Taunus. Auch der Vorgang der Verwesung oder Verrottung von Tieren und Pflanzenteilen zu Humus ist neben anderen Prozessen eine wichtige Vorraussetzung für die Entwicklung eines Bodens. Zu diesen anderen Prozessen zählen Verlagerungsvorgänge innerhalb des Bodens, Umwandlungsprozesse, Durchmischungsvorgänge und die Bodenerosion durch Wasser, Wind oder die Schwerkraft. Alle Prozesse laufen solange ab, bis ein Endstadium der Bodenentwicklung, ein so genanntes Klimaxstadium, erreicht wird. Daher ist auch die Zeit ein Aspekt der Bodenentwicklung. In welcher Art und Weise all diese Prozesse ablaufen und welche typischen Merkmale ein Boden schließlich hat, hängt immer von den jeweiligen Standortfaktoren ab. So wird sich ein Boden beispielsweise unter sonst gleichen Bedingungen an einem steilen Hang von einem Boden in der Ebene unterscheiden. Denn am Hang fließt das Wasser stärker ab und die Bodendecke ist durch Erosion daher oft dünner, während sich in der Ebene im Boden Wasser stauen kann, welches die Bodenentwicklung entscheidend beeinflusst. Die Boden bildenden Prozesse und Faktoren bewirken im Lauf der Bodenentwicklung die Ausprägung bestimmter Bodenhorizonte.

6 Im Portrait: Böden des Taunus

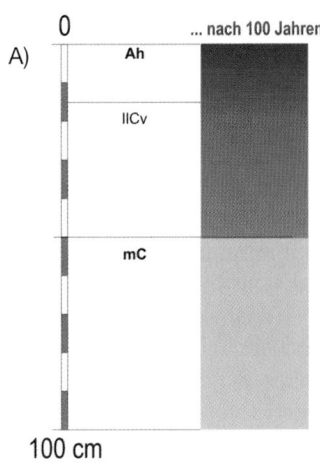

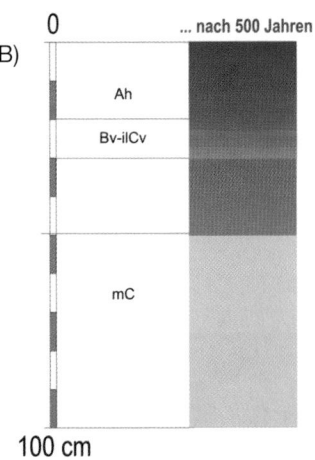

**Abb. 172.** Standortfaktor Zeit: Vom Rohboden zur Braunerde

Die Entwicklung eines Bodens ist abhängig von der Zeit. Sofern die Bodenentwicklung nicht gestört wird, kommt es unter der gegebenen Konstellation der Standortfaktoren irgendwann zu einem Klimaxstadium. Dies ist ein Gleichgewichtszustand zwischen der Bodenentwicklung und der auf sie einwirkenden Standortfaktoren. Welche Zeit für das Erreichen des Klimaxstadiums eines Bodens nötig ist, darüber ist sich die bodenkundliche Forschung heute noch uneins. Für die Parabraunerden und Braunerden des Taunus ist das Klimaxstadium unter den derzeitigen Klimaverhältnissen erreicht. Sie haben sich in den letzten 10.000 Jahren in den eiszeitlichen Sedimenten entwickelt. Zum Teil sind Parabraunerden, so etwa im Vortaunus, infolge von Klimaveränderungen auch aus Schwarzerden hervorgegangen. Das Beispiel zeigt schematisch die Entwicklung einer Braunerde, dem im Taunushauptkamm verbreiteten Bodentyp, in einer Schuttdecke (Hauptlage mit Lössanteil und Laacher See Tephra) über Taunusquarzit.

A) Bodentyp: Regosol (von griechisch rhegos = Decke)
Nach mehreren Jahrzehnten bis 100 Jahre: sichtbare Bodenentwicklung unter Vegetation. Die Anreicherung von Humus im obersten Bereich der Schuttdecke führt zur Ausbildung eines Ah-Horizontes. Darunter folgt ein ilCv-Horizont.

B) Bodentyp: Braunerde-Regosol
Nach 500 Jahren: Ausbildung eines Ah/Bv-ilCv/mc-Profils. Entkalkung des Löss und Verwitterung wurden nahe der Oberfläche wirksam, Beginn der Verbraunung und Verlehmung, daher schwache Verbraunung (= Bv-ilCv-Horizont) unterhalb des Ah-Horizontes.

C) Bodentyp: Baunerde
Nach 8.000 Jahren: Ah/Bv/mC-Profil. Beginnende Nährstoffauswaschung.

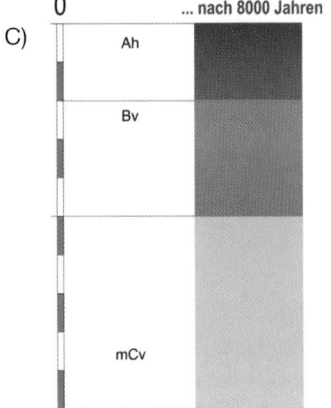

**158**  6 Im Portrait: Böden des Taunus

rungsreste der Laacher See Tephra handelt. Löss und Tephra sind in den Solifluktionsschutt eingemengt worden und verbessern somit die chemischen und physikalischen Eigenschaften des Ausgangsmaterials der Bodenbildung erheblich. Anstatt von Podsolen finden sich an diesen Standorten recht saure Braunerden, deren pH-Werte zwischen 3,0 und 4,0 liegen. Sie besitzen somit ein etwas günstigeres Nährstoffangebot als die Podsole und sind aufgrund ihres hohen Gehaltes an Laacher See Tephra sehr locker gelagert (bis zu 80 Prozent Porenvolumen mit zahlreichen Mittelporen). Deswegen haben diese Böden ein extrem hohes für Pflanzen verfügbares Wasserspeichervermögen, was nicht zuletzt auf den hohen Anteil an Allophanen unter den Tonmineralen zurückzuführen ist. Diese Minerale mit großer Sorptionsfähigkeit entstammen der Verwitterung der Laacher See Tephra. Böden mit diesen Eigenschaften werden als Lockerbraunerden bezeichnet.

# 6.4
# Wasser im Überfluss: Pseudogley und Gley

Dort, wo das Wasser die Bodenentwicklung entscheidend steuert, sind so genannte hydromorphe Böden ausgebildet (vom griechischen hydor = Wasser und metamorphein = umgestalten). Das kann durch Staunässe oder durch Grundwassereinfluss geschehen. Böden, die von Stauwasser geprägt sind, nennt man Pseudogleye. Der Begriff „Gley" stammt aus dem Russischen und bedeutet soviel wie „sumpfiger Boden". Typische Pseudogleye entstehen, wenn unter einer relativ gut wasserdurchlässigen Bodenzone ein dichter und somit stauender Bereich folgt. Stauend wirken beispielsweise die mit Ton angereicherten Unterböden von Parabraunerden, die dadurch nicht selten auch mehr oder weniger stark pseudovergleyt sind. Auch dichtere, feinerereiche Schich-

**Abb. 173.** Pseudogley aus Lösslehm

Dem A-Horizont oder Oberboden folgt beim Pseudogley der Sw-Horizont (S von Stauwasser und w von Wasser leitend). In diesem Horizont staut sich nach Niederschlägen das Sickerwasser, wobei es sich seitlich bewegen kann. Das gestaute Wasser bewirkt Sauerstoffmangel, Eisen und Mangan werden gelöst. Durch den Wechsel von Austrocknen und Nässe entstehen rostbraune, graue und schwarze Konkretionen, das heißt knollige Ansammlungen der genannten Metalle. Sie geben dem Horizont eine fleckige Färbung. Unter dem Sw-Horizont folgt der Wasser stauende Sd-Horizont (d von dicht). In ihm erfolgte eine Bleichung der Aggregatoberflächen und eine Anreicherung des Eisens und Mangans im Inneren der Aggregate. Die Folge ist eine auffällige Marmorierung dieses Horizontes, wird er in einem Aufschluss angeschnitten.

6  Im Portrait: Böden des Taunus

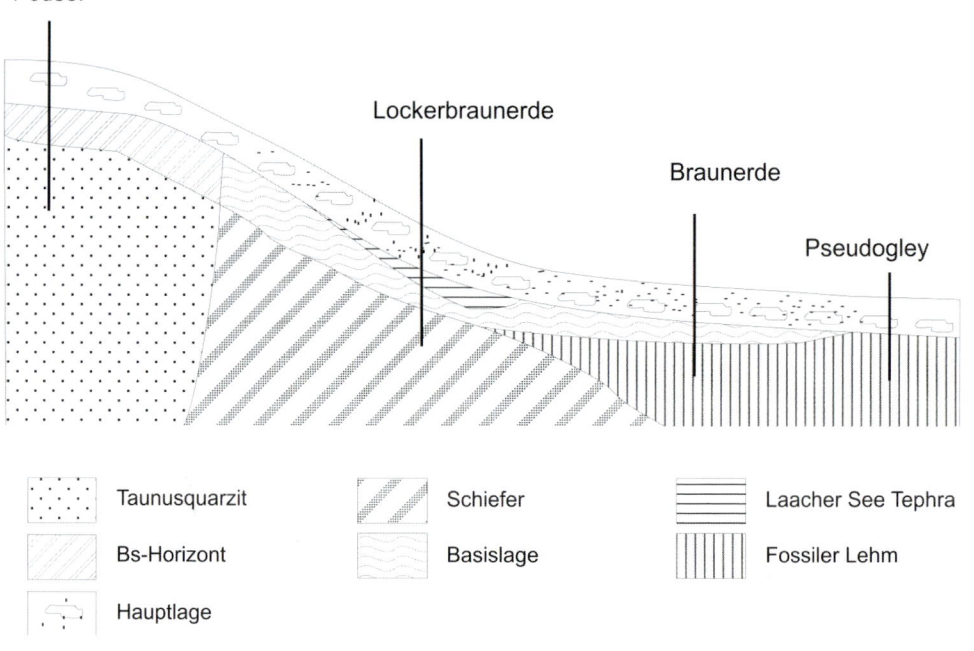

**Abb. 174.** Bodenabfolge im Bereich des Taunuskammes (nach Semmel 1993, verändert)

Die schematische Abbildung zeigt eine typische Bodenabfolge im Bereich des Taunuskammes. In einer ge-
ringmächtigen eiszeitlichen Schuttdecke aus sandigen, steinreichen Verwitterungsprodukten, die den Taunusquarzit überlagert, hat sich ein Podsol entwickelt. Hangabwärts führte die Beimengung von Löss und
Laacher See Tephra in der Schuttdecke, die hier eine mächtigere Schicht aus Tephra in geschützter Lage
überdeckt, zur Ausbildung einer Lockerbraunerde über der Basislage, die aus Tonschiefern hervorging. Im
weiteren Hangverlauf keilt die Tephra aus und ist nur noch als Beimengung im Schutt (= Hauptlage) vorhanden. Hier bildete sich eine Braunerde aus Hauptlage über Basislage. Darunter folgt der Lehm des Saproliths
der mesozoisch-tertiären Verwitterungsdecke. In flacher werdenden Hangabschnitten wird das feinkörnige
Material der Verwitterungsdecke zum Wasserstauer, was zur Ausbildung von einem Staunässeboden, einem
Pseudogley führte.

ten innerhalb der eiszeitlichen Schuttdecken
wirken Wasser stauend. Dies wirkt sich insbesondere auf Verebnungen und Hochflächen des Taunus aus. Charakteristisch für
Pseudogleye ist der fahl gebleichte, Was-

ser leitende Bereich, Sw-Horizont genannt
(w von Wasser leitend) und der stauende
Bodenabschnitt des Sd-Horizontes (d von
dicht) mit auffälliger Marmorierung durch
Eisen- und Manganausfällung im Innern

---

**Bodenaggregate**

Aggregate sind eine Form des Bodengefüges. Der Begriff „Gefüge" beschreibt die Art und Weise, in
der die Teilchen, aus denen sich ein Boden zusammensetzt, zueinander gelagert sind. Beim Aggregat-
gefüge (von lateinisch aggregare = beigesellen) haben sich die Bodenteilchen zu größeren Teilchen,
den Aggregaten, zusammengefügt. Die Ursachen dafür sind Schrumpfungsvorgänge im Boden, die zur
Absonderung von Bodenteilchen führen oder biologische Vorgänge, die eine Zusammenballung von
Bodenteilchen bewirken.

# 6 Im Portrait: Böden des Taunus

**Abb. 175.** Niedermoor

Niedermoore entstehen unter dem Einfluss von andauernd an oder über der Geländeoberfläche stehendem Grund- oder Überflutungswasser. Dieses Beispiel für ein Niedermoor im Taunus findet sich zwischen Eppstein-Ehlhalten und Idstein-Heftrich im Bereich des Heimbaches. In Bad Schwalbach werden seit 1905 mit der Inbetriebnahme des Moorbadehauses der Kurstadt Moorkuren mit dem Torf aus Niedermooren der näheren Umgebung angeboten. Da es um Bad Schwalbach nur geringe Niedermoorvorkommen in den Seitentälern gab und deren Erschöpfung absehbar war, wurden schon 1903 künstliche Moorgruben angelegt. Dort wird das Moor nach den medizinischen Anwendungen gelagert, damit es sich über einen Zeitraum von etwa 10 Jahren hinweg zur erneuten Anwendung regenerieren kann. Diese Gruben liegen etwa 1,5 Kilometer vom Moorbadehaus entfernt im Gerstruthtal, das sich an den Kurpark anschließt. Zu Beginn der Moorkuren wurde das Moor noch mit Pferdefuhrwerken von den Gruben zum Moorbadehaus transportiert. Dann errichtete man die „Moorbahn", eine Feldbahn mit 600 Millimetern Spurweite. Wann dies geschah, darüber herrscht heute Uneinigkeit. Das Moor wird heute nach den Anwendungen über eine Rohrleitung in die Gruben zurückgepumpt. Die Mooroder Kurbahn ist seit 2001 für den Personenverkehr umgebaut und seither eine touristische Attraktion.

6  Im Portrait: Böden des Taunus

**Abb. 176.** Auengley
Durch oft hohe Grundwasserstände, die hohe Mobilität der im Grundwasser gelösten Nährstoffe und durch
den eingeschränkten Wurzelraum sind Gleye ackerbaulich kaum nutzbar. Hinzu kommt die langsame Erwär-
mung des Bodens.

von Bodenaggregaten, was durch den Anschnitt im Aufschluss sichtbar wird.

Pseudogleye finden sich häufig auch über
stark verlehmten, sehr feinkörnigem Zersatz
der Tonschiefer. Da Fichten infolge der länger andauernden Staunässe im Unterboden
recht flach wurzeln und der aufgeweichte
Boden bei Sturm schlechten Halt bietet,
sind diese Standorte zumeist stärker durch
Windwurf gefährdet. Hier wird nun nach
und nach durch Aufforstung von naturnahen
Laubbeständen Abhilfe geschafft. Auf
Waldspaziergängen kann man die typischen
Merkmale des Pseudogleys gelegentlich
gut an den freiliegenden Wurzelballen vom
Wind geworfener Fichten erkennen.

Entlang der Bach- und Flussufer des Taunus bestimmt das schwankende Grundwasser die Bodenbildung. Die Böden weisen
unter dem Oberboden einen Horizont mit
rostig-braunen Flecken auf. Hier werden
Eisen- und Manganverbindungen oxidiert.
Dieser Go-Horizont (G von Grundwasser
und o von oxidiert) ist durch die zeitweise

auftretende Vernässung verrostet. Dort, wo
darunter das Grundwasser den größten Teil
des Jahres steht, herrscht Sauerstoffarmut.
Daher werden in diesem Bereich Eisen- und
Manganverbindungen reduziert. Das zeigt
sich in einer grauen, graugrünen oder grau-
schwarzen Färbung dieses Gr-Horizontes (r
von reduziert). Böden mit dieser Horizontabfolge heißen Gleye. Steht das Grundwasser das ganze Jahr über sehr hoch, fehlt der
Go-Horizont. Man spricht dann vom Bodentyp des Nassgleys. Wenn sich im Oberboden erste Merkmale einer Moorbildung
zeigen, handelt es sich um Anmoorgleye
und Moorgleye, die schließlich in Niedermoore übergehen.

Böden in Flussnähe, die über dem G-Hori-
zont noch Horizonte ohne deutliche Hydro-
morphierung aufweisen, zählt man zu den
Auenböden. An manchem Bachbett kann
man die Rostfleckung des Gleys sehr schön
beobachten. Wegen des ungünstigen Wasserhaushaltes eignen sich diese Böden zumeist
nur für extensives Grünland oder als Wald-

standorte. Bei ausreichend mächtiger Auflage aus Hochflutlehm sind auch Obstanbau und die Anlage von Gärten möglich, was in vielen Taunustälern zu sehen ist.

## 6.5
## Wirrwarr oder:
## der Kolluvisol

In einer dicht besiedelten Gegend wie dem Taunus sucht man unberührte Natur vergebens. So sind auch völlig unbeeinflusste „Naturböden" infolge der vom Menschen ausgelösten Bodenerosion kaum anzutreffen. Bodenmaterial, das durch intensive Erosionsprozesse von den Hängen abgetragen und in der Tiefenlinie von Hohlformen oder am Hangfuß wieder abgelagert wurde,

nennt man Kolluvium. Damit bezeichnet der Bodenkundler in treffender Weise vom Niederschlag zusammen gespültes Bodenmaterial, denn Kolluvium stammt vom lateinischen colluvio, was soviel wie Wirrwarr bedeutet. An den Unterhängen beackerter Flächen sind Kolluvien weit verbreitet und dort stark mit Nährstoffen angereichert, bei dichtem Untergrund zum Teil auch pseudovergleyt. Wenn sich in zusammen gespültem Material ein stark humoser Oberboden, also ein Ah-Horizont entwickelt hat, nennt man diesen Bodentyp „Kolluvisol". Typische Kolluvisole weisen eine Ah-M-Horizontabfolge auf (M vom lateinischen migrare = wandern). Darunter folgt der ursprüngliche, vom Kolluvium überdeckte Boden. Definitionsgemäß sind bei einem Kolluvisol Ah- und M-Horizont mächtiger als 40 Zentimeter.

**Abb. 177.** Kolluvisol

Kolluvisole sind Böden, die durch den Eingriff des Menschen in den Landschaftshaushalt entstanden sind und aus verlagertem Bodenmaterial bestehen.

6  Im Portrait: Böden des Taunus

**163**

**Abb. 178.** Weinberg oberhalb von Lorch

Weinbergsböden sind nach vielen Jahren unter der Pflugsohle aber auch im Bereich der Fahrspuren von Schleppern und Erntemaschinen oft stark verdichtet, was zu einem schlechten Gasaustausch führt. Zudem zeigen sie eine Verarmung an Humus, ein Nährstoffungleichgewicht und geringe biologische Aktivität. Besonders auf alten Rebenstandorten zeigt sich daher eine stärkere Rebmüdigkeit und teilweise eine hohe Besatzdichte mit Schädlingen, den rebspezifischen Nematoden. Daher wird mit der Neuanlage eines Weinbergs der Boden durch Rigolen (Tiefumbruch) verbessert.

## 6.6
## Wo der Wein gedeiht: der Rigosol

Dort, wo im Taunus der Wein gedeiht, im Rheingau und am Mittelrhein, ist ebenfalls ein Boden aus Menschenhand verbreitet: der Rigosol. Dabei handelt es sich um einen „künstlichen" Boden, der durch tief greifendes Umschichten von Bodenmaterial, dem Rigolen, entsteht (das niederländisch-französische „Rigole" bedeutet tiefe Rinne oder Entwässerungs-Graben). Denn fast alle Weinberge werden vor der Neuanlage rigolt. Früher erfolgte dies in Abständen von 30 bis 80 Jahren. Seit Mitte des 19. Jahrhunderts musste sich der europäische Weinbau auf

**164** 6 Im Portrait: Böden des Taunus

**Abb. 179.** Rigosol

Rigosole sind durch tiefgründige Bodenumschichtung vom Menschen geschaffene Böden. Sie enthalten unterschiedliche Mengen an Fremdmaterial, die der Bodenverbesserung dienen sollen.

Reblaus resistente Rebsorten umstellen, seither werden Weinberge sogar alle 20 bis 40 Jahre neu angelegt. Das Rigolen erfolgte bis in die 1950er Jahre fast ausschließlich per Hand und bis in Tiefen von 100 Zentimetern. Mittlerweile wird in der Regel mit speziellen Rigolpflügen in Tiefen von 40 bis 80 Zentimetern gearbeitet.

Durch diese wiederholten und tiefgründigen Rigolarbeiten wurde die natürliche Horizontabfolge der Weinbergsböden zerstört und miteinander vermischt, das Ergebnis bezeichnet man als R-Horizont (R von Rigolen). Wo Weinbergsböden nur geringe Mächtigkeit besitzen, wurde und wird beim Rigolen auch unverwittertes Gestein erfasst und dem R-Horizont beigemischt. Zur Bodenverbesserung und dem Ausgleich von Bodenerosion wurde Boden- und Gesteinsmaterial, beispielsweise Löss, Schiefer oder Mergel, in den Weinbergen aufgebracht. Das geschieht noch heute in beachtlichen Mengen, hinzu kommen große Mengen Kohlenschlacken, Trester und Kompost. Weinbergsböden werden daher vor der Neuanlage von Grund auf neu aufgebaut.

# 7

# Warme Zeiten

Vor rund 10.000 Jahren endete die letzte Eiszeit und unsere Warmzeit, Holozän genannt, begann. Mit anderen Worten: Wir werden auf unserer Zeitreise durch die Landschaftsgeschichte des Taunus das Eiszeitalter nicht mehr verlassen. Die Bezeichnung Holozän für unsere „Jetztzeit" stammt aus dem Griechischen und bedeutet sinngemäß „das völlig Neue". Der Begriff wurde 1867 durch den französischen Zoologen und Paläontologen Paul Gervais (1816–1879) geprägt und trifft den Nagel auf den Kopf. Denn dieses vorerst letzte und sicherlich rasanteste Kapitel der Landschaftsentwicklung im Taunus dominiert der Mensch, der im Holozän sesshaft wird, erstmals Ackerbau betreibt, Städte errichtet, mit Verkehrswegen die Landschaft versiegelt und zerteilt und gravierend in die

**Abb. 180.** Das Eis schmilzt

Mit dem Rückweichen des Eisrandes der nordeuropäischen Eismassen begann der erste Abschnit des Holozäns. Die Erdkruste begann sich von dieser Last befreit bis heute um etwa 300 Meter zu heben. Noch immer hebt sie sich im skandinavischen Raum um bis zu einem Zentimeter pro Jahr.

Natur eingreift, womit er bis heute, nicht nur im Taunus, unübersehbare und nachhaltige Veränderungen bewirkt.

**Das Holozän: alt, mittel und jung**

Nachdem die Weichsel-Eiszeit vor etwa 18.000 Jahren ihren klimatischen Tiefpunkt durchschritten hatte, begann eine phasenweise Wiedererwärmung des Klimas, mit einem vergleichsweise langen Übergang. Als die Temperatur schon fast Warmzeitniveau erreicht hatte, gab es vor 12.400 Jahren noch einmal einen Kälteeinbruch: die so genannte Jüngere Tundrenzeit. Auf die Jüngere Tundrenzeit folgte der erste Abschnitt des Holozäns. Dieser begann mit dem Zurückweichen des Eisrandes aus Mittelschweden und der Öffnung der so genannten Billinger Pforte, durch die das Wasser der Ostsee in den Atlantik abfließen konnte.

Man gliedert das Holozän heute nach verschiedenen Klimastufen in das Altholozän (9. bis 6. Jahrtausend v. Chr.) mit geobotanischer Untergliederung Präboreal bis Boreal, das Mittelholozän (6. bis 3. Jahrtausend v. Chr.) mit der geobotanischen Untergliederung Atlantikum sowie das Jungholozän (3. Jahrtausend v. Chr. bis heute) mit geobotanischer Untergliederung Subboreal bis Subatlantikum.

# 7.1
# Altholozän oder: Aus für Mammut & Co.

Einhergehend mit der drastischen Wandlung des Klimas trat im Altholozän, aber auch schon im ausklingenden Spätglazial der Würm-Eiszeit, ein Phänomen auf, das die Wissenschaft bis heute immer wieder ausgiebig diskutiert und vor immer neue Fragen stellt: das Aussterben der großen Säugetiere der Eiszeit, der so genannten Megafauna. Mammut & Co. verschwanden innerhalb von einigen Jahrtausenden, was aus geowissenschaftlicher Sicht rasend schnell erscheint, aus der Mammutsteppe von Main und Rhein und somit auch aus dem Taunus. Da Massensterben in der Erdgeschichte offenbar stets mit Klimaveränderungen aus unterschiedlichen Gründen einhergingen, vermuten viele Wissenschaftler auch für das Holozän-Massensterben den klimatischen

**Geobotanische Klimastufen oder Pollenzonen des Holozäns**

Das Präboreal (von lateinisch borealis = nördlich; Boreas war bei den antiken Griechen der als Gott personifizierte kalte Nordwind) oder die „Vorwärmezeit" ist der älteste Zeitabschnitt des Holozäns und reicht von 10.000 bis etwa 9.700 Jahren vor heute. Das Präboreal schloss an die Jüngere Tundrenzeit an. Das Klima in Mitteleuropa wurde wärmer und die Jahresdurchschnittstemperatur stieg auf 7 Grad Celsius. Die Sommer dieser Zeit waren kaum kühler als heute, die Winter jedoch noch sehr kalt.

Das Boreal oder die Frühe Wärmezeit ist der Zeitabschnitt von etwa 9.700 bis 7.500 Jahre vor heute. Der Begriff „Boreal" bezeichnet heute auch die Zone, die boreale Zone, zwischen dem 50. und dem 70. nördlichen Breitengrad.

Das Atlantikum (nach dem Atlantischen Ozean) stellt das klimatische Optimum des Holozäns dar. Das Klima war feuchter und 2 bis 3 Grad Celsius wärmer als heute.

Das Subboreal oder die Späte Wärmezeit ist der Zeitabschnitt von etwa 5.000 bis 2.700 Jahre vor heute.

Das Subatlantikum ist der letzte bis heute reichende Zeitabschnitt des Holozän.

7 Warme Zeiten

**Abb. 181.** Steinzeitliche Jäger

Verschiedene Forscher vertreten den so genannten „Overkill" als Ursache des Massensterbens unter den Groß-säugern der Eiszeit. Danach ist der Mensch durch zu großen Jagdeifer Verursacher des Artenschwundes. Viele Wissenschaftler schließen jedoch den Overkill zumindest als alleinige Ursache des Massensterbens aus.

Wandel zu Beginn des Altholozäns als eine Ursache. Denn Großsäuger wie Mammut, Wollnashorn, Moschusochse und Rentier waren dem Klima der Eiszeit angepasst. Doch befriedigend ist die Klimatheorie für viele Wissenschaftler nicht: Warum kam es zum Massensterben ausgerechnet durch den Klimawechsel am Ende der letzten Eiszeit nach all den vergangenen Wechseln zwischen Eis- und Warmzeiten, wo der jüngste Klimawechsel noch nicht einmal als der Extremste gilt? Das Aussterben von warmzeitlichen Großsäugern wie dem Europäischen Waldelefanten (*Elephas antiquus*) oder dem Waldnashorn (*Dicerorhinus kirchbergensis*) bleiben erst Recht ein Rätsel.

Obwohl das Holozän-Massensterben nicht einmal zu den „Big Five" der Massensterben in der Erdgeschichte zählt, findet es sicherlich deshalb so große Beachtung, weil es sich um das jüngste Massensterben handelt und natürlich diskutiert wird, ob denn der Mensch dabei seine Finger im Spiel hatte. Denn sein verstärktes Auftreten und seine rasche Verbreitung in Mitteleuropa fielen zeitlich mit dem Rückgang der eiszeitlichen Großsäuger zusammen. Auch Seuchen und die so genannte „Overkill-Theorie" werden als Ursache des Massensterbens in Betracht gezogen. War ein zu großer Jagdeifer unserer Vorfahren mit neuen Fernwaffen wie Speerschleuder, Harpune und Pfeil und Bogen der

**Abb. 182.** „Moderne" Waffen der Steinzeit

Waren solche Pfeil- und Speer-spitzen für das Ende der eiszeit-lichen Großsäuger verantwort-lich? Diese Frage wird sehr kon-trär diskutiert.

Grund für das Ende der eiszeitlichen Me-gafauna? Doch Riesen wie Mammuts waren für primitive Jäger eine schwer zu erlegende Beute, kritisieren Gegner dieser Theorie. Höhlenmalereien bezeugen die Wehrhaftig-keit der Tiere. Urgeschichtler sprechen au-ßerdem meist nur von vereinzelten Jägersip-pen in der großen Mammutsteppe. Ebenfalls mangelt es an Fundstellen großer Jagd- und Schlachtplätze. Weitere Erklärungsversu-che, die sprunghafte Temperaturwechsel am Übergang zum Frühholozän oder gar verheerende Naturkatastrophen als Ursache postulieren, führten bislang auch nicht zu einem befriedigenden Ergebnis. In der Wis-senschaft wird über das Holozän-Massen-sterben und seine Ursachen also weiterhin diskutiert werden.

### Die Heimkehrer

Während die Großsäuger des Eiszeitalters verschwanden, kehrten andere Taunusbe-wohner zurück. Denn die heutigen Baum-arten überdauerten die Eiszeit in warmen und regenreichen Rückzugsgebieten im Mittelmeergebiet und in klimatisch günsti-gen Tälern am West- und Ostrand der Alpen,

des Appenin und auf der Balkan-Halbinsel. Die Vorreiter waren verschiedene Birken-arten, beispielsweise *Betula pendula* und *Betula pubescens*. Einige Forscher sehen den Grund für diese Vorreiterschaft darin, dass diese Baumarten sich durch ihre leich-ten Samen schneller ausbreiten konnten als solche mit schweren Samen. Den Birken folgte die Kiefern (*Pinus sylvestris*). Von nun an prägten lichte Wälder aus Birken und Kiefern für lange Zeit die Landschaft im Taunus.

Zum Birken-Kiefernwald gesellten sich all-mählich andere Arten: Eichen wie die Trau-ben-Eiche (*Quercus petraea*) und die Stiel-Eiche (*Qercus robur*), die Hasel (*Corylus avellana*), Ulmen, darunter die Feldulme (*Ulmus minor*), und die Eschen (*Fraxinus excelsior*). Solche Eichen-Mischwälder do-minierten das Waldbild bis zur Ausbreitung der Rotbuche (*Fagus sylvatica*). Die Bu-che kann zum einen viel Schatten ertragen. Dadurch war sie in der Lage, die anderen Baumarten regelrecht zu „unterwandern". Aber auch durch eine Klimaverschlech-terung vor rund 5.000 Jahren entwickelte sich die Rotbuche zur wichtigsten Baumart

# 7 Warme Zeiten

**Abb. 183.** Birken

Birken waren die Pioniere unter den im Holozän zurückkehrenden Bäumen. Seinen Namen verdankt der Baum der hellen, leuchtenden Rinde. Denn im althochdeutschen bedeutet „birha" hell.

**Abb. 184.** Buchenwald

Die Rotbuche (*Fagus sylvatica*) ist mit einem Anteil von 14 Prozent der häufigste Laubbaum in den deutschen Wäldern. Die Bezeichnung „Rot" bezieht sich auf die leicht rötliche Färbung des Holzes. Die Rotbuche gilt als Zeigerpflanze für ein atlantisches Klima mit relativ milden Wintern, weshalb das Atlantikum des Holozäns häufig auch Buchenwarmzeit genannt wird.

Mitteleuropas. Vermutlich trugen auch die Rodungen der Bandkeramischen Kultur zur Verbreitung der Rotbuche bei. Der bis dahin vorherrschende Eichen-Mischwald wurde auf trockenwarme Standorte verdrängt. Ein später Einwanderer aus Osteuropa war noch die Hainbuche (*Carpinus betulus*). Sie fand schon eine vom Menschen geprägte Kulturlandschaft vor.

## 7.2 Mittelholozän: Bänder und „Hühner"

Die Klimaänderung sowie das Verschwinden vieler Großsäuger hatte einen allmählichen Umbruch in der Ernährungsweise der Menschen zur Folge: die Jäger und Sammler

## 170 7 Warme Zeiten

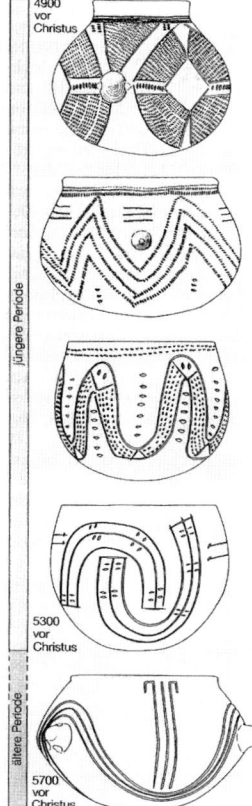

**Abb. 185:** Gefäße der Bandkeramiker (aus Lüning & Stehli 1989)

Eine bessere Vorratshaltung wurde mit der Herstellung von Keramikgefäßen ermöglicht, die mit den typischen Bandmustern der Bandkeramiker verziert wurden. Siedlungsbelege fand man beispielsweise um Hofheim am Taunus und in der Idsteiner Senke. Die Abbildung zeigt die Entwicklung der Verzierungen auf bandkeramischen Gefäßen.

der Mittelsteinzeit (Mesolithikum, von griechisch mésos = mitten und lithos = Stein), die noch mehrere Tausend Jahre vorwiegend Waldbewohnern wie Rotwild, Wildschwein oder Rehwild nachstellten, begannen, Getreide und andere Pflanzen anzubauen sowie Ziegen, Schafe und andere Tiere zu domestizieren. Diese Umstellung in der Nah-

rungsbeschaffung vom Sammeln, Jagen und Fischen auf Ackerbau und Viehzucht stellt einen der fundamentalsten Umbrüche in der Geschichte der Menschheit überhaupt dar: die Epoche der Jungsteinzeit oder des Neolithikums (von Griechisch neos = neu, jung). Von manchen Forschern wird sie auch die „Neolithische Revolution" genannt.

### Die Bandkeramiker

Vor mehr als 7.000 Jahren ließen sich Menschen der Bandkeramischen Kultur im und um den Taunus nieder. Die Bandkeramiker, Namen gebend sind charakteristische Verzierungen des Tongeschirrs mit Linienbändern, welche den Gefäßkörper in bogen-, wellen- oder mäanderartigen Mustern umspannten, öffneten in den Wäldern Rodungsinseln, um dort ihre Siedlungen, Gärten und Felder anzulegen, so dass zum ersten Mal eine Kulturlandschaft entstand. Funde belegen, dass Bandkeramik besonders im Lahntal, in der Idsteiner Senke aber auch im Vortaunus verbreitet war. Die Menschen lebten in Dorfgemeinschaften mit soliden Bauwerken wie Langhäusern aus Holz anstatt umherzuziehen.

Mit dem neolithischen Ackerbau, die Bandkeramiker bauten Weizen, Gerste und Hirse an, traten auf den Hängen des Taunus auch erste Erosionsschäden an den Böden auf. Zugleich bewirkte der neolithische Mensch die Entstehung neuer Böden, der Kolluvisole, die sich im abgespülten Bodenmaterial bildeten. Zum Ackerbau wurden bevorzugt Gebiete mit Lössböden aufgesucht, bei denen es sich zu dieser Zeit oft noch um Schwarzerden handelte. Später gingen die besonders fruchtbaren Schwarzerden bei feuchter und kühler werdendem Klima in Braunerden und Parabraunerden über und blieben nur an wenigen Stellen des Vortaunus kleinräumig erhalten.

7 Warme Zeiten

**Abb. 186.** Getreidefeld nahe Idstein

Früh erkannten die Menschen der Jungsteinzeit geeignete Gebiete, um sich niederzulassen und Ackerbau zu betreiben. Gute Böden erkannten sie beispielsweise an der Zusammensetzung der Krautschicht in den Wäldern, die den Taunus und sein Vorland bedeckten. Günstige Standorte für den Ackerbau fanden sie mit den Lössböden des Vortaunus oder der Idsteiner Senke.

**Abb. 187.** Langhaus

Die Bandkeramische Kultur zeichnet sich unter anderem durch die charakteristischen Langhäuser aus. Es waren Gebäude mit einer Grundfläche von bis zu 40 mal 8 Metern, die aus einem Gerüst von 3 parallelen Pfostenreihen bestanden. Die Außenwände bestanden aus Rutengeflechten und waren zum Teil mit Lehm verputzt. Das auf den Pfosten sitzende Satteldach war vermutlich mit Stroh, Schilf oder Rinde gedeckt.

**172** 7 Warme Zeiten

**Abb. 188.** Zeugnisse des neolithischen Menschen in der Gemarkung Oberjosbach

Im Jahre 1973 stieß eine Oberjosbacherin beim Graben im „Saalbachfeld" auf einen Stein, der Spuren von menschlicher Bearbeitung zeigt. Dabei handelt es sich um ein kleineres Beil aus der jüngeren Steinzeit, dessen Material, ein so genannter Kieselschiefer, vermutlich den Mainkiesen entstammt. Dieser Fund beweist zwar keine Besiedelung der Gemarkung, wohl aber liefert er Zeugnis für die zumindest zeitweilige Anwesenheit des jungsteinzeitlichen Menschen im Bereich des Hochtaunus vor etwa 2300 v. Chr.

**Abb. 189.** Hügelgrab nahe dem Rettershof bei Kelkheim

Gräberfelder der Bronzezeit mit zahlreichen Grabhügeln wurden unter anderem im Wald beim Rettershof nahe Kelkheim entdeckt und untersucht. Grabbeigaben aus Bronze ermöglichten die zeitliche Einordnung. Hügelgräber sind neben beginnenden Erosionsschäden die frühesten Zeugnisse für die Formung der Erdoberfläche durch den Menschen.

# 7 Warme Zeiten

## Hünen der Steinzeit

Die Bundesstraße 417 von Limburg an der Lahn nach Wiesbaden wird landläufig „Hühnerstraße" genannt. Sie war schon zur Römerzeit ein wichtiger Verbindungsweg. Die Bezeichnung „Hühnerstraße" soll daher auf die germanische Bezeichnung „Huni" für die Römer zurückgehen. Diese Bezeichnung stammt vom altgermanischen „hun", was dunkel oder schwarzbraun bedeutet. Eine andere Erklärung für den Namen „Hühnerstraße" geht vom keltischen Wort „hön" für hoch aus. Entlang dieser Straße finden sich zahlreiche Hünengräber aus der Eisenzeit. Auch in weiteren Namen entlang der Strecke wie den Ortsnamen Hünfelden, Hünstetten, einem Hühnerberg und der Hühnerkirche könnte sich das keltische hön verbergen und so auf die Silhouette von Grabhügeln hindeuten. Ob Hühnerberge, Hühnerkop oder Hühnerküppel: Im Taunus lassen solche Namensgebungen vielerorts Rückschlüsse auf frühe Besiedlung und deren Spuren in der Landschaft zu. Ein Siedlungsbeispiel aus der Jungsteinzeit befindet sich auf einer plateauartigen Höhe zwischen Kelkheim, Hornau und Fischbach und trägt wiederum den Namen „Hühnerberg". Der Namensbestandteil „Hühner" dieses Flurnamens kann ebenfalls als Anspielung auf die Größe der Hügelgräber gesehen werden und ist möglicherweise auch eine Entstellung des Begriffs „Hünen" für Riesen. Woher „Hühner" letztendlich kommt, ist also weiterhin unklar.

Die Zeit vom 6. bis ins 3. Jahrtausend v. Chr. wird als das Optimum des Holozäns bezeichnet. Während dieses Klima-Optimums lag die Jahresdurchschnittstemperatur etwa um 2 bis 3 Grad Celsius höher als heute, was beispielsweise zur Folge hatte, dass die Baumgrenze in den Alpen um 200 bis 300 Meter höher und in Sibirien bis zu 300 Kilometer weiter nördlich als heute lag. Der Taunus war noch weitgehend bewaldet. Unterbrochen wird dieses Optimum allerdings durch eine immerhin anderthalb Jahr-tausende andauernde Kälteperiode von etwa 4100 bis 2500 v. Chr.

## Hügel in der Landschaft

Nach dieser Kälteperiode erreicht die Epoche der Bronzezeit den Taunus. Sie wird anhand der unterschiedlichen Bestattungsformen vorwiegend als Hügelgräberbronzezeit und Urnenfelderzeit bezeichnet. Hügelgräber sind im Taunus daher ebenfalls frühe Zeugen der menschlichen Formung der

**Abb. 190.** Der Hühnerberg

Der Hühnerberg zwischen Kelkheim-Hornau und Kelkheim-Fischbach wurde wohl schon von unseren Vorfahren in der Jungsteinzeit als günstiger Platz erkannt, um sesshaft zu werden. Er wurde früh von Bandkeramikern besiedelt. Seither wird hier Ackerbau betrieben, und immer wieder stieß man dabei auf Zeugnisse älterer Besiedlung.

## 174 7 Warme Zeiten

### Rätselhafte Hügelgräber

Ein Hügelgrab oder Grabhügel ist eine Erdaufschüttung, unter oder in der sich eine Grabstätte befindet, oft findet man auch Mehrfach-Bestattungen. Die Höhe der Hügel liegt zwischen einem und 4 Metern. Sie können außen von kleinen Gräben oder Steinkreisen umgeben sein. Solche Grabhügel sind ungeöffnet sowohl zeitlich als auch kulturell und regional schwer einzugrenzen. Es gibt sie in der Steinzeit ebenso wie in der Bronzezeit oder Eisenzeit. Archäologen haben mit der „Hügelgräberkultur" verschiedene lokale Kulturgruppen der Bronzezeit Europas vom Karpatenbecken bis zum Rheinland zusammengefasst, bei denen Grabhügel üblich waren. Im Taunus begannen die Menschen in der Zeit der Schnurkeramischen Kultur im ausgehenden Neolithikum mit der Errichtung von Grabhügeln über ihren Toten. Als ein sicherer Fund dieser Zeit gilt ein Hügel auf dem Kapellenberg bei Hofheim, in dem man charakteristische Scherben und ein Rechteckbeil dieser Kultur fand. In Grabhügeln auf dem Hochfeld bei Hofheim fand man Radnadeln aus Bronze.

Landschaftsoberfläche. Hunderte solcher Gräber sind im Taunus bekannt.

Im Taunus sind an zahlreichen Stellen Hügelgräber oft in Gruppen erhalten, meist im Wald verborgen. Nennenswerte Fundstätten sind von Wiesbaden über Hofheim und Kelkheim bis in den Hochtaunus, beispielsweise am Glaskopf bei Glashütten und bei Niederreifenberg, entdeckt und untersucht worden. Ein Vielfaches davon wird im Laufe der Zeit verschwunden oder noch unentdeckt sein. Auch welche Bewandtnis es mit diesen Hügelgräbern hat, wurde noch nicht letztendlich geklärt.

**Abb. 191.** Radnadeln aus Bronze

Diese Radnadeln aus Bronze fand man im Altbronzezeitlichen Gräberfeld auf dem „Hochfeld". Dort wurden mindestens fünf möglicherweise verwandte Menschen der so genannten Adlerbergkultur beigesetzt. Dabei handelt es sich um eine Kulturgruppe der frühen Bronzezeit, die nach einem Fundort auf dem Adlerberg bei Worms benannt ist. Heute sind die Funde im Stadtmuseum Hofheim zu besichtigen.

# 7 Warme Zeiten

**Abb. 192:** Keltischer Umfassungswall

Am Ende der Latènezeit errichteten die Kelten große umwehrte Siedlungen, wie das Heidetränk-Oppidium. Überreste der keltischen Bauten wie dieser unscheinbare Umfassungswall im Wald hinterließen bis heute Spuren in der Landschaft. Gaius Julius Caesar (100 v. Chr.–44 v. Chr.) stieß während der Eroberung Galliens 58–51 v. Chr. auf befestigte Orte. Er nannte sie entweder urbs, wenn es sich um eine Großstadt handelte oder oppidum, handelte es sich um eine Befestigung oder kleinere Stadt. Der Begriff „Oppidum" wurde von der Archäologie übernommen.

## 7.3 Jungholozän oder: Taunuslandschaft im raschen Wandel

Mit dem Jungholozän setzte vor rund 3.000 Jahren eine ausgeprägte Kälteepoche, das „Klimapessimum" der späten Bronzezeit ein. Die Jahresmitteltemperatur war um 1 bis 2 Grad Celsius kälter als heute, womit diese mehrere hundert Jahre andauernde Periode die bislang kälteste seit Ende der Eiszeit war. Bei milder werdendem Klima hin-

terließen im Verlauf der Eisenzeit die Kelten als erstes Volk der Vorgeschichte mit europäischer Dimension über Jahrhunderte ihre Spuren im Taunus. Hinterlassenschaften ihrer Siedlungstätigkeit stammen aus der Hallstattzeit (8. bis 4. Jahrhundert v. Chr.) bis in die Latènezeit (4. bis 1. Jahrhundert v. Chr.). Überregionale Bedeutung haben unter anderem Wallanlagen auf dem Bleibeskopf und dem Altkönig bei Kronberg im Taunus, dessen Name sich vom keltischen altkin ableitet, was große Höhe bedeutet. Eine keltische Siedlung riesigen Ausmaßes,

**176**  7 Warme Zeiten

**Abb. 193.** Römer

Vor fast 2.000 Jahren haben die Römer ihre Spuren in der Landschaft des Taunus hinterlassen. Nun sind sie wieder da. Interessengemeinschaften und Vereine rekonstruieren auf Basis des aktuellen archäologischen Forschungsstandes originalgetreue römische Gegenstände und erproben sie praktisch, auch im Rahmen öffentlicher Veranstaltungen, etwa an den rekonstruierten Limeswachtürmen in Taunusstein-Orlen oder Idstein-Dasbach.

das Heidetränk-Oppidum, erstreckte sich über die Höhenrücken Altenhöfe und Goldgrube bei Oberursel.

### Die Römer und die Taunuslandschaft

Vor rund 2.000 Jahren, in der Zeit zwischen etwa 100 v. Chr. und 500 n. Chr., stellte sich das so genannte „Optimum der Römerzeit" ein. Zu dieser Zeit lag die Jahresmitteltemperatur um etwa 1 bis 1,5 Grad Celsius höher als heute. Die Römer trafen am Ende des 1. Jahrhunderts somit unter recht günstigen Klimaverhältnissen im Taunus ein. Mit ihnen werden die historischen Spuren in der Landschaft noch deutlicher. Es kam im Gebiet des Taunus zu intensiven Einschlägen

**Abb. 194.** Limes

Der Limes, von dem im Taunus Abschnitte besonders gut erhalten und im Gelände als deutlicher Wall erkennbar sind, zeugt heute als Landschaftsdenkmal von den römischen Aktivitäten. Eines der wesentlichen Elemente des römischen Limes in Germanien waren die unzähligen Wachtürme. Ihre Funktion war die Überwachung der entsprechenden Limesabschnitte, aber nicht deren Verteidigung. Daher war die Verständigung zwischen den Türmen sowie zwischen diesen und den nächstgelegenen Kastellen die Voraussetzung für die Überwachung des Limes. Aus diesem Grund waren die Abstände zwischen ihnen relativ eng. Sie lagen zwischen 200 Metern,

bei unübersichtlichem Gelände und bis zu einem Kilometer bei offenem Gelände. Der Limes konnte zwar in keiner der Ausbauphasen irgendwelche Angriffe abwehren, in den Türmen aber sollten die Wachmannschaften mit 4 bis 5 Soldaten sich so lange halten können, bis Verstärkung aus den umliegenden Kastellen eingetroffen war. Anlässlich des geplanten Hessentages in Idstein im Juni 2002 fassten einige Bürger den Beschluss, eine möglichst authentische Rekonstruktion eines antiken römischen Wachturms unter wissenschaftlicher Betreuung des Saalburgmuseums nahe der Ortschaft Dasbach zu errichten. Diese abgebildete Rekonstruktion gilt heute als die originalgetreuste überhaupt.

7 Warme Zeiten

**Grenze der Römer: der Limes**

Der Verlauf des Limes, dem längsten Bodendenkmal nach der Chinesischen Mauer und Weltkulturerbe der UNESCO, zeigt die jüngste römische Grenzlinie in Germanien. Bis zu ihr führte eine rund 160 Jahre andauernde römische Eroberungsgeschichte, in deren Verlauf die Grenze mehrfach vorverlegt wurde. Ab dem 2. Jahrhundert nach Christus stand sein heutiger Verlauf im Taunus fest – weiter kamen die Römer hier nicht. Die Anlage der Grenzbefestigung wurde einerseits dem Relief des Taunus angepasst und verfolgte mehrere Ziele: so sollten beispielsweise die landwirtschaftlich fruchtbaren Gebiete der Rhein-Main-Region kontrolliert und wichtige Verbindungsrouten gesichert werden. Diese römische Reichsgrenze bestand jedoch nur etwa einhundert Jahre lang. Nach solch umfangreichem und massivem Ausbau mit Kastellen und Wachtürmen musste der Limes bereits Mitte des 3. Jahrhunderts nach Christus wieder aufgeben werden. Gründe waren die wehrhaften Germanen sowie Sorgen in anderen Teilen ihres großen Reiches. Der Begriff Limes für die Befestigungsanlage hat seinen Ursprung interessanterweise in der Fehlinterpretation lateinischer Texte. Die Römer benutzen das lateinische Wort limes vielmehr für Schneisen oder Wege. Wie sie selbst die Grenzbefestigung „Limes" nannten, ist nicht bekannt.

in den noch bestehenden Urwäldern. Die Eiche wurde als Bauholz und die Buche zum Schmelzen von Erzen verwendet. Infolge der römischen Landnutzung und der dadurch bedingten Bodenerosion entstanden in den Bach- und Flusstälern erstmals mächtigere Auenlehme aus abgespültem Bodenmaterial. Veränderungen in der Landschaft wurden dabei auch durch die Gewinnung und den Transport von Baumaterial, beispielsweise Taunusquarzit, Sandstein und Lehm,

hervorgerufen. Römische Verbindungsstraßen mit ihren begleitenden Straßengräben sind heute noch in der Landschaft zu erkennen, beispielsweise zwischen den Kastellen Butzbach und Friedberg. Durch den Taunus führt zudem einer der am besten erhaltenen Abschnitte des Limes, der römischen Grenzbefestigung mit den dazugehörigen Kastellen und Wachtürmen. Dort wurden über weite Strecken deutliche Veränderungen der natürlichen Oberfläche bewirkt.

**Abb. 195.** Die Saalburg
Die nordwestlich von Bad Homburg vor der Höhe gelegene Saalburg ist als einziges Römerkastell des Limes wieder aufgebaut worden und als Museum Besuchern zugänglich.

## Das Mittelalter: Fern vom Garten Eden

Nach einer erneuten Klimaverschlechterung und dem Beginn des Niedergangs des Römischen Reichs, kennzeichnet eine Trockenperiode den Anfang der Völkerwanderung zwischen dem 2. und 6. Jahrhundert. Ab dem 7. Jahrhundert nahmen die mittleren Jahrestemperaturen wieder zu und erreichten das mittelalterliche Klimaoptimum. Um das Jahr 1000 lag die Jahresmitteltemperatur etwa 1 Grad Celsius höher als heute. Mit dem 13. Jahrhundert setzte sich immer mehr die Dreifelderwirtschaft durch. Bei diesem Rotationssystem der Ackernutzung wurden auf einem Feld im ersten Jahr Weizen und Roggen, im zweiten Jahr Hafer, Gerste und Gemüse angebaut, im dritten Jahr wurde es beweidet oder brachliegen gelassen. In Verbindung mit dem Klimaoptimum führte diese Form der Landwirtschaft im Taunus und anderen Regionen Mitteleuropas zu einer in der Geschichte einmaligen Ausdehnung der Agrarflächen auch auf weniger fruchtbare Böden, was mit sehr weitgehenden Rodungen einherging. Mit der besseren Ernährung der Menschen kam es im Taunus zu einem starken Bevölkerungswachstum. Der Brenn- und Bauholzbedarf war enorm.

Hinzu kam die Köhlerei mit ihrem großen Holzbedarf. Wenn man bedenkt, dass zur Anfertigung eines Hufeisens 60 Kilogramm Holzkohle benötigt wurden, ahnt man, wie viele Meiler im Taunus Jahr ein Jahr aus gleichzeitig geraucht haben müssen, um die Schmieden, Eisen- und Glashütten beliefern zu können. Hieraus resultierte die Niederwaldwirtschaft, die auch den Holz- und Rindenbedarf der Gerbereien deckte. Diese Wirtschaftsform zeichnet sich durch die intensive Nutzung der Bestände aus. Ein ganzer Wald wird etwa alle 15 bis 25 Jahre ohne Neuanpflanzung gefällt, die verbliebenen Wurzelstöcke treiben wieder aus und die Ausschläge bilden schließlich den

---

### Holzkohle für Gläser

Die Glasherstellung war im Taunus von wirtschaftlicher Bedeutung. Ausgrabungen der Waldglashütten in der Nähe der Gemeinde Glashütten brachten bedeutende Funde zu Tage. Seit einigen Jahren beschäftigt sich der Kulturkreis Glashütten e.V. unter wissenschaftlicher Anleitung des Lübecker Archäologen Dr. Peter Steppuhn mit archäologischen Untersuchungen zum Glashüttenwesen im Taunus.

Die Schmelzöfen im Wald bei Glashütten stammen aus der Zeit von 1450 bis ins 17. Jahrhundert. Sie lagen im lichten Wald, da die Grundvorraussetzung für Glasherstellung Holz beziehungsweise Holzkohle war. Das Feuer für die Schmelzöfen musste 1.300 Grad Celsius erreichen, damit der Quarzsand als Hauptbestandteil der Glasschmelze flüssig wurde. Man konnte nur etwa fünf Jahre lang an einem Standort Glas produzieren, dann stand kein Holz mehr zur Verfügung. Die Öfen wurden zerschlagen und mit Erde abgedeckt. Das geschah nicht ohne Hintergedanken: neuer Wald sollte darauf wachsen können, denn die Glashersteller wollten ihren Standort nicht weit weg verlegen. Die Nähe zu damals schon bestehenden Handelsstraßen für den Abtransport des fertigen Glases war für sie wichtig.

In den Waldglashütten wurden rote, grüne und blaue Gläser hergestellt. Die jeweilige Färbung erhielt das Glas durch Zugabe von verschiedenen Metallen wie Kupfer und Kobalt, das beispielsweise blau färbt. Doch es gibt auch Funde mehr als 500 Jahre alter Scherben von Fensterglas, das Analysen zu Folge nicht dort hergestellt wurde. Die Lösung des Rätsels: schon im ausgehenden Mittelalter hat man Altglas gesammelt und wieder für neues Glas eingeschmolzen, es also recycelt. Nach Beendigung der Grabung „An der Emsbachschlucht" wurden die Ofenreste des Haupt- und der vier Nebenöfen konserviert, so dass die Anlage als bedeutendes Kulturdenkmal eines spätmittelalterlichen Glashandwerkerbetriebes im Taunus erhalten bleibt. Der Quarzsand, der hier geschmolzen wurde, stammte beispielsweise aus so genannten Sandgruben bei Oberursel, an die ein „Sandweg" beim heutigen Freibad erinnert sowie aus Wehrheimer Sandgruben. Die Waldglashütten wurden als Freilichtmuseum hergerichtet, an dem Besucher auf Informationstafeln Interessantes über das Glashüttenwesen im Taunus erfahren können.

7 Warme Zeiten

## Köhlerei

Eine Köhlerei war ein Handwerksbetrieb, in dem Köhler Holzkohle herstellten. Bis in die dreißiger Jahre des 20. Jahrhunderts rauchten im Taunus noch die Meiler. Köhlereien haben heute jedoch in Deutschland und Mitteleuropa praktisch keine Bedeutung mehr. Seit der Eisenzeit hatten Köhlereien jedoch die Aufgabe, die für die Eisenverhüttung wichtige Holzkohle bereitzustellen. Aber auch für die Glasherstellung, die Schmieden und für die Verarbeitung von Edelmetallen war die Holzkohle wichtig. Ganze Wälder wurden dafür abgeholzt. Seit dem Altertum ist die so genannte Meilerverkohlung bekannt, wobei die Bauart der Meiler variierte. Der Prozess der Holzkohleherstellung dauerte mindestens 6 bis 8 Tage, bei großen Meilern sogar mehrere Wochen. Während dieser Zeit musste der Köhler darauf achten, durch Regelung des Windzugs den Meiler weder erlöschen noch in hellen Flammen aufgehen zu lassen. Regeln konnte er das, indem er kleine Löcher in den Meiler stach oder wieder verschloss. Aufgrund dieser ständigen Pflicht, den Meiler auf der richtigen Temperatur zu halten, führten Köhler ein ausgesprochen abgeschiedenes und eintöniges Leben. Noch bis ins 20. Jahrhundert benutzten Köhler in abgelegenen Gegenden Schlagbretter aus Buchenholz, so genannte Hillebillen, mit denen sie laute Töne als Alarm oder zur Weitergabe von Informationen erzeugen konnten. Anders als im Mittelalter rangierte der Köhler seit der frühen Neuzeit in der gesellschaftlichen Ordnung ganz unten. Er galt als finsterer Geselle und durch die einsame Arbeit als Sonderling, der sich mit seinem Elend abfand und sich damit einrichtete. So wurde der Köhler auch zum Inbegriff des einfältig Gläubigen. Der Begriff „Köhlerglaube" wandelte sich zum abschätzigen Synonym für Leichtgläubigkeit. Köhlergläubig war einer, den man „verkohlen" kann.

**Abb. 196.** Kohlenmeiler im Aufbau

Die Abbildungen zeigen einen Kohlenmeiler, wie auch heute noch zum Erhalt der Tradition alljährlich Dienstag nach Pfingsten in Eppstein-Ehlhalten errichtet wird. Zu Beginn wird ein angespitzter konischer Buchenpfahl aufgerichtet. Um diesen werden 12 „Bohnenstangen" angeordnet (Bild A). Der Buchenpfahl wird nach dem Aufbau wieder herausgezogen, so dass die Bohnenstangen einen Kaminschlot oder eine so genannte „Esse" bildet. Um den Kamin herum werden zuerst „knochentrockene" Holzscheite aufgesetzt, bis in etwa 3 Meter Höhe folgen dann in kegelförmiger Anordnung trockene Buchenholzscheite (Bild B und C). Auf den „Kegel" kommt Laub als Abdichtung (Bild D), darüber Tannenreisig (Bild E), der die letzte Schicht aus 6 Zentimetern Erde (Bild F) stabilisiert. Von einer Feuerstelle werden schließlich glühende oder brennende Buchenholzstücke in den Schlot des Meilers gefüllt, bis der Schlot voll ist. Zuerst brennt das sehr trockene Holz am Fuß des Meilers. Die Hitze steigt nach oben, und der Meiler beginnt am „Kopf" zu glühen, das heißt er glüht von oben nach unten.

# 7 Warme Zeiten

**Abb. 197.** Kohlenmeiler im Betrieb
Bereits nach etwa einer Stunde beginnt der Kohlenmeiler zu qualmen wie eine Dampflokomotive und es stinkt regelrecht zum Himmel. In den folgenden Stunden wird das Kaminloch noch mehrfach mit trockenen Holzstücken aufgefüllt. Dann wird der Kamin mit einem Blechdeckel verschlossen. Mit einer Stange werden hin und wieder Löcher in den Meilerkopf gestochen, um der Glut gezielt Sauerstoff zuzuführen, andere Löcher müssen wieder verschlossen werden. Dabei herrscht im Innern des Meiles eine Temperatur von bis zu 600 Grad Celsius. Die ganze Prozedur geht eine Woche lang, bis die hochwertige Holzkohle fertig ist.

neuen Bestand. Um das Jahr 1320 gab es in Deutschland nur noch 15 Prozent Wald, darunter kaum noch dichte Hochwälder wie wir sie heute kennen. Reste von Niederwäldern finden sich beispielsweise im Schwarzbachtal bei Hofheim am Taunus, wo die gerbstoffhaltige Rinde von den frisch eingeschlagenen Eichenknüppeln früher den Gerbereien als Rohstoff diente.

„Und Gott, der Herr, nahm den Menschen und setzte ihn in den Garten Eden, dass er ihn bebaute und bewahrte" (Genesis 1. Buch Mose). Leider sah und „sieht" die Realität auf der Welt bis heute etwas anders aus. Denn während der hochmittelalterlichen Rodungsperiode kam es zu massiven Prozessen der Bodenerosion. Der Boden war den unterschiedlichen Mechanismen der Wassererosion schutzlos ausgeliefert. Fatal wirkte sich der Umstand aus, dass aus dieser Zeit eine Häufung von Starkregenereignissen in Mitteleuropa belegt ist.

Bei Starkregen schleudern die Tropfen feinste Bodenteilchen zur Seite, die krümelige Struktur des Oberbodens wird zerstört und die Bodenoberfläche verdichtet. Dadurch erhöht sich der Oberflächenabfluss,

der die Bodenteilchen aufnimmt und Hang abwärts transportiert. Tief in den Untergrund eingeschnittene Hohlformen oder Tälchen in Waldgebieten des Taunus, so genannte Runsen, belegen die katastrophalen Ereignisse, die der Mensch durch seine Eingriffe in die Natur verursachte. Zwar waren die Grundformen dieser Runsen bereits im Eiszeitalter durch Abtragung entlang von Schwächezonen im Untergrund angelegt worden, aber erst der Mensch bewirkte ihre deutliche Ausweitung. Durch die Jahrhunderte währenden Eingriffe des Menschen in den Landschaftshaushalt wurde die ursprüngliche Bodenlandschaft über weite Bereiche nachhaltig und negativ verändert. Die oberen, wertvollen Bodenbereiche wurden erodiert, so dass viele Nutzflächen an Standortqualität verloren. Geht man davon aus, dass die Bildung eines ertragreichen Bodens mehrere Tausend Jahre benötigt und auch die lösslehmhaltigen Schuttdecken häufig stark erodiert sind, muss man die meisten Erosionsschäden als unwiderruflich ansehen. Das von den Hängen abgespülte Bodenmaterial gelangte schließlich in die Täler, wo die Anhäufung von Lehm und Humus zur Bildung des Auenlehms führte.

## Moderne Rettungsversuche

Bodenerosion ist bis heute auch im Taunus ein Umweltproblem geblieben. Hinzu kommt in der modernen Landwirtschaft, dass Ackerflächen zumeist mit schweren Maschinen bewirtschaftet werden. Bodenverdichtungen oder die völlige Zerknetung (Homogenisierung) des Oberbodens durch Befahren bei feuchter Witterung können die Folge sein. Dies führt wiederum zu erhöhtem Oberflächenabfluss und verstärkter Erosion, was man besonders nach Starkregenereignissen mitunter gut beobachten kann. Um die Erosion möglichst gering zu halten, bauen Landwirte beispielsweise Zwischenfrucht an, damit der Boden so früh wie möglich wieder

**Abb. 198.** Bodenbelastung im Bereich von Schlepperspuren bei Niedernhausen

eine Vegetationsdecke trägt. Um oberflächlich ablaufendes Regenwasser aufzufangen, werden Felder oft parallel zum Hang gepflügt. Man nennt dies Konturnutzung. Das Wasser sammelt sich in den entstehenden Querrillen, so dass Bodenabspülung nur noch in einem tolerierbaren Ausmaß stattfindet. Denn solange man Ackerbau betreibt, wird immer mit mehr oder weniger viel Bodenabtrag zu rechnen sein. Ohne Landwirtschaft gäbe es zwar keine Bodenerosion, aber auch keine Grundnahrungsmittel.

Im Wechsel mit Getreide wird häufig Raps mit der Folge Wintergerste-Raps-Winterweizen angebaut, denn er wirkt der Bodenerosion aktiv und passiv entgegen. Raps wird im August eingesät, wodurch die entsprechenden Felder schon in den Wintermonaten von Vegetation bedeckt und somit deutlich weniger erosionsgefährdet sind. Da Raps eine hohe Stickstoffversorgung wünscht, wird mit Stickstoff gedüngt. Er reichert sich in der Pflanze an. Nach der Ernte wird das zerkleinerte Stroh oberflächlich in den Boden eingearbeitet. Dies hat zwei positive Effekte: Das eingearbeitete Stroh wirkt der Erosion entgegen, da es beispielsweise den Tropfenaufschlag mindert. Zudem wird Rapsstroh relativ schnell zu Humus umgewandelt und der im Raps angereicherte Stickstoff verbessert die Bodenfruchtbarkeit, da Stickstoff durch Gerste und Weizen verbraucht wird. Auch eine reine Grünland- oder Weidenutzung wirkt der Erosion entgegen. Obwohl die Rinderhaltung bis auf einige Ausnahmen im Taunus weitgehend aufgegeben wurde, sorgen Schafweide und Freizeitpferdehaltung beispielsweise für den Erhalt der aus landschaftspflegerischer Sicht wertvollen Wiesen.

## Runsen

Runsen sind durch Abtragung mit abfließenden Niederschlagswässern entstandene Furchen in der Landschaft. Von Runsen spricht man erst, wenn sie eine Größe haben, die eine normale Landwirtschaft in diesem Bereich nicht mehr ermöglichen. Kleinere Strukturen bezeichnet man als Spülrinnen.

### Beispiel Steimelsgraben

Im mittleren Aartal treten bis zu 15 Meter tiefe Erosionsschluchten auf. Als Entstehungszeit wird das Hochmittelalter angenommen. Gründe sind eine Übernutzung der Landschaft in Form von großflächiger Entwaldung und Beackerung auch an steilen Hängen. Die Entstehung solcher Hohlformen war also nur durch erhebliche Eingriffe des Menschen in den Naturhaushalt möglich. Beispiel eines solchen großen Runsensystems ist der Steimelsgraben bei Hausen an der Aar. Dieses Runsensystem weist fünf tief eingeschnittene Seitenäste auf und ist im Oberlauf bis zu 9 Meter tief eingeschnitten. Seine starke Verzweigung ist das auffälligste Merkmal. Gut erkennbar ist eine für Runsen typische Prall- und Gleithangstruktur. Heute sind die Grabenränder mehr oder weniger stark bewaldet und gehen in Dauergrünland über. Materialtransport findet heute nur dort statt, wo im Runsensystem zeitweise Gerinne fließen.

## 7 Warme Zeiten

**Abb. 199.** Alter Köhlerplatz im Wald bei Niedernhausen

Köhlerplätze, auch Köhler- oder Kohlplatten genannt, sind im Taunus mehr als zahlreich. Man erkennt sie im Wald durch kreisförmige Verebnungen. Mitunter liegen mehrere Köhlerplätze dicht beieinander. Dies zeigt sehr deutlich, dass es im Taunus lange Zeit keine Wälder gab, wie wir sie heute kennen. Der Taunus war über weite Bereiche eher ein Park mit ein paar Hutebäumen als eine Waldlandschaft. Gelegentlich wurden alte Köhlerplätze, so wie der Abgebildete, durch den Bau von Waldwegen angeschnitten, so dass die verbliebenen Holzkohlereste, die bei diesem Köhlerplatz aus dem 19. Jahrundert stammen dürfte, als mehr oder weniger dünne Schicht im Anschnitt zu erkennen sind.

An erodierten Hängen tritt eine deutliche Verschlechterung des Wasserhaushaltes und der Wasserführung mit deutlichem Wassermangel ein. In niederschlagsarmen Sommern trocknen spärliche Bodenreste rasch aus. Auch Einbußen an Humus und Nährstoffen machen sich in Mindererträgen bemerkbar. Insbesondere Stickstoff und Phosphor werden durch Erosion stark verringert.

**Abb. 200.** Runsen am Wanderpfad „Mensch und Erde" bei Hofheim am Taunus

Das ursprünglich eiszeitliche Muldental des Schwarzbachs zwischen Hofheim am Taunus und Eppstein wurde zur Zeit der mittelalterlichen und frühneuzeitlichen Ackernutzung steilwandig zerrunst.

# 7 Warme Zeiten

**Abb. 201.** Aktuelle Bodenerosion auf einer landwirtschaftlichen Fläche zwischen Niedernhausen-Schäfersberg und Eppstein-Niederjosbach

Die zum Aufnahmezeitpunkt noch geringe Vegetationsbedeckung des Weizenfeldes bietet bei stärkeren Regenfällen keinen Schutz vor Erosion. Deutlich sind die tiefe Erosionsrille und die Ablagerung des abgespülten Materials einer Parabraunerde am Hangfuß zu erkennen.

## Der Taunuspark oder: Hutewälder

Die „Verwüstung" der Taunuswälder durch den Menschen äußerte sich nicht nur durch ausgedehnte Rodungen, denen unmittelbar massive Bodenabspülung folgte. Das gesamte Bild des verbliebenen Waldes änderte sich. Parkartig lichte, weiträumig von einzeln oder gruppenweise stehenden, breitkronigen Bäumen bestandene Berghänge prägten bis zum Beginn des 19. Jahrhunderts das Landschaftsbild. Ursache dafür war die Waldweide. Der Mensch trieb Rinder, Schweine, Pferde, Schafe und Ziegen in den verbliebenen Wald, der reichlich Futter lieferte. Die Schweinemast erfolgte praktisch ausschließlich in den Wäldern. Im gesamten Mittelalter und in der frühen Neuzeit bis zur Einführung der Kartoffel im 18. Jahrhundert als Futterpflanze war die Waldweide für die Menschen im Taunus von existentieller Bedeutung.

Die Entnahme von Holz und die gleichzeitig erfolgende Waldweide verhinderte eine Naturverjüngung des natürlichen Hainsimsen-Buchenwaldes, was sich in einer starken Auflichtung der nicht den großflächigen Rodungen anheim gefallenen Bestände äußerte. Das war gewollt, denn breitkronige Bäume, die von allen Seiten von der Sonne bestrahlt werden, tragen mehr Früchte, und in früheren Jahrhunderten war es von größter Bedeutung, daß die Bäume möglichst viele Früchte tragen, da die Zahl der in den Wald zu treibenden Schweine nach dem Ausmaß des Fruchtansatzes bemessen wurde. Nicht der geschlossene, dichte Wald mit langen Stämmen und dünnen Kronen war das Ziel, sondern ein lichter Bestand von Eichen und Buchen mit breiten Kronen und möglichst kurzen Stämmen. Da Laubbäume erst im Alter von 30 bis 50 Jahren Samen tragen, durften die wertvollen „Samenbäume" auch nicht geschlagen werden. Zudem wurde nahezu das ganze Herbstlaub als Einstreu für die Stallungen genutzt und junge Äste als Viehfutter geschnitten. Diese, eher an verwilderte Parkanlagen erinnernden Restwälder aus Eichen und Buchen werden als Hutewälder bezeichnet (von hüten, das Vieh hüten). In den Wäldern des Taunus kann man hier und da noch einen der Hutebäume entdecken. Es sind häufig große Eichen mit tief ansetzenden, weit ausladenden Seitenästen in unmittelbarer Nachbarschaft von eng stehenden Fichtenbeständen, welche die Ausbildung solch ausladender Kronen sicherlich nicht erlaubt hätten. Viele der denkmalgeschützten alten Eichen im Taunus sind Hutebäume.

**184** 7 Warme Zeiten

**Abb. 202.** Hutebaum

Meist wurden Eichen (*Quercus*), wie die 500jährige Eiche in Niedernhausen-Oberjosbach, zu Hutebäumen.
Sie lieferten reichlich Eicheln für die Schweinemast und waren gute Schattenspender. Auch die Rotbuche,
die dem Vieh Bucheckern als Nahrung lieferte, diente oft als Hutebaum.

# 7 Warme Zeiten

**Abb. 203.** Eicheln

Besonders beliebt für die Waldweide waren Eichenwälder. In ihnen regnete vor allem in den Mastjahren Nahrung für Schweine sozusagen vom Himmel. Rinder ernährten sich vom Krautbewuchs des Bodens und den unteren Zweigen der Baumkronen. Wegen des vielen Lichts, das auf den Waldboden fiel, hatten Hutewälder eine besonders artenreiche Strauch- und Krautschicht. Ein Schwein frisst im Durchschnitt etwa eineinhalb Kilo Eicheln pro Tag. Eicheln sind zwar reich an Kohlehydraten, aber arm an Eiweiß. Daher suchten Schweine außerdem nach Würmern und Insekten im Boden.

Hutewälder hatten für die Viehhaltung auch den Vorteil, dass zwischen den Einzelbäumen ausreichend Weidefläche vorhanden war und die riesigen Einzelbäume gaben Vieh und Hirten Schutz bei Dauerregen und Schatten an heißen Sommertagen. Fruchtende Bäume wie Buchen und Eichen tragen hormonell bedingt nicht in jedem Jahr gleichmäßig Früchte, was in der Botanik als Alternanz bezeichnet wird. Auch die großen Hutebäume trugen daher unregelmäßig Früchte. Die Jahre, in denen sie reichlich Eicheln und Bucheckern trugen, waren fette Jahre für die Schweinemast, die Mastjahre. Im Hinblick auf das Erosionsgeschehen sind die ehemaligen Hutewälder als günstig zu beurteilen, da sich zwischen den weiträumig stehenden Bäumen eine reiche Bodenvegetation ausbreiten konnte, die eine Abspülung verhinderte. Betrachtet man einmal Landschaftsgemälde europäischer Meister aus dem 18. Jahrhundert näher, erkennt man in vielen Fällen, dass die dargestellten Wälder Mitteleuropas wie Parklandschaften anmuten, woraus eine weite Verbreitung der Hutewälder abzuleiten ist. Und noch eines erkennt man in ebenso vielen Fällen: es wurde nicht selten „geschönt". Denn die dichten Hochwälder auf manch einem Ge-

mälde aus dem späten 18. und frühen 19. Jahrhundert widersprechen den wissenschaftlichen Befunden und den „Realisten" unter den Künstlern.

## Die kleine Eiszeit

Die zweite Hälfte des 18. Jahrhunderts, als die Taunuswälder in einem in der Geschichte einmaligen Ausmaß durch Übernutzung der Landschaft infolge der Köhlerei, Eisenerzverhüttung und Landwirtschaft verwüstet waren, stellt ebenfalls eine weitere Phase erhöhter Erosionsaktivität dar, mit der die Bildung zahlreicher Erosionsschluchten in den Taunustälern einherging. Stetig steigender Holzbedarf, zunehmende Industrialisierung in Verbindung mit einer ab der Mitte des 16. Jahrhunderts allgemein einsetzenden Klimaverschlechterung sind als Ursachen zu sehen. Diese Klimaverschlechterung wird auch als Neuzeitliches Klimapessimum oder „Kleine Eiszeit" bezeichnet. Sie fand zwischen 1550 und 1850 ihren Höhepunkt.

Zeichnet man zusammenfassend ein grobes Bild von der Taunuslandschaft vor mehr als 200 Jahren, so ergibt sich ein Landschaftsbild, das enorm von der allgemeinen Vorstellung abweicht. Parkähnliche Hutewäl-

## 186   7 Warme Zeiten

### Kleine Eiszeit

So bezeichnet man eine Periode relativ kühlen Klimas von Anfang des 15. bis in die Mitte des 19. Jahrhundert hinein. Sie gilt in Klimadiskussionen als das klassische Beispiel einer durch kurzfristige Schwankungen geprägten natürlichen Klimavariation. Doch auch während der Kleinen Eiszeit gab es erhebliche Schwankungen. So stellen beispielsweise die Zeiträume von etwa 1570–1630 oder 1675–1715 besonders kalte Zeitabschnitte dar. Während der Kleinen Eiszeit wurden in Europa und später auch Nordamerika häufig sehr kalte, lang andauernde Winter und niederschlagsreiche, kühle Sommer beobachtet. Mitte des 17. Jahrhunderts drangen Gletscher in den Alpen vor und zerstörten einige Gehöfte und Dörfer. Das Gletscherwachstum während der so genannten „Kleinen Eiszeit" war das stärkste seit der letzten Eiszeit. Im Winter waren selbst die großen Flüsse gefroren und im Winter von 1780 konnte man den Hafen von New York auf dem Eis überqueren. Die kleine Eiszeit ist durch zahlreiche Zeugnisse belegt: von zeitgenössische Berichten, wissenschaftlichen Aufzeichnungen, Sedimentproben, Wachstumsringen der Bäume, Pollenanalysen, Untersuchung von Eisbohrkernen bis hin zur zeitgenössischen Darstellungen der Malerei. Eine geringere Strahlungsintensität der Sonne sowie ein verstärkter Vulkanismus werden als Ursache der Kleinen Eiszeit angesehen. Als erste Hinweise auf die Kleine Eiszeit offensichtlich wurden, ging man von einem weltweiten Klimaphänomen aus. Nach aktuellem Kenntnisstand war die Kleine Eiszeit jedoch ein auf den Nordatlantikraum und benachbarte Regionen begrenztes Phänomen.

der, Niederwälder, ausgedehte Felder und Kahlflächen prägten über weite Bereiche das Landschaftsbild bis zum ausgehenden 18. Jahrhundert. In den Auen sammelte sich das der starken Bodenerosion anheim gefallene Material wie auch das ungereinigte Abwasser der Gerbereien und anderer Betriebe – daher auch der Name des „Schwarzbaches" im gleichnamigen Tal zwischen Hofheim und Eppstein. Durch die Luft drang der Gestank der unzähligen Kohlenmeiler. Der undurchdringliche und den Taunus überziehende „Urwald" als romantische Kulisse von Räubergeschichten gehört somit ins Reich der Fantasie.

Zu Beginn des 19. Jahrhunderts setzte eine planmäßige Waldwirtschaft im Taunus ein. Die standortfremde Fichte, der „Brotbaum" prägte von nun an das Bild des Waldes, dessen Pflege sich auch fortan ausschließlich am wirtschaftlichen Gewinn orientierte. Der „Brotbaum" war anspruchslos, wuchs schnell und gerade, was ihn äußerst ertragreich machte. Es dauerte lange Zeit, bis man die negativen Seiten der Fichtenmonokulturen, dazu gehören häufiger Windwurf und

Schädlingsbefall, ernst nahm und aus den Fehlern lernte.

1990 wirbelten die beiden Orkan-Damen „Vivian" und „Wiebke" über Mitteleuropa und richteten verheerende Schäden an. Vor allem in den Wäldern verursachten sie ungeahnte Verwüstungen. Von Anfang Januar bis Anfang März 1990 zogen neun Orkantiefs über Mitteleuropa. Die Heftigsten waren Vivian und Wiebke. Sie fällten in Deutschland 60 Millionen Kubikmeter Holz. Das entsprach einem Einschlag von zwei Jahren. Besonders betroffen waren Hessen und Bayern. Auch die Waldbestände im Taunus, insbesondere Fichtenkulturen, blieben nicht verschont. Man sprach vom Jahrhundertschaden. Daraus zog man Lehren: Bei der Wiederaufforstung der betroffenen Waldgebiete wurde auf Nadelholz-Monokulturen verzichtet, denn kahle Laubbäume geben den Winterstürmen weniger Angriffsfläche. Eiche, Buche und Erle an feuchten Standorten ergeben heute einen naturnahen Bestand im Taunus, der mit seinem ungleichen und tief reichenden Wurzelwerk gegen Windwurf gut gerüstet ist.

7 Warme Zeiten

**Abb. 204.** Windwurf

Vom Windwurf bedroht sind vor allem flach wurzelnde Baumarten wie die Fichte.

Neben den genannten waldbaulichen Maßnahmen wurden in verschiedenen Gemeindewäldern Sickergruben angelegt. In ihnen sammelt sich bei Starkregen das Wasser, das selbst im sonst gut durchlässigen Waldboden bei Bodenfrost, lang anhaltendem Regen oder vorangegangener Trockenheit oberflächlich abfließt. Damit können großflächige Vernässungszonen im Bestand vermieden werden. Wo früher das oberflächlich abfließende Niederschlagswasser tiefe Rinnen in die Waldwege schnitt, fließt es heute schadlos durch Rohrdurchlässe unter den Wegen hindurch in die Sickergruben und kann dort langsam im Waldboden verschwinden. Damit bleibt das Wasser dosiert im Bestand. Letztendlich bieten die Sickergruben zahlreichen Waldbewohnern einen idealen Lebensraum, wie beispielsweise den Amphibien. Somit ist es auch ein verständliches Ziel der Forstverwaltungen, Sickergruben flächendeckend anzulegen.

**Abb. 205.** Sickergrube im Wald bei Niedernhausen-Engenhahn

In Sickergruben sammelt sich bei Starkregen das Wasser, das sonst häufig oberflächlich abfließt. Dort kann langsam im Waldboden versickern. Sickergruben sind ein Biotop für zahlreiche Waldbewohner wie beispielsweise Amphibien.

**Abb. 206.** Streuobstwiese
Die Streuobstwiesen im Taunus liefern nicht nur traditionsgemäß den Rohstoff für den „Äppelwoi", sie sind auch als Erosionsschutz und Biotop bedeutsam.

## Streuobstwiesen – Obst mit Tradition

Besonderen Schutz vor Erosion bieten die Streuobstwiesen im Taunus und seinem Vorland. Die Hochstamm-Obstbäume können sowohl durch die Krone als auch durch die Baumwurzeln und den Unterwuchs der Bodenerosion entgegenwirken. Streuobstwiesen spielen daher insbesondere in Hanglagen eine wichtige Rolle gegen die Bodenabtragung. Neben der Funktion als Erosionsschutz dienen Obstbestände auch dem Wasserschutz. Der Bodenbewuchs vermindert die Auswaschung von Nährstoffen in tiefere Bodenschichten. Zudem wird das Wasser wie durch einen Filter gereinigt. Durch die extensive Bewirtschaftung mit geringem Dünger- und Spritzmitteleinsatz tragen Obstbestände ebenfalls zum Grundwasserschutz bei.

Die Streuobstwiesen, umgangssprachlich auch Baumstücke genannt, sind im Taunus eine traditionelle Form des Anbaues für Wirtschaftsobst mit großer kultureller, die Landschaft prägender und ökologischer Bedeutung. Sie ermöglichen eine landwirtschaftliche Mehrfachnutzung einer Fläche: sie dienen der Obsterzeugung und werden zudem als Mähwiese zur Heugewinnung oder als Viehweide, teilweise auch zur Imkerei oder als Nutzgarten verwendet. Sie bieten auch zahlreichen Tierarten eine Hei-

mat. Charakteristisch ist die Vogelvielfalt angefangen von der Schar der Singvögel bis zu Steinkauz, Wendehals und Grünspecht. In den 1950er bis 1970er Jahren wurden Streuobstbestände durch Rodungen gefährdet, ob für Straßen- und Siedlungsbau oder die Umwandlung in Monokulturen. Heute sind Streuobstbestände am stärksten durch Bebauung, Umwandlung in Gartengrundstücke oder durch Nutzungsaufgabe und Verbrachung wegen zu geringer Rentabilität in Gefahr.

Seit Anfang der 1980er Jahre wird sich vermehrt um Schutz und Förderung der Streuobstbestände bemüht. So wurde beispielsweise von Gemeinden und Jagdgenossenschaften Pflanzgut den Grundstücksbesitzern kostenlos zur Verfügung gestellt. Die Bedeutung für Landschaftspflege und Naturschutz, als Kulturgut, als Erwerbszweig sowie für die Naherholung wurde erkannt. Daher werden Wieder- oder Neuanlagen als Ausgleichsmaßnahme bei Eingriffen in den Naturhaushalt hoch bewertet. Streuobstwiesen trifft man in geschützten Lagen im Hintertaunus, vor allem aber im Vortaunus, im Main-Taunus-Vorland und im Rheingau-Taunus-Kreis an. Dadurch ist die Herstellung des Nationalgetränks Apfelwein im Taunus gesichert, denn den überwiegenden Teil der Ernte bestreiten Kelteräpfel, die zu Apfelwein gekeltert werden.

## 7.4
## Wein – Ein Getränk verändert die Landschaft

Der Weinbau im Taunus oder genauer gesagt im Rheingau, der sich von Wiesbaden bis Lorchhausen am Mittelrhein erstreckt, kann auf eine lange Geschichte zurück blicken: Verbürgt sind 1.200 Jahre Tradition, sie reicht aber zurück bis in die Römerzeit. Immer wieder gab es gravierende Einschnitte bedingt durch Kriege oder Schädlingsbefall, technische Neuerungen sowie neue Organisationsformen. Mit großer Wahrscheinlichkeit erlernten die Germanen Techniken des Weinbaus von den Römern. Hinweise darauf sind beispielsweise Fachausdrücke wie Winzer vom lateinischen „vinator" und Most vom lateinischen „mostum". Zu Zeiten der Völkerwanderung ging durch Unruhen der Weinbau im Rheingau sicher zurück, kam aber vermutlich nicht völlig zum Erliegen.

### Weinbau: Gründungen und Wohlstand

Im Mittelalter wurde der Weinbau sehr geschätzt. In der Zeit von 900 bis 1300 kam es zur Verdichtung der Anbaugebiete in Mitteleuropa, was auch auf den Rheingau zutrifft. Die damalige Politik der Erzbischöfe führte dazu, dass sich rund ein Dutzend Klöster als Pioniere des Weinanbaus im Rheingau niederließen. Zu erwähnen sind die heute noch für ihren Wein berühmten Klöster Johannisberg, gegründet 1106 durch die Benediktiner, heute Schloss Johannisberg, und Eberbach, gegründet 1136 durch die Zisterzienser.

---

**Wein gedeiht nicht nur am Rhein**

Noch vor Jahrhunderten war der Weinbau auch an den Südhängen des Taunus heimisch. Die ersten weinbaulichen Nachweise finden sich dort vor etwa 1.000 Jahren. Zu diesen Anbaugebieten zählten Gemarkungen in Bad Soden mit Neuenhain und Altenhain, in Schwalbach, in Kelkheim und Hornau sowie in Eppstein. Hinweise auf entsprechende Anbaugebiete geben heute oft noch Straßen- oder Flurnamen.

---

**Abb. 207.** Weintrauben
Wein wurde auch lange an den Südhängen des Taunus angebaut.

## 190    7 Warme Zeiten

### Plage aus der Neuen Welt: Die Reblaus

In der zweiten Hälfte des 19. Jahrhunderts schlug sich der Weinbau beispielsweise mit eingeschleppten Pflanzenkrankheiten oder Schädlingen wie der Reblaus herum. Mit aus Nordamerika importierten Reben wurde unter anderem der Echte Mehltau (*Oidium*) eingeschleppt. Die Suche nach Mehltau resistenten Reben führte 1863 zur Einfuhr der Reblaus (*Dactylosphaera vitifolii*). Ihr wurde man schließlich mit der bis heute üblichen Technik des Pfropfrebenanbaus Herr, bei der man zur Veredlung heimische Rebsorten auf reblausresistente Unterlagssorten pfropft, denn die Reblaus schadete besonders den Wurzeln der heimischen Rebstöcke.

Rheingauweine wiesen schon für mittelalterliche Verhältnisse eine hohe Qualität auf. Früh wurde der Anbau auf den gebietstypischen Weißwein umgestellt, da mit mediterranen Rotweinen ohnehin nicht zu konkurrieren war. Der dabei eingeführte Riesling findet 1435 in Rüsselsheim am Main erstmals Erwähnung. Mit seiner Verbreitung wurde der Rheingau zum qualitativ führenden Weinanbaugebiet Deutschlands. Der Wohlstand in der Region führte zu einem starken Bevölkerungswachstum, Ufergemeinden am Rhein waren zu dieser Zeit größer als Städte wie Limburg oder Wiesba-

**Abb. 208.** Im Weinberg
Der Weinbau im Rheingau blickt auf eine lange Tradition mit Höhen und Tiefen zurück.

7 Warme Zeiten

A

B

**Abb. 209.** Weinberg und Bodenerosion

A) Zur Arbeitserleichterung und um Bodenerosion möglichst zu verhindern, werden Rebhänge, wie hier bei Lorch im Mittelrheintal, seit dem Mittelalter als Terrassen angelegt. Die dazu notwendigen Stützmauern und Treppen sind lose, ohne Bindemittel als Trockenmauer gesetzt. Dadurch enstanden unzählige Ritze und Spalten. In Verbindung mit dem Kleinklima der stark besonnten Weinbergmauern, die sich bis 70 Grad Celsius aufheizen können, haben sich ideale Bedingungen für Sonnenanbeter wie die Mauereidechse entwickelt. Als „Südeuropäer" erreicht sie in den Wärmeinseln der Weinanbaugebiete ihre nördlichste Verbreitung.
B) Die möglichen Ausmaße der Bodenerosion verdeutlicht ein Weinberg bei Eltville-Hattenheim nahe Schloss Reinhartshausen.

**192** 7 Warme Zeiten

**Abb. 210.** Terrassen im Weinberg oberhalb Assmannshausen
Oberhalb von Assmannshausen bestimmen Weinbergterrassen mit aufwändig errichteten Stützmauern das Landschaftsbild am Mittelrhein.

den. Auf den Punkt gebracht hieß es: „Der Rheingau ist einer Gans zu vergleichen, die alle Tage ein goldenes Ei legt."

Mit dem Weinbau veränderte auch die Landschaft ihr Gesicht. Umfangreichen Rodungen folgten Terrassierungen der steilen Hänge, vor allem am Mittelrhein. Sie tragen heute wesentlich zum Landschaftsbild und nicht zuletzt zur Beantwortung der Frage „Warum ist es am Rhein so schön?" bei. Die Eingriffe in den Landschaftshaushalt führten jedoch auch zu Bodenerosion und Massenbewegungen in Form von Hangrutschungen, die immer wieder aufwändig stabilisiert werden müssen. Die Bodenerosion spielt im Weinbau immer schon eine recht unheilvolle Rolle. Neben der Beschädigung oder gar Zerstörung von Terrassen, Wegen, der Rebenanlage und der Verstopfung der

Vorfluter ist auch die Abspülung der wertvollen gedüngten Bodenkrume zu beklagen. Sie musste mit großer Mühe wieder in den Wingert zurückgetragen oder ersetzt werden. Die umfangreiche Mechanisierung, Spezialisierung und Intensivierung im Weinbau in jüngerer Zeit hatte weitreichende Folgen. So ersetzte die Umstellung auf eine maschinelle Bodenbearbeitung selbst in Steillagen die traditionelle Seilzugtechnik durch Direktzuganlagen. Dadurch bildeten sich Fahrspuren mit einhergehender Bodenverdichtung, die das Versickern der Niederschläge behindert, den Oberflächenabfluss hingegen fördert.

Da die Parzellen im Rahmen der Flurneuordnung maschinengerecht vergrößert wurden, sammelt sich auf ihnen deutlich mehr Niederschlagswasser, es erhöht sich die

# 7 Warme Zeiten

Fließgeschwindigkeit und somit auch die Erosionsgefahr. Vor allem Steilhanglagen sind von der Bodenerosion in erhöhtem Maße betroffen, der mit Schutzmaßnahmen entgegengewirkt werden muss. Sowohl die Niederschlagsintensität als auch die Erosionsanfälligkeit des Bodens sind entscheidende Kennwerte für die Beurteilung des Bodenabtrags. Vor dem Hintergrund der Beurteilung der Erosionsanfälligkeit von Wein-

bergsböden, aber auch beispielsweise zur Sorten- und Anbauempfehlung wurde das Hessische Landesamt für Umwelt und Geologie (HLUG) mit der Weinbergsbodenkartierung betraut. Sie hatte zum Ziel, die Standorteigenschaften zu beschreiben, die zur optimalen Auswahl der Unterlage zur Ertragssicherung und Qualitätssteigerung des Weinanbaus führen. Das Kartenwerk umfasst inzwischen 16 Blätter, die den größ-

**Lorchhausen - Bodental: Parzellenscharfe Abgrenzung der Weinbergslagen**

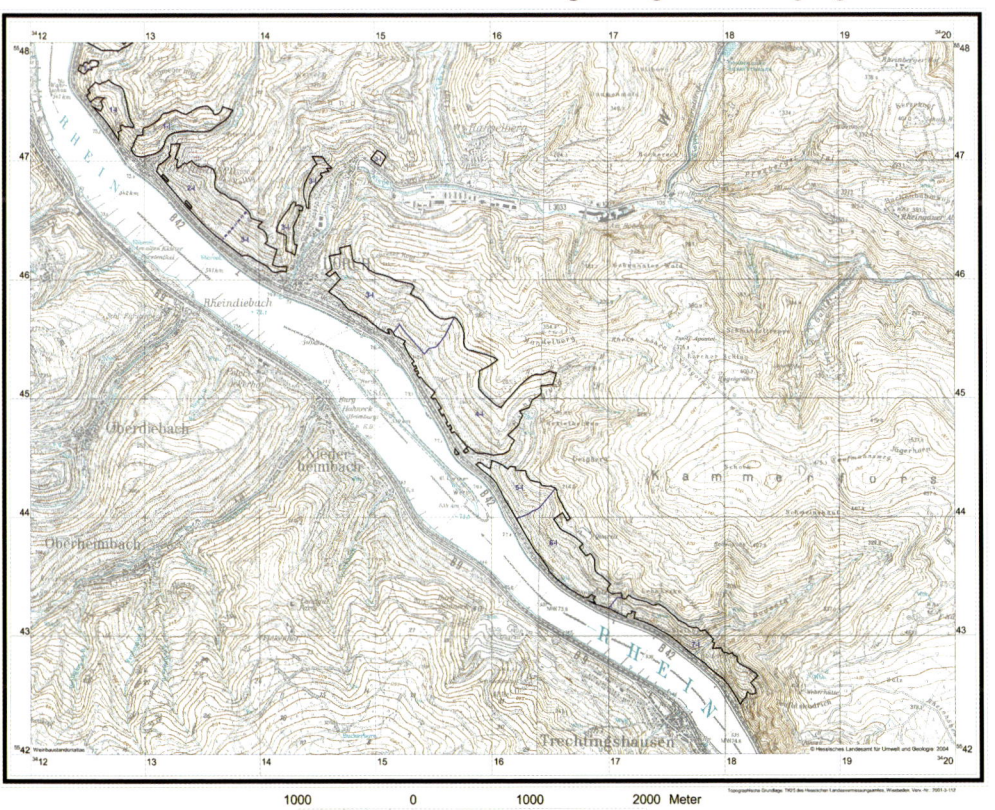

**Abb. 211.** Digitaler Weinbaustandortatlas von Hessen

Dieses digitale Kartenwerk gibt unter anderem Auskunft über die parzellenscharfe Abgrenzung der Weinbergslagen, die Windgefährdung der Rebstandorte an Tagen mit geringer Bewölkung, die Bodengruppen oder die potenzielle Erosionsgefährdung. Neben der Ansicht der Themenkarten im Karten-Info-System des digitalen Weinbaustandortatlas, besteht für den Anwender die Möglichkeit für den Eigenbedarf einen Kartenausdruck in hoher Qualität herzustellen. Die Abbildung zeigt als Beispiel die parzellenscharfe Abgrenzung der Weinbergslagen bei Lorchhausen (Bodental).

ten Teil des Anbaugebietes Rheingau sowie den Maingau (Hochheim am Main, Wicker, Mainz-Kostheim) abdecken und ist über den Vertrieb des HLUG zu beziehen.

Im Interesse des Weinbaus sowie zum Schutz des Bodens und der Umwelt allgemein wird seit jeher versucht, den Bodenabtrag durch dem jeweiligen Standort angepasste Maßnahmen zumindest einzudämmen. Dazu stehen verschiedene Möglichkeiten zur Verfügung. Vorteilhaft ist die Dauerbegrünung der Rebzellen und Fahrgassen. Dem halten viele Winzer entgegen, dass bei der Rebe durch die Konkurrenz mit Gräsern bei niederschlagsärmeren Wetterperioden oder gar niederschlagsarmen Jahren Trockenstress, insbesondere bei Weißweinsorten, ausgelöst werden kann. Optimal ist daher nach Ansicht von Fachleuten bei „sensiblen" Standorten eine Dauerbegrünung, die mit einer Tröpfchenbewässerung der Rebe kombiniert ist. Denn durch die gezielten Wasserspenden wird Trockenstress vermieden und gleichzeitig der Bodenerosion entgegengewirkt. Auch das Ausmaß der Verdichtung und Zerknetung des Bodens bei feuchter Witterung durch schwere moderne Maschinen wie die Vollernter, ist bei Dauerbegrünung deutlich geringer. Zum Schutz des Bodens werden auch Abdeckmaterialien wie Rindenmulch oder ähnliche Materialien eingesetzt, die zudem keinen überflüssigen Düngeeffekt mit sich bringen.

## 7.5
## Kulturlandschaft im Wandel

Menschen lebten bereits während der Eiszeiten in einzelnen Sippen am und vermutlich zeitweise auch im Taunus. Doch seit Beginn des Holozäns wurden sie zahlreich und dominierend. Von den frühesten Siedlern wie den Bandkeramikern gibt es Zeug-

nisse, Kelten und Römer hinterließen schon deutliche Spuren in der Landschaft. Seit dem Mittelalter ist die Liste der Veränderungen des natürlichen Landschaftsbildes durch den Menschen weitaus länger, ihr Ausmaß gravierend geworden. Der Taunus ist heute eine vom Menschen geschaffene Kulturlandschaft mit Bachbegradigungen, Kanalisierungen, Landverbrauch für Siedlungen, mit Gewerbegebieten, Verkehrswegen, Freizeiteinrichtungen und vielem mehr. Aber auch Spuren landwirtschaftlicher Nutzung wie Ackerraine, Ackerterrassen und Erosionsschluchten, sowie die Hinterlassenschaften des Bergbaus oder der Niedergang und die Aufforstung der Wälder zum Wirtschaftsbetrieb sind nur einige weitere Beispiele für die Gestaltung der Landschaft durch den Menschen.

Bedenklich ist heute der Landschaftsverbrauch durch Flächenversiegelung, etwa infolge der kaum noch überschaubaren und äußerst rasanten Erschließung von Gewerbegebieten auf der „Grünen Wiese". Und zum Landschaftsbild des Taunus tragen Gewerbegebiete ebenso wenig positiv bei wie die Windenergieanlagen, die bereits den westlichen Hintertaunus überragen. Die Kulturlandschaft Taunus wird sich auch künftig wandeln, vielleicht werden sogar die Ideen von aufgestauten „Freizeitseen" Realität, was dem Tourismus zu gute kommen soll. Doch der Tourismus braucht keine Seen, der Taunus schon gar nicht. Die Taunuslandschaft ist bereits ein Pfund, mit dem man ausgiebig wuchern kann. Und das sehr nachhaltig. So könnte ein „sanfter Tourismus" gefördert werden, der auf die Landschaft und heimische Produkte setzt, ein „Geotourismus", der mit den Anstrengungen im Natur- und Landschaftsschutz in Einklang steht. Vorhandene und neu entstehende Themenpfade sind ein erster Schritt in diese Richtung. Zudem können fachkundig geführte Wanderungen, die von einigen Bürger- oder Touristikbüros bereits angeboten werden, und Veranstaltungen für alle Altergruppen wie zum Beispiel Geo- oder Natur-Tage eine attraktive Erweiterung des bestehenden Tourismusangebotes sein.

# 8

# Die berühmteste Grenze des Taunus oder: Darum ist es am Rhein so schön

„Doch der schönste Landstrich von Deutschland, an welchem unser großer Gärtner sichtbar con amore gearbeitet hat, sind die Ufer des Rheins von Mainz bis Koblenz, die wir auf dem Strome selbst bereiset haben. Das ist eine Gegend wie ein Dichtertraum, und die üppigste Phantasie kann nichts Schöneres erdenken, als dieses Tal, das sich bald öffnet, bald schließt, bald blüht, bald öde ist, bald lacht, bald schreckt", schreibt Heinrich von Kleist (1777–1811) im Jahr 1801 an Karoline von Schlieben.

Doch warum ist es so schön am Rhein, insbesondere im Oberen Mittelrheintal, dem UNESCO-Welterbe? Sind es die vielen

**Abb. 212.** Das Mittelrheintal
Der Blick geht von der Loreley über das Engtal des Oberen Mittelrheintals in Richtung St. Goarshausen.

8 Die berühmteste Grenze des Taunus

**Abb. 213.** Das Obere Mittelrheintal bei Lorch
Über dem Ental des Rheins liegen auf dem Hochtal oberhalb der Burgruine Fürstenberg mit Löss bedeckte Kiesterrassen, die ackerbaulich genutzt werden. In den Seitentälern domminiert der Weinbau. Die linksrheinischen Steilhänge des Engtals tragen Wald.

Höhenburgen und romantischen Orte oder die Weinberge des Taunus, die das Tal so unwiderstehlich machen? Erstere sicherlich auch, letztere ganz sicher. Denn die Vorraussetzung für die Einmaligkeit und Schönheit der Kulturlandschaft Mittelrheintal sind die Landschaftsformen, der krasse Abbruch aus der Hochflächenlandschaft in die Steilhänge des Engtals, die tief eingeschnittenen Seitentäler, die in das Rheintal münden und die Asymmetrie des Talquerschnittes. Die verschiedenen Landschaftsformen des Mittelrheintals bestimmen die Nutzung der Kulturlandschaft und beantworten daher letztendlich die Frage, warum es am Rhein so schön ist.

## Und wieder das Meer

Die Landschaftsgeschichte der berühmtesten Taunusgrenze begann, wie sollte es auch anders sein, mit dem Meer. Genauer gesagt mit dem Tertiärmeer, dessen Brandung auch in zahlreichen Buchten des Taunus seine Gerölle hinterlassen hat. Vor etwa 40 Millionen Jahren gelangte das Meer in das Mittelrheingebiet und bildete eine Meeresverbindung zwischen der Niederrheinischen Bucht und der Oberrheinischen Tiefebene, die zu dieser Zeit als Einbrüche in die Erdkruste abzusinken begannen. Hinweise auf das Meer finden sich auf dem Hochtal des Rheins, das sich über dem steil eingeschnittenen Engtal erstreckt, in Form von Brandungsgeröllen. Wir kennen diese Gerölle bereits aus den Taunustälern und dem Taunusrand am Übergang zur Untermainebene. Dass es sich um echtes Brandungsgeröll eines Meeres handelt, belegen mehrere Fakten: Es besteht fast ausschließlich aus lokal vorkommenden Gesteinen wie Quarz, Taunusquarzit und Hermeskeil-Sandstein. Zudem hält die Basis der Gerölle eine bestimmte Höhe entlang des Mittelrheintals ein. Diese Basis folgt also nicht dem Flussgefälle. Schließlich belegen mineralogische Untersuchungen, dass die Ablagerungen im Mittelrheingebiet den tertiären Meeressedimenten im Mainzer Becken ähneln. Funde von mariner Mikrofauna im westlichen Taunus sind weitere Belege für die Anwesenheit des Meeres.

## Vom Urrhein zum Engtal

Mit weltweit absinkendem Meeresspiegel ging die Meeresverbindung schließlich verloren, doch es blieb eine Flussverbindung zwischen Ober- und Niederrheingebiet entlang des heutigen Mittelrheintals. Auf diesen „Urrhein" weisen wiederum Gerölle im Hochtal hin, die nicht aus dem Rheinischen Schiefergebirge stammen. Im Verlauf der Eiszeit bildete sich auf den tieferen Teilen des Hochtals unter periglazialen Bedingungen eine Abfolge von zahlreichen Kiesterrassen, die vom Löss überdeckt wurden. Durch Lössanwehungen und starke Westwinde wurde der Rhein nach Osten abgedrängt, wodurch das Mittelrheintal seine typische Asymmetrie erhielt. Vor etwa 600.000 Jahren begann der Rhein sich sehr schnell einzutiefen. Es gab auch weiterhin Kiesaufschüttungen, doch die Einschneidung dominierte derart, dass die steilen Hänge des heutigen Engtals entstanden. Die Ursache hierfür ist, wie bereits angesprochen, noch nicht endgültig geklärt. Die Absenkung des Meeresspiegels während der Eiszeiten und die damit verbundene Tieferlegung der Erosionsbasis, aber auch tektonische Ursachen werden diskutiert. Als die vorerst letzte Eiszeit zu Ende ging, floss der Rhein bereits weitgehend im Niveau seines heutigen Flussbettes. Belegt wird dies durch die Schwemmfächer, welche die Nebenflüsse im Verlauf der Eiszeit in das Mittelrheintal schütteten. Diese Schwemmfächer werden bei Rheinhochwasser oft überschwemmt und mit Hochflutlehm überschüttet.

## Die einzig richtige Antwort

Das heutige Mittelrheintal ist tief in die devonischen Gesteine des Rheinischen Schiefergebirges eingeschnitten und trennt den Taunus vom Hunsrück. Über dem Engtal mit seinen zahlreichen Schwemmfächern und Inseln, das etwa bei einer Meereshöhe von 200 Metern einsetzt, folgt das flachere, vergleichsweise sanft geneigte Relief des Hochtals mit Strandterrassen, Kiesterrassen und Lössanwehungen. Diese Bereiche des Mittelrheintals werden landwirtschaftlich genutzt und tragen zahlreiche Ortschaften. Die rechtsrheinischen Steilhänge des Taunus dienen dem Weinbau, die Schwemm-

8 Die berühmteste Grenze des Taunus

**Abb. 214.** Entwicklung des Rheintals (stark schematisiert)

A) Unter feucht warmem Klima hat sich in den devonischen Schiefern des Rheinischen Schiefergebirges die mesozoisch-tertäre Verwitterungsdecke gebildet (hellerer oberer Bereich).

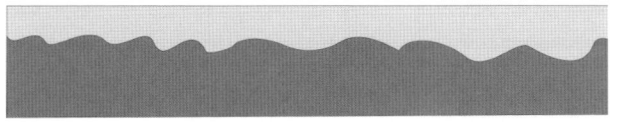

B) Mit dem Einbruch des Meeres entstanden Strandterrassen mit der Ablagerung von Brandungsgeröllen (als kleine Kreise dargestellt).

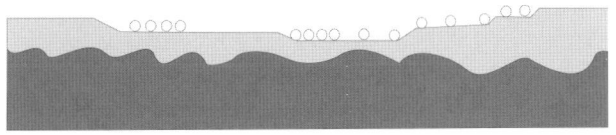

C) Zwischen 2 Millionen und etwa 700.000 Jahren vor heute erfolgten im Eiszeitalter Kiesaufschüttungen mit Terrassenbildung (kleinere Kreise). Das Mittelrheintal entwickelte sich zu einem typisch asymmetrischen Tal, wie sie zahlreich im Taunus zu finden sind.

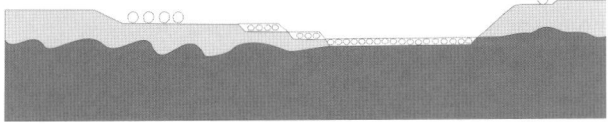

D) Vor rund 600.000 Jahren begann anschließend die Bildung des Engtales. Seit Ende der letzten Eiszeit erfolgte keine nennenswerte Einschneidung mehr.

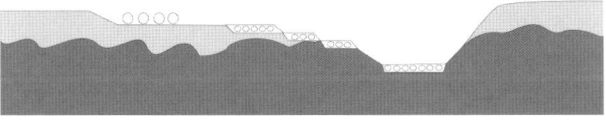

fächer der tief eingeschnittenen Nebentäler tragen Orte wie Assmannshausen oder Lorch. Diese Abfolge unterschiedlichster Landschaftsformen, die Asymmetrie des Tales und die dadurch, man könnte fast sagen geradezu „erzwungene" Nutzungsverteilung, sind die einzig richtige Antwort auf die Frage „Warum ist es am Rhein so schön?" Ein Übriges tragen natürlich die zahlreichen Burgen, der Rebensaft und die noch verbliebene Romantik der Orte am Mittelrhein bei.

# 9

# Schätze im Taunus

Wenn hier von „Schätzen im Taunus" die Rede ist, dann nicht von Gold oder Diamanten, wenngleich durchaus Versuche unternommen worden sind, im Taunus nach Gold zu suchen. Davon zeugt die „Goldgrube", eine 492 Meter hohe Bergkuppe im südlichen Taunus nordöstlich der Siedlungsgrenze von Oberursel gelegen. Hier befindet sich ein ehemaliger Bergwerksstollen in dem im 18. Jahrhundert erfolglos nach Gold gegraben wurde. Die Schätze im Taunus sind jedoch ganz andere. Neben wertvollen Baustoffen wie Quarzit, Schiefer und Kalk, die zum „Abnagen" ganzer Berge führten, zählt zu den Schätzen im Taunus sicherlich das Wasser, sei es als Grundwasser, Mineralwasser oder Thermalwasser. Und vor gar nicht allzu langer Zeit waren es die Erze, die zu den Schätzen im Taunus gehörten. Ehemalige Erzgruben findet man im gesamten Taunusgebiet.

## 9.1 Glück auf: Erzbergbau im Taunus

Bis in das 20. Jahrhundert gehörte der Taunus mehrere Jahrhunderte lang zu den führenden Industriegebieten in Deutschland hinsichtlich Eisengewinnung und Eisenverarbeitung. Ob für Pflugscharen oder Waffen: die Historie des Taunus ist eng an die Gewinnung und Verarbeitung von Erzen geknüpft. Der Wasserreichtum, der Waldreichtum als Vorraussetzung für die Holzkohleherstellung und schließlich die Erzlagerstätten in unmittelbarer Nähe zu den beiden anderen Faktoren prädestinierten den Taunus seit jeher für die Eisenindustrie. Der Mensch bewirkte dadurch vielerorts im Taunus lokale Veränderungen in der Landschaft. So stößt man heute noch auf zahlreiche Gruben vergangener Rohstoffgewinnung.

**Abb. 215.** Bleiglanz
Der Galenit oder Bleiglanz ist eines der Haupterze im Taunus, enthält er doch auch Silber. Als Blei industriell benötigt wurde, war dieses Erz das vordringliche Ziel der Bergbautätigkeit.

9 Schätze im Taunus

**Abb. 216.** Manganoxid
Manganoxid oder Brauneisen vom Abbaugebiet nahe dem „Hohlen Stein" bei Niedernhausen-Oberjosbach.

Die frühe Erzgewinnung in keltischer und römischer Zeit erfolgte nicht durch Bergbau, sondern durch Absammeln von Eisen-, Mangan-, Blei-, Zink- und Kupfererz enthaltenden Gesteinsbrocken von der Bodenoberfläche. Manganerze, die oft mit Eisenerzen gemeinsam auftreten, wurden bis über das Mittelalter hinaus oft als wertloses Nebengestein angesehen und daher beiseite gelegt. Doch ab der Mitte des 18. Jahrhunderts nutzte man Manganoxid, etwa aus der Gegend um Niedernhausen zur Herstellung von Chlor. Manganerze oder Manganoxide, auch Braunstein genannt, aus dem Taunus wurden bis nach England verschifft.

Für den gezielten und tiefer vordringenden Bergbau wurden ab dem Mittelalter ovale

Bodenvertiefungen, die so genannten Pingen, sowie Stollen angelegt. Die Verhüttung der Erze erfolgte zunächst in flachen Rennherden (Holzkohlefeuer auf flachem Steinherd) und zwar vor Ort durch die Waldschmiede. Die gewonnenen Roheisenbrocken wurden von den Waldschmieden anschließend zu Gebrauchsgegenständen geschmiedet. Waren die Rohstoffe aufgebraucht, zog der Waldschmied weiter. Die Funde von Schlacken im Umfeld von Köhlerplätzen deuten auf ehemalige Standorte von Waldschmieden hin. Hammerwerke und Nagelschmieden waren im Taunus weit verbreitet. Als man im 15. Jahrhundert begann, die Wasserkraft von Bächen zum Antrieb von Blasebälgen und Schmiedehämmern zu nutzen, blieben die Eisenwerke und Ei-

**Entstehung der Erzvorkommen**

Die Entstehung der Erze erfolgte auf zweierlei Arten und in beiden Fällen handelt es sich um Bildungen, die nicht mit dem Taunusgestein zusammen, sondern erst später entstanden. Unter dem feucht-warmen Klima des Mesozoikums und desTertiärs gingen bei der tiefgründigen Verwitterung der Eisensilikat führenden Gesteine Eisen und Mangan in Lösung. Sie wurden in Klüften und Spalten des frischen, unverwitterten Gesteins als Krusten und Knollen wieder abgeschieden.

Die andere Entstehungsweise von Eisen- und Manganerzen beruht auf so genannten hydrothermalen Prozessen unmittelbar nach der Faltung der Gesteine im Erdaltertum. Hierbei drangen aus dem tieferen Untergrund über Klüfte des durch die Gebirgsbildung stark beanspruchten Gesteins weit über 100 Grad Celsius heiße und somit sehr aggressive Wässer auf. Sie reicherten sich unter anderem mit Eisen und Mangan an, die später wieder ausfielen und die Gänge füllten.

**202** 9 Schätze im Taunus

**Abb. 217.** Gesamtaufnahme des Blei- und Silberbergwerks Hannibal in Idstein-Heftrich
Die Aufnahme stammt aus der Zeit zwischen 1922 und 1926. Zuvor trug das Bergwerk den Namen „Bleierz Bergwerk Heftrich". Auf dem Bild sind die Bleierzaufbereitungsanlagen mit Brecherei und Wäscherei im Fachwerkgebäude sowie der Förderturm und die Unterkünfte (lange Gebäude rechts) zu erkennen.

senschmieden als so genanntes „Rennwerk" ebenfalls am Ort der Erzgewinnung.

Ein Beispiel ist die Isabellengrube im Weihergrund östlich von Schmitten: Sie wurde von den Herren von Reifenberg zur Eisengewinnung angelegt und ihre mehrere Meter breiten und tiefen Pingen und Einsturztrichter sind heute noch gut zu erkennen. Dieser allerdings recht unrentable Bergbau wurde bis ins 19. Jahrhundert betrieben. Bis 1925 war ein Blei- und Kupfererzbergwerk bei Heftrich in Betrieb. Im 1. Weltkrieg nahm der Bergbau in Idstein-Heftrich einen besonderen Aufschwung, weil Blei für die Rüstungsindustrie dringend benötigt wurde. Damals reichte die Sohle bis auf 110 Meter

Tiefe. Jährlich wurden 230 Tonnen Bleierze und Kupferkies an die Blei- und Silberhütte Braubach bei Lahnstein verkauft. Auch im Taunus und Vortaunus belegen Schlackenhalden von Waldschmieden beispielsweise bei Königstein, Kelkheim und im Hofheimer Waldbezirk den frühen Abbau von Eisenerz. Der Höhepunkt des Untertageabbaus war Mitte des 19. Jahrhunderts. Die Verhüttung der gewonnenen Erze erfolgte allerdings vorwiegend in Höchst, heute zu Frankfurt am Main gehörend, und in der Stadt Biebrich, die seit 1926 Stadtteil von Wiesbaden ist. Steigende Abbaukosten und Erschöpfung der Lagerstätten brachten auch hier den Bergbau zum Erliegen. Noch bis 1939 wurde in Eppstein-Bremthal Eisen-

9 Schätze im Taunus

erz gefördert und beispielsweise in einer Schmelzmühle in Eppstein-Vockenhausen verarbeitet: zu gusseisernen Ofenplatten, Töpfen oder Kugeln.

**Eine der größten: Grube Zollhaus**

Die Grube Zollhaus und der Barbarastollen stellen eines der ehemals bedeutendsten Bergbauwerke im Taunus dar. Die Grube liegt im westlichen Hintertaunus auf dem Gebiet der Verbandsgemeinde Katzenelnbogen. Auf insgesamt über 8 Kilometer Länge erstreckte sich das Stollensystem. Im Grubenkomplex Zollhaus wurde bis 1928 der früher sehr wertvolle Roteisenstein (Häma-

tit) gefördert. Im Jahr 1905 begann man mit der Förderung von Brauneisenstein, auch Limonit genannt, die im Jahr 1960 endete. Der Brauneisenstein, nicht zu verwechseln mit dem Manganoxid Braunstein, gehört als Gemenge aus Eisen-Hydroxiden, darunter vorwiegend Goethit, zu den Verwitterungs-erzen und wurde im Bereich des Massen-kalks aus eisenhaltigen Lösungen ausge-fällt. Nach der zufälligen Entdeckung von Phosphoritvorkommen wurden auch diese gefördert. Phosphorit, ein Grundstoff für die Düngemittelproduktion, tritt oft neben dem Brauneisenstein in Begleitung von Man-gan auf. Mit Phosphorit bezeichnet man feinkristalline Varietäten des Calciumphos-

**Abb. 218.** Historische Bergwerksgeräte
Im „Geologischen Zentrum Taunus–Wetterau" in Bad Homburg findet sich eine Ausstellung von Mineralien, Fossilien und historischem Bergbaugerät aus dem Taunus.

**204**   9 Schätze im Taunus

**Abb. 219.** Grube Friedrichssegen

Die Förderanlage Tagschacht im Jahr 1905 mit Förderturm.

phats Apatit, das auch den Zahnschmelz des menschlichen Gebisses aufbaut. Die Phosphorite entstanden in der Hauptsache durch Verwitterung apatitreicher magmatischer Gesteine des Devons, um die sich die Atolle der „Devonischen Südsee" aus Massenkalk scharten.

### Aus den Tiefen des Tales – Grube und Bergbaumuseum Friedrichssegen

Im Erzbachtal, östlich des Lahnsteiner Stadtteiles Friedrichssegen, befindet sich das weitläufige Haldengelände mit den Überresten der Bergwerksanlagen der Grube Friedrichssegen. Der Abbau von Blei-, Kupfer- und Zinkerzen fand, wie archäologische Funde belegen, bereits in römischer Zeit statt. Gesichert ist die Vergabe von Schürfrechten ab dem Jahr 1220. 1850 findet man den Namen „Zeche Friedrichssegen". 1852 wurde diese Zeche verkauft und als „Anonyme Aktiengesellschaft des Silber- und Bleibergwerkes Friedrichssegen bei Oberlahnstein" geführt. Es begann die erfolgreichste Betriebszeit. In dieser Blütezeit wurden die Grubenanlagen ständig erweitert. Es wurden 8 Stollen,

**Abb. 220.** Wohnanlagen in Friedrichssegen

Neben den Wohnanlagen im Hintergrund sieht man auf der Ansichtskarte von 1905 in der Bildmitte die Kegelbahn und ganz rechts das Casino „Glück auf".

9 Schätze im Taunus

**Abb. 221.** Stollenmundloch

Vor dem Stollenmundloch des Heinrich-Stollen um 1910.

**Abb. 222.** Kölsch Loch

Die Aufnahme aus dem Jahr 1095 zeigt den Ortsteil „Kölsch Loch" der Grube Friedrichssegen

## 9 Schätze im Taunus

**Abb. 223.** „Emser Tönnchen"

Pyromorphit aus dem Taunus, auf dem Bild als kleine grünliche Mineralien zu erkennen, kommt vor allem im oberflächennahen Bereich von Bleilagerstätten vor. Hier entsteht er durch die Verwitterung von bleihaltigen Mineralien in Verbindung mit wässrigen Lösungen, die das Phosphat enthalten. Pyromorphit ist bei Mineraliensammlern recht beliebt, entsprechend sind die Preise auf Sammlerbörsen.

2 Schächte und ein Blindschacht angesetzt. Die modernsten Aufbereitungsanlagen wurden errichtet und 1880 die erste Grubenzahnradbahn im Königreich Preußen mit einer Streckenlänge von 2.509 Metern vom Kölsch Loch nach Ahl bis zur Lahn angelegt. Der Bahnhof Friedrichssegen wurde 1884 ebenfalls durch die Grube Friedrichssegen gebaut.

Eine für diese Zeit vorbildliche Sozialstruktur, unter anderem mit Volksschule, Krankenanstalt mit Apotheke, Badeanstalt und Wäscherei, wurde geschaffen. Auch das war nur durch die hohe Rentabilität der Grube Friedrichssegen möglich. Diese Grubenherrlichkeit dauerte nur bis 1895. Ein Gutachten über die noch vorhandenen Rohstoffe besagte, dass das Bergwerk nahezu ausgebeutet sei, 1900 wurde die Grube verkauft. Es kam erneut zum Aufblühen der Grube Friedrichssegen. 1907 wurde ein Kraftwerk an der Lahn errichtet, mit dem man die Erzförderkosten senken wollte, was nicht funktionierte. Rückläufige Erzfunde und hohe Verschuldung führten dann 1913 zum Konkurs. Die Grube Friedrichssegen wurde stillgelegt und alles brauchbare Material ausgebaut und verkauft. Dadurch war ein Neubeginn quasi unmöglich. Es kam zu erneuten Versuchen, das Bergwerk wieder in Betrieb zu nehmen – auch diese scheiterten. 1952 bis 1957 wurden die Halden im Friedrichssegener Tal ein letztes Mal aufbereitet.

Heute sind neben den Halden noch die Stollenmundlöcher, Reste der Aufbereitungsanlagen und alte Wohngebäude der Bergleute zu sehen. Im „Bergbaumuseum Friedrichssegen" gibt es eine große Anzahl alter Grubenbilder aus der Zeit um 1905–1910 und ein Modell des Friedrichssegener Tales mit Gebäuden und Werkanlagen aus dieser Zeit zu sehen. Ausgestellt sind auch rund 40 Exponate Friedrichssegener Mineralien, darunter Malachit, Pyromorphit, Chalcopyrit, Azurith, Zink, Blei und Pyrit (Katzengold). Prachtvolle Stufen grüner und brauner Pyromorphite sind es vor allem, die noch heute zu den begehrten Sammelobjekten zählen. Dabei handelt es sich um ein Phosphat, auch Bunt-, Grün- oder Braunbleierz genannt, das in Bleilagerstätten vorkommt. Die Pyromorphite gingen wegen ihrer „tonnenartigen" Ausbildung auch als so genannte „Emser Tönnchen" in die Fachliteratur ein.

9 Schätze im Taunus

## 9.2 Wertvolles Nass: Grundwasser & Co.

Unter den Nutzungsbeanspruchungen der Landschaft ist die Gewinnung von Trinkwasser sicherlich die unauffälligste. Die baulichen Maßnahmen zur Wassergewinnung beschränken sich auf lokale Erdbewegungen im Zuge der Errichtung von Tiefbrunnen, Pumpwerken, Wasserbehältern, Rohrleitungen und Zufahrtswegen. Anders sah es bei den Thermalwasser- und Mineralwasserquellen der bekannten Kurorte aus, die im Laufe der Zeit nicht nur umfangreiche Baumaßnahmen um die Quellen selbst nach sich zogen. Ein weiträumiges Straßen- und Schienennetz begann mit dem Aufstreben der Kurorte, die Landschaft zu zerschneiden.

### 9.2.1 Dem Trinkwasser auf der Spur

Die Gewinnung von Trinkwasser ist im Taunus schwieriger als beispielsweise in den südlich angrenzenden Beckenlandschaften mit ihren großen Grundwasserreservoirs, den Porengrundwasserleitern aus Kiesen und Sanden wie etwa im Hessischen Ried. Das Grundwasser bewegt sich in den Festgesteinen des Taunus auf Trennfugen, wozu Schicht- und Schieferflächen, insbesondere jedoch Klüfte, Spalten, Scher- und Verwerfungsflächen zählen. Ergiebigere Grundwasservorkommen in den weit verbreiteten Tonschiefern sowie in den Sandsteinen und Quarziten der Taunuskamm-Einheit sind an Schollengrenzen der tertiären Bruchtektonik gebunden, da das Gestein dort besonders kluft- und spaltenreich ist, wodurch ausreichend Speicherräume gegeben sind. Tiefbrunnen fördern diese Vorkommen. Dabei weist der Taunusquarzit eine häufig günstigere Klüftung auf als die Schiefer und ist somit meist der bessere Grundwasserspeicher. Diese Einschränkung muss deshalb getroffen werden, weil Bohrungen nach Grundwasser im Taunusquarzit einerseits mitunter mehr oder weniger erfolglos verliefen, so beispielsweise in Schlangenbad, wo mehrere 100 Meter tiefe Bohrungen enttäuschten, andererseits Bohrungen im Schiefer den gewünschten Erfolg brachten. So liegen etwa die leistungsstarken Bohrbrunnen Halborn, Wingsbachtal oder Orlenbachtal der Stadt Taunusstein auf Störungen im Schiefer. Während das Wasser dieser Brunnen gepumpt wird, gewinnt man das Wasser im Quarzit des Hochtaunus vielfach durch Stollen. So etwa in Wiesbaden, dessen Stollen den Gutachten und Forschungsarbeiten Carl Kochs zu verdanken sind.

**Abb. 224.** Trinkwasser aus dem Taunus
Das im Taunus gewonnene Trinkwasser ist häufig „weich" mit dem Härtegrad 1. Vor allem die Teetrinker wissen dies zu schätzen. Als Wasserhärte bezeichnet man die Konzentration der im Wasser gelösten Ionen der Erdalkalimetalle. Dazu zählen Calcium, Magnesium, Strontium und Barium, wobei die Härte des Grund- oder Trinkwassers hauptsächlich von Magnesium und Calcium gebildet wird.

## 9 Schätze im Taunus

**Abb. 225.** Blick auf den Billtalstollen in der Gemarkung Königstein

Das städtische Wasserwerk Königsteins im Billtal wurde im Zuge der ab 1892 begonnenen Errichtung von städtischen Wasserleitungen erbaut. Der Stollen reicht 534 Meter weit in den Steinkopf hinein. Das im Jugendstil erbaute Portal des Billtal-Wasserwerks zeigt das Königsteiner Wappen im Giebel. Um die Wasserversorgung für die Bürger der Stadt Königstein sicherzustellen, betreiben die Stadtwerke ein etwa 112 Kilometer langes öffentliches Rohrnetz mit rund 4.000 Hausanschlüssen. Der Anteil der Eigenversorgung mit Trinkwasser in Königstein liegt bei 85 Prozent.

Die im Taunus vorhandenen Grundwasservorkommen sind geologisch bedingt mit Eisen und Mangan angereichert, was zu Ablagerungen an technischen Einrichtungen, der so genannten Verockerung führen kann. Daher werden Eisen und Mangan durch Filtration aus dem gewonnenen Grundwasser entfernt. Problematisch ist mancherorts auch der hohe Kohlensäuregehalt des Grundwassers, der jedoch im Pumpwerk reguliert werden kann. Um zu vermeiden, dass die Kohlensäure Rohrleitungen angreift und zu Flächenkorrosion (Flächenfraß) und lokaler Korrosion (Lochfraß) führt, wird das „weiche" Wasser technisch entsäuert, dadurch findet eine leichte Aufhärtung statt.

Bedeutende Gewinnungsanlagen von Trinkwasser liegen im südlichen Taunusbereich, insbesondere in Königstein (Stollen Billtal, Neuwaldstollen, Brunnen Speckwiese), in Kronberg (Schloßstollen, Schirnbornstollen), in Oberursel (Stollen Hermannsborn, Brunnen Haidtränktal), in Bad Homburg (Elisabethenstollen, Luthereichstollen, Braumannstollen, Saalburgstollen), in Friedrichsdorf (Brunnen Rehköpfe, Stollen Schnepfenburg) und im Raum Wiesbaden (Kreuzstollen, Schläferskopfstollen, Münzbergstollen, Kellerskopfstollen). Im Hochtaunuskreis beispielsweise liegt der Anteil der Eigenversorgung mit Trinkwasser immerhin bei 85 Prozent, damit kommt dem

**Abb. 226.** Pumpwerk im Josbachtal bei Niedernhausen-Oberjosbach

Dieser Brunnen fördert Trinkwasser aus 60 Metern Tiefe für Niedernhausen-Oberjosbach. Grundwasserreservoir ist hier der Taunusquarzit. Die natürliche Kohlensäure des Wassers wird auch hier mit einem Flachbodenbelüfter im Pumpwerk ausgeblasen. Bei der Gewinnung hat das Wasser eine Temperatur von etwa 10 Grad Celsius und ist schwach sauer. Nach der Aufbereitung liegt der pH-Wert im neutralen Bereich.

## Grundwasser

Grundwasser ist Wasser, das unterirdisch Poren und Klüfte in Locker- und Festgesteinen zusammenhängend ausfüllt. Die Fließbewegung des Grundwassers wird nahezu ausschließlich von der Schwerkraft bestimmt. Grundwasser ist ein Teil des natürlichen Wasserkreislaufes und bildet sich durch die Versickerung von Niederschlägen und aus der Infiltration oberirdischer Gewässer ständig neu. Es fließt genau wie Bäche und Flüsse in Richtung des größten Gefälles, jedoch sehr viel langsamer. In Kies zum Beispiel zwischen 5 und 20 Meter am Tag. Grundwasser hat aufgrund seiner geschützten Lage und der Selbstreinigungskräfte des geologischen Untergrundes meist eine hervorragende Qualität. Daher wird es insbesondere zur Trinkwassergewinnung genutzt: entweder aus natürlichen Quellen, die dafür gefasst werden, oder mittels Brunnen und Pumpschächten.

**Abb. 227.** Trinkwasser-Hochbehälter

Blick in einen Trinkwasser-Hochbehälter der Stadtwerke Königstein. Die Stadtwerke können in Ihren Anlagen bis zu 8.000 Kubikmeter (8 Millionen Liter) Wasser speichern.

## Wasser aus der Grube

Die Idee, Trinkwasser aus Gruben des ehemaligen Bergbaus im Rheingau-Taunus-Kreis zu gewinnen, entsprang quasi der Not. Dieser Bereich des Taunus ist wegen seiner kaum durchlässigen unterdevonischen Schiefergesteine trotz der verhältnismäßig hohen Niederschläge eine der grundwasserärmsten Regionen Westdeutschlands. Hier wurden auch künstlich geschaffene Hohlräume der Schiefer- und Erzgruben auf ihre Tauglichkeit zur Trinkwassergewinnung untersucht.

Aus Dachschiefergruben im Einzugsgebiet der Wisper entnimmt die Gemeinde Heidenrod für zwei Ortsteile Grundwasser. In der Gemarkung Zorn wird nur für die private Entnahme von Betriebswasser eine ehemalige Grube genutzt. Die Stadt Lorsch nutzt die ehemaligen Gruben „Kreuzberg" und „Glückauf" (in Rheinland-Pfalz) für die Trinkwassergewinnung. Aus den ehemaligen Buntmetallerzgruben „Hannibal" und „Schlossershag" gewinnt die Stadt Idstein für den Stadtteil Heftrich Grundwasser. Der Gemeinde Daisbach steht Wasser aus der Buntmetallgrube „Haus Nassau" für Notzeiten zur Verfügung. Aus der Roteisengrube „Bonscheuer" gewinnt schließlich ein Brunnen in der Gemarkung Rückershausen Grundwasser für die Gemeinde Aarbergen.

Der Zulauf in die künstlichen Hohlräume ist meist so gering, dass Gruben lediglich als Speicher infrage kommen, um trockene Perioden zu überbrücken, der Ausbau der Gruben mit Anlagen zur Trinkwassergewinnung ist hingegen oft sehr kostspielig. Für eine überörtliche Nutzung dienen daher lediglich die Gruben Hannibal für Heftrich und die Grube Bonscheuer für Aarbergen. Zu beachten ist dabei die Beschaffenheit des Grundwassers. Eine starke Sauerstoffzehrung im Schiefergebirge führt zur Lösung von Eisen, Mangan und auch Schwermetallen, beispielsweise Arsen in der Grube Hannibal. Das ausgebaute Bergwerk wurde mit einer Aufbereitungsanlage ausgestattet.

**9** Schätze im Taunus

**Abb. 228.** Der Auguste-Victoria-Brunnen in Bad Homburg vor der Höhe

Eine von zahlreichen Quellen im Vortaunus ist die Auguste-Victoria-Quelle in Bad Homburg vor der Höhe. Dabei handelt es sich um einen Natrium-Chlorid-Säuerling mit hohem Anteil an Kohlensäure, der sich zur Trinkkur eignet. Die Quelle wurde 1906 erschlossen und zum Brunnen ausgebaut. 1911 ließ Kaiser Wilhelm II. eine Schachterweiterung vornehmen und den Rundtempel mit Weiheinschriften zu Ehren seiner Gemahlin, Auguste Victoria, der letzten deutschen Kaiserin, errichten.

9 Schätze im Taunus

**211**

„Wasserspeicher Taunus" für diesen Land-
kreis nach wie vor eine hohe Bedeutung
zu. Auch aus den eiszeitlichen Kiesabla-
gerungen der Taunusbäche und zum Teil
aus den tertiären Brandungsgeröllen wird
Trinkwasser gewonnen, sofern sie frei von
Lehmeinschwemmungen sind. Die Menge
und Qualität hängt dabei von der Mächtigkeit der Kiese ab, ist jedoch im Vergleich
zur Trinkwassergewinnung aus Kluftgrund-
wasser recht unbedeutend.

Die Möglichkeiten der weiteren Grund-
wassererschließung sind im Taunus weitgehend ausgeschöpft. Das Gebiet wird daher
zusätzlich mit Wasser aus anderen Gewin-
nungsgebieten wie dem Vogelsberg und
dem Hessischen Ried versorgt. Der Härtegrad des Wassers aus diesen Gebieten vari-
iert deshalb stark vom „weichen" Wasser im
Härtebereich 1 bis zu kalkhaltigem, hartem
Wasser aus Lössgebieten.

## 9.2.2 Sprudelnd, heiß und kalt: Mineralwässer

Die Mineralquellen, gleich, ob heiß, kalt oder
sprudelnd, liegen im Gebiet des Taunus und
seines Vorlandes so dicht beieinander wie
kaum an einer anderen Stelle in Europa. An
manchen entstanden weit über die Grenzen des Taunus bekannte Bäder, wie Bad
Homburg, Bad Camberg, Bad Nauheim,
Bad Schwalbach oder Wiesbaden, die den
Charme ihrer frühen Jahre nicht verloren
haben, andere sind vergessen. In einigen
Orten werden bekannte Mineralwässer in
Flaschen gefüllt und in alle Welt verschickt,
andere Quellen fließen ungenutzt in den
nächsten Bach. Einen Ausflug sind die Bäder und Quellen des Taunus aus vielerlei
Gründen wert. Auch die Bäderarchitektur
ist vielfach noch erhalten und vermittelt bis-
weilen mediterranes Flair. Mit ihr ging die
Verkehrserschließung für den Tourismus
über weite Strecken im Taunus einher. Eine
der bekanntesten Routen ist heute die Bäderstraße. Sie beginnt in Bad Ems (Rheinland-Pfalz) im Lahntal, verläuft in süd-östli-
cher Richtung durch die Orte Dausenau und
Nassau (Lahn). Dort verlässt sie das Lahntal
und führt über Singhofen in den Taunus.
Hier durchquert sie die Ortschaften Pohl,
Holzhausen an der Haide, Bad Schwalbach,
Schlangenbad, führt bei Eltville ins Rheintal hinab und endet nach 56 Kilometern in

**Mineralwasser**
Unter Mineralwasser versteht man unterirdisches Wasser mit Lösungsinhalten gasförmiger oder fester
Stoffe. Ihr Mengenanteil ist $\geq 1.000$ Milligramm pro Kilogramm Wasser.

**Sole**
Als Sole wird Salzwasser mit mindestens 14 Gramm gelöster Stoffe in einem Kilogramm Wasser bezeichnet.

**Säuerling**
Liegt der Kohlenstoffdioxidgehalt ($CO_2$) eines Mineralwassers über 250 Milligramm pro Liter, darf es als
Säuerling oder auch als Sauerbrunnen bezeichnet werden.

**Thermalwasser**
Thermalwasser ist Wasser, das durch eine Mindesttemperatur von 20 Grad Celsius definiert ist.

**Heilwasser**
ist genau wie Mineralwasser unterirdisches Wasser, das direkt an der Quelle abgefüllt wird. Heilwasser
besitzt eine heilende, lindernde oder vorbeugende Wirkung, was wissenschaftlich nachgewiesen und
amtlich anerkannt werden muss.

## 212  9 Schätze im Taunus

**Abb. 229.** Der Kochbrunnen in Wiesbaden

Der Kochbrunnen, früher Brüh-born genannt, war im 19. Jahrhundert Zentrum der Wiesbadener Trinkkur. Die 66 Grad heiße Natrium-Chlorid-Therme ist sicherlich die bekannteste Quelle der Kurstadt, die sich vom Rheinufer bis in den Taunus erstreckt, und liefert 346 Liter Thermalwasser pro Minute. Die hohe Wärme wird aus großer Tiefe mitgebracht, denn das Wasser stammt aus über 1.000 Metern Tiefe. Bei Bohrungen unweit des Kochbrunnens beim Pariser Hof erreichte angetroffenes Thermalwasser sogar eine Temperatur von 72 Grad Celsius. Damit ist dieser Bereich der bislang heißeste Punkt Hessens, wohl auch politisch, liegt er doch in unmittelbarer Nachbarschaft zur neuen hessischen Staatskanzlei.

Wiesbaden. Die Straße verläuft stellenweise parallel zum Limes.

### Der Salzwasserstrom

Im Vortaunus und Taunusvorland ist das Auftreten von natriumchloridhaltiger (NaCl) Sole für einige Städte Namen gebend – man denke an das begehrte „Bad" vor dem Ortsnamen – und von großer Bedeutung für die lokale Wirtschaft. Für den Vortaunus und das Taunusvorland nahm man lange Zeit an, dass der Salzgehalt der Sole aus den Zechsteinsalzlagerstätten Osthessens stammt. Dies hätte jedoch einen tiefen Grundwasserstrom von Osten nach Westen vorausgesetzt, der

hydrogeologisch nicht nachgewiesen werden konnte. Jüngere Untersuchungen lassen aber die Vermutung zu, dass ein nordnordöstlich gerichteter Grundwasserstrom vom Oberrheingraben zur Wetterau hin existiert. Dessen Salzgehalt ist wahrscheinlich auf die Auswaschung tertiärer Salze im Oberrheingraben zurückzuführen.

Die Wasserbewegung wird durch die Häufung von Verwerfungen im Graben noch begünstigt. Etwa auf der Höhe von Bad Homburg trifft das natriumchloridhaltige Wasser dann auf die Taunusrandverwerfung und folgt dieser alten Zerrüttungszone teilweise nach Südwesten in Richtung Wiesbaden. Dort, wo Querklüfte den Weg des Wassers

---

### Erdwärme

Im Durchschnitt nimmt die Temperatur auf 100 Meter Tiefe um 3 Grad Celsius zu. Von diesem Mittelwert treten jedoch Abweichungen auf. Sie stehen in Abhängigkeit vom lokalen geologischen Bau der Erdkruste, von der Temperaturleitfähigkeit der Gesteine, der Gesteinslagerung, der Ausprägung der Erdoberfläche (beispielsweise Berge oder Meere) und dem Auftreten von besonderen Wärmequellen wie aufsteigendes Magma. An einigen Stellen der Erde erreicht die Temperatur in 30 bis 40 Kilometern Tiefe 1.000 Grad Celsius, an anderen liegt sie in der gleichen Tiefe erst bei 500 Grad. Von der Obergrenze des Erdmantels bis zu seiner Untergrenze in 2.900 Metern Tiefe reichen die Temperaturen von etwa 1.000 bis 2.500 Grad Celsius.

kreuzen, kann es leicht aufsteigen. Natrium-chloridhaltige Wässer des Oberrheingrabens wandern auch bis in den Taunus hinein. So offenbar über die Idsteiner Senke, wodurch tiefreichende Dehnungsbrüche Natrium-Chlorid-Wasser bis nach Ober- und Nieder-selters gelangt.

Je nachdem, aus welcher Tiefe es stammt und über welche Umwege und somit mit unterschiedlicher Verweildauer im Untergrund es letztendlich an die Oberfläche gelangt, handelt es sich bei der Sole um warmes Thermalwasser oder um kaltes natriumchloridhaltiges Mineralwasser mit unterschiedlichen Gehalten an Kohlensäure. Dieses Wasser hat mit dem normalen Grundwasser nichts zu tun, was die gelösten Stoffe belegen, die im Trinkwasser nicht vorhanden sind. Der Anteil dieser Mineralstoffe nimmt

auf dem Weg des Wassers von Ost nach West ab, ist also beispielsweise in Bad Homburg höher als in Wiesbaden.

**Säuerlinge und Gasaustritte**

Neben den im Vortaunus und südlichen Taunusvorland vorkommenden Säuerlingen, zeichnet sich der westliche Taunus durch eine auffallende Häufung von Säuerlingen aus. Im Gegensatz dazu sind weite Bereiche des östlichen Taunus, aber auch im zentralen Taunus zwischen Idsteiner Senke und der Aar, frei von Kohlenstoffdioxid führenden Quellen. Erst bei Bad Camberg-Oberselters und Selters-Niederselters finden sich Gasaustritte, die in Verbindung mit warmen Natrium-Chlorid-Wasser und dem lokalen Grundwasser das bekannte „Selterswasser" hervorbringen. Diese Häufung von

---

### Sekt oder Selters: aller guten Dinge sind drei

Wie oft hat man es schon gesagt und gehört? Der Ausdruck Selters oder Selterswasser, in Norddeutschland und Ostdeutschland Selter, wird heute häufig zur Bezeichnung für jedes kohlensäurehaltige Mineralwasser verwendet, ursprünglich jedoch nur für das Mineralwasser aus den Quellen in Niederselters, einem Ortsteil von Selters im Taunus. Die Römer nannten Stellen, an denen sprudelndes, „tanzendes" Wasser an die Oberfläche drang, Aqua saltare. Aus „saltare" wurde Selters. Selters ist zudem der Name bekannter Mineralwassermarken: die Marke „Selters", ein Mineralwasser, das seit Ende des 19. Jahrunderts in Selters an der Lahn produziert wird, einem Ortsteil der Gemeinde Löhnberg westlich von Wetzlar und die Marke „Oberselters" aus dem gleichnamigen Bad Camberger Stadtteil.

In Polen heißt Selterswasser Selterska Woda, in England Selzer Water, in Frankreich L'eau de Selz und in Italien heißt es Aqua di Selz. Dieser Name ist nicht nur in Europa, sondern selbst in Nordamerika geläufig. Im 19. Jahrhundert lieferte man Selterswasser aus Niederselters bis nach New York, wo sich der Begriff vom Selzer-Truck und vom Selzer Man, der diesen Truck fuhr, einbürgerte. Die Selters-Quelle wurde im Jahr 1536 erstmals erwähnt und unter den Kurfürsten von Trier, an welche die Landeshoheit im Jahr 1564 übergegangen war, erlangte der Selterser Sauerbrunnen unter dem in viele Fremdsprachen übernommenen Namen „Selterswasser" bereits seinen Weltruf.

Der hohe Selterswasserumsatz entwickelte sich zu einer bedeutenden Finanzquelle, ab 1754 dehnte sich der Wasserversand in Steinkrügen bis nach Skandinavien, Russland, Nordamerika, Afrika und im Jahr 1791 bis nach Batavia in Ostindien aus. Der den Gefäßen aufgeprägte Ortsname „Selters" schuf dann auch bald den Namen „Selters-Wasser" als einen Markennamen für Mineralwasser von Weltruf. Das Wasserexportgeschäft brachte dem Ort Wohlstand. Im Jahr 1918 erhielt der Brunnen die Bezeichnung. „Staatsquelle Niederselters". 1976 kam es unter der Brauerei Herrenhausen aus Hannover als „Staatlich Selters Heilwasser" und mit Kohlensäure künstlich angereichert als „Urselters Mineralwasser" in den Handel. Aufgrund der steigenden Konkurrenz auf dem Mineralwassermarkt wurde der Handel mit dem berühmten Wasser zunehmend unrentabel. 1999 wurde die Produktion am Brunnen zu Niederselters schließlich eingestellt. Und heute? Die ergiebige Seltersquelle sprudelt natürlich weiter: Die Bürgerinnen und Bürger der Gemeinde Selters und ihre Gäste genießen den freien Haustrunk aus dem zum Seltersbrunnen gehörenden und seit dem Jahr 1750 gefassten „Börnchen" am Emsbach.

Säuerlingen im westlichen Taunus hängt offenbar mit der Vernetzung junger Bruchlinien im Gestein zusammen, die sowohl vom Oberrheingraben ausgehen, als auch von der niederrheinischen Bucht über das nordwestliche Mittelrheintal in den Taunus ausstrahlen. Das in der Lithosphäre zirkulierende Gas trifft an Störungszonen in etwa 30 Meter Tiefe auf das Grundwasser und vermischt sich mit diesem, um so als Säuerling aufzusteigen. Bemerkenswert ist die Tatsache, dass Kohlenstoffdioxid auch ohne Wasser aus so genannten Mofetten an der Erdoberfläche austritt. In anderen Fällen entbindet das Gas aus dem Wasser bei Druckentlastung und tritt unter deutlicher Geräuschentwicklung zu Tage. Insofern wird auch der Ursprung des Namens von Bad Schwal(l)bach deutlich.

**Was schon die Römer nutzten: Heilquellen**

Die Nutzung der Thermal- und Mineralwasserquellen in vielen heutigen Bädern des Taunus und seines Vorlandes als Heilquellen reicht bis in das 16. Jahrhundert zurück. So gibt es erste Berichte über die kohlensäurereichen Mineralquellen Bad Schwalbachs ab dem Jahr 1568 durch den Wormser Arzt Tabernaemontanus (1522–1590), der den Ort in seinem 1581 erschienenen Werk „Neuw Wasserschatz" bekannt machte, wodurch der Handel mit dem Heilwasser zu blühen begann. Ebenfalls früh erwähnt und zwar im Jahr 1568 ist der Sauerbrunnen im Quellenpark Kronthal bei Kronberg. Doch erst 1818 entdeckte der Kronberger Amtsarzt Dr. Ferdinand Küster (1791–1854) die Heilwirkung der Quellen wieder, und der Frankfurter Kaufmann Johann Adam Hermann Osterrieth (1792–1868) nutzte das Potenzial der Kronthaler Quelle unternehmerisch. Bis heute wird Kronthaler Mineralwasser abgefüllt und vertrieben.

Deutlich früher wurden die Thermalquellen Wiesbadens als Heilquellen genutzt. Denn schon früh erkannten die Römer die Bedeutung der Thermalquellen an diesem Ort, den sie „Aquae Mattiacorum" (die Wasser der Matthiaker, einem Stamm der germanischen Chatten) nannten, und machten ihn zu einem der bedeutendsten militärischen Kurorte. Die Quellen wurden erstmals 77 n. Chr. im Werk „Naturalis historia" von Plinius dem Älteren (um 23–79 n. Chr.) beschrieben. Auch der römische Schriftsteller Martial (um 40–104 n. Chr.) berichtet von den Wiesbadener Quellen. Die Quellen Bad Homburgs waren den Römern ebenfalls bekannt. Funde von Steinwerkzeugen (Klingen, Schaber und Klopfsteine) bei der Wiesbadener Adlerquelle, die mit ihrem 64,4 Grad Celsius warmen Wasser das Kaiser-Friedrich-Bad versorgt, belegen zwar die Anwesenheit des paläolithischen Menschen an der Quelle, über die Nutzung der Quelle ist jedoch nichts bekannt.

**Salzsieder und Gradierwerke**

Noch bevor man die Quellen des Vortaunus als Heilquellen nutze, dienten sie keltischen Salzsiedern zur Salzgewinnung. Etwa dort, wo heute Bad Nauheim liegt, siedelten im 5. Jahrhundert v. Chr. keltische Salzsieder in einer der größten späteisenzeitlichen Siedlungen an der Usa und gewannen aus dem Wasser der bis heute sprudelnden Heilquellen das begehrte Salz. Gegen Ende der 90er Jahre des 20. Jahrhunderts wurden bei archäologischen Grabungen im Zentrum der Stadt Teile einer großen keltischen Salinenanlage freigelegt. Durch den Salzgehalt des Bodens gut konservierte Leitungs- und Beckensysteme aus Holz dokumentieren eine Salzgewinnung, die bereits in industriellem Maßstab erfolgte. Die gewonnene Sole wurde zunächst in großen Becken vorgra-

9 Schätze im Taunus

**Abb. 230.** Solbrunnen in Bad Soden

Ein viel besuchter Brunnen in Bad Soden ist der Solbrunnen im Quellenpark mit seiner fluorid- und kohlensäurehaltigen Sole. Sie dient beispielsweise bei chronischen Erkrankungen der Atemwege zu Inhalationen oder bei Schuppenflechte zu Bädern. Der Salzgehalt ist dem der Ostsee vergleichbar und der Gehalt an Fluorid soll den Zahnschmelz stärken.

diert. Anschließend wurde sie in Tongefäße gefüllt und in Öfen gekocht, bis ein fester „Salzkuchen" entstand.

Über Jahrhunderte war Nauheim ein Ort der Salzgewinnung, dessen Saline ab 1733 zu einer der größten Salinen Deutschlands ausgebaut wurde. Das Gradierwerk in Bad Nauheim gehört zu den ältesten in Deutschland. Durch die Konkurrenz des billigeren Steinsalzes wurde die Saline 1959 geschlossen. Die heute teilweise noch erhaltenen Gradierbauten dienen der Freiluftinhalation. Auch in anderen Bädern wurden die Quellen ursprünglich zur Salzgewinnung genutzt. 1605 entstand in Bad Soden eine Saline. Diese

## 9 Schätze im Taunus

---

### Gradierwerk

Gradierwerke werden oft als Saline bezeichnet, was jedoch nicht richtig ist. Sie bestehen aus einem Holzgerüst, das mit Reisigbündeln vorwiegend vom Schlehdorn (*Prunus spinosa*) verfüllt ist. Über diesen Bau lässt man die Sole zum Gradieren herab laufen. Unter Gradieren versteht man die Erhöhung des Salzgehalts in der Sole durch natürliches Verdunsten mittels Wind und Sonne. Der Begriff leitet sich vermutlich aus der Erhöhung des „Grades" an Salz im Laufe dieses Prozesses her. Gleichzeitig setzen sich Verunreinigungen der Sole wie beispielsweise Kalk oder Gips im Reisig ab. Auf diese Weise hat man früher bei der Salzgewinnung Siedekosten eingespart und die Qualität des Salzes erhöht. Heute dienen erhalten gebliebene Gradierwerke Kurzwecken durch die Inhalation der salzhaltigen Luft. Das Gradierwerk in Bad Nauheim gehört zu den ältesten in Deutschland.

war bis 1815 in Betrieb. Seit 1701 gibt es in Bad Soden, das sich erst seit 1922 mit dem Titel „Bad" schmücken darf, einen Kurbetrieb, der heute unter anderem mit der Sodenia-Therme ein Thermalsolebad mit 32 bis 34 Grad Celsius warmen Thermalwasser unterhält.

Die verschiedenen Heilquellen im Taunus unterscheiden sich nicht nur durch ihre Temperatur und ihren Anteil an Mineralstoffen, sondern auch hinsichtlich ihres Gehaltes an Kohlensäure. So gilt der Bad Sodener Champagnerbrunnen, ein Natrium-Calcium-Chlorid-Hydrogencarbonat-Säuerling, durch seinen hohen Gehalt an freier Kohlensäure als besonders spritzig.

Auch die Heilquellen von Bad Schwalbach sind für ihren hohen Anteil an Kohlensäure bekannt. Analysen haben ergeben, dass der Kohlensäuregehalt dieser Quellen alle Säuerlinge des westlichen Taunus übertrifft. Auch die übrigen Inhaltsstoffe, wie etwa Eisen, Mangan, Calcium und Magnesium, sind besonders hoch konzentriert und für Heilzwecke wirksam. Durch einen hohen Anteil an Kieselsäure zeichnen sich die Thermalquel-

**Abb. 231.** Die Äskulapnatter

Die Äskulapnatter (*Elaphe longissimus*) ist das Wappentier Schlangenbads. Der Sage nach werden die Schlangenbader Heilquellen nur so lange sprudeln, wie die Äskulapschlange sich dort heimisch fühlt. Die Äskulapnatter gehört mit bis zu zwei Metern Länge zu den größten Schlangenarten Europas. Die Namenspatin des Ortes ist, wie alle Arten der Familie der Nattern, ungiftig. Die Verbreitung der Äskulapnatter ist mediterran und konzentriert sich somit auf Südeuropa und Kleinasien. Die Reliktvorkommen in Deutschland gibt es neben Schlangenbad im südlichen Odenwald und im südlichen Schwarzwald. Benannt wurde die Schlange nach dem griechischen Gott Äskulap, um dessen Äskulapstab sich eine solche Natter wickelte. Dieser Stab dient heute weltweit als Symbol der Apotheker, Mediziner und Pharmazeuten. Da sich die Schlange bis heute wohl fühlt und sich sogar weiter im westlichen Taunus ausbreitet, muss Schlangenbad noch nicht um seine Heilquellen bangen.

## 9 Schätze im Taunus

len in Schlangenbad aus. Ungewöhnlich ist auch das reizschwache Schonklima Schlangenbads. Dieses gemäßigte Klima ist fast vergleichbar mit mediterranen Verhältnissen. Dadurch konnte sich auch nach allgemeiner Abkühlung des Klimas in Deutschland eine Population der Äskulapnatter in Schlangenbad erhalten, die heute nur noch in den wärmeren mediterranen Gegenden vorkommt, früher aber in ganz Mitteleuropa verbreitet war. Die Thermalquellen Schlangenbads wurden Mitte des 17. Jahrhunderts entdeckt. Im Staatsbad sind heute insgesamt neun Quellen mit Temperaturen zwischen 21 und 32 Grad Celsius erschlossen sowie ein leistungsfähiger Tiefbrunnen: die Benjamin-Niesen-Quelle. Sie liefern täglich rund 1.200 Kubikmeter Thermalwasser.

# 10

# Wanderungen und Ausflugsziele

Über hunderte Millionen Jahre Erdge-schichte entwickelte sich der Taunus zu dem, was er heute ist: „das schönste Mittelgebirge der Welt", wie Alexander von Humboldt ihn beschrieb. Der große Naturforscher war es auch, der 1819 den Begriff „Naturdenkmal" erstmals in den Sprachgebrauch einführte. Und damit ist der Taunus reich bestückt. So zeugen von der geologischen Geschichte beispielsweise Naturdenkmale wie die Esch-bacher Klippen und viele weitere aus der Landschaft herauspräparierte Pseudomor-phosenquarzgänge, die Kubacher Kristall-höhle oder die zahlreichen Quarzitklippen. Zeugen der historischen Kulturlandschaft sind beispielsweise zahlreiche Spuren aus den keltischen Jahrhunderten, die sich in den Wäldern des Taunus verbergen. Überre-

**Abb. 232.** Wandern im Taunus

Im Taunus findet der naturkundlich interessierte Wanderer zahlreiche Möglichkeiten seinen Wissensdurst zu stillen: Themenwege und landschaftlich reizvolle Strecken mit Naturdenkmalen oder interessanten Einbli-cken in die Erdgeschichte gibt es viele. Einige Bürger- oder Touristikbüros der Taunusgemeinden bieten zu-dem auch geführte Wanderungen an.

10 Wanderungen und Ausflugsziele

gionale Bedeutung haben unter anderem die Wallanlagen auf dem Bleibeskopf und dem Altkönig bei Kronberg. Eine riesige keltische Siedlung, das Heidetränk-Oppidum, erstreckte sich in den letzten Jahrhunderten vor Christus über die Höhenrücken Altenhöfe und Goldgrube bei Oberursel.

Durch den Taunus führt auch einer der am besten erhaltenen Abschnitte des Limes, der römischen Grenzbefestigung, die seit 2005 zum UNESCO-Weltkulturerbe zählt. Mit der Saalburg liegt hier das weltweit einzige wieder aufgebaute Römerkastell. Im zweitgrößten Naturpark Hessens, dem Naturpark Hochtaunus, ziehen drei Gipfel des Taunuskammes besondere Aufmerksamkeit auf sich: der Große Feldberg als Dach des Taunus und des gesamten Rheinischen Schiefergebirges, der Kleine Feldberg mit seinen Forschungseinrichtungen und der Altkönig mit seiner keltischen Vergangenheit. Ausflugsziele und Wanderwege gibt es im Taunus zuhauf. Zahlreiche Themenpfade verbinden „Wissen" mit Bewegung in freier Natur. Ebenfalls zahlreich sind auch die bislang erschienenen Wanderführer zum

Taunus, die durch folgende Anregungen keinesfalls ersetzt, höchstens ergänzt werden können. Und damit sind wir auch am Ende unserer Zeitreise.

## 10.1 Themenpfade und Wanderungen

### Geo-Erlebnispfad Oberjosbach im Idsteiner Land

Der „Geo-Erlebnispfad Oberjosbach" ermöglicht eine Wanderung durch 460 Millionen Jahre Erdgeschichte im Taunus und ist in seiner Art bislang einmalig im Rheingau-Taunus-Kreis. 10 große und farbige Schautafeln vermitteln Informationen vom Aufbau der Erde über die Entstehung des Taunus, die Gesteine, über Erdbeben im Taunus bis hin zur Waldgeschichte.

Kultplatz und mystischer Ort: der „Hohle Stein" bei Oberjosbach. Doch mit der offiziellen Eröffnung des „Geo-Erlebnispfads Oberjosbach im Idsteiner Land" im Oktober

**Abb. 233.** Eine Wanderung durch 460 Millionen Jahre Erdgeschichte

Auf einer Strecke von etwa 5 Kilometern führt ein meist gut befestigter Waldweg durch die Entstehungsgeschichte des Taunus entlang von 10 Informationstafeln.

10 Wanderungen und Ausflugsziele

**Abb. 234.** Informationstafel am Geo-Erlebnispfad Oberjosbach
„Der Wald im Taunus – Waldgeschichte und Bodenerosion" heißt eine der bislang 10 Informationstafeln am
Geo-Erlebnispfad Oberjosbach im Idsteiner Land, der in Zukunft erweitert werden soll.

2004 hat sich so manches Geheimnis um den schaurig-schönen Felsen gelüftet. So zeugt das Gestein weniger von den Bearbeitungsspuren alter Kulturen, als vielmehr von den gewaltigen Kräften der Gebirgsbildung. Denn sie weisen stellenweise eine Gesteinsoberfläche mit Schrammen und Rillen auf, die durch das aneinander vorbei gleiten zweier Gesteinskörper während der Gebirgsbildung entstehen.

Der Pfad mit dem Namen des Niedernhausener Ortsteils verläuft auf der Naht zweier Kontinente. „Die Entstehung des Taunus – Ein Ausschnitt aus der Erdgeschichte und ihrer Ereignisse", „Die Gesteine" und „Das Landschaftsbild des Taunus – Jahrmillionen alte Landschaften – bis heute erhalten" so

lauten drei von insgesamt zehn Stationen. Auf mehrfarbigen 140 Zentimeter großen Schautafeln erfährt der interessierte Laie die wichtigsten Aspekte über das Werden der Taunuslandschaft. Und natürlich, warum die Erde im Taunus bebt. An der Station 3 (Gesteine) ist ein Steinkreis errichtet worden, der die unterschiedlichen Gesteine des Taunus und seiner näheren Umgebung zeigt. Diese Sammlung wird ergänzt und macht Erdgeschichte fühlbar.

Ausgangspunkt: Der Pfad beginnt am Ende der Dr. Jakob-Wittemann-Straße in Niedernhausen-Oberjosbach mit einer einführenden Übersichtstafel. Er ist aber auch in wenigen Minuten von Idstein-Lenzhahn oder Niedernhausen-Oberseelbach zu erreichen.

10 Wanderungen und Ausflugsziele

**Waldlehr- und Schadenspfad Lindenkopf**

Der Pfad führt unmittelbar nördlich und nordöstlich von Niedernhausen-Oberjosbach über die südlichen Hänge vom Großen Lindenkopf und Buchwaldskopf. Mit einer Länge von 3,5 Kilometern und zahlreichen Schautafeln informiert er ausführlich über den Wald, seine Bedeutung und seine Bedrohung durch neuartige Waldschäden (Waldsterben). Eine Hütte des Naturparks Rhein-Taunus bietet auf etwa halbem Weg nicht nur Unterstand, sondern auch viele weitere Informationstafeln.

Der Pfad verlässt den Parkplatz „Lindenkopf" zusammen mit dem Fichten- und Eich-

hornweg in nördliche Richtung. Rund 100 Meter nach Station 8 biegt er scharf nach links ab und führt an der Schutzhütte vorbei. Dem Weg weiter folgend gelangt man nach der Hütte an eine tief eingeschnittene Hohlform mit der Beschilderung „Quellgebiet", die vom Weg gekreuzt wird. Dabei handelt es sich um eine Runse, deren tiefe Einschneidung auf Eingriffe in die natürliche Vegetation vor Jahrhunderten zurückzuführen ist. An der Station 24 wendet sich der Pfad nochmals nach links und führt nun am Waldrand in östliche Richtung zum Ausgangspunkt zurück.

Ausgangspunkt: Parkplatz „Lindenkopf" am Ende des Heftricher Weges. Von der Endhaltestelle der ESWE-Buslinie 22, Rat-

**Abb. 235.** Informationstafel Waldlehr- und Schadenspfad Lindenkopf
Im Jahr 1999 wurde im Bereich der Schutzhütte eine Scheibe aus einem Eichenstamm angebracht, die 200 Jahre Oberjosbacher Geschichte vermittelt. Zudem gibt es entlang des Pfades Klanghölzer oder beispielsweise eine Installation, an der sich verfolgen lässt, wie Laub zu Humus wird, so dass auch die Jüngsten Interessantes vermittelt bekommen.

haus Niedernhausen-Oberjosbach, in wenigen Minuten zu erreichen.

**Weitere Wald- und Naturlehrpfade**

Im Taunus gibt es eine Vielzahl weiterer Wald-, Forst- und Naturlehrpfade, die mehr oder weniger reich an Informationen aus-

gestattet durch Waldlandschaften führen. Sehenswert ist beispielsweise der 3 Kilometer lange „Waldlehrpfad Friedrichsdorf", ein Lehrpfad mit ökologischen Inhalten. Er ist mit 9 Schautafeln versehen, auf denen die Funktionen des Waldes anschaulich gemacht werden. Der „Waldlehrpfad Treisberg-Pferdskopf" ist ein abwechslungsreicher, 2,5 Kilometer langer Lehrpfad mit Aus-

**Abb. 236.** Der Wald im Taunus
Über den Wald im Taunus gibt es viel zu erfahren. Waldlehrpfade bieten dem Wanderer fachlich fundierte Informationen.

10 Wanderungen und Ausflugsziele

**Abb. 237.** Naturschutzhaus Weilbach

Am und im Naturschutzhaus Weilbach gibt es regelmäßig Veranstaltungen zu Umweltthemen für die ganze Familie.

sichtsturm. Der Rundweg stellt ebenfalls die ökologischen Funktionen des Waldes mit 9 Tafeln dar. Der „Naturlehrpfad Dornholzhausen" ist ein 3,5 Kilometer langer Rundwanderweg. 14 Schautafeln informieren über die umgebende Landschaft, ihre jeweiligen Besonderheiten und deren Veränderungen im Laufe der Jahre.

Der „Vogellehrpfad Glashütten" führt 2 Kilometer vorbei an Schaukästen der verschiedenen Vogelarten und Nistkästen durchs Tal und kann eine Besonderheit aufweisen: ein Modell eines Holzkohlemeilers. Auf 2,7 Kilometern Länge bietet der „Waldschadenspfad Hirschgarten" bei Bad Homburg detaillierte Informationen über Waldschäden mit 15 Schautafeln. Er ist auch für Rollstuhlfahrer geeignet. Der „Waldlehrpfad Bremthal"

ist mit Lehrtafeln versehen, welche Waldfunktionen darstellen, beispielsweise Aufgaben des Waldes, der Baum als Lebensraum, der Wald als Sauerstoffspender, der Wald als Luftfilter, der Wald als Wasserspeicher und der Wald als Lärmfilter. Eine schematische Darstellung zeigt Waldsterbensursachen. Der „Naturlehrpfad Gundelhardt" bei Kelkheim bietet auf einem nur 500 Meter langen Rundweg über 80 verschiedene einheimische und fremdländische Baum- und Straucharten.

### Weilbacher Kiesgruben und Naturschutzhaus

Ein besonderes Erlebnis stellen für alle Altersgruppen sicherlich die Weilbacher Kies-

**224**    10 Wanderungen und Ausflugziele

**Abb. 238.** Schautafeln Heidetränk-Oppidum
Ein Rundweg mit vielen informativen Tafeln führt den Besucher durch diese ehemals keltische Großsiedlung.

gruben und das Naturschutzhaus im Taunus-vorland dar. Dabei handelt es sich um ein Naturlehrgebiet in der Mainebene zwischen den Orten Hattersheim und Flörsheim-Weil-bach (nahe der A 66 an der B 40/L3265). Durch eine offen gelassene Kiesgrube mit zahlreichen Feucht- und Trockenbiotopen führt ein Naturlehrpfad an wichtigen Be-obachtungspunkten vorbei und lädt zum Entdecken ein. Ein Bienenhaus, ein „Geo-logisches Fenster", das einen Einblick in die geologischen Schichten des Kiesabbau-gebietes gewährt, und zahlreiche Teiche mit ihren Bewohnern laden zu spannenden Be-obachtungen ein. Im Naturschutzhaus gibt es insbesondere für Kinder und Jugendliche Angebote wie Mikroskopieren, Wissens-spiele, Naturwerkstatt, wechselnde Ausstel-lungen, eine Bibliothek sowie Führungen

und Veranstaltungen für Schulklassen und Familien zu Umweltthemen.

## Artaunerix: Zeitreise zu den Kelten

Ein archäologischer Rundwanderweg mit insgesamt 16 mehrsprachigen Informati-onstafeln führt durch das keltische Stadtle-ben im Taunus. Die Kelten hinterließen ihre Spuren in der Taunuslandschaft unter ande-rem auf Bergkuppen in Form von Ringwall-anlagen. Diese Befestigungen stammen aus der so genannten Latènezeit (späte Eisen-zeit) von 450 v. Chr. bis um Christi Geburt. Die Kelten waren in zwei Wellen vom Rhein in den Taunus eingedrungen und hatten sich vor allem in Gebieten mit fruchtbaren Löss-böden niedergelassen. Dort entstand ein Op-

## 10 Wanderungen und Ausflugsziele

pidum. Solch eine durch Mauern geschützte Siedlung war sowohl ein politisches als auch wirtschaftliches und kulturelles Zentrum. Es liegt in der Nähe des 798 Meter hohen Altkönigs beiderseits an den Hängen des Urselbachtals, das dort auch als Heidetränktal bezeichnet wird.

Nordöstlich des Heidetränktals wird die 492 Meter hohe Goldgrube von mehreren Wällen umgeben. Südwestlich gelegen findet sich ein ebenfalls von Ringwällen eingeschlossener Bergrücken, die Altenhöfe, auf 575 Meter Höhe über NN. Die Goldgrube und die Altenhöfe bilden die Siedlungsschwerpunkte des Oppidums. Die befestigte Stadt hatte eine Größe von 130 Hektar und war seinerzeit sogar eine der europaweit vier größten keltischen Städte. Zahlreiche von Menschenhand angelegte Terrassen, auf denen damals Häuser standen, weisen auf eine intensive Besiedlung und Umgestaltung des Geländes hin. Die Fundstücke aus dem Heidetränk-Oppidum sind in Art und Umfang sehr bedeutend und genießen internationale Aufmerksamkeit. Ein Großteil der Funde ist heute im Vortaunusmuseum Oberursel zu besichtigen.

Ausgangspunkt: Der archäologische Rundwanderweg beginnt mit 2 Schautafeln an der Fußgängerbrücke beim Parkplatz nahe der Endstation der Frankfurter U-Bahn-Linie 3 Oberursel/Hohemark. Ihn kennzeichnet und begleitet „Artaunerix", ein Lockenkopf, dessen einen Taufpaten wohl jeder kennt.

### Der Taunus-Lehrpfad

Seit 1980 gibt es zwischen der Saalburg und dem Hessenpark einen Lehrpfad mit 14 Informationstafeln, die 1999 vollständig überarbeitet wurden und beim Wandern viel Wissenswertes vermitteln. Er besteht aus zwei parallel zueinander verlaufenden We-

gen, für den Rundweg benötigt man etwa eineinhalb Stunden. Saalburg, Hessenpark und Taunus-Lehrpfad sollen gemeinsam den Besuchern das Leben, die Lebensbedingungen und historische Bezüge im Taunus näher bringen: Das Saalburg-Museum zeigt die regionale Geschichte der Römerzeit und im Freilichtmuseum Hessenpark werden Leben, Arbeitswelt und Kultur im ländlichen Raum vom Mittelalter und der Frühneuzeit bis ins 20. Jahrhundert lebendig.

Der Lehrpfad schließlich verbindet beides und führt dem Wanderer die Taunuslandschaft mit ihren Eigenarten, ihrer vielfältigen Gestalt und den unterschiedlichen Nutzungsformen verschiedener Zeitepochen vor Augen. Dabei ist die heutige und frühere Bedeutung des Waldes im Taunus ein wichtiges Thema. Fragen wie „Wie entstand der Taunus?" oder „Woher kommt der Baum unserer Heimat?" werden während der Wanderung auf dem Taunus-Lehrpfad erörtert. Besucher können dem Limes im Taunus auf dem Grund gehen und lernen die Landschaft neu kennen. Viele Sitzplätze und zwei Schutzhütten laden auch zu einer Pause ein.

Ausgangspunkt: Startpunkt des Taunus-Lehrpfades sind entweder die Saalburg oder der Hessenpark in Neu-Anspach. Der Rundweg ist etwa 6 Kilometer lang und kann sowohl per Fahrrad als auch zu Fuß absolviert werden. Informationen gibt es bei der Gemeinde Neu-Anspach.

### Rundweg Feldbergkastell: Auf den Spuren der Römer im Taunus

Der 3,5 Kilometer lange Rundweg lädt ein, auf den Spuren der Römer durch den Taunus zu wandern. Vom „Roten Kreuz", dem höchsten Pass im Taunus, geht es zu 11 Stationen mit Lehrtafeln über die römische

## 10 Wanderungen und Ausflugsziele

**Abb. 239.** Römerkastell Saalburg

In der Saalburg gibt es eine beeindruckende Ausstellung über die Römerzeit im Taunus, von Alltagsgegenständen, Schmuck, Waffen und Bekleidung bis hin zu medizinischen Geräten.

Vergangenheit. Themen sind beispielsweise der Limes als historische Grenze, das Feldbergkastell, das Kastellbad, die Quelle der Weil und die Reifenberger Wiesen.

### Wanderpfad „Mensch und Erde"

Zwischen Hofheim und Lorsbach besteht ein Wanderpfad auf der Westseite des Schwarzbachtals unter dem Namen „Mensch und Erde", der Arno Semmel zu verdanken ist. An 8 Stationen der Strecke stehen Tafeln mit Erläuterungstexten, die dem erdwissenschaftlich Interessierten Gelegenheit geben, wesentliche Bestandteile der südlichen Taunuslandschaft kennen zu lernen. Die Geschichte der Landschaft soll beispielhaft sichtbar gemacht werden.

10 Wanderungen und Ausflugsziele

Auf dem Weg sind Bodenveränderungen wie beispielsweise tief eingeschnittene Runsensysteme zu erkennen, die durch frühe Beackerung hervorgerufen wurden. Auch abrupte Vegetationswechsel in der Landschaft werden dem Wanderer vor Augen geführt, beispielsweise der Wechsel vom Fichtenwald zum Erlen- und Schilfbewuchs auf vernässten Standorten. In Mündungsarealen der Nebentälchen haben sich Schwemmfächer gebildet. Diese waren geeignete Standorte zur Anlage von Mühlen. An einer Station sind eindrucksvoll die Konglomerate des Rotliegenden aufgeschlossen, dem Abtragungungsschutt des frühen Taunus, der sich unweit entfernt als toniges Sediment wiederfindet. Darüber liegen unmittelbar die Hinterlassenschaften des tertiären Meeres, die Hofheimer Kiese. Besonders beeindru-

ckend ist hier die Tatsache, dass zwischen Kiesen und Rotliegendkonglomeraten das gesamte Erdmittelalter, die Dinosaurierära, fehlt – ein Zeitsprung von etwa 250 Millionen Jahren. Der Wanderpfad beschließt mit dem typischen Bild eiszeitlicher Schuttdecken als Hauptwurzelhoriont, deren kräftiger Lösskomponente der gute Nährstoff- und Wasserhaushalt der Böden zu verdanken ist.

Ausgangspunkt: Der Wanderpfad beginnt auf einer Fußgängerbrücke, die in Hofheim von der Lorsbacher Straße über die Bahngleise zur Straße nach Langenhain führt. Im Bürgerbüro der Stadt Hofheim sind Erläuterungstexte zum Weg erhältlich. Der Pfad verläuft entlang der Bahnlinie zwischen Hofheim und Lorsbach über gut begehbare Forstwege.

**Abb. 240.** Erläuterungstafel am Wanderpfad „Mensch und Erde"
Die Tafeln selbst sind zwar äußerst schlicht gehalten, umso treffender und auf das Wesentliche bezogen sind die informativen Texte an, für den naturkundlich Interessierten, beeindruckenden Aufschlüssen.

## 10 Wanderungen und Ausflugsziele

**Aartal Höhenweg**

Das Aartal ist das längste und wohl auch abwechselungsreichste Tal zwischen dem Taunuskamm und der Lahn. Der Aar-Höhenweg ist eine alte Verkehrsverbindung durch das Aartal und bestand bereits zur Römerzeit zwischen den Kastellen entlang des Limes im Taunus. Seit 2003 ist dieser historische Weg als Wanderweg zu einer interessanten Strecke durch die Taunuslandschaft geworden. Die Strecke führt von der Quelle der Aar im Stadtwald von Taunusstein-Orlen, in der Nähe des historischen Römerkastells Zugmantel, durch Wälder und Felder bis zur Mündung in die Lahn bei Diez. An der Strecke liegen die Kommunen Taunusstein, Bad Schwalbach, Hohenstein, Heidenrod,

Aarbergen, Hahnstätten und Diez, die der Höhenweg verbindet, ohne sie direkt anzusteuern. Doch sie bieten reizvolle Sehenswürdigkeiten für Abstecher: von Kirchen, über Burg Hohenstein, Burg Schwalbach und Burg Ardeck, den Mühlenweg bis hin zu einem Märchenwald. Der Aartal Höhenweg umfasst eine Strecke von 59,1 Kilometern, die man sich in wohldosierte Etappen einteilen kann. Für den gesamten Weg sollten 3 Tage eingerechnet werden. Es gibt einige Einkehr- und Übernachtungsmöglichkeiten an reizvollen Stellen. Es pendelt auch ein öffentlicher Bus, mit dem man zum jeweiligen Ausgangspunkt zurückkehren kann.

Ausgangspunkt: Startpunkt ist der Parkplatz am Kastell Zugmantel, der Weg umfasst

**Abb. 241.** Über dem Aartal bei Bad Schwalbach-Adolfseck
Der Aartal Höhenweg führt durch die Landschaft des westlichen Hintertaunus.

10 Wanderungen und Ausflugsziele

**Abb. 242.**
Schieferlehrpfad
Der Lehrpfad „Schiefer-
bergbau im Wispertau-
nus" erschließt mit zahl-
reichen Informationsta-
feln das ehemalige Gru-
bengebiet für Besucher,
die sich für die Natur
und die lokale Wirt-
schaftsgeschichte inte-
ressieren.

Strecken vom Waldpfad bis zur Landstraße.
Näheres erfährt man bei der Rheingau-Tau-
nus-Information in Oestrich-Winkel.

**Naturlehrpfad Hahnstätten**

Bei Hahnstätten kann seit 2003 ein 5 Kilometer langer Naturerlebnispfad besucht werden, der vom Waldgebiet des „Heideberges"
hinab in das Hohlenfelsbachtal in offenes
Weideland führt. Talabwärts erreicht man
Hahnstätten durch ein ausgewiesenes Naturschutzgebiet. Im Feuchtgebiet lassen sich
Eisvögel, Wasseramseln und Graureiher beobachten. Außerdem gibt es 19 lehrreiche
Stationen wie etwa ein Baumxylophon,
das an der „Dicken Eiche" gespielt werden
kann, eine Insektenwand, einen Sinnespfad,
einen Laubtunnel, ein Baumtelefon, einen
Hochsitz, Nisthilfen und vieles mehr, woran
man den Wald begreifen, ihn erfühlen, hören und neu entdecken kann.

Ausgangspunkt: Los geht es am Parkplatz
Sportplatz Heideberg. Von dort kann man
der Hahnstätter Eule als Markierung etwa
zwei Stunden dem Rundweg folgen. Wer an-

schließend noch Zeit für weitere Abstecher
hat, kann beispielsweise Burg Hohlenfels
besuchen, die als schönste Burg im Aartal
gilt, oder mit Kindern den Märchenpark
von Burgschwalbach oberhalb der gleichnamigen Burg besuchen.

**Lehrpfad „Schieferbergbau im
Wispertaunus"**

Um alte Industrie und Natur geht es bei
einem Lehrpfad zwischen Heidenrod-
Zorn und Nauroth. Er informiert über den
Schieferbergbau im Taunus und auch über
neues Leben auf den alten Halden und in
den Stollen. Kernstück dieses neuen Lehr-
pfades „Schieferbergbau im Wispertaunus"
ist das ehemalige Schieferbergwerk Rosit.
Dort funkelt es noch heute zwischen den
Grasbüscheln blaugrau: Meterhoch liegt
noch immer Schieferabfall auf der Halde
des ehemaligen Bergwerks. Bei sonnigem
Sommerwetter sind hier die Temperaturen
plötzlich unerwartet hoch, denn die ganze
Schieferhalde bildet eine „Wärmeinsel".
Berg-, Wald- und die seltenen Mauereidech-
sen lieben allerdings solche Bedingungen,

**230**  10 Wanderungen und Ausflugsziele

**Abb. 243.** Äpfel und Speierling
Auf Streuobstwiesen trifft man vereinzelt zwischen den Apfelbäumen auf prächtige Speierlingsbäume wie
diesen in der Bildmitte, der unter Naturschutz steht. Sie sind im Taunus selten geworden.

ebenso wie Tiere mit interessanten Namen wie blaue Ödlandschrecke oder die Geburtshelferkröte.

Wegen ihrer besonderen Flora und Fauna ist die Halde der Grube Rosit schon vor langem als Naturschutzgebiet ausgewiesen worden. Nun erschließt der Lehrpfad das Gebiet für Besucher, die sich für die Natur und die lokale Wirtschaftsgeschichte interessieren. An markanten Stellen kann man auf Tafeln das Wichtigste nachlesen. Der Pfad erzählt vor allem aus der Geschichte des Bergwerks Rosit und benachbarter Schiefergruben wie Hermani, Rosenthal oder Meiers Hoffnung. Bis zu 300 Männer arbeiteten einst auf Rosit, bis zu 150 Meter tief fuhren sie unter

die Erde, um den begehrten Dachschiefer zu brechen. Erst in den 1960er Jahren ging die Schiefer-Ära im Wispertaunus zu Ende, mindestens bis ins Jahr 1741 reicht sie zurück. Bis dahin wurden monatlich bis zu 6.000 Tonnen Schiefer gebrochen. Einige Betonfundamente sind noch sichtbar, nach und nach siedeln sich Birken und Kiefern auf ihnen an. Gern gesehene Bewohner in den Stollen sind die Fledermäuse, über deren Leben berichtet wird, beispielsweise, dass sie in einer Nacht bis zu 4.000 Mücken fressen können. Wer auf diesem Lehrpfad wandern will, sollte feste Schuhe anziehen. Der Aufstieg aus dem Herzbachtal nach Zorn zurück geht in die Beine, herrliche Fernsicht

## 10 Wanderungen und Ausflugsziele

entschädigt aber dafür. Vorbei geht es auch an „Napoleons Rastplatz", einem lichten Waldstück mit 300 Jahren alten Buchen. Dort weideten die Hirten früher das Vieh. Weil einst französische Soldaten unter den Bäumen campierten, entstand die Sage, Napoleon sei höchstpersönlich dabei gewesen.

Ausgangspunkt: Startpunkt ist der Parkplatz am Forsthaus Zorn, der 3 Kilometer umfassende Rundweg ist nicht durchgehend befestigt, Informationen gibt der Heimatverein Heidenrod. Vom nahe gelegenen Parkplatz am grauen Kopf erreicht man darüber hinaus das Zorner „Arboretum" vom lateinischen arbor für Baum, eine außergewöhnliche Pflanzung mit über 60 Gehölzarten.

### Obstlehrpfade

Der Obstlehrpfad „Bremthal-Wildsachsen" bietet an 12 Stationen Informationen rund um den Obstanbau: die Obstwiese als Kulturbiotop, botanisch interessante Feuchtwiesenbereiche, traditionelle Obstverarbeitung, Bedeutung der Imkerei für den Obstbau, Haltung alter Schafrassen, Baumhöhlen sowie ein großer Speierling. Eine Broschüre zum Lehrpfad ist am Ausgangspunkt Ortsausgang Eppstein-Bremthal in Richtung Hofheim-Wildsachsen erhältlich. Der „Waldlehr- und Sportpfad Hofheim-Diedenbergen" bietet am Ortsrand einen Apfelsortengarten mit rund 80 Bäumen alter und neuer Apfelsorten.

### Besucherzentrum Loreley

Im Landschaftspark auf dem Loreleyplateau ist ein Besucherzentrum eingerichtet, das vielfältige Einblicke in die Region gewährt. Auf den Spuren der ersten Rheintouristen aus dem 19. Jahrhundert erschließen sich Ge-

**Abb. 244.** Besucherzentrum Loreley

Das Besucherzentrum ist barrierefrei errichtet und bietet Besuchern aller Altersgruppen ein reichhaltiges Informationsangebot.

**232**   10  Wanderungen und Ausflugsziele

**Abb. 245.** Naturpark Hochtaunus

Blick über das Weiltal im Naturpark Hochtaunus.

10 Wanderungen und Ausflugsziele

**Abb. 246.** Der Große Feldberg im Winter

Der Große Feldberg des Taunus ist zu jeder Jahreszeit eines der Hauptausflugsziele. Im Winter hat er neben Skipisten- und Rodelbahnen auch ein großes Schlittenhundrennen zu bieten.

schichte, Kultur, Natur und der Mythos Loreley. Ausstellungsbereiche mit Informationen gibt es beispielsweise zu den Themen Geologie, Flora und Fauna, Wein sowie Schifffahrt. Mit dem Aussichtspunkt, dem Treppenweg hinab ins Rheintal, den Wanderwegen durch die Weinberge und dem Anschluss an das Radwandernetz und den Rheinsteig kann die Mittelrheinlandschaft erkundet werden.

**Äskulapnatterweg Schlangenbad**

Schlangenbad und seine Umgebung gehört noch zu den wenigen Standorten Deutschlands, wo die längste Schlange Europas und Wahrzeichen der Heilkunst vorkommt: die Äskulapnatter. Hier werden von Mai bis September etwa einstündige Führungen zum Schlangenpfad angeboten. Es geht vorbei an felsigen Böschungen, Waldrändern und

## 234  10 Wanderungen und Ausflugsziele

Wiesenhängen. Mit etwas Glück können dabei die harmlosen Schlangen entdeckt werden. Mitarbeiter der Gemeinde Schlangenbad informieren sachkundig und unterhaltsam über die Eigenarten der Sonnenanbeterinnen. Nähere Informationen gibt es bei der Staatsbad Schlangenbad GmbH.

# 10.2 Naturparks und Landschaftsdenkmäler

### Naturpark Hochtaunus

Der Naturpark Hochtaunus erstreckt sich zwischen den beiden Ballungsgebieten Rhein-Main und Gießen-Wetzlar sowie Limburg an der Lahn. Seine westliche Grenze verläuft im Bereich der Idsteiner Senke, im Osten grenzt er in der Wetterau an die von A5 Frankfurt-Kassel. Die nördliche Grenze bildet das Lahntal bei Weilburg und die südliche die Mainebene zwischen Frankfurt und Wiesbaden. Die Ferienstraße „Hochtaunus" durchzieht das Gebiet auf 55 Kilometern Länge, Hinweistafeln informieren über Naturdenkmäler und Sehenswürdigkeiten.

Wandern steht ganz oben auf der Liste der Aktivitäten bei mehr als 140 Rundwanderwegen mit einer Gesamtlänge von über 700 Kilometern. Die Vielfalt reicht von kurzen, einfachen Spaziergängen und Rundwegen für Rollstuhlfahrer bis zu längeren anspruchsvollen Wanderungen und erlebnisreichen Lehr- und Themenpfaden. Die Startpunkte liegen an den Parkplätzen des Naturparks, die gleichzeitig auch meistens Haltestellen der Busse oder Bahnen darstellen. Im Naturpark Hochtaunus gibt es vom Taunuskamm über die Eschbacher Klippen bis zur Kubacher Kristallhöhle einige Landschaftsdenkmäler und ihre Geschichte(n) zu erkunden.

### Der Große Feldberg

Der Große Feldberg ist mit 881,5 Metern sicherlich der Star im Taunus und nach der Wasserkuppe zweithöchster Berg Hessens. Im Gegensatz zu den meisten anderen Taunusgipfeln ist das Feldbergplateau nicht von Wald bedeckt und bequem mit dem Auto, Motorrad oder öffentlichen Verkehrsmitteln erreichbar. Vielleicht auch ein Grund für seine Beliebtheit. Auf dem Großen Feldberg befindet sich ein Falkenhof mit Falknerei, die älteste Greifvogelstation in Hessen, welche im Sommer durchgehend besetzt ist. Bei

---

### Zwei Legenden vom Brunhildisfelsen

Um den höchsten Berg im Taunus müssen sich Natur gegeben auch Geschichten ranken. Die etwa 25 Meter lange und bis zu 4 Meter hohe Felsgruppe des Brunhildisfelsens, auch Brunhildenstein genannt, bot offenbar viel Raum für Fantasie. Die erste Legende ist eine recht blutige und handelt von Brunhilde, der Frau des Merowingerkönigs Chlodwig. Sie soll eine grausame Herrscherin gewesen sein, die zahlreiche Verwandte um die Ecke brachte. Das wurde ihr im fortgeschrittenen Alter zum Verhängnis. Sie blickte gern vom Felsen des Großen Feldbergs im Schein der aufgehenden Sonne auf ihr großes Reich. Doch sie wurde gefangen genommen, gefoltert, vom Pferd zu Tode geschleift und soll unter dem Felsen, der heute ihren Namen trägt, begraben sein.

Eine zweite Legende ist weniger blutig, doch ebenfalls ohne glückliches Ende. Ein Edelfräulein der Burg Reifenberg und ein junger Ritter verliebten sich ineinander und schworen sich ewige Treue. Bald schon wurde der wackere Ritter zum Kreuzzug ins Heilige Land gerufen. Sein Burgfräulein winkte ihm zum Abschied vom Brunhildisfelsen. Immer wieder ging die treue Braut an diese Stelle zurück und wartete über Jahre vergebens auf den Geliebten. Eines Tages fanden sie ihre Brüder dort tot. Noch heute soll man ihre Fußabdrücke im Gestein erkennen können.

10 Wanderungen und Ausflugsziele

**Abb. 247.** Seismograph in der Erdbebenwarte

Dieser alte Seismograph stammt aus dem Jahr 1911. Er funktioniert wie am ersten Tag und kann Bewegungen aufzeichnen, welche Besucher selbst erzeugen können, indem sie sich lediglich in eine Ecke des Raumes begeben. Moderne Meßgeräte zur Aufzeichnung von Bodenbewegungen, so genannten seismischen Wellen, werden heute als Seismometer bezeichnet.

entsprechendem Wetter finden Freiflugvorführungen mit Falken, Adlern und Geiern statt. Bei den Sportlern der Region ist der Feldberg auch als Sportstätte bekannt. Seit 2004 findet immer im Februar ein Internationales Schlittenhunderennen rund um den Feldberg statt. Bis zu 80 Teams mit insgesamt 300 Hunden aller Rassen liefern sich beeindruckende Rennen. Im Frühjahr findet der Feldberglauf statt, er führt von Oberursel aus als Berglauf auf den Feldberggipfel. Ebenfalls im Frühling sind der Hochtaunus mit dem Feldberg jedes Jahr am 1. Mai fester Bestandteil des traditionsreichsten Radrennens in Deutschland: das Radrennen „Rund um den Henninger Turm". Außerdem findet jedes Jahr im August das älteste Bergturnfest im deutschsprachigen Raum statt, das

Feldbergfest. Beliebtes Fotomotiv auf dem Gipfelplateau ist der Brunhildisfelsen.

### Der kleine Feldberg

Der Kleine Feldberg ist mit 825 Metern die zweithöchste Erhebung im Taunus. Er befindet sich etwa 1,5 Kilometer südwestlich des „großen Bruders". Auf seinem Gipfel befindet sich ein meteorologisches und geophysikalisches Observatorium, das Taunusobservatorium mit Erdbebenwarte. Es wurde 1913 vom Physikalischen Verein Frankfurt am Main gegründet und ist heute eine Außenstelle des Instituts für Geowissenschaften der Johann Wolfgang Goethe-Universi-

## 10 Wanderungen und Ausflugsziele

**Abb. 248.** Der Altkönig – ein Fernblick

Vom Vortaunus aus gesehen, hier der Blick von Kelkheim-Hornau, wurde der Altkönig einst zu Recht für den größten Berg im Taunus gehalten. Der große Feldberg, links im Bild, hält sich aus dieser Perspektive bescheiden zurück.

tät Frankfurt am Main Auf Anfrage können Besichtigungstermine für die Erdbebenwarte vereinbart werden. Weitere Messstationen auf dem Kleinen Feldberg werden vom Deutschen Wetterdienst, dem Hessischen Landesamt für Umwelt und Geologie und dem Zentrum für Umweltforschung betrieben. Seit 1998 befindet sich dort außerdem eine Sternwarte des Physikalischen Vereins. Am Fuße des Kleinen Feldbergs entspringt die Quelle der Weil und liegt das Limeskastell Kleiner Feldberg.

Taunus. Vom Main kommend hielt man den dem Großen Feldberg vor gelagerten Altkönig oft für den höchsten Berg im Taunus. Etwa um 400 v. Chr. wurde er von den Kelten besiedelt. Aus dieser Zeit stammen zwei Ringwälle um das Gipfelplateau. Sie sind ungefähr 980 und 1.390 Meter lang und mit einem archäologischen Lehrpfad ausgestattet. Das ganze Gebiet um den Altkönig ist autofrei, aus allen Himmelsrichtung dauert der Aufstieg auf guten Wanderwegen eine halbe bis eine Stunde.

**Der Altkönig**

Der Altkönig kommt mit 798 Metern auf den dritthöchsten Platz der Erhebungen im

**Weilsberg und Zacken**

Der Weilsberg ist mit 701 Metern über Normalnull die vierthöchste Erhebung im

10 Wanderungen und Ausflugsziele

Taunus, gehört zum Gemeindegebiet von Schmitten und liegt oberhalb des Ortsteils Niederreifenberg. Der Name verweist auf die Weil, die am Fuße des Weilsberg fließt. Der Gipfel des Weilsberg selbst ist im Wald verborgen und bietet keine Aussicht. Ihn überquert jedoch der Zacken-Beilstein-Steig, ein für den Taunus ungewöhnlicher Wanderweg. Auf nur 4 Kilometern überwindet der Bergpfad 180 Höhenmeter und führt entlang des Zackens und weiterer Felspartien. Der Zacken ist eine beeindruckende Felswand aus Schiefer östlich von Oberems. Die Felsgruppen in 640 Meter Höhe sind auch ein beliebtes Trainingsgelände für Kletterer, was zahlreiche Haken in den Felswänden belegen.

**Der Staufen**

Auf dem 451 Meter hohen Staufen oberhalb von Kelkheim-Fischbach befindet sich eine Felsgruppe, „Großer Mannstein" genannt. Diese „Felsnase" ist ein beliebter Aussichtspunkt, von dem man an klaren Tagen einen guten Blick auf das Taunusvorland und die Stadt Frankfurt am Main hat. Diese Felskuppe hatte daher eine große strategische Bedeutung, denn vom Mainübergang bei Frankfurt-Höchst führte seit der Römerzeit eine Heer- und Handelsstraße durch Fischbach weiter über den Taunuskamm. Vom Mannstein aus ist der gesamte Verlauf von Höchst bis in den Hochtaunus einzusehen. Diese wichtige Verbindung stand unter dem

**Abb. 249.** Felsgruppe am Staufengipfel
Der Gipfel des Staufens, ein beliebter Aussichtspunkt im Taunus mit ehemals strategischer Bedeutung.

Schutz der jeweiligen Landesherren. Spuren ehemaliger Befestigungen, wie Gräben und Wall, sind am Mannstein noch erkennbar.

**Eschbacher Klippen**

In der Nähe von Usingen, am Nordende des Ortsteils Eschbach, befinden sich die beiden Felsgruppen der Eschbacher Klippen, Buchstein und Saienstein genannt. Die Felswände sind sichtbarer Teil des etwa 6 Kilometer langen Quarzganges, der sich quer durch das Usatal bis zum Wormstein im Usinger Stadtwald fortsetzt. Die Eschbacher Klippen sind als Naturdenkmal geschützt. Die Steilwände werden aber auch von Kletterern zu Trainingszwecken genutzt. Im unmittel-

baren Umfeld der Felsen hat die vielfältige Freizeitnutzung allerdings im wahrsten Sinne des Wortes ihre Spuren hinterlassen. Sie führte zu erheblichen Schäden an der spärlichen Pflanzendecke. Um der Erosion entgegenzuwirken und Boden und Pflanzen besser zu schützen, wurde ein Holzsteg um die Felsen gebaut.

Die Eschbacher Klippen sind als freistehende Felsen von einer offenen Landschaft, gekennzeichnet durch Heide und Wacholder, umgeben. Diese entstand durch die Waldhütung von Schafen, Ziegen und Rindern und die Jahrhunderte lange Nutzung der Fläche zur Streugewinnung. Die heutige Heidefläche ist der kleine Rest einer Landschaft, die ohne langjährige Pflegemaßnahmen nicht mehr

**Abb. 250.** Eschbacher Klippen
Die Eschbacher Klippen inmitten von Heidelandschaft sind nicht nur bei Kletterern beliebt.

10 Wanderungen und Ausflugsziele

**Abb. 251.** Kubacher Kristallhöhle
In der Kubacher Kristallhöhle müssen Besucher „gut zu Fuß" sein, denn es gilt einige hundert Treppenstufen
zu meistern.

existieren würde. Charakterpflanzen der Heide sind Wacholder (*Juniperus*) und Heidekrautgewächse (*Ericaceae*) wie die Besenheide (*Calluna*), daneben kommen beispielsweise die Rundblättrige Glockenblume (*Campanula rotundifolia*) sowie anspruchslose Gräser wie die Drahtschmiele (*Avenella flexuosa*), das Rote Straußgras (*Agrostis capillaris*) und das Borstgras (*Nardus stricta*) vor. Ihr Vorkommen ist an einen nährstoffarmen, sauren Boden gebunden aus dem sie durch die Symbiose mit Bodenpilzen (Mykorrhiza) die notwendigen Nährstoffe erhalten. Die Heidefläche ist Lebensraum typischer und seltener Insekten beispielsweise aus den Reihen der Wildbienen, Käfer und Schmetterlinge.

Anfahrt: über B 275 oder B 456 nach Usingen, dann Richtung Eschbach. In Eschbach der Beschilderung Richtung Michelbach fol-

gen. Der Naturpark-Parkplatz Eschbacher Klippen liegt am Ortsausgang von Eschbach. Der Parkplatz ist gleichzeitig Ausgangspunkt für mehrere, verschieden lange Wanderrouten, eine davon ist auch für Rollstuhlfahrer geeignet.

**Kristallhöhle Kubach**

Ein spannendes Erlebnis bietet die Kristallhöhle Kubach bei Weilburg: Auf 200 Metern Länge bei maximaler Breite von 26 Metern geht es bis zu 70 Meter über unzählige Treppenstufen in die Tiefe. Seit 1981 ist sie für die Öffentlichkeit zugänglich. Die bei der Suche der Höhle angewandten wissenschaftlichen Methoden werden bei Führungen erklärt und in einem Höhlenmuseum näher gebracht. Ergänzt wird das Ganze durch eine Freilicht Gesteinsausstellung mit

## Der Rheinsteig

Seit 2005 ist der Rheinsteig ein Fernwanderweg, der auf rund 320 Kilometern dem Mittelrheintal auf der rechten Rheinseite folgt. Die Einrichtung dieses neuen Wanderwegs war ein Gemeinschaftsprojekt der Bundesländer Hessen, Rheinland-Pfalz und Nordrhein-Westfalen. Der Rheinsteig verläuft von Wiesbaden, Schloss Biebrich, bis nach Bonn an den Marktplatz und führt an etlichen Burgen und Schlössern vorbei und über das berühmte Niederwalddenkmal. Oberhalb der Burg Lahneck kreuzt der Rheinsteig den Lahnhöhenweg auf der linken Seite der Lahn.

**Abb. 252.** Das Niederwalddenkmal oberhalb von Rüdesheim.

Gesteinsarten aus verschiedenen Epochen der Erdgeschichte.

Anfahrt: Von der A3 Ausfahrt Limburg, von der A45 Ausfahrt Wetzlar oder von der A5 Ausfahrt Gießen auf der B49 Richtung Weilburg. Von Weilburg über B456 und L3025 nach Kubach. Die Höhle befindet sich einen Kilometer südlich von Kubach an der Straße Richtung Weinbach.

### Naturpark Nassau

Zum Teil im Taunus befindet sich der Naturpark Nassau im Rheinischen Schiefergebirge rund um die Namen gebende Stadt Nassau zwischen den Städten Montabaur im Norden, Diez im Osten, Nastätten im Süden und Lahnstein im Westen. Das Lahntal, in Ost-West-Richtung verlaufend, bildet darin die Hauptachse zwischen dem Taunus im Süden und Teilen des Westerwaldes im Norden. Im Südwesten liegen Bereiche des Mittelrheintals im Naturpark.

Es gibt zahlreiche Naturschutzgebiete und Waldlehrpfade. So beispielsweise den Waldlehrpfad „Hüttenwald" um Katzenelnbogen und einen Waldlehrpfad bei Bad Ems. Weitere interessante Themenwege sind der Mittelrhein-Lehrpfad bei Kamp-Bornhofen sowie der Biotoplehrpfad bei Niederelbert. Zu den landschaftlich interessanten regionalen und überregionalen Wanderwegen zählen der Lahnhöhenweg, der Rheinhöhenweg, der Limeswanderweg und der europäische Fernwanderweg. Das typische Relief mit tief eingeschnittenen Tälern und Felshängen bietet Aussichtspunkte über den Naturpark und den Taunus hinaus.

### Naturpark Rhein-Taunus

Für die naturnahe Freizeitgestaltung hat der Naturpark Rhein-Taunus ein dichtes Netz von Freizeitangeboten geschaffen. 130 Wanderwege mit einer Gesamtlänge von 600 Kilometern sind ausgewiesen. Zahlreiche Lehrpfade wurden geschaffen, dar-

10 Wanderungen und Ausflugsziele

unter der Geo-Erlebnispfad Oberjosbach und der Rheingauer Gebück Wanderweg. Wald, Wasser und der Wein sind die prägenden Merkmale des Naturparks. Daneben machen die zahlreichen Burgen, Schlösser, Heilquellen, die große Zahl kulturgeschichtlicher Denkmäler und Sehenswürdigkeiten den Naturpark Rhein-Taunus aus.

Die Landschaft vom Rhein bis zum Main kann man zu Fuß oder per Rad erkunden und genießen: Der Rheingauer Rieslingpfad verläuft auf den Spuren des gleichnamigen Weins von Lorch nach Flörsheim. Man sollte sich eine gut durchdachte Strecke mit Start und Ziel wählen, hat der Pfad doch eine Gesamtlänge von etwa 120 Kilometern. Die Wanderwege sind mit dem Rheingauer Römer ausgeschildert. Der Rheingauer Radwanderweg führt von Kaub ebenfalls bis nach Flörsheim am Main. Er geht teils durch die Weinberge und teils an Rhein oder Main entlang. Nach einer Strecke von 62 Kilometern kann man sich auch per Schiff oder per Bahn zum Ausgangspunkt zurück bringen lassen. Für weitere Ein- und Ausblicke im Rheingau bieten sich zahlreiche Wandermöglichkeiten, beispielsweise auf Routen wie dem dem Rheinhöhenweg, dem Rheinsteig und dem Mühlen-Wanderweg.

## Rheingauer Gebück Wanderweg

Dieser Themenweg widmet sich einer eindrucksvollen Anlage des Rheingaus im Mittelalter: dem Gebück. Es bildete eine 15 bis 50 Meter breite lebendige Mauer aus Bäumen. Diese Bäume, meist Hainbuchen und Rotbuchen aber auch Esche und Ahorn, wurden in verschiedener Höhe gekappt, schlugen wieder aus und diese neu hervor geschossenen Zweige wurden zur Erde gebogen, wuchsen ineinander zu einer für Mensch und Pferd undurchdringlichen Wildnis. Bei der Anlage des Gebücks wurden natürliche Geländehindernisse einbezogen, streckenweise wurden Gräben ausgehoben, um das Gebück zusätzlich zu sichern. Das bekannteste und in Resten erhaltene Gebück ist die Mappner Schanze nördlich der Hallgartener Zange. Dort und am Forsthaus Weißenthurm wurde das Gebück auf kleinen Teilstrecken neu angelegt. Zu diesem Bollwerk der Bäume gibt es auch zahlreiche Informationstafeln.

Ausgangspunkt: Der Rheingauer Gebück Wanderweg beginnt am Eisenbahnviadukt in Walluf und umfasst eine Strecke von 50 Kilometern, für die mindestens 2 Tage benötigt werden.

**Abb. 253.** Rheingauer Gebück Wanderweg

Die Informationstafeln entlang des Wanderweges, wie hier im Wispertal, geben einen Überblick über den Routenverlauf und beschreiben die einzelnen Stationen mit interessanten Texten.

# Literatur

Ahorner, L., Baier, B. & Bonjer, K.-P. (1983): General pattern of seismotectonic dislocation and the earthquake-generating stress field in Central Europe between the Alps und the North Sea. – In: Fuchs, K. et al. [eds.]: Plateau Uplift; Heidelberg, Berlin (Springer).

Anderle, H.-J. (1987): Entwicklung und Stand der Unterdevon-Stratigraphie im südlichen Taunus. – In: Geol. Jb. Hessen 115: 81–98; Wiesbaden.

Anderle, H.-J. (1991): Erläuterungen zur Geologischen Karte von Hessen 1:25.000, Bl. [5715] Idstein (2. Aufl.). – Wiesbaden.

Anderle, H.-J. (1998): Taunus. – In: Kirnbauer, T. [Hrsg.]: Geologie und hydrothermale Mineralisationen im rechtsrheinischen Schiefergebirge, Jb. Nassauischer Ver. Naturkde., So.-Bd. 1: 28–33; Wiesbaden.

Anderle, H.-J. (2004): Untergrund und Erdgeschichte Wiesbadens. – In: Nassauischer Ver. Naturkde. [Hrsg.]: Streifzüge durch die Natur von Wiesbaden und Umgebung. – 195 S.; Wiesbaden.

Anderle, H.-J. & Kirnbauer, T. (1995): Geologie von Naurod im Taunus. – In: 650 Jahre Naurod 1346–1996. Nauroder Chronik bis zur Gegenwart: 85–103, Wiesbaden (Marianne Breuer Verlag).

Bauer, A.-W. (1993): Bodenerosion in den Waldgebieten des östlichen Taunus in historischer und heutiger Zeit – Ausmaß, Ursachen und geoökologische Auswirkungen. – Frankfurter Geowiss. Arb., Serie D, Bd. 14: 194 S.; Frankfurt am Main.

Bauer, G. (1996): Geheimnisvolles Hessen. Fakten, Sagen und Magie. – Ein Handbuch des Denk- und Merkfürdigen; Marburg (Hitzeroth).

Becker, T., Bender, S., Kemkes, M. & Thiel, A. (2002): Der Limes zwischen Rhein und Donau. Ein Bodendenkmal auf dem Weg zum UNESCO-Weltkulturerbe. – 65 S.; Stuttgart (Landesdenkmalamt Baden-Württemberg Archäologische Denkmalpflege).

Berg, I. (2000): Die Glashütten auf dem Taunuskamm. – Frankfurt am Main.

Blum, W. (2005): Wanderwege zum Wissen. Lehr- und Erlebnispfade, Themenwege und mehrtägige Touren. – 175 S.; Geisenheim (FLoH-Verlag).

Cziesla, E. et al. [eds.] (1990): The Big Puzzle. International Symposium on refitting stone artefacts. Kolloquium Monrepos 1987. Studies in Modern Archaeology 1: 83–100; Bonn.

Czysz, W. (2000): Die Wiesbadener heißen Quellen von der Eiszeit bis zur Gegenwart – Teil 3: Probleme der chemischen Begriffsbildung im Spiegel der Badeliteratur. – Jb. Nassauischer Ver. Naturkde. Bd. 121: 9–41; Wiesbaden.

Czysz, W. (2004): 175 Jahre Nassauischer Verein für Naturkunde und Naturwissenschaftliche Sammlung des Museums Wiesbaden 1829–2005. – Jb. Nassauischer Ver. Naturkde. 125: 372 S.; Wiesbaden.

Fickel, W. (1974) mit Beitr. von Asthalter, K., Thielicke, G. & Zakosek, H.: Erläuterungen zur Bodenkarte von Hessen 1:25.000, Bl. [5816] Königstein i. Taunus. – Wiesbaden.

Fickel, W. & Zakosek, H. (1968) mit Beitr. von Asthalter, K.: Erläuterungen zur Bodenkarte von Hessen 1:25.000, Bl. [5815] Wehen. – Wiesbaden.

Flick, H., Lippert, H.-J., Nesbor, H.-D. & Requadt, H. (1998): Lahn- und Dillmulde. – In: Kirnbauer, T. [Hrsg.]: Geologie und hydrothermale Mineralisationen im rechtsrheinischen Schiefergebirge, Jb. Nassauischer Ver. Naturkde., So.-Bd. 1: 33–62; Wiesbaden.

Franke, W. (1998): Geotektonischer Überblick. – In: Kirnbauer, T. [Hrsg.]: Geologie und hydrothermale Mineralisationen im rechtsrheinischen Schiefergebirge, Jb. Nassauischer Ver. Naturkde., So.-Bd. 1: 15–28; Wiesbaden.

Franke, W. (2000): The Mid-European segment of the Variscides: tectonostratigraphic units, terrane boundaries and plate tectonic evolution. – In: Franke, W., Haak, V., Oncken, O. & Tanner, D. [eds.]: Orogenic processes: quantification and modelling in the Variscan Belt. – Geol. Soc. London, Spec. Publ. 179: 35–61; London.

Franke, W. (2002): Die "Vereinigten Platten von Europa": das Puzzlespiel der kontinentalen Erdkruste. – In: Junge, A. [Hrsg.]: Geowissenschaften in Frankfurt, 123–128; Frankfurt am Main.

Franke, W. & Oncken, O. (1990): Geodynamic evolution of the north-central Variscides – a comic strip. – In: Freeman, R., Giese, P. & Müller, S. [eds.]: The European Geotraverse: integrative studies. 5th Earth Science Study Centre, 187–194.

Fraedrich, W. (1996): Spuren der Eiszeit. Landschaftsformen in Europa. – 184 S.; Heidelberg (Springer).

Henningsen, D. & Katzung, G. (1998): Einführung in die Geologie Deutschlands. – 5., neu bearb. und erw. Aufl., 244(XX) S.; Stuttgart (Enke Verlag).

Herber, W. (2000): Der Taunus – seine Bedeutung für die Wasserversorgung. – Freizeit-Materialien, Bd. 1: 59–65; Frankfurt (Umlandverband Frankfurt Region RheinMain).

# Literatur

Hölting, B. (1985): Gedanken zur Geohydraulik von Mineralwässern in Hessen. – In: Geol Jb. Hessen: 145–150; Wiesbaden.

Hossbach, R. (2005): Der Wickerer Weinanbau und der Nonnberg. – Jb. d. Main-Taunus-Kreises, Bd. 13: 44–47; Hofheim.

Jansen, U. (2000): Zur Erdgeschichte des Taunus. – Natur und Museum 130(6):181–190; Frankfurt am Main.

Joger, U. & Koch, U. (1994): Mammuts aus Sibirien. – Begleitbuch zur Ausstellung im Hessischen Landesmuseum Darmstadt; Darmstadt.

Keller, T. (2003): August Römer (1825–1899) und in der Naturwissenschaftlichen Sammlung des Wiesbadener Museums erhaltene bisher unbekannte Belege früher Rückschlüsse auf das Wirken des eiszeitlichen Menschen. – Jb. Nassauischer Ver. Naturkde. Bd. 124: 79–91; Wiesbaden.

Kirnbauer, T. & Reischmann, T. (2000): Welches Alter hat der Hunsrückschiefer? – Mitt. Nassauischer Ver. f. Naturkde. 44: 17–21; Wiesbaden.

Krause, A. (2000): Die Waldbestände im Bereich des Taunus-Lehrpfades. – Freizeit-Materialien Bd. 1: 35–41; Frankfurt (Umlandverband Frankfurt Region RheinMain).

Kümmerle, E. (1987): Kurmainzischer Bergbau im Raum Rüdesheim a. Rhein – Presberg. – In: Geol. Jb. Hessen 115: 365–380; Wiesbaden.

Kümmerle, E. (2005): Von „Leienbrechern" und „Leiendeckern" – Schieferabbau und -zurichtung waren schwerste körperliche Arbeit. – Jb. Rheingau-Taunus-Kreis, 56: 93–96; Bad Schwalbach.

Lehmann, L. (1993): Streuobstwiesen im Main-Taunus-Kreis. Eine neue Konzeption zur Erhaltung einer wertvollen Kulturlandschaft. – Jb. d. Main-Taunus-Kreises Bd. 1: 157–165; Hofheim.

Leppla, A. (1913): Zur Geologie von Homburg v. d.H. – Jahrb. Preuß. Geol. Landesanst. für das Jahr 1911, 52, Abt. I: 92–107; Berlin.

Leppla, A. (1924): Erläuterungen zur Geologischen Karte von Preußen und benachbarten deutschen Ländern 1:25.000, Bl. [5816] Königstein a. Taunus (2. Aufl.). – Berlin.

Leppla, A., Michels, F. & Schlossmacher, K. (1930): Erläuterungen zur Geologischen Karte von Preußen und benachbarten Ländern 1:25.000, Bl. [5815] Wehen (2. Aufl.). – Berlin.

Lotz, K. (1995): Einführung in die Geologie des Landes Hessen. – Marburg (Hitzeroth).

Lüning, J. & Stehli, P. (1989): Die Bandkeramik in Mitteleuropa: von der Natur- zur Kulturlandschaft. – In: Spektrum der Wissenschaft (1989): Siedlungen der Steinzeit: 110–120, Heidelberg.

Menting, G. (2000): Überlegungen zum Aussterben der pleistozänen Megafauna. – Natur und Museum Bd. 130, Heft 7: 201–212; Frankfurt.

Michels, F. (1905): Über Gebirgsbau und Stratigraphie des Taunus. Bericht über die wissenschaftlichen Ergebnisse der Aufnahmen in den Jahren 1901 und 1902. – Jahrb. Preuß. Geol. Landesanst. für das Jahr 1902, 23: 596–608; Berlin.

Michels, F. (1926): Der Ursprung der Mineralquellen des Taunus. – Aus Natur und Museum, 56. Ber. Senckenb. Naturf. Ges. zu Frankfurt am Main, 225–238; Frankfurt a.M.

Michels, F. (1933): Trinkwassergewinnung (insbesondere durch Stollen) im südöstlichen Rheinischen Schiefergebirge (Taunus). – Z. Dt. Geol. Ges. 85: 530–539; Berlin.

Michels, F. (1960): Sind die "Grauen Phyllite" im Goldsteintal bei Wiesbaden devonisch oder silurisch? – Jahrb. Nassauischer Ver. Naturk. 95: 10–12; Wiesbaden

Mittmeyer, H. G. (1964): Zur Geologie des südlichen Aartales (Taunus, Rheinisches Schiefergebirge). – Z. Dt. Ges. f. Geowissensch. Bd. 116: 809–812; Stuttgart (Schweizerbart'sche Verlagsbuchhandlung).

Mittmeyer, H. G. (1964): Zur Frage der faziellen Hunsrückschiefer-Untergliederung im südwestlichen Taunus (Rheinisches Schiefergebirge). – Z. Dt. Ges. f. Geowissensch. Bd. 116: 804–808; Stuttgart (Schweizerbart'sche Verlagsbuchhandlung).

Probst, E. (1999): Deutschland in der Urzeit. Von der Entstehung des Lebens bis zum Ende der Eiszeit. – 479 S.; München (Orbis-Verlag).

Rautenberg, T. (2000): Der Taunus-Lehrpfad – seine Zielsetzung; Freizeit-Materialien. Bd. 1: 7–9; Frankfurt (Umlandverband Frankfurt Region RheinMain).

Roth, H.-J. (1993): Siegerland, Westerwald, Lahn und Taunus. Geologie, Mineralogie und Paläontologie – mit Exkursionen. Ein Wegweiser für den Liebhaber. – 176 S.; Bindlach (Gondrom Verlag).

Rühl, G. & Rühl, H.-G. (1987): Das Hochfeld bei Hofheim am Taunus. – Beitr. zur Hofheimer Geschichte. Geschichts- und Altertumsverein Hofheim am Taunus; Hofheim.

Schmitz, R.-W. & Thissen, J. (2000): Neandertal – Die Geschichte geht weiter. – 327 S.; Heidelberg (Spektrum Akademischer Verlag).

Sabel, K.-J. & Fischer, E. (1987): Boden- und vegetationsgeographische Untersuchungen im Westerwald. – Frankfurter geowiss. Arb., D7, 268 S., Frankfurt am Main.

## Literatur

Sabel, K.-J. (2000): Geologie und Landschaftsgeschichte – Stadtgebiet Bad Soden; Bad Soden/Ts.

Sabel, K.-J. (2006): Der Wanderweg "Mensch und Erde" in Hofheim – Ein geowissenschaftlicher Lehrpfad mit heimatkundlichen Ambitionen. – Jb. d. Main-Taunus-Kreises. Bd. 14: 120–124; Hofheim.

Sabel, K.-J. (2006): Wein und Boden. Standortspezifische Aspekte des Terroirs. Der neue Weinbaustandortatlas von Hessen. – Nassauischer Ver. f. Naturkde., Exkursionshefte Bd. 39; Wiesbaden.

Schäfer, W. J. (1993): Aus der Geschichte des Weinbaues am Untermain. – Jb. d. Main-Taunus-Kreises, Bd. 1: 24–27; Hofheim.

Semmel, A. (1968): Studien über den Verlauf der jungpleistozänen Formung in Hessen. – Frankfurter Geogr. H. 45: 133 S.; Frankfurt am Main.

Semmel, A. (1979): Geomorphologische Skizze der Umgebung von Frankfurt am Main. – Tagungsführer 28. dt. Kartographentag: 35–48; Frankfurt am Main.

Semmel, A. (1981): Das Geopotential der Verdichtungsregion Rhein-Main. – Geogr. Rdsch. 33: 406–412; Braunschweig.

Semmel, A. (1984): Geomorphologie der Bundesrepublik Deutschland. – 4. völl. überarb. Aufl., Geogr. Zeitschr. Beih.; Wiesbaden, Stuttgart (Frank Steiner Verlag).

Semmel, A. (1986): Angewandte konventionelle Geomorphologie. Beispiele aus Mitteleuropa und Afrika. – Frankfurter geowiss. Arb., D6, 114 S., Frankfurt am Main.

Semmel, A. (1991): Relief, Gestein, Boden. Grundlagen der physischen Geographie. – 148 S.; Darmstadt (Wissenschaftliche Buchgesellschaft).

Semmel, A. (1991): Landschaftsnutzung unter geowissenschaftlichen Aspekten in Mitteleuropa. – Frankfurter geowiss. Arb. D2, 3. verb. Aufl., 67 S.; Frankfurt am Main.

Semmel, A. (1993a): Karteninterpretation aus geoökologischer Sicht – erläutert an Beispielen der Topographischen Karte 1:25 000. – Frankfurter geowiss. Arb. D16, 85 S.; Frankfurt am Main.

Semmel, A. (1993b): Grundzüge der Bodengeographie. – 3. überarb. Aufl., 127 S.; Stuttgart (Teubner).

Semmel, A. (2000): Holozäne Umweltentwicklung im Spiegel der Böden. – Rundgespräche der Kommission für Ökologie Bd. 18: 129–136; München.

Semmel, A. (2000): Fährt der ICE auf wackeligem Grund? Geomorphologische Anmerkungen zur Neubaustrecke Köln/Rhein-Main. – Forschung Frankfurt, 1/2000: 56–62; Frankfurt am Main.

Semmel, A. (2003): Der Laacher Bimstuff als Zeitmarke der Landschaftsentwicklung in der Wiesbadener Umgebung. – Jb. Nassauischer Ver. Naturkde. Bd. 124: 95–111; Wiesbaden.

Semmel, A. (2004): Die Landschaft um Hofheim am Taunus – Eine erdwissenschaftliche Einführung. – Umwelt und Geologie. Boden und Bodenschutz in Hessen, Heft 6; Wiesbaden (Hessisches Landesamt für Umwelt und Geologie).

Semmel, A. (2005): Warum ist es am Rhein so schön? Wanderpfade für Freunde der Erde. – Frankfurter Geogr. Hefte, Bd. 67; 71 S., Frankfurt am Main.

Semmel, A. & Fromm, K. (1976): Ergebnisse paläomagnetischer Untersuchungen an quartären Sedimenten des Rhein-Main-Gebietes. – Eiszeitalter und Gegenwart Bd. 27: 18–25; Öhringen/Württemberg.

Semmel, A. & Petschick, R. (2005): Spätglaziale Sedimente und ihre äolischen Beimengungen in einigen deutschen Mittelgebirgen. – Geol. Jb. Hessen 133: 109–120, 6 Abb., 4 Tab.; Wiesbaden.

Stahr, A. (1999): Kälte formte unsere Landschaft – Eine kurze Geschichte über unsere Landschaft zur kalten Jahreszeit. – Niedernhausener Anzeiger; Wiesbaden (Breuer-Verlag).

Stahr, A. (2000): Geologie und Landschaft von Oberjosbach und Umgebung – Entstehung des Taunus, Landschaftsformung, Gesteine und Böden. – Verein für Heimat- und Kulturpflege Oberjosbach e.V. [Hrsg.]; Niedernhausen-Oberjosbach.

Stahr, A. (2000): Erdbebengebiet Niedernhausen. – Niedernhausener Anzeiger; Wiesbaden (Breuer-Verlag).

Stahr, A. (2000): Zehn Jahre nach "Wiebke": Niedernhausener Wald ist gerüstet. – Niedernhausener Anzeiger; Wiesbaden (Breuer-Verlag).

Stahr, A. (2000): Zur Differenzierung periglazialer Deckschichten der montanen und subalpinen Höhenstufe in den Berchtesgadener Alpen. – In: Bär, W.-F. et al. [Hrsg.]: Beiträge zur Physischen Geographie aus Forschung, Medien und Schule, Frankfurter geowiss. Arb. D26: 155–172; Frankfurt am Main.

Stahr, A. (2000): Der Strand von Niedernhausen – Eine Zeitsprung in die Sonne zur nahenden Urlaubsaison. – Niedernhausener Anzeiger; Wiesbaden (Breuer-Verlag).

Stahr, A. (2000): Aus tiefem Grund – Das Oberjosbacher Trinkwasser: Spitzenqualität mit individuellem Touch. – Niedernhausener Anzeiger; Wiesbaden (Breuer-Verlag).

Stahr, A. (2006): Ein schaurig schöner Felsen – Geo-Erlebnispfad Oberjosbach: 400 Millionen Jahre Erdgeschichte. – Jb. Rheingau-Taunus-Kreis 57: 156–157; Bad Schwalbach.

# Literatur

**245**

Stahr, A. & Hartmann, T. (1999): Landschaftsformen und Landschaftselemente im Hochgebirge. – 398 S.; Heidelberg (Springer).

Stengel-Rutkowski, W. (1970): Bruch- und Dehnungstektonik im östlichen Rheinischen Schiefergebirge als Auswirkung des Oberrheingrabens. – In: Z. Dt. Geol. Ges. 121: 129–141; Hannover.

Stengel-Rutkowski, W. (1987): Die Säuerlinge des Westtaunus – Nachzügler eines neogenen Vulkanismus oder Vorboten künftiger tektonischer Aktivität? – In: Geol. Jb. Hessen 115: 331–340; Wiesbaden.

Stengel-Rutkowski, W. (1996): Erd- und Landschaftsgeschichte in der Stadt Taunusstein. – In: Heimat- u. Geschichtsverein Taunusstein e. V., Stadt Taunusstein [Hrsg.]: Taunusstein – Landschaft und Natur: 13–23; Taunusstein.

Stengel-Rutkowski, W. (2002): Trinkwasserversorgung aus Grubengebäuden des ehemaligen Bergbaus im Rheingau-Taunus-Kreis (Rheinisches Schiefergebirge). – Jb. Nassauischer Ver. Naturkde. Bd. 123: 125–139; Wiesbaden.

Steppuhn, P. & Berg, I. (2006): Waldglashütten im Taunus. Geschichte – Archäologie – Produkte. – Freilichtmuseum Hessenpark; Neu Anspach.

Stolz, C. (2003): Erosionsschluchten aus geschichtlicher Zeit im mittleren Aartal bei Aarbergen Hausen über Aar (Rheingau-Taunus-Kreis). – Jb. Nassauischer Ver. Naturkde. Bd. 124: 95–111; Wiesbaden.

Stolz, C. (2005): Was sind "Runsen"? 250 Schluchtensysteme im Wassereinzugsgebiet der Aar. – Jb. Rheingau-Taunus-Kreis 56: 157–159; Bad Schwalbach.

Stolz, C. (2005): Historisches Grabenreißen im Wassereinzugsgebiet der Aar zwischen Wiesbaden und Limburg. – Diss., Universität Mainz (unveröffentl.).

Stolz, C. (2005): Hinweise auf prähistorische Bodenerosion im Stadtwald von Bad Schwalbach (Rheingau-Taunus-Kreis). – Jb. Nassauischer Ver. Naturkde. Bd. 126: 45–55; Wiesbaden.

Stolz, C. (2006): Rätselhafte Ablagerungen – Die Untertaunus-Landschaft in vorgeschichtlicher Zeit. – Jb. Rheingau-Taunus-Kreis 57: 135–137; Bad Schwalbach.

Sturm, M. (1980): Der Hühnerberg. Eine vorgeschichtliche Fundstätte bei Kelkheim. – In: Kelkheim im Taunus; 13–20; Kelkheim (Blei&Guba).

Tait, J. A., Bachtadse, V., Soffel, H. C. & Franke, W. (1996): Palaeomagnetic constrains on the evolution of the european Variscan Foldbelt. – Geologica Bavarica 101: 221–232; München.

Thiemeyer, H. (1988): Bodenerosion und holozäne Dellenentwicklung in hessischen Lössgebieten. – Rhein-Mainische Forschungen 105: 174 S.; Frankfurt am Main.

Toussaint, B. (2005): Grundwasserbeschaffenheit an ausgewählten Messstellen im Taunus und seiner näheren Umgebung im Hinblick auf die EU-Wasserrahmenrichtlinie. – Jb. Nassauischer Ver. Naturkde. Bd. 126: 55–71; Wiesbaden.

Uhlemann, L. (1980): Johannisborn, Mannstein und Landsgraben. Historische Stätten des Mittelalters. – In: Kelkheim im Taunus; 27–34; Kelkheim.

Weber, K. & Behr, H.-J. (1983): Geodynamic interpretation of the mid European Variscides, intracontinental fold belts. – In: Martin, H. & Eder, F.-W. [eds.]: Intracontinental fold belts. Case studies in the Variscan belt of Europe and the Damara Belt in Namibia. – 427–469; Berlin, Heidelberg, New York, Tokyo (Springer).

Wuschek, R. P. (2006): Zur Geschichte der Hühnerstraße – Das Haushuhn als Namensgeber? – Jb. Rheingau-Taunus-Kreis, 58: 51–54; Bad Schwalbach.

Zimmermann, H. (1980): Eisenerz-Bergbau in Kelkheim. – In: Kelkheim im Taunus; 109–114; Kelkheim.

Zurru, M. & Kruhl, J.-H. (2000): Die Loreley. Steinalt und faltig – jung und schön. Geologie und Landschaftsentwicklung im Herzen des Rheinischen Schiefergebirges. – 70 S.; Garching (Selden & Tamm).

# Bildnachweis

Abb. 1: Die Taunuslandschaft (Dr. Alexander Stahr, Taunusstein)
Abb. 2: Der Taunus – eine Kulturlandschaft (Dr. Alexander Stahr, Taunusstein)
Abb. 3: Das Obere Mittelrheintal bei Lorch (Dr. Alexander Stahr, Taunusstein)
Abb. 4: Die Lahn bei Runkel (Dr. Alexander Stahr, Taunusstein)
Abb. 5: Die Loreley (Fritz Geller-Grimm, Museum Wiesbaden)
Abb. 6: Taunusgrenzen (Bundesamt für Kartographie und Geodäsie, Frankfurt a. M.)
Abb. 7: Vortaunus und Taunuskamm (Presse- und Informationsamt Frankfurt a. M.)
Abb. 8: Der Brunhildisfelsen auf dem Großen Feldberg (Dr. Alexander Stahr, Taunusstein)
Abb. 9: Auf dem Gipfelplateau des Großen Feldbergs (Dr. Alexander Stahr, Taunusstein)
Abb. 10: Blick auf den Großen Feldberg (Dr. Alexander Stahr, Taunusstein)
Abb. 11: Östlicher Hintertaunus (Gerd Poschta, www.rad-fotos.de)
Abb. 12: Blick über die Idsteiner Senke (Dr. Alexander Stahr, Taunusstein)
Abb. 13: Westlicher Hintertaunus (Dr. Alexander Stahr, Taunusstein)
Abb. 14: Im Wispertal des westlichen Hintertaunus (Dr. Alexander Stahr, Taunusstein)
Abb. 15: Blick über das Wispertal (Dr. Alexander Stahr, Taunusstein)
Abb. 16: Gliederung des Taunus (Dr. Ewald Langenscheidt, Rotthalmünster)
Abb. 17: Prof. Fridolin v. Sandberger (Nassauischer Verein für Naturkunde, Wiesbaden)
Abb. 18: Dr. Carl Jacob Wilhelm Koch (Nassauischer Verein für Naturkunde, Wiesbaden)
Abb. 19: Prof. Dr. August Leppla (Nassauischer Verein für Naturkunde, Wiesbaden)
Abb. 20: Eingangsbereich des Museums Wiesbaden (Dr. Alexander Stahr, Taunusstein)
Abb. 21: Die naturhistorische Landessammlung (Dr. Alexander Stahr, Taunusstein)
Abb. 22: Prof. Dr. Franz Michels (Nassauischer Verein für Naturkunde, Wiesbaden)
Abb. 23: Prof. Dr. Friedrich Kutscher (Nassauischer Verein für Naturkunde, Wiesbaden)
Abb. 24: Dr. Witigo Stengel-Rutkowski (privat)
Abb. 25: Prof. Dr. Dr. h. c. Arno Semmel (Dr. Alexander Stahr, Taunusstein)
Abb. 26: Die Rheingaukaserne (HLUG, Wiesbaden)
Abb. 27: Diplom-Geologe Hans-Jürgen Anderle (Fritz Geller-Grimm, Museum Wiesbaden)
Abb. 28: Prof. Dr. Erhard Bibus (privat)
Abb. 29: 1-Meter Pürckhauer (Dr. Alexander Stahr, Taunusstein)
Abb. 30: Dr. Hans-Georg Mittmeyer (privat)
Abb. 31: Prof. Dr. Karl-Josef Sabel (Dr. Alexander Stahr, Taunusstein)
Abb. 32: Abraham Ortelius (Public Domain)
Abb. 33: Heutige Kontinente der Erde (Dr. Ewald Langenscheidt, Rotthalmünster)
Abb. 34: Alexander von Humboldt (University of Texas)
Abb. 35: Alfred Wegener (Alfred Wegener Institut, Bremerhaven)
Abb. 36: Kaledonisches Gebirge (Herbert Funk, Frankfurt a. M.)
Abb. 37: Lageveränderung der Kontinente (Dr. Ewald Langenscheidt, Rotthalmünster)
Abb. 38: Meeresarm (NASA)
Abb. 39: Der Schalenbau der Erde (Dr. Ewald Langenscheidt, Rotthalmünster)
Abb. 40: Gletschereis (Herbert Funk, Frankfurt a. M.)
Abb. 41: Geschmolzenes Gestein fließt auf Hawaii ins Meer (USGS)
Abb. 42: Black Smoker (NOAA)
Abb. 43: Nautilus (Dr. Alexander Stahr, Taunusstein)
Abb. 44: Der Taunus im frühen Devon (Gudo Knabjohann, Wiesbaden)
Abb. 45: Wattenmeer (www.98fahrenheit.de)
Abb. 46: Tropischer Strand (NOAA)
Abb. 47: Vulkanische Eruption (USGS)
Abb. 48: Plattengrenzen (Dr. Ewald Langenscheidt, Rotthalmünster)
Abb. 49: Die Gebirgskette der Anden (NASA)
Abb. 50: Geysir auf Island (Herbert Funk, Frankfurt a. M.)
Abb. 51: Granit (Dr. Alexander Stahr, Taunusstein)
Abb. 52: Variscische Gesteine der Zentralalpen (Dr. Alexander Stahr, Taunusstein)

## Bildnachweis

Abb. 53: Atolle im tropischen Meer (NOAA)
Abb. 54: Korallen (USGS)
Abb. 55: Der Mond (NASA)
Abb. 56: Großglockner (Dr. Alexander Stahr, Taunusstein)
Abb. 57: Schuppung infolge der Gebirgsbildung (Dr. Ewald Langenscheidt, Rotthalmünster)
Abb. 58: Der Taunus (Wikipedia)
Abb. 59: Panzerfisch (www.wolterdesign.de)
Abb. 60: Libelle (Wikipedia)
Abb. 61: Meteoriteneinschlag (NASA)
Abb. 62: Taunusrand (Taunus Touristik Service)
Abb. 63: Öffnung, Entwicklung und Schließung (Dr. Ewald Langenscheidt, Rotthalmünster)
Abb. 64: Hohe Taunusberge (Dr. Alexander Stahr, Taunusstein)
Abb. 65: Sumpflandschaft des Karbons (Gudo Knabjohann, Wiesbaden)
Abb. 66: Rheinische Insel (Dr. Ewald Langenscheidt, Rotthalmünster)
Abb. 67: Rumpfläche (Christiane Stahr, Taunusstein)
Abb. 68: Rumpfflächenlandschaft (Dr. Alexander Stahr, Taunusstein)
Abb. 69: Der Taunus im Perm (Gudo Knabjohann, Wiesbaden)
Abb. 70: Hämatit (Dr. Alexander Stahr, Taunusstein)
Abb. 71: Rotliegendkonglomerat (Dr. Alexander Stahr, Taunusstein)
Abb. 72: Querschnitt durch den Taunussüdrand (Christiane Stahr, Taunusstein)
Abb. 73: Dinosaurier (Gudo Knabjohann, Wiesbaden)
Abb. 74: Landschaft im Tertiär (Gudo Knabjohann, Wiesbaden)
Abb. 75: Eiszeitliche Talstufe im Mittelrheintal (Dr. Alexander Stahr, Taunusstein)
Abb. 76: Stufentypen im Taunus (Christiane Stahr, Taunusstein)
Abb. 77: Seismogramm des Idsteiner Bebens (HLUG, Wiesbaden)
Abb. 78: Brandungsgerölle bei Wiesbaden-Frauenstein (Dr. Alexander Stahr, Taunusstein)
Abb. 79: Verteilung von Land und Meer im Tertiär (Dr. Ewald Langenscheidt, Rotthalmünster)
Abb. 80: Schnecke aus den tertiären Sedimenten (Dr. Alexander Stahr, Taunusstein)
Abb. 81: Haifischzähne (Dr. Alexander Stahr, Taunusstein)
Abb. 82: Zahn des Procarcharodon (Dr. Alexander Stahr, Taunusstein)
Abb. 83: Saprolith (Dr. Alexander Stahr, Taunusstein)
Abb. 84: Fossiler Boden (Dr. Rainer Dambeck, Universität Frankfurt a. M.)
Abb. 85: ICE-Trasse (Dr. Alexander Stahr, Taunusstein)
Abb. 86: Geologische Übersichtskarte des Taunus (HLUG, Wiesbaden)
Abb. 87a+b (zusammen): Taunusquarzit (a: Dr. Alexander Stahr, Taunusstein, b: Taunus Touristik Service)
Abb. 88: Felsklippen im Taunusquarzit (Dr. Alexander Stahr, Taunusstein)
Abb. 89: Rosseln (Friedel Bender, Kelkheim)
Abb. 90: Lesesteine (Dr. Alexander Stahr, Taunusstein)
Abb. 91: Bauwerk aus Taunusquarzit (Dr. Alexander Stahr, Taunusstein)
Abb. 92: Brachiopoden (Dr. Alexander Stahr, Taunusstein)
Abb. 93: Hermeskeil-Sandstein (Dr. Alexander Stahr, Taunusstein)
Abb. 94: Bunte Schiefer (Dr. Alexander Stahr, Taunusstein)
Abb. 95: Bauwerk aus Bunten Schiefern (Dr. Alexander Stahr, Taunusstein)
Abb. 96: Hunsrückschiefer in Adolfseck (Dr. Alexander Stahr, Taunusstein)
Abb. 97: Das Aartal in den Hunsrückschiefern (Dr. Alexander Stahr, Taunusstein)
Abb. 98: Fossile Qualle im Hunsrückschiefer (Dr. Alexander Stahr, Taunusstein)
Abb. 99: Ohrenqualle (Wikipedia)
Abb. 100: Trilobit im Hunsrückschiefer (Dr. Alexander Stahr, Taunusstein)
Abb. 101: Fossiler Seestern im Hunsrückschiefer (Dr. Alexander Stahr, Taunusstein)
Abb. 102: Fossiler Schlangenstern im Hunsrückschiefer (Dr. Alexander Stahr, Taunusstein)
Abb. 103: Schlangenstern (NOAA)
Abb. 104: Dachschiefer (Dr. Alexander Stahr, Taunusstein)
Abb. 105: Abraumhalden (Dr. Alexander Stahr, Taunusstein)
Abb. 106: Der Loreleyfelsen (Dr. Alexander Stahr, Taunusstein)
Abb. 107: Der Kellerskopf bei Naurod (Dr. Alexander Stahr, Taunusstein)
Abb. 108: Eppsteiner Schiefer (Dr. Alexander Stahr, Taunusstein)

## 248 Bildnachweis

Abb. 109: Der Walterstein (Birgit Bender, Kelkheim)
Abb. 110: Inselbogen (NASA)
Abb. 111: Lahnmarmor (Dr. Alexander Stahr, Taunusstein)
Abb. 112: Empire-State-Building (Wikipedia)
Abb. 113: Naturdenkmal "Unica" (Dr. Alexander Stahr, Taunusstein)
Abb. 114: Kubacher Kristallhöhle (Dr. Alexander Stahr, Taunusstein)
Abb. 115: Kalkwerk Hahnstätten (Dr. Alexander Stahr, Taunusstein)
Abb. 116: Die Naturbrücke Rakovskocjan (Dr. Ewald Langenscheidt, Rotthalmünster)
Abb. 117: Usinger Pseudomorphosenquarzgang "Eschbacher Klippen" (Birgit Bender)
Abb. 118: Querprofil durch die "Eschbacher Klippen" (Christiane Stahr, Taunusstein)
Abb. 119: Kappenquarz-Rasen (Dr. Alexander Stahr, Taunusstein)
Abb. 120: Charles Lyell (Public Domain)
Abb. 121: Ungefähre Eisverbreitung (Dr. Hannes Grobe, AWI Bremerhaven)
Abb. 122: Eisverbreitung in Europa (Dr. Ewald Langenscheidt, Rotthalmünster)
Abb. 123: Welt unter Eis (Klaus-Dieter Friedrich, Frankfurt a. M.)
Abb. 124: James Hutton (USGS)
Abb. 125: Louis Jean Rodolphe Agassiz (NOAA)
Abb. 126: Findlinge (Dr. Alexander Stahr, Taunusstein)
Abb. 127: Gletscher auf Grönland (Herbert Funk, Frankfurt a. M.)
Abb. 128: Die astronomischen Einflüsse (aus Fraedrich 1996)
Abb. 129: Von den Eiszeiten geformte Taunuslandschaft (Taunus Touristik Service)
Abb. 130: Staubsturm (NASA)
Abb. 131: Löss als Heilerde (Dr. Alexander Stahr, Taunusstein)
Abb. 132: Lössprofil Bad Soden (aus Semmel & Fromm 1976, verändert)
Abb. 133: Lösskindel (Susann Müller, Universität Frankfurt a. M.)
Abb. 134: Eiskeil (Prof. Dr. Dr. Arno Semmel, Hofheim am Taunus)
Abb. 135: Lössanwehung (Prof. Dr. Karl-Josef Sabel)
Abb. 136: Adventelvas auf Spitzbergen (Herbert Funk, Frankfurt a. M.)
Abb. 137: Weilbacher Kiesgruben (Birgit Bender, Kelkheim)
Abb. 138: Sohlental der Aar (Dr. Alexander Stahr, Taunusstein)
Abb. 139: Entstehung von Flussterrassen (Christiane Stahr, Taunusstein)
Abb. 140: Asymmetrisches Tal (Christiane Stahr, Taunusstein)
Abb. 141: Blick über das obere Aartal bei Taunusstein (Dr. Alexander Stahr)
Abb. 142: Solifluktion (Prof. Dr. Christian Siewert, Berlin)
Abb. 143: Mischwald über Taunusquarzit (Dr. Alexander Stahr, Taunusstein)
Abb. 144: Eiszeitliche Schuttdecke (Dr. Alexander Stahr, Taunusstein)
Abb. 145: Verwitterungsschutt (Dr. Alexander Stahr, Taunusstein)
Abb. 146: Hakenschlagen (Dr. Alexander Stahr, Taunusstein)
Abb. 147: Der Laacher See (Dr. Alexander Stahr, Taunusstein)
Abb. 148: Mount St. Helens (USGS)
Abb. 149: Gasblasen im Laacher See (Dr. Alexander Stahr, Taunusstein)
Abb. 150: Hütten aus Mammutknochen (Gudo Knabjohann, Wiesbaden)
Abb. 151: Altsteinzeitliche Funde (aus Cziesla, E. et al. 1990)
Abb. 152: Eiszeitliches Klima auf Spitzbergen (Herbert Funk, Frankfurt a. M.)
Abb. 153: Arktische Vegetation auf Grönland (Herbert Funk, Frankfurt a. M.)
Abb. 154: Betula nana (Prof. Dr. Christian Siewert, Berlin)
Abb. 155: Wolf (NABU, Bonn)
Abb. 156: Vielfraß (Wikipedia, Public Domain)
Abb. 157: Schneeleopard (NABU, Bonn)
Abb. 158: Rentier (Herbert Funk, Frankfurt a. M.)
Abb. 159: Wollhaarmammut in der Mammutsteppe (Gudo Knabjohann, Wiesbaden)
Abb. 160: Johann Friedrich Blumenbach (Wikipedia, Public Domain)
Abb. 161: Wollnashorn (Dr. Alexander Stahr, Taunusstein)
Abb. 162: Schädel eines Wollnashorns (Dr. Alexander Stahr, Taunusstein)
Abb. 163: Schädel einer Hyäne (Dr. Alexander Stahr, Taunusstein)
Abb. 164: Unterkiefer eines Pferdes (Dr. Alexander Stahr, Taunusstein)

# Bildnachweis

Abb. 165: Ökofaktor Boden (Dr. Alexander Stahr, Taunusstein)
Abb. 166: Boden (Dr. Alexander Stahr, Taunusstein)
Abb. 167: Ranker (Prof. Dr. Karl-Josef Sabel, Hofheim a. Taunus)
Abb. 168: Braunerde (Prof. Dr. Karl-Josef Sabel, Hofheim a. Taunus)
Abb. 169: Parabraunerde (Prof. Dr. Karl-Josef Sabel, Hofheim a. Taunus)
Abb. 170: Fichtenbestand (Birgit Bender, Kelkheim)
Abb. 171: Podsol (Dr. Rainer Dambeck, Universität Frankfurt a. M.)
Abb. 172: Standortfaktor Zeit: Vom Rohboden zur Braunerde (Dr. Ewald Langenscheidt, Rotthalmünster)
Abb. 173: Pseudogley (Prof. Dr. Karl-Josef Sabel, Hofheim a. Taunus)
Abb. 174: Bodenabfolge im Bereich des Taunuskammes (Christiane Stahr, Taunusstein)
Abb. 175a+b: Niedermoor (Bild a: Dr. Alexander Stahr, Taunusstein, Bild b: Prof. Dr. Karl-Josef Sabel, Hofheim a. Taunus)
Abb. 176: Gley (Prof. Dr. Karl-Josef Sabel, Hofheim a. Taunus)
Abb. 177: Kolluvisol (Prof. Dr. Karl-Josef Sabel, Hofheim a. Taunus)
Abb. 178: Weinberg oberhalb von Lorch (Dr. Alexander Stahr, Taunusstein)
Abb. 179: Rigosol (Prof. Dr. Karl-Josef Sabel, Hofheim a. Taunus)
Abb. 180: Das Eis schmilzt (Herbert Funk, Frankfurt a. M.)
Abb. 181: Steinzeitliche Jäger (Gudo Knabjohann, Wiesbaden)
Abb. 182: „Moderne" Waffen der Steinzeit (Dr. Alexander Stahr, Taunusstein)
Abb. 183: Birken (Dr. Alexander Stahr, Taunusstein)
Abb. 184: Buchenwald (Dr. Alexander Stahr, Taunusstein)
Abb. 185: Gefäße der Bandkeramiker (aus Lüning & Stehli 1989)
Abb. 186: Getreidefeld (Dr. Alexander Stahr, Taunusstein)
Abb. 187: Langhaus (Gudo Knabjohann, Wiesbaden)
Abb. 188: Zeugnisse Gemarkung Oberjosbach (Dr. Alexander Stahr, Taunusstein)
Abb. 189: Hügelgrab nahe dem Rettershof bei Kelkheim (Birgit Bender, Kelkheim)
Abb. 190: Der Hühnerberg (Birgit Bender, Kelkheim)
Abb. 191: Radnadeln aus Bronze (Birgit Bender, Kelkheim)
Abb. 192: Keltischer Umfassungswall (Birgit Bender, Kelkheim)
Abb. 193: Römer (Dr. Alexander Stahr, Taunusstein)
Abb. 194: Limes (Dr. Alexander Stahr, Taunusstein)
Abb. 195: Die Saalburg (Dr. Alexander Stahr, Taunusstein)
Abb. 196 A, B, C, D, E, F: Kohlenmeiler im Aufbau (Bruno Bröckl, Eppstein)
Abb. 197: Kohlenmeiler im Betrieb (Bruno Bröckl, Eppstein)
Abb. 198: Bodenbelastung Schlepperspuren (Dr. Alexander Stahr, Taunusstein)
Abb. 199: Alter Köhlerplatz im Wald bei Niedernhausen (Dr. Alexander Stahr, Taunusstein)
Abb. 200: Runsen am Wanderpfad (Birgit Bender, Kelkheim)
Abb. 201: Aktuelle Bodenerosion (Dr. Alexander Stahr, Taunusstein)
Abb. 202: Hutebaum (Dr. Alexander Stahr, Taunusstein)
Abb. 203: Eicheln (Dr. Alexander Stahr, Taunusstein)
Abb. 204: Windwurf (Birgit Bender, Kelkheim)
Abb. 205: Sickergrube im Wald Niedernhausen (Dr. Alexander Stahr, Taunusstein)
Abb. 206: Streuobstwiese (Dr. Alexander Stahr, Taunusstein)
Abb. 207: Weintrauben (Dr. Alexander Stahr, Taunusstein)
Abb. 208: Weinberg (Thomas Hartmann, Brühl)
Abb. 209a+b: Weinberg und Bodenerosion (Dr. Alexander Stahr, Taunusstein, Prof. Dr. Karl-Josef Sabel, Hofheim am Taunus)
Abb. 210: Terrassen im Weinberg Assmannshausen (Dr. Alexander Stahr, Taunusstein)
Abb. 211: Weinbaustandortatlas von Hessen (HLUG, Wiesbaden)
Abb. 212: Das Mittelrheintal (Dr. Alexander Stahr, Taunusstein)
Abb. 213: Das Obere Mittelrheintal bei Lorch (Dr. Alexander Stahr, Taunusstein)
Abb. 214: Entwicklung des Rheintals (Christiane Stahr, Taunusstein)
Abb. 215: Bleiglanz (Dr. Ewald Langenscheidt, Rotthalmünster)
Abb. 216: Manganoxid (Dr. Alexander Stahr, Taunusstein)
Abb. 217: Bergbau in Idstein-Heftrich (Copyright abgelaufen)

## Bildnachweis

Abb. 218: Historische Bergwerksgeräte (Hochtaunuskreis, Fachbereich Kultur)
Abb. 219: Grube Friedrichssegen (Dr. Alexander Stahr, Taunusstein)
Abb. 220: Wohnanlagen in Friedrichssegen (Dr. Alexander Stahr, Taunusstein)
Abb. 221: Stollenmundloch (Dr. Alexander Stahr, Taunusstein)
Abb. 222: Kölsch Loch (Dr. Alexander Stahr, Taunusstein)
Abb. 223: „Emser Tönnchen" (Dr. Alexander Stahr, Taunusstein)
Abb. 224: Trinkwasser aus dem Taunus (Dr. Alexander Stahr, Taunusstein)
Abb. 225: Blick auf den Billtalstollen (Stadtwerke Königstein)
Abb. 226: Pumpwerk (Dr. Alexander Stahr, Taunusstein)
Abb. 227: Trinkwasser-Hochbehälter (Stadtwerke Königstein)
Abb. 228: Der Auguste-Viktoria-Brunnen (Taunus Touristik Service)
Abb. 229: Der Kochbrunnen in Wiesbaden (Dr. Alexander Stahr, Taunusstein)
Abb. 230: Solbrunnen in Bad Soden (Birgit Bender, Kelkheim)
Abb. 231: Die Äskulapnatter (Wikipedia, frei zur Nutzung)
Abb. 232: Wandern im Taunus (Dr. Alexander Stahr, Taunusstein)
Abb. 233: Eine Wanderung durch 460 Millionen Jahre (Dr. Alexander Stahr, Taunusstein)
Abb. 234: Informationstafel Geo-Erlebnispfad Oberjosbach (Dr. Alexander Stahr, Taunusstein)
Abb. 235: Informationstafel Waldlehr Lindenkopf (Dr. Alexander Stahr, Taunusstein)
Abb. 236: Der Wald im Taunus (Dr. Alexander Stahr, Taunusstein)
Abb. 237: Naturschutzhaus Weilbach (Taunus Touristik Service)
Abb. 238: Schautafeln Heidetränk-Oppidum (Taunus Touristik Service)
Abb. 239: Römerkastell Saalburg (Heumann Fotodesign)
Abb. 240: Wanderpfad „Mensch und Erde" (Dr. Alexander Stahr, Taunusstein)
Abb. 241: Über dem Aartal bei Bad Schwalbach-Adolfseck (Dr. Alexander Stahr, Taunusstein)
Abb. 242: Schieferlehrpfad (Dr. Alexander Stahr, Taunusstein)
Abb. 243: Äpfel und Speierling (Birgit Bender, Kelkheim)
Abb. 244: Besucherzentrum Loreley (Dr. Alexander Stahr, Taunusstein)
Abb. 245: Blickueberweiltal (Taunus Touristik Service)
Abb. 246: Der Große Feldberg im Winter (Heumann Fotodesign)
Abb. 247: Seismograph in der Erdbebenwarte (Dr. Alexander Stahr, Taunusstein)
Abb. 248: Der Altkönig - ein Fernblick (Birgit Bender, Kelkheim)
Abb. 249: Felsgruppe Staufengipfel (Birgit Bender, Kelkheim)
Abb. 250: Eschbacher Klippen (Heumann Fotodesign)
Abb. 251: Kubacher Kristallhöhle (Dr. Alexander Stahr, Taunusstein)
Abb. 252: Niederwalddenkmal (Dr. Alexander Stahr, Taunusstein)
Abb. 253: Rheingauer Gebück Wanderweg (Dr. Alexander Stahr, Taunusstein)

# Sachregister

Aar 13, 15, 95, 129, 130, 181, 213, 228
Aarbergen 13,130, 209, 228
Aartal 13, 15, 29, 46, 95, 132, 181, 228
Aartal Höhenweg 228
Agassiz, Jean Louis Rodolphe 117f
Alligatoren 73
Altholozän 166
Altkönig 2, 10, 57, 175, 219, 236
Anderle, Hans-Jürgen 26f
Andersson, Johan Gunnar 128
Armorica 36ff
Äskulapnatter 216f, 233
Assmannshausen 6f, 45, 192, 199
Asymmetrisches Tal 132
Atlantikum 166, 169
Atolle 53f, 204
Auengley 161
Avalonia 35 ff

Bad Ems 34, 211, 240
Bad Homburg 2, 88, 102, 177, 203, 208, 210, 212f, 223
Bad Nauheim 109, 111, 211, 214ff
Bad Schwalbach 1, 13, 15, 101, 130, 152, 160, 211, 216, 228
Bad Soden 125, 189, 215f
Bandkeramiker 170
Basislage 136
Bibus, Erhard 27f
Birken-Kiefernwald 168
Black Smoker 42
Bleibeskopf 175, 219
Blumenbach, Johann Friedrich 145f
Bodenaggregate 159
Bodenentwicklung 135, 152, 156
Bodenerosion 156, 162, 177, 180f, 186, 188, 191ff, 220
Bodenhorizonte 151, 156
Bodenklassen 152
Bodentyp 152
Boreal 166
Brachiopoden 59, 87, 91, 100
Braunerde 132, 151ff
Bruchstufe 75
Brunhildisfelsen 9, 234
Buch, Christian Leopold Freiherr von 93
Buchenwald 153, 169

Bunte Schiefer 9, 16, 44, 92f
Butzbach 177

Dachschiefer 94, 97ff, 230
Dauerfrostboden 126ff
Deckschichten 25, 82, 133, 134ff, 153, 156
Devon 34, 36, 43, 53, 59, 62, 91
Dinosaurier 72f, 97

Eisenverhüttung 179
Eiskeil 126
Eiszeit 67, 88, 113ff, 167, 185
Eiszeit, kleine 186
Eiszeitalter 9, 67, 84, 113ff
Eiszeiten 113ff
Eppstein 7, 10, 56, 93, 102, 160, 179, 182f, 186, 189, 202, 231
Erdbeben 31, 40, 76, 106, 219
Erdbebenwarte 235f
Erdkern 38
Erdkruste 38f
Erdmantel 38ff
Erosion 68, 78, 81, 137, 154, 156, 181ff, 238
Erzbergbau 200
Eschbacher Klippen 109ff, 234, 238

Fazies 45
Fichte 135, 154f, 186f
Findlinge 117ff
Flächenversiegelung 194
Fledermäuse 230, 249
Flörsheim 224, 241
Flussterrassen 71, 131
Fossilien 34, 42f, 58, 73, 80, 87f, 91ff, 101, 146ff, 203
Frankfurt 8, 10, 18, 30, 32f, 76, 202, 234ff
Friedberg 2, 177
Friedrichsdorf 208, 222
Frostsprengungsverwitterung 88

Gebirge 56
Geländestufen 75
Gelasium 67, 115

Geo-Erlebnispfad Oberjosbach 219f, 241
Geosutur 60, 63
Gervais, Paul 165
Gießen 234
Glasherstellung 89, 178f
Glashütten 174, 178, 223
Gletscher 39f, 63, 114, 116ff, 186
Gletschereis 39
Gley 158
Goethe, Johann Wolfgang von 1, 20, 152
Gondwana 34ff
Granit 48, 50f
Graue Phyllite 101
Großer Feldberg 9
Grube Rosit 98f, 230
Grube Zollhaus 70, 203
Grundwasser 126, 132, 136, 152, 161, 200, 207ff

Hahnstätten 107, 109f, 228f
Haie 58, 79f
Haifischzähne 79
Hakenschlagen 136f
Hallstattzeit 175
Hämatit 70, 72, 81, 92, 203
Härtling 75, 87f
Hauptlage 82, 136ff, 157, 159
Heidenrod 15, 99, 209, 228f, 231
Heidetränk-Oppidum 175f, 219, 224f
Hermeskeil-Schichten 9, 45, 87, 91f, 154f
Hessenpark 225
Hessisches Landesamt für Umwelt und Geologie (HLUG) 24f, 27, 76, 84, 193
Hintertaunus-Einheit 7
Hochgebirge 63, 65
Hochheim 194
Hochtaunuskreis 3, 9, 109, 208
Hofheim am Taunus 5, 8, 26, 30, 56, 70f, 77, 170, 174, 180, 182, 186, 226f, 231
Hoher Taunus 7, 10, 16
Höhlenbär 145
Höhlenlöwe 143
Holozän 67, 114f, 133, 136, 148, 165ff
Hügelgräber 172ff

Humboldt, Friedrich Heinrich
  Alexander Freiherr von 1, 31f,
  93, 117, 218
Hunsrück 4, 8, 22, 29, 70, 72,
  94, 198
Hunsrückschiefer 15, 29, 46, 94ff
Hutebaum 184
Hutewälder 183, 185
Hutton, James 116, 118
Hyäne 148

ICE-Trasse 82f
Idstein 160, 171, 176, 202, 209,
  220
Idsteiner Land 46, 87, 219f
Idsteiner Senke 7, 12ff, 74, 76f,
  112, 124, 127, 153, 170f, 213,
  234
Interglazial 141

Jüngere Tundrenzeit 137, 166
Jungholozän 175

Kaledonisches Gebirge 35
Kalk 53, 81, 83, 107ff, 124f, 200,
  216
Kalkbrennen 107
Kalkstein 59, 105, 107f, 110
Kaltzeit 116
Kamp-Bornhofen 240
Kappenquarz-Rasen 111f
Karbon 34, 59, 66, 113
Karst 108
Katzenelnbogen 15, 203, 240
Kaub 241
Kelkheim 7, 56, 103, 132, 172ff,
  189, 202, 223, 236f
Kellerskopf 101
Kelten 111, 175, 194, 224, 236
Kleiner Feldberg 236
Kleist, Heinrich von 196
Koch, Carl Jacob Wilhelm 18f
Kohlenmeiler 179ff
Kohlensäureverwitterung 108,
  110, 135
Köhler 10, 179
Köhlerei 179
Kolluvisol 162
Kolluvium 162
Königstein 20, 56, 77, 202, 208f
Kontinentaldrift 40, 47, 60, 62,
  119
Kopffüßer 43, 58
Köppern 94, 109
Korallen 46, 53, 87f, 101, 105
Kristallhöhle Kubach 106
Krokodile 73

Kronberg 60, 77, 175, 208, 214,
  219
Kronthal 214
Kutscher, Friedrich 22f

Laacher See 82, 137ff
Lahn 2, 4ff
Lahnhöhenweg 240
Lahnmarmor 103ff
Lahnstein 150, 202, 240
Lahntal 12, 170, 211, 234, 240
Landschaftsverbrauch 194
Laurussia 34ff
Lehrpfad «Schieferbergbau im
  Wispertaunus» 99, 229
Leppla, August 19ff, 101
Lesesteine 89
Libelle 59
Limburg 5, 14, 173, 190, 234,
  240
Limes 13, 176f, 219, 225, 228
Limeswanderweg 240
Lister, Martin 92
Lithosphäre 38ff
Lithosphärenplatten 39ff
Lorch 4, 14, 99, 163, 191, 197,
  199, 241
Loreley 3, 6, 100, 196, 231f
Lorsbacher Wand 102f
Löss 3, 122ff
Lösskindel 125
Lösslehm 127, 158
Lyell, Sir Charles 113

Magma 32, 41, 46, 48, 50, 62,
  92, 212
Main 124, 128f, 131, 143f, 146,
  166
Main-Taunus-Kreis 3
Mainz 2, 147, 196
Mammut 144, 146, 166f
Mammutsteppe 143, 145, 166,
  168
Massenkalk 12, 106ff
Massensterben 57ff
Meeresströmungen 119
Metamorphose 55
Meteoriteneinschlag 60
Milanković, Milutin 120
Mineralquellen 18, 211, 214
Mischwald 134
Mittelalter 15, 89, 178, 183, 189,
  191, 194, 201, 225, 241
Mittelholozän 166, 169
Mittellage 136f
Mittelozeanischer Rücken 62

Mittelrheintal 4, 6, 74, 191,
  196ff, 240
Mittmeyer, Hans-Georg 28f
Moore 152
Mosbach Sammlung 147
Mosbacher Sande 146f
Muscheln 79, 87, 91, 100, 105

Nassau 1, 18, 20f, 26, 91, 99,
  150, 211, 240
Nassauischer Verein für
  Naturkunde 18
Naturlehrpfad Dornholzhausen
  223
Naturlehrpfad Gundelhardt 223
Naturlehrpfad Hahnstätten 229
Naturpark Hochtaunus 232, 234
Naturpark Nassau 240
Naturpark Rhein-Taunus 240f
Naturschutzhaus Weilbach 223
Naurod 55, 77, 101, 111, 112
Nauroth 98f, 229
Nautilus 42f, 58
Neandertaler 114, 140f,
Neolithikum 174
Neolithische Revolution 170
Neu-Anspach 225
Niederelbert 240
Niedermoor 160f
Niedernhausen 1, 3, 14, 44, 77,
  79, 83, 87f, 92, 94, 134, 181ff,
  201
Niederwalddenkmal 240

Oberlage 136f
Oberursel 176, 178, 200, 208,
  219, 225, 235
Obstlehrpfad 231
Oestrich-Winkel 140f, 229
Ohrenqualle 96
Ökofaktoren 149
Ordovizium 35f, 61, 98
Ortelius, Abraham 30f
Östlicher Hintertaunus 7, 12
Overkill 167

Paläolithikum 113, 139
Paläozoikum 5, 34, 59, 85, 97
Pangäa 33, 57, 60, 73, 75, 111f
Panzerfisch 58
Parabraunerde 132, 151, 153f,
  183
Perm 34, 36, 62, 66, 69f, 75, 97,
  111, 113
Plattengrenzen 48
Pleistozän 67, 113, 115, 118, 148
Pliozän 67, 113, 115

## Sachregister

Podsol 154ff
Polarweide 143
Präboreal 166
Präzession der Erdachse 120f
Procarcharodon 79f
Pseudogley 126, 132, 158f
Pseudomorphosenquarzgänge
 110ff, 218
Pyrit 56, 96f, 206

Qualle 96
Quartär 67, 84, 113, 115
Quarz 55f, 77f, 81, 86f, 89, 91,
 109, 111f, 124, 134, 198
Quarzit 55, 69, 86, 89f, 134, 150,
 152, 200, 207

Ranker 150f
Reblaus 164, 190
Regolith 81
Rentier 139, 144, 167
Rhein 2, 3, 6, 14, 37, 123f, 128,
 131, 141, 143f, 147, 166, 189f,
 196ff
Rheingauer Gebück Wanderweg
 241
Rheingauer Rieslingpfad 241
Rheingau-Taunus-Kreis 3, 209
Rheinhöhenweg 240
Rheinisches Schiefergebirge 2
Rheinsteig 233, 240f
Rhenohercynischer Ozean 36ff
Riesenhirsch 143, 145
Rigosol 163f
Rochen 79f
Römer 2, 90, 173, 176f, 194,
 213f, 225
Römer, August 147
Rosbach vor der Höhe 2, 90, 109
Rosseln 88f
Rüdesheim 94, 102, 240
Rumpffläche 68f
Rumpfstufe 68, 74f
Runkel 5
Runsen 180ff

Saalburg 45, 86, 89f, 94, 177,
 219, 225f
Sabel, Karl-Josef 29f
Säbelzahnkatze 146
Sandberger, Carl Ludwig Fridolin
 von 17f
Sandstein 16, 55, 75, 86, 91f, 198
Saprolith 81f, 93, 126, 132
Schalenbau der Erde 38
Schiefe der Ekliptik 120f
Schiefer 15, 46, 55, 92ff

Schieferbergbau 98f, 229
Schlangenbad 101, 207, 211,
 216f, 233f
Schlangenstern 98
Schmitten 9ff, 202, 237
Schnecken 80, 88, 100, 105, 147
Schneeleopard 144
Schuttdecke 135ff, 157, 159
Schwämme 105
Schwarzbachtal 77, 81, 102, 180
Schwarzerden 153, 157, 170
Seafloor spreading 41f
Seekühe 80
Seeschildkröten 80
Seestern 97
Seismogramm 76
Semmel, Arno 24ff, 226
Sickergruben 187
Singhofen-Schichten 100f
Smith, William 93
Sohlental 130
Solifluktion 128, 133
Speierling 230
St. Goarshausen 6, 196
Standortfaktoren 149, 151f, 156f
Staufen 237
Steppenbison 143
Streuobstwiesen 132, 188, 230
Subatlantikum 166
Subboreal 166
Subduktion 48ff

Taunuskamm-Einheit 7, 9f, 45,
 86, 132, 207
Taunus-Lehrpfad 225
Taunusobservatorium 235
Taunusquarzit 8f, 11, 16, 46, 55,
 69, 75, 77, 83, 86ff, 134, 157,
 159, 207f
Taunusstein 13, 88, 95, 132, 176,
 207, 228
Tertiär 56, 67, 73f, 77f, 81, 87,
 110, 113, 115
Themenpfade 194, 219
Theorie der Plattentektonik 30ff
Tonschiefer 55, 59, 91, 94, 99,
 161
Trilobit 97
Trinkwasser 207ff
Tundrenklima 115

Untermainebene 4ff, 60, 71, 198
Usingen 23, 74, 109, 112, 238

Variscische Gebirgsbildung 55,
 57, 97
Vielfraß 143f

Villmar 91, 103ff
Vordertaunus-Einheit 7, 71, 102f
Vortaunus 4ff
Vulkan 50, 139
Vulkanismus 23, 46f, 50, 52,
 60ff, 77, 103, 105, 186

Waldelefant 147
Waldlehr- und Schadenspfad
 Lindenkopf 221
Waldlehrpfad Bremthal 223
Waldlehrpfad Treisberg-
 Pferdskopf 222
Waldnashorn 167
Waldschadenspfad Hirschgarten
 223
Waldweide 183, 185
Walluf 241
Walterstein 102f
Wanderpfad "Mensch und Erde"
 182, 226f
Wanderungen 218
Warmzeit 114, 119, 125f, 229f,
 131, 138, 141, 148, 165
Wattenmeer 42, 44
Wegener, Alfred 32f
Weil 11, 129, 226, 236
Weilbacher Kiesgruben 126, 129,
 223
Weilburg 11, 106, 234, 239f
Weilsberg 236f
Weiltal 11, 232
Wein 163, 189
Weinbau 3f, 6, 163, 189ff
Weinberg 190f
Weinbergsböden 163f, 193
Westlicher Hintertaunus 7, 13,
 15f
Wetterau 3, 5ff, 11, 57, 77, 111,
 203, 212
Wetzlar 213, 234, 240
Wicker 194
Wiesbaden 2, 10, 14, 18, 20f, 25,
 77ff, 80, 101, 140, 146f, 173f,
 189, 202, 207, 211f
Wiesbadener Bucht 6f
Wildpferd 139, 143
Wilson, John Tuzo 61, 64
Windwurf 161, 186f
Wispertal 14f, 46, 241
Wolf 143
Wollhaarmammut 143ff
Wollnashorn 143, 145f, 167
Woodward, John 92

Zacken 236f
Zwergbirke 142f

# SCHAEFER KALK
## Die reine, natürliche Qualität

Was den Schaefer Kalkprodukten unübertroffene Güte verleiht, ist der Rohstoff aus besten Lagerstätten und eine gewissenhafte Verarbeitung zu hochwertigen Qualitätserzeugnissen.

Täglich bewähren sich Schaefer Kalkprodukte in einem umfangreichen Anwendungsbereich: Unentbehrlich in der chemischen Industrie und wichtiges Ausgangsprodukt beim natürlichen Umweltschutz – von der Trinkwasseraufbereitung bis zur Rauchgasentschwefelung.
Baustoffe, Putz- und Farbenprodukte entstehen unter Mitverwendung von Schaefer Kalk-Rohstoffen. Hersteller von Spezialpapieren, Zahncremes, pharmazeutischen Erzeugnissen, Kunststoffen und Dichtungsmaterialien vertrauen auf die Qualität der hochwertigen Grundstoffe von Schaefer Kalk.

Seit über 140 Jahren verbürgt unser Name Qualität in vielen Anwendungen und Verfahren.

### Lieferstandorte:

- 65623 Hahnstätten
- 65594 Runkel-Steeden
- 55442 Stromberg
- China + Malaysia

SCHAEFER KALK GmbH & Co. KG ▪ Louise-Seher-Straße 6 ▪ D-65582 Diez
Fon: +49 (0) 64 32 - 50 30 ▪ Fax: +49 (0) 64 32 - 50 32 69
www.schaeferkalk.de

**SCHAEFER Kalkprodukte** – ihrer Güte und natürlichen Reinheit wegen

# www.heilklima-park.de

## Heilklima-Park Hochtaunus

## Heilklima-Wandern im Taunus

Informationen:
Hochtaunuskreis – Fachbereich Tourismus
Ludwig-Erhard-Anlage 1-5 · 61352 Bad Homburg v.d. Höhe · Telefon (0 61 72) 999 41 40